증산도문화사상연구 5

증산도 수부관首婦觀

후천선仙과 수부首婦

증산도문화사상연구 5
증산도 수부관首婦觀

발행일   2023년 1월 11일 초판 1쇄
저 자   노종상, 황경선, 유철, 이주란, 원정근, 송귀희 공저
발행처   상생출판
발행인   안경전
주 소   대전 중구 선화서로 29번길 36(선화동)
전 화   070-8644-3156
F A X   0303-0799-1735
홈페이지 www.sangsaengbooks.co.kr
출판등록 2005년 3월 11일(제175호)
ISBN   979-11-91329-43-8
        979-11-91329-16-2(세트)

본 책자는 상생문화연구소가 개최한 2022년 봄, 증산도 문화사상 국제학술대회에서 발표된 논문을 편집하여 간행하였습니다.

증산도문화사상연구 5

증산도 수부관首婦觀

후천선仙과 수부首婦

노종상, 황경선

유　철, 이주란

원정근, 송귀희

상생출판

간 행 사

만추지절晚秋之節.

2022년 가을이 깊어가고 있습니다. 지구의 가을은 우리 인간에게는 추수와 풍요의 계절이지만, 우주 1년의 시간대에서 볼 때 가을은 성숙과 심판의 계절입니다. 지구 1년의 가을이든, 우주 1년의 가을이든 참 열매와 쭉정이는 분명하게 구별됩니다. 특히 인간농사 짓는 우주의 가을은 개벽의 대환란을 거치면서 환경재난과 전쟁, 질병이 한꺼번에 닥치게 됩니다. 증산 상제님께서는 지금이 바로 가을운수가 시작되는 때, 후천 개벽의 때라고 하셨습니다.

이미 지구환경은 급속한 산업화와 문명화로 인해 자정능력을 잃어버린지 오래되었습니다. 이대로 간다면 21세기가 저물기 전에 지구 온난화로 인해 모든 생명체가 사라지는 대멸종기를 맞이한다는 절망적인 과학적 데이터가 주어졌습니다. 러시아와 우크라이나의 전쟁은 금방 끝날 것이라는 예측을 벗어나 핵전쟁의 가능성이 회자되면서 극단으로 달려가고 있습니다. 2019년 말에 중국 우한에서 발생하여 전 세계를 병란病亂의 공포로 몰아넣던 코로나 팬데믹은 끝날 기미가 보이지 않습니다. 아니 오히려 더 위험한 전염병이 나타날 것이라고 경고합니다.

환경재난, 전쟁, 질병 그 하나하나가 인간의 생사를 가르는 무서운 사건들입니다. 그런데 이 셋이 한꺼번에 이 땅에 닥치는 대 변국이 바로 개벽입니다. 그것이 즉 천天개벽, 지地개벽, 인人개벽이라는 세벌개벽입니다. 그러나 개벽은 결코 종말이 아닙니다. 개벽은 병든 천지가 병을 치유하고, 문명과 인간이 상극의 질서에서 벗어나 상생으로 나아가 새 세상을 열기위해 맞이하는 피할 수 없는 허들입니다.

증산 상제님께서는 뭇 생명이 생사의 기로에선 가을개벽기에 이 땅에 오셨습니다. 인존상제로서 9년간의 천지공사를 통해 새로운 세상의 이정표를 정하시고, 개벽기 천지와 인간과 신명의 병을 치유하는 의통醫統을 전해 주었습니다. 상제님의 강세와 가르침으로 개벽을 넘어 후천선경을 건설하여 영원한 화평을 누리는 선仙의 길이 인류에게 활짝 열리게 되었습니다.

일찍이 2만5천 년 전 마고시대 이래, 삼신일체상제의 조화법을 받아내려 질병과 죽음을 넘어 빛과 선仙으로 나라를 열었던 황금시절의 수행문화가 가을개벽기 대병란大病亂을 맞은 오늘 증산 상제님의 가르침으로 다시 세상에 널리 퍼지고 있습니다. 이는 과학과 문명의 시대가 지향하는 지금까지의 삶의 방식과는 전혀 다른 새로운 물결이며, 새로운 차원입니다. 산업혁명을 대체하는 영성혁명의 시대, 선仙문화 시대가 빠르게 전개되고 있습니다.

상생문화연구소가 학술대회의 주제로 삼고 있는 선仙은 곧 상제님이 열어주신 선도仙道이며, 우리가 깨치고 실천해야 할 선仙으로서 후천선後天仙입니다. 한류韓流의 참모습을 전하는 유일한 방송인 STB상생방송에서는 매일 수행과 선을 주제로 생방송을 진행하고 있습니다. 인류 9천년 정통 수행법을 이어 전 인류에게 전하고 새생명의 길을 열어주는 치유와 깨달음의 매우 중요한 시간이 아닐 수 없습니다. 상생문화연구소가 개최하는 학술대회는 국내외 저명 학자들이 참여하는 신선문화와 수행 중심의 유일한 학술토론장으로 정착하였습니다.

세월은 빨라서 어느덧 2022년 증산도 후천 선문화 학술대회가 개최된 봄의 푸릇함은 단풍든 낙엽으로 변해가고, 수줍은 꽃몽우리는 튼실한 열매를 맺었습니다. 결실의 계절에 맞게 지난 봄 학술대회의 발표문을 주제

별로 묶어 단행본으로 출간하여 세상에 내놓게 되었습니다. 되돌아보면 5월 17일부터 4일간 진행된 봄 학술대회의 큰 주제는 '수부首婦'였습니다. 상제님의 반려자로서 도통맥을 전수받은 태모 고 수부님의 신성과 위격을 올바르게 조명하고, 인류 여신문화의 시원을 고찰하는 것은 앞으로 다가올 선仙 문화를 이해하기 위해 거쳐야 할 중요한 담론입니다.

이번에 책으로 출간되는 것은 『증산도 수부관』, 『마고와 여신』 두 권입니다. 무병장수 '선仙문화'를 이해하기 위해 반드시 돌아봐야 할 주제가 바로 '수부首婦'입니다. '수부首婦'는 아버지 하느님이신 증산 상제님의 무극대도 종통宗統을 이어받아 후천 선仙문화를 활짝 열어주신 어머니 하느님입니다.

> 상제님 도권道權 계승의 뿌리는 수부도수首婦度數에 있나니 수부는 선천 세상에 맺히고 쌓인 여자의 원冤과 한恨을 풀어 정음정양正陰正陽의 새 천지를 여시기 위해 세우신 뭇 여성의 머리요 인간과 신명의 어머니시니라.(『도전』 6:2)

아직 대중들에게 생소한 '수부'사상이지만 증산도 진리를 이해하기 위해서, 가을개벽기 인류 여성문화, 여신문화를 새롭게 열기 위해서는 누구나 그 의미를 되새겨야 할 것입니다. 수부에 관련된 연구서나 논문이 부족한 시점에서 이번 책자의 출간은 증산 상제님의 반려자이자 뭇 생명의 어머니이신 수부님의 말씀과 행적, 나아가 증산도 수부관首婦觀을 깊이 조명하는 계기가 될 것입니다.

수부와 마고는 여신, 선, 수행 등과 관련해서 볼 때 동일 범주에 속하는 개념이라고 할 수 있습니다. 인류문명의 기원을 거슬러 올라가면 만나게 되는 최초의 신은 동서양을 막론하고 마고麻姑입니다. 한국인과 인류의 시원역사가 발원한 2만 5천 년 전 '마고신'은 여(성)신이라는 한계를 넘어 인류 수행문화와 선문화의 근원이며 무병장수문화의 바탕이었습니다. 특히 이번에 출간하는 『마고와 여신』은 동양의 여신관에 한정되었던 '마고'를 동서 여신문화의 공통 분모로 조명했다는 면에서 그 가치가 매우 높다고 할 수 있을 것입니다.

'수부·태모·마고·지모신'은 오늘날 인류가 온갖 대립과 갈등을 넘어 마침내 뭇 생명이 조화와 화합과 통일을 이루는 후천개벽시대, 그리고 후천의 선仙문화 원류를 제대로 깨우치게 하는 핵심주제입니다. 새 시대의 문명 질서로 이끄는 가을개벽의 대병란이 지구촌을 휘몰아치는 가운데 인류는 도대체 어디로, 무엇을 향해 가는지도 모른 채 그저 내달리고 있습니다. 『증산도 수부관』, 『마고와 여신』 이 두 권의 새 책이 디지털 문명, 자본과 물질문명의 폭주에 지쳐가는 많은 사람들이 역사와 문명을 돌아보고, 평화와 화합의 참된 의미를 찾는데 작은 도움이 되기를 바랍니다.

수행과 진리 전수에 밤낮이 없으신 상생문화연구소 안경전 이사장님의 아낌없는 지원과 세심한 배려는 학술대회와 책자 출간의 동력인動力因이며 목적인目的因이었습니다. 보은報恩의 뜻을 새기겠습니다. 상생문화연구소 주최 학술대회에서 소중한 발표를 해주시고, 또 책자 출간을 허락하신 교수님들께 이 자리를 빌어 심심한 감사의 말씀드립니다. 연구소의 크고 작은 일에 언제나 큰 힘이 되시는 원정근 박사님, 태모 고 수부님 평전을 집필하여 수부관 연구에 주춧돌을 놓은 노종상 박사님, 어렵고 힘든 편집작업을 거쳐 훌륭한 책의 형태를 만들어주시는 강경업 편집실장님께 감사의 인사드립니다.

2022. 11. 23.
상생문화연구소 연구실장 유 철

목 차

고수부의 생애와 사상

노종상

필자 약력

노종상

고려대 대학원 졸업. 문학박사

현 상생문화연구소 연구위원

논문

「동아시아 초기 근대소설의 민족주의 양상」, 「진표율사의 밀교수행 연구」,
「진표율사 관련 용신설화와 그 역사적 의미」, 「복애伏崖 범장范樟 연구」,
「『삼성기』 저자 안함로에 관한 고찰」, 「원천석이 『삼성기』 저자 원동중이라
는 견해에 대한 연구」, 「운곡 원천석의 역사인식」 외.

저서

『진표, 미륵 오시는 길을 닦다』, 『수부 고판례』, 『보안사』(전3권), 『청와대
경호실』(전3권, 『남도부』(전2권), 『임진강』, 『아리랑』, 『붉은 까마귀』(전5
권), 『풀잎은 바람에 눕지 않는다』(전7권), 『사상의학』(전5권), 『천국의 시
간』(전3권), 『태양인 이제마』(전3권) 외

1 서론

수부首婦 고판례高判禮(1880~1935)는 근대 전환기인 개화기와 일제 강점기에 활동한 종교 지도자이다. 그는 일반적인 의미에서 종교 지도자를 넘어 신앙대상이 되고 있는 인물이다. 그는 인간으로 와서 초월자로서의 삶을 살았다. 그는 '수부'라고 불렸고, 불리는 인물이다. '수부'란 증산 상제가 처음 사용한 용어이다. 사전적 의미로 '수首'는 머리·시초始初·앞·임금·우두머리·칼자루·비롯하다·근거하다·절하다·곧다·머리를 향하다 등의 뜻이고, '부婦'는 여자·며느리·아내·주부 등의 뜻이다. '수부'라는 용어 자체는 머리가 되는 여자, 뭇 여성의 우두머리(Head woman), 칼자루를 쥔 여성, 심판하는 여성(의 우두머리) 등 다양한 의미가 된다.[1] 『도전』에 의하면 수부란 "선천 세상에 맺히고 쌓인 여자의 원寃과 한恨을 풀어 정음정양의 새 천지를 여시기 위해 세우신 뭇 여성의 머리요 인간과 신명의 어머니."(『도전』 6:2:6)이다. 이밖에도 고수부에 대한 정의는 많다.

> 태모太母 고수부高首婦님은 억조창생의 생명의 어머니이시니라. 수부님께서는 후천 음도陰道 운을 맞아 만유 생명의 아버지이신 증산 상제님과 합덕하시어 음양동덕陰陽同德으로 정음정양의 새 천지인 후천 오만년 조화 선경을 여시니라.(『도전』 11:1:1~3)

> 태모님께서 당신을 수부로 내세우신 상제님으로부터 무극대도의 종통을 이어받아 대도통을 하시고 세 살림 도수를 맡아 포정소布政所 문을 여심으로써 이 땅에 도운의 첫 씨를 뿌리시니라. 태모님께서는 수

---

1) 노종상, 「수부, 천지의 어머니」, 『증산도사상연구』 2집, 증산도 상생문화연구소, 2000.

부로서 10년 천지공사를 행하시어 온 인류의 원한과 죄업을 대속하시고 억조창생을 새 생명의 길로 인도하시니라.(『도전』 11:1:5~7)

전자는 이론이 바탕이 된 고수부의 삶에 대한 정의이고, 후자는 실천적 행위가 바탕이 된 고수부의 생애를 함축한 내용이다. 본고는 이 두 가지 측면을 중심으로 논의하는 고수부에 대한 생애와 사상에 대한 연구이다. 인간과 초월자의 삶을 살았던 고판례 수부에 대한 연구는 아직도 미미한 실정이다.

고수부에 대한 문헌자료는 몇 가지가 있다. 1, 2차 자료에 해당하는 초기경전으로 『대순전경』[2]을 비롯하여 『선정원경』(고민환, 1960), 『고사모신정기』(이용기, 1968), 『고후불전』(전선필 구술, 김경도 씀, 1960년대 말) 등이 있다. 수부에 대해 기록하고 있는 경전 중에는 『증산도 도전』이 백미로 꼽힌다. 이 경전은 초기 경전과 그 후손들의 증언, 현장답사를 거쳐 종합, 정리한 문헌자료이다. 총 11편으로 구성되어 있는 『도전』에서 「제11편 태모 고수부님」 전체가 수부관 관련 내용이다. 이밖에 증산도 지도자인 안경전 종도사가 직접 저술한 『증산도의 진리』, 『관통 증산도』 등에 실려 있는 고수부 관련 내용도 1차 자료에 버금가는 중요한 자료다.[3] 고수부에 대한 초기 연구는 『고부인신정기高夫人神政記』가 대표적이다.[4] 이후 고수부에 대

---

2) 이상호, 『대순전경』, 김제: 동화교회도장, 1929. 이후 『대순전경』은 많은 개정판이 간행되었다.

3) 『도전』 간행의 역사성, 의의 등에 관해서는 다음 논문을 참조할 것. 김남용, 「증산도 『도전』 성편의 역사성」, 『증산도사상』 제3집, 증산도사상연구소, 2000, pp.11~78. ; 윤창열, 「증산도 『도전』 간행의 당위성과 역사성」 제4집, 증산도사상연구소, 2001, pp.13~76. ; 안경전, 『증산도의 진리』, 대전: 상생출판, 2014(이 책은 개정판이다. 초판은 1981년에 간행되었다). ; ──, 『관통 증산도』 1. 서울: 대원출판, 1990. ; 노종상, 「증산도 수부관」, 재인용.

4) 이정립, 「고부인신정기」, 증산대도회본부, 1963. 이 책은 뒤에 제목을 바꾸어 재출간하거나 다른 저서에 수록되었다(──, 『천후신정기』, 김제: 증산교본부, 1985. ; ──, 「제30장 고부인전」, 『증산교사』, 김제: 증산교본부, 1977, pp.220~294).

한 본격적인 연구로서 노종상의 논문 「수부, 천지의 어머니」, 「증산도의 수부관」과 연구논저 『수부, 고판례』, 유철의 『어머니 하느님-정음정양과 수부사상-』 등이 거의 전부라고 할 수 있다.[5] 증산 상제에 관한 학위논문과 일반 논문이 1백 편 이상 나온 점에 유의한다면,[6] 이런 현상은 참으로 이해하기 어렵다.

　본고의 논의 전개방법은 편의상 세 장으로 구분한다. 첫째는 고수부의 생애를 검토한다. 둘째는 고수부의 사상 편이다. 여기서 고수부의 전체적인 사상을 논의할 수는 없다. 이 경우 두 가지 논의방법을 고려할 수 있다. 하나는 고수부의 사상에 대한 윤곽만을 논의하는 방법이다. 다른 하나는 모든 사상을 고려하되, 그 기본이 되고 핵심이 되는 부분을 논의하는 방법이다. 두 가자 방법 모두 아쉬움이 없지 않겠지만, 본고는 후자의 방법으로 논의한다. 고수부의 신도사상과 해원사상, 그리고 진법사상이 그것이다. 이 가운데 신도사상은 신교사상과 신도사상으로 구분하여 논의한다. 본고의 논의에는 위에서 살펴본 모든 자료가 귀중하지만, 특히 『도전』과 증산도 지도자인 안경전 종도사의 연구업적에 주로 의지한다.

---

5) 노종상, 「수부, 천지의 어머니」. ; --, 「증산도의 수부관」, 2021년 가을 국제학술대회, 상생문화연구소. ; --, 『수부, 고판례』, 상생출판, 2010. ; 유철, 『어머니 하느님-정음정양의 수부사상-』, 대전: 상생출판, 2011.
6) 오늘날 증산 상제의 위격, 영향에 비추어 보면 이 정도의 연구도 많다고 할 수 없다.

2 고수부의 생애

1) 불도와 동학 체험

　고수부는 1880년 음력 3월 26일 전라도 담양도호부潭陽都護府 무이동면無伊洞面 도리道里(현 담양군 무정면 성도리成道里) 고비산高飛山(463.2m) 아래에서 태어났다. 본관은 장택長澤이다. 아버지는 고덕삼高德三, 어머니는 밀양 박씨이다. 이름은 판례이다. 고수부가 태어난 무정 성도리는 앞뒤로 미륵불상이 둘러싸고 있다. 성도리 초입에는 담양 오룡리 미륵입상이 성도리 마을을 향해 서 있다.[7] 성도리 뒤편 안골에도 미륵이 서 있다.[8] 마을 앞뒤로 미륵불상이 서 있는 것을 보면, 이 마을이 미륵신앙과 깊은 관계에 있다는 것을 알 수 있다. 바로 이와 같은 분위기 속에서 고수부는 유아기를 보냈다. 유아기란 만 1세부터 6세까지의 어린 시기를 가리킨다. 이 시기의 사전적 의미는 자기중심성, 정서성, 구체성이 나타나며 만 3세까지의 전기에는 일상어의 습득, 생활 습관의 확립 따위가 이루어지고 후기에는 개성이 뚜렷하여진다고 한다. 한 인간의 생애를 탐구할 때는 '운명'이라는 단어가 갖는 의미에 부딪치는 경우가 자주 발생한다. 우연인가, 필연인가? 고수부의 경우

---

7) 정확한 행정구역 지번으로는 무정면 오룡리 산38번지에 위치한다. 담양읍에서 동남쪽으로 13번 국도 무정로를 따라 가는 도중에 도로 왼편 산기슭이다. 전체 높이 345cm, 폭 1m의 거불인 미륵불상이 성도리를 바라보고 있다. 전라남도 시도유형문화재 제192호인 이 미륵입상은 고려시대 몽고의 침입 때 목숨을 잃은 승병들의 넋을 기리기 위해 조성하여 세웠다고 한다. 이곳은 옛 절터이고, 지금도 주위에서 기와 파편이 발견된다.
8) 작고 아담한 미륵불상인데 마을이 아닌 뒷산을 향하고 있다. 이 미륵불상은 원래 현재의 위치보다 위쪽 산등성이에 있었다. 마을사람들은 성도리 앞쪽 미륵불상을 남미륵 혹은 숫미륵, 뒤편 미륵불상을 여미륵 혹은 암미륵이라고 부른다. 그런데 남미륵과 여미륵이 마주보고 싸운다는 한 도사의 얘기를 듣고 현재의 위치로 옮겼다고 한다. 장원연 고수부 연구가 인터뷰, 2022.4.5. 11:00~.

도 예외는 아니다. 아니, 고수부의 경우는 특히 심하다. 결과론이지만, 미륵
신앙의 분위기에 싸여 있는 성도리에서 유아기를 보낸 고수부의 경우, 어떤
필연이 작용한 것이라는 느낌을 갖게 하는 경우도 마찬가지다.

1885년 고수부가 여섯 살 때 아버지가 사망하였다. 아직까지 사망원인
이 밝혀진 자료는 확인되지 않는다. 민초의 삶이지만 가부장주의家父長主義
가 횡행하던 시기, 아버지의 사망은 어린 고수부에게 불운의 출발점이었
다. 고수부는 어머니를 따라 외외가外外家 송씨의 집으로 옮겨가 살아야 했
다. 어머니의 친정도 아니고 어머니의 외가로 옮겨 살아야 했다면 행간에
는 여러 가지 풍경들이 있었을 터이지만, 더 이상 밝혀진 것은 없다. 고수
부의 외외가는 절집이었다. 고수부는 자연스럽게 불교에 귀의하게 되었
다. 훗날 증산 상제는 "내가 유불선 기운을 쏙 뽑아서 선仙에 붙여 놓았느
니라."(『도전』 4:8:9)라고 하였고, 증산 상제의 도의 반려자가 된 '고수부'의
입장에서 돌아보면, 그것은 하나의 불도체험이었다고 할 수 있다.

고수부가 언제 외외가로 옮겼는지 정확한 기록은 없다. 『도전』에는 "여
섯 살에 부친상을 당하시고 이로부터 모친을 따라 외외가 송씨의 승문僧
門에 귀의하여 수행하시니라."(『도전』 11:3:1)고 하였을 뿐이다. 만약 아버
지가 사망하던 해에 외외가로 옮겨갔다면, 3년 동안 불교체험을 한 것이
된다. 1888년, 아홉 살 되는 고수부는 절집을 떠났다. 고수부는 다시 어
머니아 함께 정읍현井邑縣 남이면南二面 대흥리大興里(현 전북 정읍시 입암면笠岩
面 접지리接芝里 대흥마을)에 사는 차치구車致九(1851~1894)의 집으로 다시 옮
겨가 살았다.

차치구는 고수부에게 이모부였다. 그는 동학접주로 알려졌다. 그러나
뒷받침할 근거자료는 아직 발견되지 않는다. 그가 동학신도였다는 것은
확실해 보인다. 그는 갑오년(1894) 동학혁명 당시 정읍지역의 큰 두령이었
다. 동학혁명 1차 봉기 때 녹두장군 전봉준과 함께 고부관아 습격을 사전

모의했던 20인 방髣 중의 한 명이었고, 2차 봉기 때는 정읍에서 5천 명의 농민군을 이끌고 장령(군단장급)으로 참전하였다.[9] 그는 동학농민전쟁 가운데 가장 큰 전투로 기록될 공주 우금치전투 당시 전봉준후군대장全琫準後軍大將으로 활동하였다.[10] '후군대장'의 위치에 대해 구체적으로 확인할 수는 없지만, 그는 녹두장군 전봉준이 검거되기 전날까지 함께 행동했던 핵심인물이었다.

차치구 집안으로 이사하였으므로 고수부에게는 그가 가장인 셈이었다. 따라서 그의 영향력이 없지 않았을 것이다. 『도전』에서는 "이로부터 이모부를 좇아 동학을 믿으시며 시천주주侍天主呪 수련을 하시니라."(『도전』 11:3:3)라고 하였다. 고수부가 동학신도가 되어 천주를 모셨다는 내용이다. 그 후 열다섯 살에 이모의 권유로 같은 동네에 사는 동학 신도 신씨에게 출가하였다. 고수부가 열다섯 살이라면, 동학혁명이 발생한 다음 해가 된다. 동학혁명이라는 소용돌이가 한 바탕 몰아친 다음해, 신씨와 인연을 맺었다. 혼인생활에 대해 알려진 바는 없다. 다만 슬하에 태종이라는 딸 한 명을 두었다는 것을 알 수 있다. 그러나 혼인한 지 13년 만에 고수부는 남편을 사별하였다.

2) 증산 상제와 만남, 그리고 대도통

정미년(1907) 10월, 증산 상제는 차경석 성도에게 "천지에 독음독양은 만사불성이니라. 내 일은 수부가 들어야 되는 일이니, 네가 참으로 일을 하려거든 수부를 들여세우라."(『도전』 6:34:1~2) 하였고, 경석이 이종사촌 누님인 고수부를 천거하였다. 고수부가 증산 상제를 처음 만난 것은 혼자된 지 불

---

9) 박종렬, 『차천자의 꿈』, 고양: 장문산, 2002, pp.24~25.
10) 『兩湖右先鋒日記』, 壯衛營 編纂·刊行, 1894(高宗 31).

과 다섯 달밖에 되지 않았을 때였다. 그해 동짓달 초사흘날, 정읍 대흥리 차경석의 집에서 수부 책봉의 예식이 거행되었다.[11] 이 때 증산 상제는 "내가 너를 만나려고 15년 동안 정력을 들였나니 이로부터 천지대업을 네게 맡기리라."(『도전』 6:37:5)고 하였다. 고수부에게 종통대권을 전한다는 선언이다. 증산 상제가 고수부에게 종통을 전하는 공사는 이후에도 여러 차례에 걸쳐 이루어졌다. 이후 증산 상제는 모든 천지공사天地公事를 고수부와 함께 처결하였다.[12] 또한 고수부를 주인으로 하는 공사도 행하였다.

좀 길지만 『도전』에서 관련 말씀 몇 가지를 근거로 제시한다.

> 상제님께서 수부님께 수부의 법도를 정하시고 말씀하시기를 "나는 서신西神이니라. 서신이 용사用事는 하나, 수부가 불응하면 서신도 임의로 못 하느니라." 하시고 여러 가지 공사를 처결하실 때 수부님께 일일이 물으신 뒤에 행하시니라. 상제님께서 말씀하시기를 "수부의 치마 그늘 밖에 벗어나면 다 죽는다." 하시니라.(『도전』 6:39:1~4)

> 상제님께서 수부님께 말씀하시기를 "신축년(1901) 이후로는 세상일을 내가 친히 맡았나니 이제 사절기四節氣는 수부가 맡고 24방위는 내가 맡으리라. (『도전』 6:40:1~2)

하루는 상제님께서 남을 등지고 북을 향하여 서시고 수부님으로 하

---

11) 증산도에서 증산 상제와 고수부는 우주의 주재자 및 통치자와 그의 도의 반려자이다. 따라서 궁중용어가 많이 사용되고 있고, 학문 연구 입장에서도 피할 수 없다.
12) 증산 상제와 고수부의 관계를 이해하기 위해서는 정음정양 사상을 비롯하여 증산도의 우주관, 상제관, 수부관 등이 종합적으로 전행되어야 한다. 특히 정음정양 사상에 대한 이해가 바탕이 되어야 한다. 상세한 내용은 『도전』을 비롯하여 다음 업적을 참고할 것. 안경전, 『증산도의 진리』. ; --, 『관통 증산도』. ; 노종상, 『수부 고판례』. ; 유철, 『여자 하나님』 등을 참조할 것.

여금 북을 등지고 남을 향하여 서게 하신 뒤에 그 가운데에 술상을 차려 놓게 하시고 수많은 글을 써서 술상 위에 놓으시고는 수부님과 함께 서로 절하시니라. 이어 상제님께서 말씀하시기를 "그대와 나의 합덕으로 삼계를 개조하느니라." 하시니라.(『도전』 6:42:1~3)

무신(『도전』 1908)년에 하루는 상제님께서 성도 10여 명을 뜰아래 늘여 세우신 뒤에 수부님과 더불어 마루에 앉으시어 수부님께 말씀하시기를 "네 나이는 스물아홉이요, 내 나이는 서른여덟이라. 내 나이에서 아홉 살을 빼면 내가 너 될 것이요, 네 나이에 아홉 살을 더하면 네가 나 될지니 곧 내가 너 되고 네가 나 되는 일이니라." 하시니라. 또 말씀하시기를 "그대와 나의 합덕으로 삼계를 개조하느니라." 하시니라.(『도전』 11:6:1~5)

증산 상제는 고수부의 앞날에 대해서도 우려하는 공사를 진행하였다. 예를 덜어 다음 공사가 그것이다.

하루는 상제님께서 세숫물을 올리고 나가는 경석을 손가락으로 가리키시며 수부님께 일러 말씀하시기를 "저 살기를 보라. 경석은 만고대적萬古大賊이라. 자칫하면 내 일이 낭패되리니 극히 조심하라." 하시니라. 또 말씀하시기를 "네가 금구金溝(현, 김제군 금산면-필자)로 가면 네 몸이 부서질 것이요, 이곳에 있으면 네 몸이 크니 이곳에 있는 것이 옳으니라." 하시고 <u>"앞으로 내가 없으면 크나큰 세 살림을 네가 어찌 홀로 맡아 처리하리오."</u> 하시니라. (『도전』 11:8:1~5, 밑줄-필자)

특히 '앞으로 내가 없으면 크나큰 세 살림을 네가 어찌 홀로 맡아 처리

하겠느냐'는 우려의 표시는 증산 상제가 어천한 후 고수부의 앞날에 대한
천지공사이다. 기유(1909)년 6월 24일, 증산 상제가 김제 금구군 구릿골
김형렬金亨烈(1862~1932)의 집 사랑방에서 어천하였다. 이 때 고수부는 30
세였다. 당시 고수부는 증산 상제의 어천 장소에 있지 않았다. 증산 상제
의 어천 후에도 차경석을 비롯한 성도들은 청국에 공사를 하러 가 계신다
는 등 사실대로 얘기하지 않았다. 고수부가 증산 상제의 어천 사실을 알게
된 것은 1년 3개월이 지난 후였다. 『도전』에 의하면 1910년 9월초 고수부
가 주문을 읽었는데 신안을 통해 구릿골 대밭 끝에 초빈을 보고 매우 이
상하게 여겼다. 다음날 저녁에는 증산 상제가 나타나 "내가 죽었는데 네
가 어찌 나의 묻힌 곳을 찾아보지 않느냐?" 책망하였다(『도전』11:13:5).

이튿날 새벽에 고수부는 신안을 통해 보았던 구릿골로 갔다. 80리나 되
는 먼 길을 한나절 만에 당도한 고수부는 곧바로 구릿골 김형렬의 집 뒤
대밭 끝에 있는 초빈 앞에 이르렀다. 과연 증산 상제의 어용御容이 살아 있
을 때와 조금도 다르지 않았다. 고수부는 증산 상제의 가슴에 '옥황상제玉
皇上帝'라 쓴 명정을 덮어 주었다.

신해(1911)년 4월에 고수부는 차경석과 류응화柳應化와 응화의 둘째 아들
석남錫湳을 데리고 모악산 대원사으로 갔다. 대례복을 갖추어 입으시고 증
산 상제의 성령과 혼례식을 올렸다. 이 날부터 대원사 칠성각에서 49일 동
안 진법주眞法呪 수련을 하였다. 이곳은 증산 상제가 천지대신문을 열었던
바로 그 장소였다. 그 뒤에 고수부는 전라북도 정읍군 정우면 회룡리 운
산마을에 있는 신경수申京守(1838~1923) 성도의 집에 가서 집 윗방에서 100
일 동안 수도하였다.

수부님께서 공부를 마치시매 이로부터 활연대각하시어 삼계의 모든
이치를 통하지 않으심이 없더라.(『도전』11:17:6)

그해 9월 20일 아침에 고수부는 마당을 거닐다가 갑자기 정신을 잃고 넘어졌다. 집 안 사람들이 방안으로 떠메어다 눕히고 사지를 주물렀으나 소생하실 가망이 없자 모두 둘러앉아 통곡하였다.

수부님께서 이렇게 네댓 시간을 혼절해 계시는 중에 문득 정신이 어지럽고 황홀한 가운데 큰 저울 같은 것이 공중으로부터 내려오는지라 자세히 보시니 오색찬란한 과실이 높이 괴어 있는데 가까이 내려와서는 갑자기 헐어져 쏟아지거늘 순간 놀라 깨어나시니 애통해하던 집 안 사람들이 모두 기뻐하니라.(『도전』 11:19:3~5)

고수부가 대도통을 하는 순간이었다. 『도전』에서 전하는 당시의 광경은 다음과 같다. 이 때 고수부는 일어나 앉으며 갑자기 증산 상제의 음성으로 차경석을 향해, "누구냐?" 하고 물었다. 경석이 놀라며 "경석입니다." 대답하였다. "무슨 생이냐?" "경진생입니다." 이에 고수부는, "나도 경진생이라. 속담에 동갑 장사 이체 남는다 하나니 우리 두 사람이 동갑 장사 하자." 하고, 다시 생일을 물었다. 경석이 "유월 초하루입니다." 하고 대답하였다. 고수부가 말했다. "내 생일은 삼월 스무엿새라. 나는 낙종落種 물을 맡으리니 그대는 이종移種 물을 맡으라. 추수秋收할 사람은 다시 있느니라." (『도전』 11:19:6~10) 이것은 단순한 문답이 아니다. '증산 상제의 음성으로' 행하는, 다시 말하면 증산 상제가 행하는 천지공사天地公事('공사'로 줄임말도 병행)다. 내용은 '후천 오만년 종통맥과 추수할 사람'을 정하는 공사이다. 고수부를 통해 증산 상제가 행하는 공사이지만, 고수부의 입장에서는 당신이 직접 행하는 첫 번째 천지공사라고 할 수 있다.

천지공사가 무엇인가? 증산 상제가 처음 사용한 용어이다. 워낙 큰 담론이므로 여기서 상세한 내용을 논의할 여유는 없지만, 천지공사란 한 마디로 우주일가宇宙一家의 조화선경낙원을 여는 신천지의 새판을 짜는 일이다.[13] 삼계대권을 주재하는 조화옹 하느님인 증산 상제가 천지이법과 천지기운을 바탕으로 병든 천지 질서를 바로잡아 심판해 놓은 인류 역사의 설계도요 이정표이다.[14] 과연 누가 이런 천지대업을 할 수 있는가. 우주 주재자인 증산 상제만이 가능하다. 아니, 또 한 사람이 있다. 증산 상제의 도의 반려자인 고수부이다. 고수부는 10년 천 천지공사를 행하였다. 『도전』은 이 때부터 고수부가 성령에 감응되어 수부로서의 신권神權을 얻고 대권능을 자유로 쓰며 신이한 기적과 명철한 지혜를 나타내 천하 창생의 태모太母로서 증산 상제 대도의 생명의 길을 열어 주었다고 하였다. 천직공사를 행하였다는 얘긴데, 후술하겠으나 고수부의 본격적인 천지공사를 병인(1926)년부터 시행된다.

(1) 도운의 첫째 살림, 정읍 대흥리 도장

천지공사의 역사적 전개 방식은 크게 도운공사와 세운공사로 구분된다.

---

13) 『도전』의 제5편은 천지공사 편이다. 따라서 제5편 첫 장에서 내린 '천지공사의 대의'는 가장 정확하고 권위 있는 정의가 될 것이다.
증산 상제님께서 선천개벽 이래로 상극의 운에 갇혀 살아온 뭇 생명의 원冤과 한恨을 풀어 주시고 후천 5만 년 지상 선경세계를 세워 온 인류를 생명의 길로 인도하시니 이것이 곧 인존상제님으로서 9년 동안 동방의 조선 땅에서 집행하신 천지공사라. 이로써 하늘땅의 질서를 바로잡아 그 속에서 일어나는 신도神道와 인사人事를 조화調和시켜 원시반본原始返本과 보은報恩·해원解冤·상생相生의 정신으로 지나간 선천상극先天相克의 운運을 끝막고 후천 새 천지의 상생의 운수를 여시니라. 이에 상제님께서 만고원신萬古冤神과 만고역신萬古逆神, 세계문명신世界文明神과 세계지방신世界地方神, 만성선령신萬姓先靈神 등을 불러모아 신명정부神明政府를 건설하시고 앞세상의 역사가 나아갈 이정표를 세우심으로써 상제님의 대이상이 도운道運과 세운世運으로 전개되어 우주촌의 선경낙원仙境樂園이 건설되도록 물샐틈없이 판을 짜 놓으시니라. (『도전』 5:1:1~9)
14) 증산도 도전편찬위원회, 『도전』, 대원출판, 2003, p.528. 측주. 이 『도전』은 개정판이다. 이하 '『도전』(개정판)'으로 표기한다. 천지공사에 대한 더욱 상세한 내용은 『도전』과 함께 다음 선행연구를 참조할 것. 안경전, 『증산도의 진리』. ; ――, 『관통 증산도』. ; 원정근, 『천지공사와 조화선경』, 대전: 상생출판, 2011.

도운은 증산 상제 도의 운로이다. 조금 더 정확하게는 종통 계승의 운로라고 할 수 있다. 세운은 세계질서의 움직임, 운명을 천지도수로 정하여 인사로 전개되게 한 것이다. 따라서 증산 상제의 종통 계승자인 고수부는 도운의 중심에 있는 인물이다.

그해(1911) 10월, 고수부는 증산 상제를 직접 모신 성도들을 불러 모았다. 그리고 신도神道로써 포정소布政所 문을 열고 도장 개창을 선언하였다. 증산 상제 어천 이후에 방황하던 성도들이 다시 크게 발심하여 고수부를 모셨다. 고수부는 대흥리 차경석의 집을 본소로 정하고 성도들로 하여금 각기 사방으로 보내 포교에 힘쓰게 하였다.

> 이로부터 우리나라에 비로소 상제님 무극대도의 포교 운동이 조직적으로 전개되어 신도들이 구름 일듯이 모여들기 시작하더니 그 후 3년 만에 전라남북도와 충청남도와 경상남도와 서남해의 모든 섬에 태을주 소리가 끊이지 않고 울려 퍼지게 되니라.(『도전』 11:28:6~7)

때는 나라가 일본과 합병당한 지 1년 뒤였다. 망국의 백성이 된 민초들은 갈 길을 몰라 방황했고, 고수부가 개창한 무극대도는 그들에게 한 줄기 구원의 빛이 되었다. 도세는 날로 흥왕하였다. 가지 많은 나무에 바람 잘 날 없다고 했다. '적'은 내부에 있었다. 바로 이종사촌동생 차경석이었다. 『도전』에 의하면 경석은 기국이 워낙 커서 다른 성도들과 품은 뜻이 다르더니 마침내 교세를 움켜쥘 욕심을 갖게 되었다. 경석의 야심을 간파한 성도들이 모두 분개하여 더러는 도문을 떠나고 지방 신도들과 연락하여 따로 문호를 세우기도 하며,[15] 일부는 경석을 따돌리고 본소를 다른 곳

---

15) "각 지방으로 흩어져 돌아간 성도들이 지방 신도들과 연락하여 따로 문호門戶를 세우니 이러하니라. 안내성은 순천 양율良栗에서, 이치복은 원평에서, 박공우는 태인에서 교단을 세

으로 옮기려는 운동을 벌이기도 하였다. 이치복李致福(1860~1944) 성도가
그런 인물이었다. 그러나 차경석은 치밀하였다. 을묘乙卯(1915)년에 이치복
의 본소 이전 운동을 저지한 경석은 이 해 동지절에 통교권統敎權을 장악한
다음 심복들로 하여금 24방주方主로 임명한 뒤에 교권敎權을 집중시켰다.
이 때부터 경석은 고수부가 옆에 있는 것조차 불편하게 여겼다. 그는 고수
부가 거처하는 방을 '영실靈室'이라 칭하며 방문에 주렴을 걸어 놓고는 '예
문禮門'이라 하여 자신의 허락 없이는 누구도 출입을 못하게 하고, 아내 이
씨李氏에게만 수발을 들게 하였다.

무오(1918)년 6월 20일에 고수부는 딸 태종을 정읍군 우순면 초강리雨順面
楚江里 연지평蓮池坪 마을 박노일朴魯—에게 시집보냈다. 그리고 9월 19일에 증
산 상제 성탄치성을 봉행한 다음 대흥리에서의 모든 일을 정리한 후 21일
새벽에 대흥리를 떠나 김제군 공덕면 공덕리孔德里 송산松山 마을 천종서의 집
으로 옮겼다가 다음 달 중순에 김제군 백산면 조종리白山面로 옮겨갔다.

(2) 도운의 둘째 살림, 김제 조종리 도장

백산 조종리는 증산 상제와 동종同宗 간인 진주 강씨들이 150호 정도 사
는 집성촌이다. 이 마을에서 강응칠姜應七(1871~1941), 강사성姜四星(1885~
1691), 강원섭姜元聶(?~1950 추정) 등 대여섯 명이 신도였다. 고수부는 중조
中祖 마을에 있는 오두막집에 임시 거처를 정하여 한 달간 머물렀다가 하
조下祖 마을 강응칠의 집으로 옮겼다.

이 무렵 고수부는 뜻하지 않는 옥화獄禍를 당하였다. 내막은 이러하였다.
1917년 고수부를 몰아내다시피 하여 교권을 독차지한 차경석이 경찰의
감시망을 피해 지하로 잠적하였다. 이후 대흥리 교단에는 불미스런 일이

우니라. 또 김형렬, 김광찬, 문공신, 김병선金炳善 등이 각기 문호를 여니 이로부터 각 교파가
분립하여 도운의 뿌리 분열 시대가 열리나라."(『도전』 11:40:1~4)

연달아 일어났다. 1918년 동짓달에 제주 신도 문인택文仁宅이 성금 10만여 원을 면화 포대 속에 감추어 육지로 나오다가 목포에서 발각되는 사건이 터졌다. 이 사건으로 차경석 교주의 아우 윤칠輪七[16]을 비롯한 간부급인 방주方主 18명이 체포되어 목포경찰서에서 혹독한 고문을 당하였다. 이 때 차경석의 교단에서 식자층으로 꼽히는 이상호李祥昊(1888~1967)[17]가 사건 해결의 담당자로 나서 모든 책임을 고수부에게 떠넘겼다. 동짓달 25일, 고수부는 강응칠과 함께 경찰서로 연행되었다. 이튿날 목포경찰서에 이송되어 심문을 받았으나 별다른 증거가 없었으므로 강응칠은 섣달 12일에 석방되고, 고수부는 38일 만인 이듬해(1919) 정월 초사흗날에 석방되었다. 이를 일러 '무오년 옥화'라 하였다.

종교적으로 이해한다면 이 무오옥화는 고수부가 무엇인가를 대속하여 스스로 받은 측면이 있다.[18] 그러나 경찰서에서 석방된 후 고수부의 마음은 편치 않았던 것 같다. 이로부터 고수부는 농사에 마음을 두고 몇 년 동안 한가로이 지내실 뿐이었다. 그러나 당시의 '한가로움'은 웅크린 사자의 그곳에 다름 아니었다. 병인(1926)년 3월 5일[19]에 고수부는 여러 성도들을 도장에 불러 모았다. 그리고 "이제부터는 천지공사를 시행하겠노라."고 선언하였다. 이어서 "증산 상제님께서는 9년 공사요, 나는 10년 공사이니 내가 너희 아버지보다 한 도수가 더 있느니라."(『도전』 11:76:1~3)고 덧붙였다. 이후 고수부는 10년 동안 본격적인 천지공사를 행하게 된다. 종통대권자로서, 온 인류의 진멸 위기인 후천 개벽[20]을 앞두고 온 천하창생의 어머니

---

16) 차경석의 4형제 중 둘째.

17) 이상호는 1919년 차경석이 보천교를 조직할 때, 보천교 총령원장까지 피임되었다.

18) 『도전』 11:48, 49를 참조할 것.

19) 고수부가 공사를 시작한 날짜는 각 기록마다 조금씩 차이가 있다. 『고사모신정기』는 1월 1일로, 『도전』과 『선정원경』은 3월 5일로 기록하였다.

20) 후천 개벽 상황에 대해서는 『도전』과 함께 다음 책을 참조할 것. 안경전, 『개벽 실제상황』, 서울: 대원출판, 2005. ; --. 『생존의 비밀』, 대전: 상생출판, 2020. ; --. 『이것이 개벽이

로서 단 한 명의 자식이라도 더 살리기 위한 본격적인 행보였다.

(3) 도운의 셋째 살림, 김제 용화동 도장

① 왕심리 도장

기사(1929)년 9월 21일 고수부는 몇몇 성도들과 함께 조종리를 떠나 순흥 안씨順興安氏 집성촌인 정읍 왕심리旺尋里로 옮겨 갔다. 옮긴 배경은 이러하였다. 고수부의 둘째 살림인 조종골 도상 시절, 고민환高旻煥(1888~1966)이 입도하였다. 본관 제주. 도호는 성포聖圃. 전북 옥구 출신인 고민환은 어려서 동진童眞출가한 경험이 있었다. 그후 환속하였다가 1919년경부터 조종골 도장에 출입하였다. 병인년(1926)부터 그는 대부분의 공사에 수종을 든 고수부 교단의 수석성도가 되었다. 그는 고수부를 대행하여 교단 운영과 병자 치료를 맡았다.

강응칠과 강사성 등을 주축으로 한 조종리 강씨들은 불만이었다. 그들은 그동안의 공로를 내세우며 행동으로 나섰다. 도장에 속한 소작답 24두락을 끊어 버리는 등 도장 운영을 방해하였다. 특히 강응칠은 고수부가 거처하는 조종리 도장 건물을 자신의 명의로 돌렸다가 도장 아래에 사는 오두막집 주인에게 팔아 버렸다. 뒤늦게 우두막집 주인을 통해 이 사실을 알게 된 고수부는 도장을 떠나지 않았다. 도장은 여러 신도들이 공동 모금으로 건축한 건물이었다. 이에 오두막집 주인이 강응칠을 전주지법에 고소하는 일이 벌어졌다. 결국 강응칠이 패소하여 벌금형이 내려졌고, 그 아들 대용大容이 벌금 대신 6개월의 형을 살고 나왔다. 사람들은 이것을 '도집 재판 사건'이라 하였다.

강응칠은 물러나지 않았다. 얼마 후 그는 다시 도장을 팔아넘길 속셈으

다』 상·하, 대전: 상생출판, 2013.

로 김제 청년 혁신파와 합세하여 고수부를 경찰서에 밀고하였다. 고수부는 경찰서에 출두하는 따위로 온갖 수모를 감내하였다. 그 사이에 많은 신도들이 도장을 떠났다. 고수부는 조종리 강씨 신도들의 무도함에 실망을 감추지 않았다. 결국 고수부는 증산 상제 어진을 모시고 조종리 도장을 떠났다.

고수부가 왕심리로 옮긴 것은 단순히 조종리 강씨들에 대한 실망과 분노 때문만은 아니었다. 천하창생의 어머니로서 해야 할 일이 있기 때문이었다. 정읍 왕심리는 대흥리와 마주보고 있는 마을이었다. 이 무렵 대흥리 교단에서는 큰 위기에 봉착해 있었다. 고수부를 밀어내고 교권을 장악한 차경석은 1921년 일본 경찰의 체포령과 감시망 속에서도 경상남도 함양 황석산黃石山(1192.5m) 기슭에서 천제를 올리고 교명을 '보화普化'로 선포하였다.[21] 보천교 교주 차경석은 탁월한 조직가였다. 그는 일제 당국에 쫓기면서도 보천교의 교세를 한껏 키워나갔다. 보천교 안팎에서 6백만 보천교, 7백만 보천교라는 말이 떠돌았다. 때는 식민통치 권력이 서슬 퍼렇게 날뛰었던 일제 강점기. 총독부 당국이 구경만 하고 있을 리 만무하였다. 총독부는 탄압의 고삐를 늦추지 않았다. 그럴수록 차경석은 신출귀몰할 정도로 신변을 감추면서도 교세를 더욱 확장하였다. 무진년(1928), 기사년(1929) 사이에 보천교 각 지방 신도들이 본소가 있는 정읍 대흥리로 이사하여 신앙촌을 이루었다. 나라 잃고 갈 곳을 몰라 방황하던 망국의 백성들은 한 줄기 빛을 찾아드는 나방처럼 대흥리로 몰려들었다. 갑자기 수천 가구가 이주해 왔으므로 보천교 신도들과 그 가족들은 대부분 생계까지 곤란하게 되었다. 교주 차경석이 구제 방편으로 벽곡방문辟穀方文을 공포하고 벽곡을 장려하였으나 그로 인한 독과 기아로 죽는 자가 속출하고 남

---

21) 그 후 보화교는 서울책임자였던 이상호가 총독부에 등록하는 과정에서 교명을 '보천교普天教'로 바꾸었다.

은 사람들도 굶주림에 시달렸다.

고수부는 이미 보천교가 처한 상황을 꿰뚫어 보고 있었다. 보천교의 씨를 뿌렸던 주인이다. 인간사를 떠나서 고수부라는 존재 자체가 천하 창생의 살리는 어머니가 아니던가. 어머니가 어느 자식이 죽어가는 것을 보고 있을 수 있겠는가. 바로 이것이 고수부가 왕심리로 옮겨 온 배경 중의 하나였다. 고수부가 왕심리에 옮긴 이후, 보천교 신도들이 매일 수십 명씩 와서 굶주림을 호소했다. 『도전』에는 이때 왕래하는 자가 무려 만여 명이 되었고, 고수부는 한 사람도 빠짐없이 그들을 거두어 구제하였다고 기록하였다(『도전』 11:274:5). 창생을 구제하는 일은 진행되고 있었으나 도장 운영은 점점 어려워졌다. 원래 고수부의 교단 신도들은 대부분 조종리 인근 사람들이었다. 조종리에서 왕심리까지 거리가 멀었으므로 신미년(1931)에 이르면 신도들의 내왕이 점점 줄어들고 도장 형편도 매우 어려워졌다.

② 용화동 도장

1931년 동짓달 14일 고수부는 전라북도 김제 금산면 용화동龍華洞 동화교東華敎 교단으로 옮겼다. 당시 동화교 통정統正은 이상호였다. 전라남도 해남 출신인 그는 어려서 한학을 수학하고 만주·북경 등을 유랑하다가 28세 때 대흥리 교단에 입교하여 1919년 차경석이 보천교를 조직할 때, 총령원장까지 피임되었다. 그러나 차경석 교주와의 불화로 동생 이성영李成英(1895~1968, 후에 정립正立으로 개명) 등과 보천교 혁신운동을 주도하다가 탈퇴하였다. 1925년 김형렬의 미륵불교로 옮겼으나 역시 탈퇴하였다. 그 사이에 증산 상제의 제자들을 방문하여 행적을 수집, 정리하여 『증산천사공사기』(1926)를 출간하였다. 증산 상제의 행적에 관한 첫 번째 기록이었다. 1928년 이상호는 동생 정립과 임경호林敬鎬 등과 함께 동화교를 세우고 통정에 올랐다. 그리고 『증산천사공사기』를 대폭 수정, 보완하여 『대순전경』(1929)을 출간하기도 하였다. 그러나 동화교는 치명적인 약점이 있었다. 통정 이상호를 비롯한 동화교 간부들은 보천교를 비롯한 다른 교단들처럼 증산 상제를 직접 모셨던 성도들이 아니었으므로 정통성이 취약하다는 점이었다. 누구보다도 이상호는 이 사실을 잘 알고 있었다. 바로 이 약점을 한꺼번에 해결해 줄 수 있는 인물이 고수부였다. 동화교는 1930년부터 여러 차례 사람을 보내 그 뜻을 밝혔다. 심지어 통정 이상호가 직접 찾아와 고수부를 설득하였다.

결국 고수부를 정점으로 하는 조종리 교단과 용화동 동화교 통합 교단이 출범하였다. 고수부는 치성을 마친 뒤 도장 조직을 새롭게 구성하여 선포하였다. 고수부 주재 아래 대교령大敎領 한 사람과 부교령副敎領 두 사람을 두어 도장을 운영케 하고, 대보大保 한 사람과 아보亞保와 찬보贊保 각 두 사람씩으로 구성된 보화원保華院을 두어 도무를 돕게 하는 조직이었다. 대교령에는 홍원표洪元杓, 부교령에는 이성영과 전준엽, 대보에는 이상호, 아보에는 임경호와 고찬홍, 찬보에는 김환金丸과 이근목이 각각 선임되었다. 면면을 보면 조종리 신도들과 동화교 신도들이 분배되어 있음을 확인할 수 있다. 이로써 증산 상제가 고수부에게 붙인 '크나큰 세 살림' 가운데 마지막 셋째 살림인 용화동 도장 시대가 열렸다.

(3) 오성산 은둔과 선화仙化

용화동 도장 시절은 처음부터 삐걱거렸다. 유교의 틀에 매여 있는 이상호와 성영 형제는 고수부의 신도 세계를 이해하지 못하였다. 고수부는 두 사람의 심법을 들여다보고 신도가 내릴 때마다 "이놈, 저놈" 하며 담뱃대로 때리기 일쑤였다. 두 사람은 맞는 것이 두렵고 체면도 손상되었으므로 고수부를 피해 다녔다. 원래 이상호·성영 형제가 고수부를 모신 의도는 '정통성을 확보하고 고수부의 신권을 바탕으로 교세를 확장하기 위함'이었다. 막상 모시고 보니 고수부가 신도로써 행하는 천지공사의 진행 방법과 언행이 단순한 무당 짓으로만 여겨졌다. 그들은 아예 고수부가 거처할 방을 따로 정하여 모셨다. 겉으로는 높이는 척하면서 실제로는 행동반경과 출입을 제한하려는 것이었다. 고수부는 과거 대흥리 도장에 이어 다시 용화동 도장에서 감금에 가까운 생활을 하게 되었다.

> 태모님께서 용화동에 계실 때 천지에서 신도가 크게 내리매 여러 차례 용봉龍鳳을 그려 깃대에 매달아 놓으시고 공사를 행하시더니 용화동을 떠나시기 얼마 전에 다시 용봉기龍鳳旗를 꽂아 두시고 이상호에게 이르시기를 "일후에 사람이 나면 용봉기를 꽂아 놓고 잘 맞이해야 하느니라." 하시고 "용봉기를 꼭 꽂아 두라." 하시며 다짐을 받으시니라.(『도전』 11:365:1~3)

계유년(1933), 고수부가 용화동을 떠나기 전에 행한 공사는 이것이었다. 이 공사 내용에 대한 구체적인 논의를 할 여유는 없다. 『도전』에서는 이 공사의 제목을 '용봉을 그려 종통 도맥을 전하심'이라고 붙였다. 그해 동짓달 5일에 고수부는 도운 세 살림의 파란곡절을 뒤로하고 용화동을 떠났다. 옮겨간 곳은 전라북도 옥구군 오성산五聖山 도장이었다. 일종의 은거였다. 물론 은거 중에도 인류 진멸의 위기에 처하게 될 후천 개벽기를 맞아 죽어가게 될 창생을 한 명이라도 더 구원하기 위해 공사를 멈추지 않았다.

몇 가지만 예를 들면 다음과 같은 공사였다.

> 태모님께서 9월 상제님 성탄치성 전날에 무수히 개탄하여 말씀하시기를 "이 자손들을 어찌하면 좋으리오. 죽게 되면 저희들이나 죽지 애매하고 불쌍한 우리 창생들을 어찌하리." 하시며 성도들을 동쪽으

로 향하여 벌여 앉히시고 해마주解魔呪를 읽게 하시며 이르시기를 "살려 내자, 살려 내자!" 하시니라. 이는 장차 일본 제국주의의 칼날에 수없이 죽어갈 이 땅의 백성들을 구제하시기 위한 공사이더라.(『도전』 11:385:1~4)

태모님께서 말씀하시기를 "장차 괴질이 군산 해안가로부터 들어오느니라." 하시고 "그 괴질의 기세가 워낙 빨라 약 지어 먹을 틈도 없을 것이요, 풀잎 끝에 이슬이 오히려 더디 떨어진다." 하시니라. 또 말씀하시기를 "소병, 대병이 들어오는데 죽는 것은 창생이요, 사는 것은 도인이니 오직 마음을 바르게 갖고 태을주를 잘 읽는 것이 피난하는 길이니라." 하시니라.(『도전』 11:386:1~4)

태모님께서 말씀하시기를 "태을주는 천지 기도문이요, 개벽기에 천하 창생을 건지는 주문이니라." 하시고 "이 뒤에 병겁을 당하면 태을주를 많이 읽어 천하창생을 많이 살려라." 하시니라. 또 말씀하시기를 "태을주의 '훔치 훔치'는 천지신명에게 살려. 달라고 하는 소리니라." 하시니라.(『도전』 11:387:1~3)

하루는 태모님께서 공사를 보실 때 '억조창생'을 부르시며 "불쌍하다! 불쌍한 놈만 죽게 생겼다." 하고 통곡하시더니 담뱃대를 좌우로 두르시며 "살려 내자!" 하시고 "사람이 없으면 천지도 공각空殼이요, 일월도 무용無用이라." 하시니라.(『도전』 11:388:1~3)

인간으로 와서 마지막 목숨이 다하는 날까지 천하창생을 구원하기 위해 몸 바쳤던 고수부는 마침내 마지막 나날을 보내고 있었다. 『도전』은 고수부의 최후의 날을 다음과 같이 묘사하였다. 그날, 고수부는 홀로 목욕을 한 뒤에 새 옷으로 갈아입고 요에 누웠다. 수석성도 고민환을 불러 머리맡에 앉혔다. 두어 시간 후에 문득 성도들에게 "너희들이 마음만 잘 고치면 선경세계를 보게 되건만…, 선경세계가 바로 눈앞에 있건만…." 하고, "증산 상제님이 오시면 나도 올 것이요, 내가 오면 상제님도 오시리라." 하더니 증산 상제 어진을 향하여 손을 흔들며 "너희 아버지가 벌써 오실 때가 되었는데." 하고 세 번 거듭 말한 뒤에 눈을 감았다(『도전』 11:416). 고수부의 마지막 언술에는 몇 가지 의미를 암시하고 있다. 첫째, 당신을 따랐던 성도들에 대한 아쉬움과 당부이다. 물론 이런 언술은 성도들에 한정되지 않는다. 지금 여기 우리에게, 나아가 미래 후손들에 대한 그것일 수 있다. 둘째, 증산 상제와 함께 다시 인간 세상에 올 수 있다는 암시이다. 셋째, 증산 상제가 와서 함께 천상으로 떠났다. 여기에 대해서는 '수부'의 존재 의미에 대해 상기하는 것이 이해하기가 쉽다. 1907 10월, 증산 상제가 차경석 성도를 향해, "내 일은 수부가 들어야 되는 일", "천지공사에 수부가 있어야 순서대로 진행된다."라며 수부 택정을 명하였을 때, 그 내용은 수부의 입장에서도 동일하게 적용된다. 수부가 행하는 천지공사에는 반드시 증산 상제가 있어야 한다. 심지어 지상에서 최후를 맞이하는 일까지도. 사람의 육안으로 볼 수 있는 일은 아니지만, 고수부는 증산 상제의 마중을 받으며 천상으로 떠났다. 1935년 11월 1일의 대사건이다. 이 사건을 통해 『도전』은 '태모님께서는 천지신명과 억조창생의 어머니로서 10년 동안의 천지공사를 통해 창생들의 모든 죄를 대속하시어 후천 오만년 선경세계로 나아갈 길을 열어 주시고 한 많은 세월을 뒤로하신 채 천상으로 떠나셨다.'(『도전』 11:416:8~9)라고 고수부의 생애 전반을 간단하게 정리하였다. 당시 고수부는 56세였다.

3 고수부의 신도사상

1) 수부, 신교神敎의 근대적 출현

  신도神道사상은 '고수부'사상의 바탕을 이룬다. 고수부의 모든 행위, 나아가 사상은 신도사상으로부터 비롯된다. 다시 말하면 신도사상은 고수부의 여러 사상 가운데 하나일 수 있지만, 나아가서 본고에서 논의하게 될, 혹은 논의하지 못한 고수부의 모든 사상의 기본이 된다. 신도사상이 바탕이 되지 않고서는 고수부의 어떤 행위, 사상을 논의할 수 없다는 얘기다. 본고에서 신도사상을 고수부의 첫 번째 사상으로 논의하는 이유이다.

  고수부의 신도사상을 본격적으로 논의하기 전에 먼저 고수부와 우리 고유의 신앙인 신교神敎의 관계를 검토한다. 증산 상제와 그의 도의 반려자인 고수부야말로 신교의 총체이며 정점으로서 근대적 출현이기 때문이다. 신교가 무엇인가? '신교'의 문자적 의미는 신의 가르침이다. 신교는 태고 시대 인류 문명의 보편 종교를 가리킨다. 신교는 '신으로써 가르침을 설했다[以神設敎]'[22], '신으로써 가르침을 베풀었다[以神施敎]'[23] 등에서 나온 용어이다. 조선 후기의 역사가 이종휘李種徽(1731~1797)도 『동사東史』「신사지神事志」에서 환웅천황 시절에는 "신시 시대에 신으로써 가르침을 베풀었다[神市之世, 以神設敎]"[24]라고 하였다. 또한 공자는 『주역』 관괘觀卦 「단전」에서 "성군들이 신도로써 교화를 베풀었다[以神道設敎]."[25]라고 하였다. 여기서 신은 삼신三神을 가리킨다. 『규원사화』 「태시기太始記」에는 '以神設敎'에

---

22) 『揆園史話』 「太始記」. ; 『揆園史話』 「檀君紀」.
23) 『檀君世紀』.
24) 李種徽, 『東史』 「神事志」. 神市之世, 以神設敎.
25) 『周易』 觀卦 「彖傳」. 聖人以神道設敎。

해당하는 원문이 "신시씨神市氏(환웅천황을 가리킨다-필자 주)가 임금이 되어 신으로서 가르침을 베풀었다"[26]이며, 같은 책 「단군기」 역시 "신시씨는 진실로 동방 인류의 조상으로서 … 우리나라는 신인神人이 교화를 베푼 것이 오래 전부터 풍속이 되었다."[27]는 것이다. 또한 『단군세기』의 '이신시교以神施敎'의 본래 문장은 "그러므로 환웅천황께서 펼치신 신시 개천의 도는 신도(삼신의 도)로써 가르침을 베풀었다."[28]이며, 모두 주어가 환웅천황으로서 '이신설교'한 내용을 가리킨다. 원동중이 편찬한 『삼성기』에는 "환국 말기에 다스리기 어려운 강한 족속이 있어 이를 근심하던 차에 환웅께서 삼신의 도로써 가르침을 베풀고[以三神設敎]"[29]라고 하였으며, 조선 초기의 문신 이맥李陌(1455~1528)은 『태백일사』에서 "환국 말기에 다스리기 어려운 강한 족속이 있어 이를 근심하던 차에 환웅께서 삼신의 도로써 가르침을 베풀고[以三神設敎]"[30], "옛적에 환웅천황께서 천하가 광대하여 한 사람이 능히 다스릴 수 없다고 생각하셨다. … 그러므로 천황께서 삼신(상제님)의 도로써 가르침을 세우고[以三神立敎]"[31]라고 하였다. 앞의 '이신설교'와 같은 내용을 '이삼신설교'로 표기한 것이다. 즉, 신은 삼신을 가리킨다는 것을 확인할 수 있다.

> 천상 세계에 '문득' 삼신이 계셨으니 곧 한 분 상제[三神卽一上帝]이다. 주체는 일신이니, 각기 따로 신이 있는 것이 아니라 작용으로 보면 삼신이다.[32]

---

26) 『揆園史話』 「太始記」. 神市氏旣爲君長, 以神設敎.
27) 『揆園史話』 「檀君紀」. 神市氏, 寔爲東方人類之祖, … 我國以神設敎, 從古爲俗.
28) 『檀君世紀』. 故神市開天之道, 亦以神施敎.,
29) 『三聖紀全』 下篇. 桓國之末 有難治之族族患之 桓雄乃以三神設敎.
30) 『太白逸史』 第三, 「神市本紀」. 桓國之末. 有難治之族族, 患之, 桓雄乃以三神設敎.
31) 『太白逸史』 第四, 「三韓管境本紀」. 昔者桓雄天王 思天下之大 非一人 所能理化…故以三神立敎.
32) 『太白逸史』 第三, 「神市本紀」. 大始上下四方 曾未見暗黑 古往今來 只一光明矣 自上界 却有

일신一神이지만, 각기 따로 신이 있는 것이 아니라 작용으로 보면 삼신이다. 삼신은 세 분의 신을 지칭하는 말이 아니다. 동일한 한 신이 만물의 변하작용을 세 가지 신성으로 다스린다는 뜻이다. 그 세 가지 본성을 조화造化·교화敎化·치화治化라고 한다. 삼신은 조화신으로서 만물로 하여금 성품을 트이게 하고, 교화신으로 목숨을 열고 천명을 알게 하며, 치화신으로서 정기를 보존하여 스스로를 다스리게 한다. 이렇듯 삼신은 세 가지 신성으로 우주 만물의 생명을 주관하는 한 조물자 하나님을 표현한다. 『태백일사』에 의하면 "일신 즉 삼신이요 삼신 즉 일신[卽一卽三]이 되는 창조 원리(삼신일체 신관과 우주 생명관)"이다.[33] 삼신은 곧 만물이 생겨나고 자라고 성숙되는 삶의 전 과정을 이끄는 우주의 근본 힘이다. 세 가지 신성으로 우주 만물의 생명을 주관하는 한 조물자 하나님을 표현한다. 조·교·치의 신성은 삼신이 우주 만물을 다스림에서 작용하는 혹은 자신을 드러내는 세 가지 방식에 속한 것이다. 이른바 일즉삼 삼즉일一卽三三卽一의 논리로 하나 속에 셋이, 셋 속에 하나가 전제돼 있다는 것이다. 체體로 모으면 하나고 용用으로 펴면 셋이다. 삼일三一은 그 체이고 일삼一三은 그 용이다.[34] 삼신은 영원한 생명의 근본이다. 그러므로 사람과 만물이 삼신에서 생겨나고 삼신이 바로 모든 생명의 근원이 되는 조상[一源之祖]이다.[35]

태시에 하늘과 땅이 '문득' 열리니라. 홀연히 열린 우주의 대광명 가운데 삼신이 계시니, 삼신은 곧 일신一神이요 우주의 조화성신造化聖神이니라. 삼신께서 천지만물을 낳으시니라. 이 삼신과 하나 되어 천

三神 卽一上帝 主体則爲一神 非各有神也 作用則三神也.
33) 『太白逸史』第五, 「蘇塗經典本訓」, 卽一卽三.
34) 황경선, 『천부경과 신교사상』, 대전: 상생출판, 2014, p.67.
35) 『太白逸史』第一, 「三神五帝本紀」. 夫三神者 永久生命之根本也, 故曰人物同出於三神, 以三神爲一源之祖也.

상의 호천금궐에서 온 우주를 다스리시는 하느님을 동방의 땅에 살아온 조선의 백성들은 아득한 예로부터 삼신상제, 삼신하느님, 상제님이라 불러 왔나니 상제는 온 우주의 주재자요 통치자 하느님이니라.(『도전』 1:1:1~5)

환웅천황이 삼신의 가르침 즉, 신교로서 백성들을 가르쳤다고 하였을 때, 삼신은 인격신으로서 발현된다. 삼신은 곧 일신이며, 그 일신은 삼신상제, 삼신하느님, 상제이다. 「삼신오제본기」(『태백일사』)에 의하면 삼신상제는 조화로 만물을 빚어내고, 헤아릴 수 없는 지혜와 능력으로 온 세상을 다스리지만 그 형체를 드러내지 않는다. 가장 높고 높은 하늘에 앉아계시고, 그곳은 천만억토이다.[36] 이 삼신상제는 우주의 주재자이며 통치자로서 하느님이다.

동방의 조선은 본래 신교의 종주국으로 상제님과 천지신명을 함께 받들어 온, 인류 제사 문화의 본고향이니라.(『도전』 1:1:6)

동방의 한국은 신교의 종주국이다. 우리나라가 상고시대에 신교의 나라였다는 기록과 선행연구는 많이 축적되었다. 황경선 박사는 "신교는 먼 옛날 환국, 배달, 고조선의 삼성조 시대 이래 한민족 삶의 중심이 되어온 생활문화를 일컫는다."[37]고 지적하는 가운데 김교헌의 『신단민사』 중에, "먼 옛날에 정치가 종교의 지배를 받았기 때문에 미풍양속이 신교에 대한 일밖에 없었다. 신단민족神檀民族은 신교문화 속에서 생활하는 사람들이었

---

36)『太白逸史』第一,「三神五帝本紀」. 神有引出萬物, 統治全世界之無量智能, 不見其形體, 而坐於最上上之天, 所居千萬億土.
37) 황경선, 『천부경과 신교사상』, p.38.

다."[38]는 구절을 인용하고 있다. 신교는 우리 겨레의 삶을 규제하는 이념이나 원리일 뿐만 아니라 구체적 삶의 다양한 양태의 총체이며 종교, 정치, 예술, 사상이 갈라지기 이전 그것들을 포함하는 원형문화였다는 것이다.[39] 도광순은 신교는 한국 고대의 가장 뚜렷하고 독특한 민족적 종교요, 사상이요 문화형태였다고 지적하였다.[40]

신교는 우리 민족만의 종교로서 한정되지 않는다. 신교는 이후에 성립된 모든 종교의 뿌리가 된다. 일찍이 신라 말 대학자 최치원은 저 유명한 「난랑비서문鸞郎碑序」에서 신교는 유불도 삼교가 포함되어 있다고 밝혔다. 다음은 『삼국사기』 4권 「신라본기」 진흥왕 37년조의 기록이다.

> 최치원의 난랑비 서문에는 "우리나라에는 현묘한 도가 있으니, 이를 풍류風流라고 하였다. 이 교를 창설한 내력은 『선사仙史』에 자세히 밝혀져 있는데, 실제적으로는 삼교를 포함하여 중생을 교화하자는 것이다.[41]

여기서 '풍류'도는 신교를 가리킨다. 풍류의 '풍風'은 '붉'을 이두 문자로 표기한 것이고 '밝음'은 신성을 의미한다. 따라서 '우리나라에는 현묘한 도' 풍류는 신교의 이음동이의에 해당한다. 또한 '삼교포함'에서 '포함包含'은 단순히 밖으로부터 휩쓸어 싸다는 의미의 '포함包涵'이 아니라 본래부터 함께 그 속에 들어있다는 뜻이다. 최치원은 '풍류'란 이름으로 우리나라의 고유한 도인 신교의 실재를 증언한데 이어, 그 안에 애초에 유·불·선 삼교

---

38) 김교헌, 고동영 옮김, 『신단민사』, 서울: 한뿌리, 2006, p.43.
39) 위의 책, p.39.
40) 도광순, 「풍류도와 신선사상」, 『신선사상과 도교』, 서울: 범우사, 1994. p.83.
41) 『三國史記』4卷 「新羅本紀」4 眞興王 37年. 崔致遠鸞郎碑序曰: "國有玄妙之道, 曰風流. 設教之源, 備詳仙史, 實乃包含三敎, 接化群生."

의 종지가 심어져 있다고 말하고 있는 것이다.[42] 고려시대 자하선인紫霞仙人 이고李皐(1351~?)와 그의 제자 팔공진인八空眞人 류성성柳成性(1308~?)이 강론한 내용을 정리한 『신교총화』에서 "신교는 뭇 종교의 근원이며 어머니 되는 뿌리 진리이다."[43]고 하였다.

> 한민족은 환국-배달-조선의 삼성조시대가 지난 후 열국시대 이래 중국 한족과 일본에 의한 상고 역사의 왜곡으로 민족사의 뿌리가 단절되어 그 상처가 심히 깊더니 상제님께서 원시반본原始返本의 도로써 인류 역사의 뿌리를 바로잡고 병든 천지를 개벽하여 인간과 신명을 구원하시기 위해 이 땅에 인간으로 강세하시니라.(『도전』 1:1:7~8)

> 본래 유儒·불佛·선仙·기독교[西仙]는 모두 신교에 연원을 두고 각기 지역과 문명에 따라 그 갈래가 뉘었더니 이제 성숙과 통일의 가을시대를 맞아 상제님께서 간방 땅 조선에 강세하시매 이로써 일찍이 이들 성자들이 전한 천주 강세의 복음이 이루어지니라.(『도전』 1:6:1~3)

신교의 맥은 종주국인 동방 한민족의 유구한 역사 속에 면면히 이어져 왔다. 그러나 19세기 말 조선을 비롯한 동양 각국이 서양 제국주의 열강의 폭압에 굴복당해 갈 무렵, 신교 또한 권위를 잃고 그 명맥이 희미해졌다. 『도전』에는 바로 이때, "하늘에서 동방의 이 땅에 이름 없는 한 구도자를 불러 세워 신교의 도맥을 계승하게 하고 후천개벽으로 새 세상이 열릴 것을 선언토록 하였다."(『도전』 1:8:4) 그가 곧 동학의 교조 수운水雲 최제우(1824~1864)였다.

---

42) 황경선, 앞의 책, pp.40~41.
43) 神敎之爲 衆敎之爲祖, 爲母之理. 이고·류성성 강론, 『신교총화』, 서울: 개마서원, 1981, p.1.

최수운에게 천명과 신교를 내려 대도를 세우게 하였더니 수운이 능히 유교의 테 밖에 벗어나 진법을 들춰내어 신도와 인문의 푯대를 지으며 대도의 참 빛을 열지 못하므로 드디어 갑자(1864)년에 천명과 신교를 거두고 신미(1871)년에 스스로 이 세상에 내려왔나니 『동경대전』과 수운가사水雲歌詞에서 말하는 '상제'는 곧 나를 이름이니라.(『도전』 2:30:14~17)

이 경우, 심도 있는 종교적 읽기가 요구된다. 『도전』에 의하면 최제우에게 천명과 신교를 내리고, 다시 거두어들인 것은 천상의 상제였다. 고종 8년 신미(1871)년, 상제가 직접 지상에 인간으로 강세하였다. 바로 증산 상제이다. 1901년 7월 7일, 증산 상제는 전주 모악산 대원사 칠성각에서 무상의 대도로 천지대신문天地大神門을 열었다. 그리고 증산 상제는 "나는 옥황상제니라."(『도전』 2:11:12) 하고 자신의 신원을 밝혔다. 옥황상제는 신교에서 삼신상제, 삼신하느님, 상제로 지칭되는 온 우주의 주재자요 통치자 하느님이다. 본고에서 증산 상제가 신교의 정점이라고 지적하는 이유이다. 증산 상제가 인간으로 강세한 8년 뒤인 1880년 음력 3월 26일, 증산 상제의 도의 반려자 고수부가 탄강하였다. 그리고 10년 뒤인 1911년 9월 20일 아침에 고수부가 성령을 받고 대도통을 한 순간, 혼절했다가 깨어나 일어난 고수부가 갑자기 증산 상제의 음성으로 '후천 오만년 종통맥과 추수할 사람' 공사를 행하였다는 것은 생애 편에서 검토한 바와 같다. 고수부가 증산 상제의 음성으로 천지공사를 행하였다는 것은 무엇인가? 증산 상제를 대신하여, 증산 상제의 이름으로 공사를 행한, 고수부 역시 신교의 한 정점에 위치한다는 점이다. 증산 상제와 고수부는 신교의 정점으로서 근대적 출현이다.

2) 고수부 사상의 뿌리, 신도사상

　고수부의 신도사상을 해명하기 위해서는 편의상 증산 상제의 그것을 논의하는 것이 편리한 방법일 수 있다. 증산 상제와 고수부는 음양관계로서 도의 반려자이기 때문이다. 『도전』은 증산 상제가 대도통을 한 그 순간을 천지대신문을 열었다고 표현하였다. 그리고 이때부터 삼계대권을 주재하고 우주의 조화권능을 뜻대로 행하였다고 하였다(『도전』 2:11:4). 천지대신문이 무엇인가? 왜 천지대신문을 열었는가? 삼계대권은 무엇인가? 먼저 천지대신문을 열었다는 것은 문자 그대로 '천지의 신도의 큰 문'을 열었다는 뜻이다. 삼계는 하늘[天]과 땅[地]과 인간[人] 세계를 가리킨다. '삼재三才'라고도 한다. 여기서 하늘은 신명세계를 일컫는데 '신도神道'라고 한다. 즉 신명세계는 천지조화의 주재 위격이 되며 신도를 통칭 하늘[天]이라 한다.[44] 따라서 삼계대권이란 천도와 지리와 인사를 상제가 임의대로 집행할 수 있는 대권능을 가리킨다. 증산 상제는 신도로 삼계를 주재, 통치한다. 그리고 고수부는 증산 상제의 도의 반려자로서 권한을 갖게 된다.

　증산 상제와 고수부는 하늘사람을 보통 '신'이나 '신명'이라 하였고 때로는 귀신은 천리의 지극함이니, 공사를 행할 때에는 반드시 귀신과 더불어 판단한다고 하여 귀신이란 말도 같은 의미로 사용하였다(『도전』 4:67). 신은 천리의 지극하고 오묘한 인격 화현체이자 생명체[道體]이다. 그러므로 신은 천지의 창조 변화 운동 원리인 우주 생명의 신비스러운 창조 법도[三極之理]를 스스로 지니고 있으며, 천지와 만물을 창조한 주인(『도전』 성신)으로서 우주를 운행시키는 생명의 근본 주체가 된다.[45]

　증산 상제가 삼계대권을 주재할 때, 혹은 고수부가 증산 상제의 성령을

---

44) 『도전』(1996년도판), p.92. 각주.
45) 안경전, 『증산도의 진리』, p.237.

받아 삼계대권을 주재할 때는 그때그때 다수의 신 또는 신명이 상제의 명을 집행하여 현실적인 자연의 변화와 지상의 인사(인간 역사의 운로)를 이끌어 나간다. 그러므로 신교의 신관은 증산 상제와 고수부를 중심으로 한 일원적 다신관一元的多神觀이다. 역설적으로 표현하면 신이 개입해야 증산 상제와 고수부의 행위(천지공사)가 가능하다. 아니, 증산 상제와 고수부의 행위뿐만이 아니다. 인간의 모든 행위 자체에 신이 개입한다. 심지어 사람이 죽고 사는 것도 모두 신명의 조화로 이루어진다.[46] 이와 같이 모든 인사에는 신이 개입한다. 신의 작용이 있어야 일이 이루어진다. 증산도에서는 이를 '이신사理神事의 원리'라고 한다.[47] 증산 상제는 "크고 작은 일을 물론하고 신도로써 다스리면 현묘불측玄妙不測한 공을 거두나니 이것이 무위이화無爲以化니라."(『도전』 4:5:1)라고 하였다. 천상의 신도를 주재하여 하늘사람들을 뜻대로 부리고, 또한 호출하여 기적을 행하게 하는 것은 삼계 우주의 통치자인 증산 상제와 그의 도의 반려자인 고수부만이 가진 절대 조화권능이다.

> 태모님께서는 천지의 신도를 받으시어 신의 조화와 권능을 다 쓰시는 생명의 어머니시니 공사를 행하실 때는 바람과 이슬과 서리와 눈과 우레와 비를 일으키시고 혹은 일월성신日月星辰도 감추었다가 다

---

46) 하루는 호연이 "참말로 신명이 있나요?" 하고 여쭈니 말씀하시기를 "신명이사 없다고 못하지. 사람이 죽고 사는 것도 모두 신명의 조화로 되는 것이다." 하시고 또 말씀하시기를 "지금도 네 양쪽 어깨에 신명이 없으면 기운 없어서 말도 못 혀. 눈에 동자가 있어야 보이듯이 살아 있어도 신명 없이는 못 댕기고, 신명이 안 가르치면 말도 나오지 않는 것이여. 신명이 있으니 이 모든 지킴이 있는 것이다." 하시니라. 하루는 복남에게 말씀하시기를 "귀신하고 사람하고 시방 같이 댕겨." 하시니라.(『도전』 2:61:1~6)
47) 상제님께서 말씀하시기를 "천지간에 가득 찬 것이 신神이니 풀잎 하나라도 신이 떠나면 마르고 흙 바른 벽이라도 신이 떠나면 무너지고, 손톱 밑에 가시 하나 드는 것도 신이 들어서 되느니라. 신이 없는 곳이 없고 신이 하지 않는 일이 없느니라." 하시니라.(『도전』 4:62:4~6)

시 나타나게 하시며 천지조화를 뜻대로 쓰시니라. 가뭄이 심할 때는 청수로 비를 풍족케 하시어 기아를 면하게 하시고 창생들의 화액禍厄을 끄르실 때는 상제님께 몇 마디 말씀을 아뢰거나 혹은 치성을 드리시며 병고에는 손으로 환부를 어루만지시고 마魔를 다스려 완쾌되게 하시니라.(『도전』 11:81:1~6)

고수부는 천지의 신도를 받으시어 신의 조화와 권능을 다 쓰시는 생명의 어머니이다. 물론 고수부의 천지공사는 신도를 통해 이루어졌다. 고수부는 신도로써 천지공사를 행하자니 노고스러울 때가 많다고 토로하기도 하였다(『도전』 11:267:2). 본고는 신도야말로 '고수부'를 이루는 바탕이라고 지적하였다. 신도는 고수부의 알파와 오메가the Alpha and the Omega라고 해도 지나치지 않다. 고수부의 동정어묵動靜語默이 모두 신도를 통해 이루어진다. 고수부는 신도로 경계하여 사람을 가르친다고 밝혀 주었다(『도전』 11:1:2).

4 고수부의 해원사상

증산 상제와 같이 고수부의 근본이념은 원시반본과 보은·해원·상생이다. 고수부는 신도를 바탕으로 원시반본의 정신에 따라 보은·해원·상생의 이념으로서 천지공사를 행한다. 이를 본고의 주제에 맞게 표현하면 고수부의 신도사상은 천지공사 사상의 바탕이 된다. 천지공사 사상뿐만이 아니다. 고수부의 개벽사상, 선도사상 등 모든 사상의 바탕이 신도사상이라고 할 수 있다. 이들 고수부의 각 사상에 대해서는 여기서 논의할 여유가 없다. 다른 기회로 보류하고 신도사상을 뿌리로 하여 고수부 사상을 가장 특징적으로 보여 줄 수 있는 사상 하나를 개략적으로 검토한 뒤에 다음 장으로 넘어가기로 한다. 그것은 고수부의 해원사상이다.

> 상제님께서 선천 억음존양의 건곤을 바로잡아 음양동덕陰陽同德의 후천세계를 개벽하시니라. … 수부는 선천 세상에 맺히고 쌓인 여자의 원寃과 한恨을 풀어 정음정양의 새 천지를 여시기 위해 세우신 뭇 여성의 머리요 인간과 신명의 어머니시니라.(『도전』 6:2:1~6)

해원사상이 고수부의 사상을 '가장 특징적으로 보여 줄 수 있는 사상'이라고 한 이유는 그가 '수부'이기 때문이다. 수부가 무엇인가? 상제가 선천 억음존양의 건곤을 바로잡아 음양동덕의 후천세계를 개벽하는 우주 주재자라고 할 때, 고수부에게는 '선천 억음존양의 건곤을 바로잡아 음양동덕의 후천세계를 개벽하는 우주 주재'의 절반의 사명이 있다. 수부는 선천 세상에 맺히고 쌓인 여자의 원과 한을 풀어 정음정양의 새 천지를 열기 위해 세운 뭇 여성의 머리이다. 그리고 수부는 인간과 신명의 어머니이다.

해원과 관련하여 고수부에게 네 가지 길이 있다. 하나는 인간으로 온 고수부 자신의 해원이다. 여기에 대해서는 위에서 지적하였다. 둘째는 '뭇 여성의 머리'로서 여성해원이다. 셋째는 '인간과 신명의 어머니', '천하창생의 어머니'로서 인류 원한의 해원이다. 물론 여성해원은 인류의 원한 해원에 포함된다. 그럼에도 별도로 논의하는 것은 유사 이래 맺힌 여성의 원한이 그만큼 크기 때문이다. 마지막으로 넷째는 신명의 해원이다.

먼저 고수부 개인으로서의 해원의 실천적 삶을 보자. 고수부는 자신의 삶에서 참으로 많은 한과 원의 삶을 살았다. 고수부는 가부장제 사회에서 여성의 고통스러운 삶을 체험했다. 여섯 살 때 가장인 아버지를 잃고 늦가을 서릿바람에 휘날리는 낙엽처럼 떠도는 어린 시절을 보냈다. 그리고 열다섯 어린 나이에 조혼하였고, 또 남편과 사별하여 청춘과부의 삶을 체험기도 하였다. 한 여성으로서 그 엄혹한 시대의 삶을 살면서 한과 원이 쌓이지 않을 수 없다. 따라서 고수부 자체는 그런 원과 한을 해원하는 실천적 전범이 되었다고 할 수 있다.

고수부의 '천하창생의 어머니'로서 온 인류의 해원 문제.[48] 『도전』과 증산도의 가르침에 의하면 고수부가 인간으로 온 시기는 우주 시간대로 선천 말대이다. 우주의 여름에서 가을로 넘어가는 시간대이다. 여기서 구체적으로 논의할 여유는 없으나 후천 가을개벽에는 가을이라는 계절이 말해주듯이 온 인류가 낙엽이 되어 떨어지거나 열매가 되는 두 가지 기로에 처해 있는 때이다.

상제님께서 하루는 세간에 전해 오는 '백조일손百祖一孫'이라는 말에

---

48) 본고에서 제기한 '뭇 여성의 머리'로서 여성해원 문제는 이미 선학들에 의해 많이 연구되었으므로 더 이상의 논의는 생략한다. 특히 고수부의 여성 해원사상에 대해서는 다음 연구를 참조할 것. 유철, 『정음정양과 수부사상, 어머니 하느님』.

대하여 말씀하시기를 "가을바람이 불면 낙엽이 지면서 열매를 맺는 법이니라. 그러므로 이 때는 생사판단을 하는 때니라." 하시니라.(『도전』 2:44:1~3)

증산 상제는 '백조일손'이라는 전해오는 말을 가지고 공사를 보았다. 백조일손이란 문자 그대로 백 명의 조상 가운데 단 한 명의 후손만이 살아남는다는 말이겠다. 증산 상제는 다른 장소에서 비슷한 공사를 보았다.

대저 사람이 아무 것도 모르는 것이 편할지라. 오는 일을 아는 자는 창생의 일을 생각할 때에 비통을 이기지 못하리로다. 이제 천하창생이 진멸盡滅의 경계에 박도하였는데 조금도 깨닫지 못하고 이利끗에만 몰두하니 어찌 애석치 아니하리오. 장차 십 리 길에 사람 하나 볼 듯 말 듯 한 때가 오느니라. 지기至氣가 돌 때에는 세상 사람들이 콩나물처럼 쓰러지리니 때가 되어 괴병이 온 천하를 휩쓸면 가만히 앉아 있다가도 눈만 스르르 감고 넘어가느니라. 그 때가 되면 시렁 위에 있는 약 내려 먹을 틈도 없느니라.(『도전』 2:45:1~6)

천하창생이 진멸의 경계에 이른 후천개벽을 앞두고 억조창생의 어머니의 실천적 삶에서 가장 우선시되는 것이 무엇이겠는가. 말할 것도 없이 자식들인 천하 창생을 살리는 일이다. 고수부는 바로 이 문제를 해결하기 위해 고난의 삶을 살았다. 고수부는 곤도坤道를 바탕으로 10년 천지공사를 행하여 상생의 도로써 지난 선천 세상의 원한과 악척이 맺힌 신명을 해원하고 만백성을 조화하여 후천 오만년 지상 선경의 성스런 운로를 밝게 열어 준 인물이다. 한 개인이든 인류라는 '역사적 축적물'이든 원과 한을 그대로 두고 살아갈 수는 없다. 해원이 필수불가결하다. 그런데 불행하게

도 인간의 역사는 해원은커녕 원한을 키우는데 혈안이 되어 있었다. 증산 상제가 진단하는 그 결과는 참담하다.

선천은 상극의 운이라 상극의 이치가 인간과 만물을 맡아 하늘과 땅에 전란이 그칠 새 없었나니 그리하여 천하를 원한으로 가득 채우므로 이제 이 상극의 운을 끝맺으려 하매 큰 화액禍厄이 함께 일어나서 인간 세상이 멸망당하게 되었느니라. 상극의 원한이 폭발하면 우주가 무너져 내리느니라.(『도전』 2:17:1~5)

증산 상제가 인간으로 온 이유도 그것이었다. 증산 상제는 "이에 천지신명이 이를 근심하고 불쌍히 여겨 구원해 주고자 하였으되 아무 방책이 없으므로 구천에 있는 나에게 호소하여 오매 내가 이를 차마 물리치지 못하고 이 세상에 내려오게 되었느니라. 그러므로 이제 내가 큰 화를 작은 화로써 막아 다스리고 조화선경을 열려 하노라."(『도전』 2:17:6~8)고 하였다. 이 언설은 고수부에게도 그대로 적용된다.

증산 상제는 "이 때는 해원시대라."고 선언하였다. 이어서 "이제 앞으로 모든 참혹한 일이 생겨나느니라. 그러므로 내가 신명을 조화하여 만고의 원을 끄르고 상생의 도로써 조화도장造化道場을 열어 만고에 없는 선경세계를 세우고자 하노라."(『도전』 :2:24:1~3)고 하였다. 모든 종교는 이상향을 제시한다. 고수부 역시 종교적 이상을 제시하였다. 후천 조화선경이 그것이다. 고수부는 천하 창생을 모두 해원시켜 후천 선경세계로 인도하고자 하는 목표를 제시하였고, 이에 따른 실천적 삶을 살았던 온 인류의 어머니이다. 해원은 보은·상생과 함께 후천 선경으로 가는 가장 확실한, 안전한, 빠른 지름길이다. 그러나 선천에 쌓이고 쌓인 원한을 그대로 갖고 후천으로 갈 수는 없다. 반드시 해원을 통해 가야 한다.

고수부가 인간으로 온 시기는 상극의 운이 극점을 향해 치닫고 있는 선천 말대이다. 원한이 천하를 가득 채워 인간 세상이 멸망하게 되었다. 이 상극의 원한이 폭발하면 우주가 무너져 내릴 지경이다. 고수부는 천하 창생의 어머니인 수부로서 이 원한을 풀어내는 일에 일생을 마친 인물이다. 그것이 곧 수부사명 중의 하나였다. 물론 고수부도 자신의 사명 중의 하나가 해원임을 잘 알고 있었다. 계유(1933)년 6월 24일 증산 상제의 어천 치성을 올린 후 고수부는 성도 수십 명을 벌여 앉히고 박종오 성도에게 "지필을 들이라."고 자신이 이르는 대로 받아쓰라고 하였다. 그리고 "구천지舊天地 상극相剋 대원대한大寃大恨 신천지新天地 상생相生 대자대비大慈大悲"라고 쓰게 하고, 다시 성도들로 하여금 뒤를 따르게 하시어 왼쪽으로 열다섯 번을 돌며 '구천지 상극 대원대한'이라 읽히고 오른쪽으로 열다섯 번 돌며 '신천지 상생 대자대비'라 읽힌 다음 이어 '서신사명西神司命 수부사명首婦司命'이라 열여섯 번을 읽혔다(『도전』 11:335). 고수부가 얼마나 깊이 천하창생의 원과 한을 풀어내는 일— 해원에 목말라하고 있었는지 확인할 수 있는 공사의 한 장면이다.[49]

---

49) 고수부의 해원사상에서 마지막으로 논의할 항목은 신명 해원이다. 그러나 학문적 논의를 하는 본고에서는 자칫 오해의 소지가 있을 것을 우려하여 이 부분에 관한 논의를 생략한다. 분명한 것은 이 부분이야말로 고수부의 해원사상에 있어서 핵심중의 하나라는 점이다. 다음 문헌자료를 참고할 것. 『도전』 4:6 ; 2:19 ; 2:42 ; 4:19 ; 2:30 ; 11:76 ; 11:111 ; 11:407 등.

5 고수부의 진법사상

1) 난법과 진법

인간은 관계 속에 존재한다. 인간은 사회를 형성하여 끊임없이 다른 사람과 상호작용을 하면서 살아간다. 인간이 '사회적 동물'이란 말이 설득력 있는 이유다.[50] 동양의 운명학인 명리학은 오행으로 구성된다. 다시 말하면 오행의 관계 속에서 그 인간의 운수가, 길흉화복이 결정된다. 한 인간의 운명이 그러할진대, 인간들이 모인 사회 역시 관계성을 벗어날 수가 없다. 사회는 사람과 사람의 상호 관계 속에서 이루어진다.

인간사회는 일정한 규칙 즉 법이 필요하였다. 인간사회가 조직사회이고, 또 인간이 사회적 동물이며, 그 본성이 하고 싶어 하는 대로 움직이기 때문에 질서를 유지하기 위해 어느 정도는 규제의 법이 필요하였다. 인류 역사를 거슬러 올라가면 제정일치 시대의 법은 종교적 신앙이 바탕이 되었다. 그때의 신앙의 대상은 자연의 법 그 자체였다. 하늘에 제사 지내고 땅의 고마움을 받들었다. 인류역사가 발달하면서 제정이 분리되었다. 국가는 힘에 의한 다스림이 필요하였다. 이때부터 인위의 법이 만들어졌다.[51]

법이란 무엇인가? 법의 사전적 의미는 다양하다. 법이라는 용어는 일반적으로 국가 및 공공기관에서 제정한 강제적인 모든 규범을 일컫는다. 이

---

50) 흔히 고대 그리스의 철학자 아리스토텔레스(Aristotle, B.C. 384~B.C. 322)가 '인간은 사회적 동물이다'라고 표현한 것으로 알려져 있다. 본래 아리스토텔레스는 그의 저서 『정치학 Politics』에서 '인간은 정치적 동물zoon politikon'이라는 표현을 사용하였는데, 후에 고대 로마제국의 정치인 세네카Lucius Annaeus Seneca(B.C. 4~65)가 그리스어로 쓰인 이 글을 라틴어로 번역하는 과정에서 사회적 동물로 바뀌게 되었다고 한다. '사회적 동물social animal, 社會的動物' 두산백과 두피디아. http://www.doopedia.co.kr.
51) 성기영, 「증산도의 진법사상」, 『증산도사상연구』 6집, 증산도교수신도회, 1996, p.238.

경우에 법은 어떤 사회에 있어서 일정의 강제력을 갖춘 행위규범이다. 모든 행위는 법에 비추어 타당한지(합법) 타당하지 않는지(불법)로 구별된다. 법은 규칙의 일종이다. 따라서 법은 위반을 하지 않도록 하는 것이지만 그것이 진정으로 위협을 주는 것은 아니다. 문명이 발전하면서 법은 권력자(왕)의 명령이라는 형태로 전화되었다. 그리고 법전法典으로서 기록되었다. 법을 의도적으로 변경하고 창조할 수 있게 된 것이다. 이 형태를 빌어 종교법이라는 주목할 만한 형태가 나타났다. 유대교, 이슬람교는 신의 명령이라는 형태로 사회생활에 관한 행위규범을 상세하게 구성한다. 법의 준수는 신에 대한 의무로서 의미된다. 유대법, 이슬람법은 경전(토라, 코란)의 정통적인 해석의 조직적이고 광대한 체계를 구축하였다.[52] 증산도에서 법이란 무엇인가? 안경전 종도사는 『관통 증산도』에서 법에 대해 증산도의 입장에서 매우 구체적으로 정리해 놓았다. 법이란 증산 상제의 진리를 보고, 체험하고, 깨닫고, 실천하는 일체의 구도행위와 신앙의 정신자세와 신앙의 목적, 방법과 도리를 말한다. 나아가 증산 상제가 말하는 법의 정신은 천지공사의 개벽정신의 법으로서, 우주 통치자의 위치에 위치한 증산 상제의 통치정신과 역사정신을 일체로 하여 새 시대를 열어가는 창조정신의 의미로 사용하고 있다.[53]

> 원래 인간 세상에서 하고 싶은 일을 하지 못하면 분통이 터져서 큰
> 병을 이루나니 그러므로 이제 모든 일을 풀어놓아 각기 자유행동에
> 맡기어 먼저 난법亂法을 지은 뒤에 진법眞法을 내리니 오직 모든 일에
> 마음을 바르게 하라. 거짓은 모든 죄의 근본이요 진실은 만복의 근원

---

52) 『21세기 정치학대사전』, 『네이버 지식백과』, 정치학대사전편찬위원회, https://terms.naver.com/.
53) 안경전, 『관통 증산도』 1, p.24.

이니라. (『도전』 4:32:1~4)

    도운 공사의 관점에서 증산 상제는 먼저 난법을 지은 뒤에 진법을 질정해 놓았다. 본고의 진법에 대한 논의방법도 이 공사정신에 의지한다. 난법이란 무엇인가? 난법에는 크게 두 가지의 뜻이 있다. 먼저 증산 상제의 진리를 오도하고 왜곡시키는 그릇된 가르침과 구도의 행위를 하는 법이다. 이 경우 난법은 문자 그대로 어지러운 법이라는 뜻이다. 증산 상제의 진리를 잘못 보고, 잘못 행하고, 잘못 전하고, 앞뒤가 맞지 않는, 모순과 거짓점이 있는, 해답이 없는 법이 바로 난법이다.[54] 도리에 벗어나 제멋대로 행동하는 것이다. 그러나 난법인 부정적인 측면만 있는 것은 아니다. '원래 인간 세상에서 하고 싶은 일을 하지 못하면 분통이 터져서 큰 병을 이루므로' 그 병을 사전에 예방하기 위해 증산 상제가 공사 차원에서 예정해 놓은, 긍정적인 측면도 있다(뒤에서 다시 논의한다). 이 경우 난법은 증산 상제의 대도로 광구천하를 실현해 나가는 과도기 과정에서 진법을 드러내기까지 나타나는 도법의 성격을 총체적으로 규정하는 용어이다. 난법은 그 시대 역사의 제반 상황이 낳은 시대적 산물로서 참법의 씨앗과 더불어 커 나가면서 일면 새 시대를 맞기 위한 그 나름대로의 긍정적 역할을 하기도 한다. 이때의 난법은 진법이 나오기 위한 고통스러운 성장과정인 것이다.[55]

    난법은 증산 상제의 도의 판 안과 판밖의 이중구조를 가지고 있다. 후술하겠으나 증산 상제의 도운공사에 의해 차경석 성도를 필두로 우후죽순처럼 일어났던 판 안의 난법과 개인 신앙으로 출발했으나 판 안의 난법 세력인 증산 상제의 성도들과 연원관계를 맺은 판밖의 난법 세력이 있다. 이 경우 역시 난법을 반드시 부정적으로 볼 수만은 없다. 난법판이라고 해서

---

54) 위의 책, p.33.
55) 증산도 도전편찬위원회, 『도전』, pp.375~376. 측주.

모두 증산 상제의 가르침을 왜곡하기만 하는, 반드시 제거되어야 하는 악의 집단으로만 볼 수 없다. 난법은 그 시대 역사의 제반 상황이 낳은 시대적 산물이다. 난법은 진법의 씨앗과 더불어 커 나가면서 한편으로는 새 시대를 맞이하기 위한 나름대로의 긍정적 역할도 하여 왔다. 증산 상제의 대도가 창명하고 진법이 드러나는 과도기의 발전과정에 있는 것이 난법이다. 상제님을 모신 성도들, 또는 판 밖에서 개인 신앙인으로 출발했던 난법 신앙의 개창자들도 대부분 처음에는 순수한 동기로 한 생애를 바쳐 열심히 신앙한 흔적이 역력하다.[56]

그렇다면 진법이 무엇인가? 대체로 난법과 반대개념으로 이해하면 된다. 진법은 참법이며 정법이다. 증산 상제가 대도를 총체적으로 드러내어 가을 대개벽기에 세계를 구원하고 지구촌 문화를 통일하는 도법이다. 이는 인류 문화를 개벽할 수 있는 고도의 능력과 실천의지를 전제로 하여 성립된다.[57] 진법 사상과 관련하여 고수부(의 사상)은 몇 가지 의미로 이해될 수 있다. 본고에서는 세 가지 관점으로 접근한다. 첫째는 정음정양으로서 진법이다. 둘째, 천지공사로서 정해진 진법이다. 셋째, 증산 상제의 대도의 정통 맥으로서 진법이다. 이밖에 다른 관점으로 접근할 수도 있겠지만, 본고는 편의상 이와 같은 관점으로 논의를 전개한다.

2) 정음정양 진법과 고수부

진법 태동은 증산 상제가 인간으로 이 땅에 오면서 시작되었다.[58] 증산 상제가 이 세상에 오기 전에 먼저 최수운에게 진법을 열게 하였으나 유교

---

56) 안경전, 『관통 증산도』 2, 서울: 대원출판, 2003, pp.37~38.
57) 증산도 도전편찬위원회, 앞의 책, p.377. 측주.
58) 성기영, 「증산도 진법사상」, p.269.

의 한계 때문에 실패하였으므로 직접 진법을 열기 위해 인간으로 왔다는 밝힘은 앞에서 검토하였다(『도전』 2:30:14~17). 다른 장소에서 증산 상제는 만법이 머무는 법이 없으며 증산 상제 자신이 낸 법이 진법이라고 하였다 (『도전』 2:132:6). 그런데 진법을 펴기 위해 증산 상제는 홀로 인간으로 온 것은 아니다. 아무리 우주의 주재자라고 해도 단독으로 올 수는 없다. 증 산 상제가 수부를 맞아들인 것은 정음정양 도수를 인사로 성취케 하시기 위한 것이다.[59] 증산 상제와 수부는 천지의 부모이다. 온 인류의 생명의 부 모이다. 증산 상제는 천지의 아버지이고 수부는 천지의 어머니이다. 증산 상제가 인류의 생명의 아버지이고 수부는 인류의 생명의 어머니이다. 증 산 상제는 후천 정음정양 도수를 여는 첫 공사로서 인류의 음양질서를 바 로잡는 공사를 집행하기도 하였다(『도전』 5:195).

증산 상제는 선천은 억음존양의 세상이라고 진단하였다(『도전』 2:52:1). 증산 상제는 여러 차례 정음정양 공사를 행하였다. "예전에는 억음존양이 되면서도 항언에 '음양'이라 하여 양보다 음을 먼저 이르니 어찌 기이한 일 이 아니리오. 이 뒤로는 '음양' 그대로 사실을 바로 꾸미리라."(『도전』 2:52:4~5), "남녀동권 시대가 되게 하리라. 사람을 쓸 때에는 남녀 구별 없 이 쓰리라. 앞 세상에는 남녀가 모두 대장부大丈夫요, 대장부大丈婦이니라." (『도전』 2:53:2~6) 등, 억음존양의 시대였던 선천은 자연의 인식이 천도(양도) 편중이었다. 땅보다 하늘을 높이고 인간보다 신을, 여자보다 남성을 더 높 이 받들었다. 물론 증산 상제는 단순히 공사 재료로서 정음정양 공사를 행한 것은 아니었다. 정음정양이란 하나의 이치다. 진리다. 그 누구도 이 이치에서 벗어날 수가 없다. 우주의 주재자인 증산 상제도 예외일 수 없 다.

---

59) 증산도 도전편찬위원회, 『도전』, p.661.

정음정양의 이치에서 벗어나면 난법이다. 따라서 증산 상제에게 수부가 있어야 다는 것은 하나의 이치다. 증산 상제가 "독음독양이면 화육이 행해지지 않나니 후천은 곤도의 세상으로 음양동덕의 운"(『도전』 2:83:5)이라 하였고, 또한 "내 일은 수부가 들어야 되는 일"(『도전』 6:34:2)이라고 천명하였다는 것은 앞에서 검토하였다. 『도전』에서 증산 상제는 몇 차례에 걸쳐 독음독양을 경계하는 말씀을 남겼다. 그것도 대부분 수부가 없으면 증산 상제가 행하는 천지공사가 이루어지지 않는다는 안타까움의 표출이다.[60] 때로는 직접적인 언설로써 "내 일은 수부가 들어야 되는 일"(『도전』 6:34:2), "천지공사에 수부가 있어야 순서대로 진행할 터인데 수부가 없으므로 도중에 지체되는 공사가 많으니라."(『도전』 6:34:3)고 토로하였다.

증산 상제에게는 세 명의 수부가 있었다. 첫 번째 수부는 정치순鄭治順(1880~1908) 수부였다. 두 번째 수부는 김말순金末順(1890~1911) 수부였다. 세 번째 수부가 고수부였다. 이 가운데 수부도수를, 수부사명을 완성하는 인물은 고수부였다. 고수부야말로 진법에 해당한다는 얘기다. 위에서 진법 태동이 증산 상제가 인간으로 이 땅에 오면서 시작되었다고 할 때, 진법 태동의 완성은 바로 고수부를 만남으로써 이루어졌다. 고수부의 언술에 의하면 증산 상제와 고수부는 인간으로 오기 이전에 이미 반려자였다. 고수부는 자신의 신원에 대해 "삼십삼천三十三天 내원궁內院宮의 용화교주龍華敎主 자씨慈氏의 부인慈氏婦人 천지가 정한 위의 수부손님"(『도전』 11:171:3)이라고 밝혀 주었다. 여기서 '용화교주 자씨'는 미륵불로서 증산 상제를 가리킨다. 물론 자씨의 부인은 고수부 자신을 가리킨다. 고수부는 다른 장소에서 증산 상제와 함께 인간으로 온 과정을 더욱 구체적으로 밝혀주었다.

---

60) "독음독양이면 화육이 행해지지 않는다."(『도전』 2:83:5) ; "천지에 독음독양은 만사불성이니라."(『도전』 6:34:2) ; "천지에 독음독양이면 만사불성이니라."(『도전』 11:4:2) 등.

태모님께서 말씀하시기를 "금산사 미륵전 남쪽 보처불은 삼십삼천 내원궁 법륜보살이니 이 세상에 고씨인 나로 왔느니라. 내가 법륜보살로 있을 때 상제님과 정定한 인연으로 후천 오만 년 선경세계를 창건하기로 굳게 서약하고 세상의 운로에 맞춰 이 세상과 억조창생을 구제할 목적으로 상제님을 따라 인간 세상에 내려왔느니라." 하시니라.

이어 말씀하시기를 "내가 이 세상에 오려고 모악산 산신으로 내려와 있던 중에, 상제님께서 오시기에 금산 미륵불로 인도하고 시종하다가 상제님께서 개 구狗 자 아홉 드는 구구지九狗地의 중앙인 시루산 아래 객망리 강씨 문중에 태어나시기로 나는 9년 만에 담양 땅 고씨문高氏門에 태어나서 신씨와 인연타가 상부喪夫를 당한 후에 수부공사로 상제님과 만났을 적에 상제님께서 말씀하시기를 '나는 제주 번개를 잡아 쓰노라. 수부, 잘 만났구나. 만날 사람 만났으니 오죽이나 좋을 쏘냐.' 하셨느니라." 하시니라."(『도전』 11:20:1~8)

학문적으로 밝힐 수 있는 사항은 아니지만, 고수부는 미륵불인 증산 상제가 '삼십삼천 내원궁'에 머물렀을 때 법륜보살로서 모셨고, 증산 상제가 인간으로 왔을 때 미리 모악산 산신으로 와 있다가 증산 상제를 금산사 미륵불로 인도하고 시종하였으며, 증산 상제가 고부 객망리 강씨 문중에 태어나므로 고수부 자신은 9년 후에 담양 땅 고씨 문중에 태어났다고 하였다. 그리고 수부공사로 증산 상제와 만났을 적에 증산 상제는 '수부, 잘 만났구나. 만날 사람 만났다'고 했다는 것이다. 고수부의 이 회고는, "나는 본래 서양 대법국大法國 천개탑天蓋塔에 내려와 천하를 두루 살피고 동양 조선국 금산사 미륵전에 임하여 30년 동안 머물다가 고부 객망리 강씨 문중에 내려왔나니, 이제 주인을 심방함이니라."(『도전』 2:15:6~8)고 자신의 신원을 밝힌 증산 상제의 언술로 뒷받침된다. 결국 증산 상제와 고수부는 '만날 사람 만남'으로써 정음정양의 진법이 완성되었다고 할 수 있다.

3) 수부, 천지공사로서 정해진 진법

고수부는 증산 상제가 행한 천지공사로 정해진 진법의 주인공이다. 1907년 증산 상제는 차경석 성도에게 천지에 독음독양은 만사불성이고, "내 일은 수부가 들어야 되는 일이니, 네가 참으로 일을 하려거든 수부를 들여세우라." 명을 내렸던 일은 앞에서 살펴보았다. 그때 경석이 이종사촌 누님인 고수부를 천거했을 때 증산 상제는 "수부감을 지척에 두고 못 정했구나." 하고, "속히 주선하라."고 재촉하였다. 경석은 조심스러웠다. 당시 이종누님인 고부인은 남편과 사별하고 혼자된 지 불과 다섯 달밖에 되지 않았을 때였다. 경석이 고부인에게 "우리 선생님께서 지금 천지공사를 보고 계시는데 그 가운데 수부공사라는 것이 있으나 수부가 없으므로 못 보고 계신다 하니 누님이 그 수부공사를 맡아봄이 어떻겠습니까?" 하고 말을 꺼냈을 때, 고부인께서 뜻밖에 흔쾌히 승낙하였다. 증산 상제와 고수부의 만남이 공사 차원에서 이루어지고 있었음을 확인할 수 있는 대목이다.

상제님께서 구릿골 약방에서 천지대신문을 여시고 대공사를 행하실 때 성도 아홉 사람을 벌여 앉히신 뒤에 이르시기를 "이제 도운을 전하리라." 하시고 성도들에게 물으시기를 "일 년 중에 가장 빨리 자라나는 것이 무엇이냐?" 하시니 모두 "대나무입니다." 하고 대답하거늘 말씀하시기를 "대[竹]의 기운이 만물 중에 제일 크니 그 기운을 덜어 쓰리라." 하시니라. 이어 갑칠甲七에게 "푸른 대 하나를 뜻대로 잘라오라." 하시어 그 마디 수를 헤아리니 모두 열한 마디이거늘 한 마디를 끊게 하시어 무릎 밑에 넣으시고 남은 열 마디 중 끝의 한 마디를 잡으시며 말씀하시기를 "이 한 마디는 두목이라. 왕래와 순회를 마음대로 할 것이요 남은 아홉 마디는 구궁 도수九宮度數로 교教 받는 자의 수효와 맞는도다." 하시고 … 또 말씀하시기를 "도운道運의 개시가 초장봉기지세楚將蜂起之勢를 이루리라." 하시니라.(『도전』 6:106:1~13)

『도전』에 의하면 '도운의 개창자와 추수자' 공사이다. 증산 상제는 도판의 운세가 벌어져 나갈 형세를 대나무 열한 마디 공사로써 천지에 질정해 두었다. 이 공사에서 증산 상제는 열한 마디의 대나무를 공사재료로 사용하였다. 이 공사는 크게 3단계로 구분된다. 첫째, 증산 상제는 먼저 대나무 한 마디를 끊게 하여 무릎 밑에 넣었다. 둘째, 대나무 남은 열 마디 중 끝의 한 마디는 두목이다. 셋째, 남은 아홉 마디는 교 받는 자이다. 증산 상제와 고수부가 신도사상을 바탕으로 집행한 천지공사를 학문적으로 이해하기는 쉽지 않다. 이 공사에 대해 안경전 증산도 종도사는 다음과 같이 해석하였다.

이 공사에서 대나무 열 마디는 상제님 대도의 운로가 후천을 상징하는 10무극無極수로 시작될 것을 의미합니다. 즉 열 마디는 상제님을 추종하는 초기 교단의 분열 수를 뜻하고, 그 열 마디 가운데 그 끝의 한 마디는 모든 교단의 '두목'으로서 상제님께 친히 도통을 받으신 수부님을 상징합니다. 그리고 상제님께서 이 열 마디와 별도로 '무릎 밑에 넣으신 한 마디'는 후에 판 안의 난법 도운을 통일하여 진법 도운을 열 진리의 큰 스승이신 '대두목(1태극)'을 상징합니다. 이 한 마디를 따로 분리하신 이유는, 대두목이 역사하는 시간대가 나머지 열

마디의 주인공들과 시간적으로 단절되어 있음을 알려 주신 것입니다.[61]

공사를 마치면서 증산 상제가 도운의 개시가 초장봉기지세를 이루리라고 하였을 때, 이 공사말씀은 다른 자리에서 "나의 일이 장차 초장봉기지세로 각색이 혼란스럽게 일어나 잡화전 본을 이루리라. 그러나 그 후에 다시 진법이 나오게 되리라."(『도전』 6:126:3~4)는 공사 내용과 관련이 된다. 증산 상제 어천 후, '초장봉기지세로 각색이 혼란스럽게 일어나 잡화전 본'을 이루게 될 대나무 아홉 마디는 다름 아닌 판 안의 난법을 상징한다. 역사 속에 이루어지는 판 안, 즉 증산 상제의 성도들에 의해 개창된 교단은 다음과 같다.

증산 상제는 대나무 열한 마디 가운데 남은 열 마디 중 끝의 한 마디를 잡고 '이 한 마디는 두목이라. 왕래와 순회를 마음대로 할 것'이라고 하였다. 이 두목으로 상징되는 고수부는 신해(『도전』 1911)년 음력 9월 20일에 도통을 받았다. 그리고 증산 상제를 대행하여 성도들을 불러 놓고 정읍 대흥리에서 교단창립을 선언하였다. 중산도의 진법의 씨를 뿌린 것이다.[62] 그 첫 교단을 세상 사람들은 태을교, 선도교 등으로 불렀다. 병진(1916)년으로부터 차경석 성도가 고수부의 교권을 장악한 이후 보천교가 전면에 나오고, 이후 8개의 교단이 독자적으로 생겨났다. 공사말씀 그대로 도운의 개시가 초장봉기지세를 이루었다.

---

61) 안경전, 『증산도의 진리』, p.614.
62) 안경전, 『관통 증산도』 2, p.56.

증산 상제의 성도들에 의해 개창된 교단[63]

교명	개창자	개창일	비고
선도교	고수부	신해(1911)	일명 태을교
태을교	박공우	갑인(1914)	
미륵불교	김형렬	을묘(1915)	
보천교	차경석	기미(1919)	원래 교명, 보화교
증산대도교	안내성	갑인(1914)	임술(1922)년 교명 바꿈
제화교	이치복		
고부파	문공신		
도리원파	김광찬		
김병선교단	김병선		
용화동 통합 교단	고수부	신미(1931. 11.)	이상호 동화교단 흡수

위 '도운의 개창자와 추수자' 공사에서 증산 상제가 대나무 열한 마디 가운데 한 마디를 끊어 무릎 밑에 넣어둔 '한 마디'에 대한 검토가 필요하다. 안경전 종도사는 이 한 마디를 끊은 것은 '단절'을 의미한다고 지적하였다. 개창의 과정, 원리, 시간, 장소 문제가 다른 '열 마디'와는 근본적으로 다름을 뜻한다.[64] '대두목(1태극)'으로 상징되는 이 한 마디야말로 '장차 초장봉기지세로 각색이 혼란스럽게 일어나 잡화전 본을 이룬 뒤'에 나오게 될 진법이라는 것이다. 고수부가 씨앗을 뿌린, 곧 이어 논의하게 될 고수부의 진법 맥에 연원이 닿아 있는 진법이다.

---

63) 위의 책, p.55.
64) 위의 책, p.52.

4) 진법 도운의 표상, 고수부

고수부가 진법 자체를 직접적인 언설로써 토로한 적은 거의 없다. 『도전』에는 고수부가 정읍 대흥리 도장 시절, 성도들이 교단의 이름을 무엇으로 정하겠느냐고 질문했을 때, "천하를 통일하는 도인데 아직은 때가 이르니 '선도仙道'라고 하라. 후일에 다시 진법이 나오면 알게 되리라."(『도전』 11:29:2)고 한 것이 전부이다. 그럼에도 불구하고 증산도 진법사상과 관련하여 고수부가 갖는 무게를 아무도 부정할 수는 없을 것이다.

진법 사상과 관련하여 고수부가 갖는 마지막 하나의 의미는 '고수부'라는 그 존재 자체로서 증산도 진법의 근거가 된다는 점이다. 진법의 근원인 증산 상제로부터 '신천지 진법 도운의 종통맥'을 전해 받은 인물이 고수부이기 때문이다. 『도전』은 진법이 펼쳐지는 과정에 대해 다음과 같이 정의를 내렸다.

상제님께서 선천 억음존양의 건곤을 바로잡아 음양동덕의 후천세계를 개벽하시니라. 이에 수부님께 도통을 전하시어 무극대도를 뿌리내리시고 그 열매를 수화水火(坎離)의 조화 기운을 열어 주는 태극과 황극의 일월용봉도수日月龍鳳度數에 붙이시어 신천지 도정道政의 진법 도운을 여시니라. 상제님의 도권道權 계승의 뿌리는 수부도수에 있나니 수부는 선천 세상에 맺히고 쌓인 여자의 원寃과 한恨을 풀어 정음 정양의 새 천지를 여시기 위해 세우신 뭇 여성의 머리요 인간과 신명의 어머니시니라.(『도전』 6:2:1~6)

이 내용에 의하면 진법이 전개되는 과정은 증산 상제→고수부→진법 도운 열림이다. 고수부는 진법도운의 뿌리이다. 증산 상제는 고수부에게 도통을 전하여 무극대도를 뿌리내렸다. 인용문에서는 진법도운의 열매가 열리는 과정에 대해 '수화水火(坎離)의 조화 기운', 태극, 황극, 일월용봉도수日月龍鳳度數 등 심오한 동양 사상의 용어로 설명하고 있으나(여기서 이 용어들의 개념에 대한 논의는 생략한다) 좀 거칠게 해석하면 고수부를 통해 진법 도운이 열리는 공사를 집행하여 놓았다는 내용이다. 증산 상제의 도권 계승의 뿌리는 수부도수에 있기 때문이다.

증산 상제의 천지대업에는 정음정양 원리로서 도의 반려자인 수부가 반드시 있어야 하고, 또한 증산 상제와 고수부가 1907년 동짓달 초사흗날 정읍 대흥리 차경석의 집에서 30여 명의 성도들이 지켜보는 가운데 수부 책봉 예식을 거행하였으며, 이 자리에서 증산 상제가 "내가 너를 만나려고 15년 동안 정력을 들였나니 이로부터 천지대업을 네게 맡기리라." 하여 고수부에게 '천지대업의 종통대권을 전한' 공사는 행하였다는 것은 앞의 생애 편에서 검토하였다. 이밖에도 여러 장소에서 증산 상제는 고수부에게 수부 도수와 종통 대권을 전하는 공사를 행하였다. 고수부 자신도 자신이 종통전수자라는 사실을 알고 있었다.

> 하루는 태모님께서 성도들에게 말씀하시기를 "상제님께서 천지공사를 통해 평천하를 이루시고 '수부 도수로 천하 만민을 살리는 종통대권은 나의 수부, 너희들의 어머니에게 맡긴다.'고 말씀하셨느니라." 하시니라.(『도전』 11:345:6~7)

이 공사에 의하면 고수부가 종통대권을 전해 받은 것은 '수부 도수'이다. 도수가 무엇인가? 문자적 의미는 변화의 진전 정도[度]의 수數이다. 동양 역학사상의 상수象數 원리에 근거하여 일정한 시간의 마디를 가지고 전개되는 천지와 인사의 변화질서를 뜻한다.[65] 수부도수에는 증산 상제의 후계자로서 종통 계승과 도통의 연원문제의 열쇠가 모두 함축되어 있다. 그리고 고수부는 자신의 존재가 갖고 있는 종통 맥이 어디로 가야 하는지도 잘 알고 있었다.

고수부가 대도통을 하던 날, 증산 상제의 음성으로 차경석에게 "나는 낙종물을 맡으리니 그대는 이종 물을 맡으라. 추수할 사람은 다시 있느니라."(『도전』 11:19:6~10)라고 행한 공사에서 '추수할 사람', 또한 셋째 사림도장 용화동을 떠나면서 이상호에게 "일후에 사람이 나면 용봉기를 꽂아 놓고 잘 맞이해야 하느니라."(『도전』 11:365:3)고 했던 바로 그 '일후에 난 사람'이야말로 진법을 펼칠 주인공이다. 증산 상제는 "내 일은 삼변성도三變成道니라."(『도전』 5:366:4)고 하였다. 도운 공사의 전개과정도 마찬가지다. 고수부가 씨앗을 뿌리고[낙종], 차경석이 옮겨 심고[이종], 마침내 추수할 사람이 나와 진법의 열매를 거두게 된다. 따라서 고수부는 진법의 뿌리가 된다. 고수부는 증산 상제의 무극대도의 진법의 표상이 된다.

---

65) "상제님께서 쓰시는 '도수, 천지도수, 천지도수를 뜯어고친다.'는 말뜻은 그 변화질서의 정신까지를 내포하여 말씀하고 계심을 항상 유의해야 한다." 증산도 도전편찬위원회, 『도전』 (개정판), p.159. 측주.

6 결론

　지금까지 고수부와 생애와 사상을 논의하였다. 고수부에 대한 가장 기본적이면서도 포괄적, 종합적인 정리가 되는 셈이다. 필자는 이미 같은 주제의 작업을 몇 번에 걸쳐 시도하였다. 굳이 같은 작업을 반복하는 이유는 학계의 무관심 때문이다. 물론 과거의 작업에 수정, 보완하는 의미도 있다. 본론에서 우리는 고수부의 생애를 먼저 검토하였다. 고수부의 행적이 그렇지만, 아무래도 도운 중심으로 논의를 전개하였다.

　인간은 복합적인 동물이다. 한 인간이 어느 한 가지 사상만으로 고착되어 살아가기는 어렵다. '사상'이라는 용어 자체가 인간들이 생활하면서 지니게 되는 세계관을 총칭해서 부르는 역동적인 개념이다.[66] '총칭'이라는 말은 어느 하나를 가리키는 것이 아니라 여러 가지가 모인 전부를 한데 모아 두루 일컫는 용어이다. 수부가 무엇인가? 증산 상제가 처음 사용한 '수부'라는 용어에는 복합적인 의미를 담고 있다. 고수부는 억조창생의 생명의 어머니이다(『도전』 11:1:1). 만유 생명의 어머니라고도 한다. 고수부는 온 인류의 어머니로 부르도록 공사를 집행하기도 하였다(『도전』 11:93:1). 또 고수부는 신도와 인도人道의 천지 어머니 공사를 집행하기도 하였다(『도전』 11:226). 나아가 후천 대개벽을 앞두고 절멸의 위기에 처한 인류의 고통을 억조창생의 어머니로서 대속하는 공사를 행하기도 하였다(『도전』 11:324). 이와 같이 다양한 정의는 무엇인가? 확장하면 고수부의 생애와 사상은 억조창생의 그것을 포괄한다. 고수부의 수부사명 가운데 하나는 선천에 쌓인 억조창생의 원을 풀어주는 어머니의 그것이다. 어머니는 어느 자식 하

---

66) 『한국민족문화대백과』, 한국학중앙연구원, http://encykorea.aks.ac.kr/

나만을 위해 존재하지 않는다. 모든 자식을 평등하게 사랑하는 것이야말로 모정母情이 아니던가. 그러할진대, 고수부의 사상은 여러 가지를 분석할 수 있다.

서두에서 미리 밝혔지만, 본고는 고수부의 모든 사상을 고려하되, 그 기본이 되고 핵심이 되는 부분을 중심으로 논의하였다. 고수부의 신도사상과 해원사상, 진법사상이 그것이다. 신도사상은 고수부의 모든 사상의 기본이 된다. 본고에서 고수부의 신도사상은 신교사상과 신도사상으로 구분하여 논의하였다. 두 주제는 별도의 장을 두어도 무리는 없을 것이다. 신교사상에서는 고수부가 우리 고유의 종교사상인 신교의 근대적 출현이라는 점에 주목하였다. 신도사상에서는 신도야말로 고수부를 이루는 바탕이라는 점을 지적하였다. 나아가 신도사상이야말로 고수부 사상의 뿌리임을 밝혔다. 고수부의 신도사상은 고수부의 생애와 사상의 바탕이다.

해원사상은 고수부의 사상을 가장 특징적으로 보여 줄 수 있는 사상이다. 본고에서는 고수부의 해원사상을 네 가지로 구분할 수 있다는 점을 지적하였다. 첫째, 인간으로 온 고수부 자신의 해원이다. 둘째, 뭇 여성의 머리로서 여성해원이다. 셋째, 천하창생의 어머니로서 인류 원한의 해원이다. 넷째는 신명의 어머니로서 신명 해원이다. 이 가운데 본고에서는 앞의 세 가지를 논의하였다. 결과적으로 고수부야말로 해원을 위해 온 생애를 바쳤음을 밝혔다.

마지막으로 고수부의 진법사상에 대해 논의하였다. 고수부의 많은 사상 가운데 굳이 진법사상을 논의한 이유는 고수부의 현주소와 함께 고수부가 맥을 이어준 미래 진법을 확인하기 위함이다. 고수부의 진법사상은 세 가지로 구분하여 논의하였다. 첫째, 정음정양 진법과 고수부, 둘째, 천지공사로서 정해진 고수부의 진법, 셋째, 진법 도운의 표상으로서 고수부이다. 세 가지로 구분하였으나 그것은 곧 결론에 다름 아님을 확인하였다.

　본론에서도 지적하였으나 고수부의 생애와 사상이라는 포괄적인 제목을 갖고 출발한 본고에서는 고수부의 많은 사상을 논의하지 못하였다는 아쉬움이 있다. 물론 한정된 지면에 고수부의 사상을 모두 논의한다는 것은 무리이다. 다른 기회를 기약한다. 나아가서 학계에서 고수부의 사상에 대한 논의가 더욱 활발해지기를 기대한다.

≡ 참고문헌 ≡

- 『揆園史話』.
- 『檀君世紀』.
- 『東史』.
- 『三聖紀全』.
- 『兩湖右先鋒日記』. 壯衛營 編纂·刊行. 1894(高宗 31).
- 『周易』.
- 『甑山道 道典』.
- 『太白逸史』.
- 김남용. 「증산도 『도전』 성편의 역사성」. 『증산도사상』 제3집. 증산도사상연구소. 2000.
- 김교헌. 고동영 옮김. 『신단민사』. 서울: 한뿌리. 2006.
- 노종상. 「수부. 천지의 어머니」. 『증산도사상연구』 2집. 증산도상생문화연구소. 2000.
- ──. 「증산도의 수부관」. 2021년 가을 국제학술대회. 상생문화연구소.
- ──. 『수부. 고판례』. 대전: 상생출판. 2010.
- 도광순. 「풍류도와 신선사상」. 『신선사상과 도교』. 서울: 범우사. 1994.
- 박종렬. 『차천자의 꿈』. 고양: 장문산. 2002.
- 유철. 『어머니 하느님-정음정양의 수부사상-』. 대전: 상생출판. 2011.
- 이상호. 『대순전경』. 동화교회도장. 1929.
- 성기영. 「증산도의 진법사상」. 『증산도사상연구』 6집. 증산도교수신도회. 1996.
- 윤창열. 「증산도 『도전』 간행의 당위성과 역사성」 제4집. 증산도사상연구소. 2001.
- 안경전. 『증산도의 진리』. 대전: 상생출판. 2014.
- ──. 『관통 증산도』 1. 서울: 대원출판. 1990.
- ──. 『관통 증산도』 2. 서울: 대원출판. 2003.
- 이고·류성성 강론. 『신교총화』. 서울: 개마서원. 1981.
- 황경선. 『천부경과 신교사상』. 대전: 상생출판. 2014.

증산도의 수부관

노종상

필자 약력

노종상

고려대 대학원 졸업. 문학박사
현 상생문화연구소 연구위원

논문

「동아시아 초기 근대소설의 민족주의 양상」, 「진표율사의 밀교수행 연구」, 「진표율사 관련 용신설화와 그 역사적 의미」, 「복애伏崖 범장范樟 연구」, 「『삼성기』 저자 안함로에 관한 고찰」, 「원천석이 『삼성기』 저자 원동중이라는 견해에 대한 연구」, 「운곡 원천석의 역사인식」 외.

저서

『진표, 미륵 오시는 길을 닦다』, 『수부 고판례』, 『보안사』(전3권), 『청와대 경호실』(전3권, 『남도부』(전2권), 『임진강』, 『아리랑』, 『붉은 까마귀』(전5권), 『풀잎은 바람에 눕지 않는다』(전7권), 『사상의학』(전5권), 『천국의 시간』(전3권), 『태양인 이제마』(전3권) 외

1 서론

'수부首婦'는 증산 상제가 처음 사용한 말이다. '수부'에는 많은 의미가 함축되어 있다. '수부'의 한자는 '머리 수首' 자와 '며느리 부婦' 자이다. 자전적 의미는 다음과 같다. 먼저 '수' 자는 다음과 같다. 1. 머리, 머리털. 2. 우두머리, 주장主將. 3. 임금, 군주. 4. 첫째, 으뜸. 5. 칼자루. 6.요처要處. 7. 끈, 줄. 8. 마리(짐승을 세는 단위). 9. 편篇(시문詩文의 편수를 나타내는 말). 10. 시작하다, 비롯하다. 11. 근거하다, 근거를 두다. 12. 복종하다, 항복하다. 13. 자백하다, 자수하다. 14. 나타내다, 드러내다. 15.향하다. 16. 절하다, (머리를) 숙이다. 17. 곧다, 바르다. 등이다. '부' 자는 다음과 같다. 1. 며느리. 2. 지어미. 3.아내. 4. 여자. 5. 암컷. 6. 예쁘다. 7. 정숙하다 등이다. '수부'라는 용어에는 위에 나열한 문자적 의미가 어떤 식으로든 혹은 어느 정도로든 포함되어 있다는 것은 의심의 여지가 없다. 증산 상제는 '수부'에 대해 몇 가지 다른 개념으로 규정하여 주었다(본격적인 논의 과정에서 검토한다).

증산도 지도자 안경전 종도사는 '수부'에 대해 다음과 같이 정의하였다.

증산도에서 수부의 '수首' 자는 상제의 '상上' 자와 대응이 되는 글자로서 '가장 높다. 더 이상이 없다'는 의미이고 '부婦' 자는 하나님과 같은 격의 여자를 뜻한다. 수부는 후천 오만 년 새 역사를 낳아주신 모든 인간과 신명의 큰 어머니 태모太母로서, 상제님 아내의 공식 호칭이다.[1]

---

1) 안경전, 『증산도 기본교리』 2, 서울: 대원출판, 2007, p.84.

상제님 도법의 정통의 맥과 뿌리인 종통 문제에 있어서 가장 핵심이 되는 것이 바로 수부사명과 수부도수이다. 수부님은 상제님의 아내요, 상제님의 도의 반려자이며 상제님을 대행해서 교단을 처음으로 여신 분이다. 더 나아가서는 장차 후천 새 시대의 여성문화를 여는 우먼파워woman power의 머리가 되는 분으로 곤도수, 음도수의 주재자이시다.[2]

증산도의 신앙대상은 물론 증산 상제이다. 그러나 증산 상제를 호칭할 때는 당연히 그림자처럼 뒤따라 와야 하는 호칭이 있다. 바로 수부이다. 우주 주재자요, 통치자인 증산 상제[3]는 오직 한 분이지만, 그러나 '한 분'이 아니다. 증산 상제는 수부와 함께한 한 분이다. '증산 상제'라는 호칭에는 '수부'라는 호칭이 함께해야 온전해진다는 의미다. 그것은 수부도 마찬가지다. 따라서 증산도의 신앙대상이 증산 상제라고 할 때, 여기에는 수부가 포함되어 있다는 사실이 전제되어야 한다.

증산도의 수부는 세 분이 있었다. 정치순鄭治順(1880~1908) 수부, 김말순金末順(1890~1911) 수부 그리고 고판례高判禮(1880~1935) 수부이다. 첫째 수부인 정수부는 도중에 물러났고, 둘째 수부인 김수부는 수부 역할은 했으나 정식으로 수부 책봉 예식을 치르지 않았다. 따라서 처음부터 끝까지 수부 사명을 맡아서 감당한 이는 셋째 수부인 고수부였다.[4] 그러나 우주 주재자인 증산 상제의 반려자가 되는 수부가 어떤 이유로 중도에 이탈했다고 해서 과거 수부의 위격까지 박탈당하는 것은 아니다. 한 번 수부는 영원한 수부라는 얘기다. 따라서 앞의 두 분 수부 역시 수부로서 대우받아야

---

2) ──, 『관통 증산도』 1, 서울: 대원출판, 2006(이 책은 2차 개정판이다), p.186.
3) "상제는 온 우주의 주재자요 통치자 하느님이니라."(『도전』 1:1:5)
4) 물론 여기에 대해서는 진법과 난법 사이에서 다른 시각이 있을 수 있다.

마땅하다. 증산도에서는 세 수부를 모두 수부로 모시고 있으며, 증산도의 수부관 역시 이 위치에서 논의된다.[5]

증산도의 수부에 대한 초기 기록으로서 『고부인신정기高夫人神政記』가 있다.[6] 이후 수부에 대한 본격적인 연구로서 노종상의 논문 「수부, 천지의 어머니」와 연구논저 『수부, 고판례』, 유철의 『어머니 하느님-정음정양과 수부사상-』[7] 등이 거의 전부라고 할 수 있다. 증산 상제에 관한 학위논문과 일반논문이 1백 편 이상 나온 점에 유의한다면,[8] 이런 현상은 참으로 이해하기 어렵다. 굳이 이해를 강제한다면, 이런 현상에도 남존여비男尊女卑라는 가부장적인 의식이 작용하였을 가능성을 배제하기 어렵다는 점이다. '수부'라는 존재의미 자체가 바로 가부장 사회를 해체하는 의미를 담보하고 있음에도 불구하고, 이와 같은 전근대적 행태는 여전히 현재진행형이라는 점도 지적되어야 한다.

증산도의 수부에 대한 문헌자료는 몇 가지가 있다. 1, 2차 자료에 해당하는 초기경전으로 『대순전경』[9]을 비롯하여 『선정원경』(고민환, 1960), 『고사모신정기』(이용기, 1968), 『고후불전』(전선필 구술, 김경도 씀, 1960년대 말) 등이 있다. 수부에 대해 기록하고 있는 경전 중에는 『증산도 도전』이 백미로 꼽힌다. 이 경전은 초기 경전과 그 후손들의 증언, 현장답사를 거쳐 종합,

---

5) 필자는 이미 고수부의 행적에 대해 논의하였다. 따라서 두 분 수부의 행적에 대해서는 다음 기회(「증산도의 수부관 2」)로 미룬다. 노종상, 「수부, 천지의 어머니」, 증산도사상연구소, 『증산도사상』 제2집, 2000, pp.12~108) ; ——, 『수부 고판례』, 대전: 상생출판, 2010(이 책은 월간 『개벽』에 「거룩한 생애」라는 제목으로 1년 동안 연재한 내용을 수정 보완한 것이다).
6) 이정립, 『고부인신정기』, 김제: 증산대도회본부, 1963. 이 책은 뒤에 제목을 바꾸어 재출간하거나 다른 저서에 수록되었다(——, 『천후신정기』, 김제: 증산교본부, 1985. ; ——, 「제30장 고부인전」, 『증산교사』, 김제: 증산교본부, 1977, pp.220~294).
7) 유철, 『어머니 하느님-정음정양의 수부사상-』, 대전: 상생출판, 2011.
8) 오늘날 증산 상제의 위격, 영향에 비추어 보면 이 정도의 연구도 많다고 할 수 없다.
9) 이상호, 『대순전경』, 김제: 동화교회도장, 1929. 이하 『대순전경』은 많은 개정판이 간행되었다.

정리한 문헌자료이다.[10] 총 11편으로 구성되어 있는 『도전』에서 「제11편 태모 고수부님」 전체가 수부관 관련 내용이다. 이밖에 증산도 지도자인 안경전 종도사가 직접 저술한 『증산도의 진리』, 『관통 증산도』 등에 실려 있는 수부 관련 내용도 1차 자료에 버금가는 중요한 자료다.[11]

본고는 증산도의 수부관에 대한 연구이다. 본고의 논의 전개방법은 편의상 세 장으로 구분한다. 첫째는 도운道運의 관점이다. 증산 상제와 수부의 직접적인 관계라는 주제에 따라서 증산 상제의 아내, 도의 반려자로서 수부관을 들여다본다. 즉, 증산 상제의 아내, 종통계승자로서의 수부를 논의한다. 둘째는 세운世運의 관점이다. 증산 상제와 수부가 인간으로 온 당대 이후 인류가 처한 상황인 후천개벽과 수부의 관계, 수부의 사명 등을 들여다본다. 즉, '모든 여성의 머리, 여성 구원의 선봉장'으로서의 수부, '억조창생의 생명의 어머니'인 태모太母로서의 수부를 논의한다. 마지막으로 천지공사天地公事의 관점이다. 우주 주재자의 반려자로서, 어머니 하느님으로서 천지공사를 행하는 수부를 검토한다.[12]

본격적으로 증산도의 수부관을 논의하기 전에 전제되어야 할 사항이 있다. 증산도에 세 수부가 있지만, 논의의 대상은 아무래도 고수부가 될 수밖에 없다는 점이다. 다른 두 명의 수부는 수부 사명을 감당하지 못하고 중도에서 이탈하였으나 고수부는 온전히 감당하였기 때문이다. 일종의 시론인 본고는 증산도 경전인 『도전』을 비롯하여 증산도 지도자의 도훈導訓 및 저술을 중심으로 논의를 전개한다.

---

10) 『도전』 간행의 역사성, 의의 등에 관해서는 다음 논문을 참조할 것. 김남용, 「증산도 『도전』 성편의 역사성」, 증산도사상연구소, 『증산도사상』 제3집, 2000, pp.11~78. ; 윤창열, 「증산도 『도전』 간행의 당위성과 역사성」, 증산도사상연구소, 『증산도사상』 제4집, 2001, pp.13~76.
11) 안경전, 『증산도의 진리』, 대전: 상생출판, 2014(이 책은 개정판이다. 초판은 1981년에 간행되었다). ; ——, 『관통 증산도』 1.
12) 도운道運, 세운世運, 천지공사天地公事등은 증산도의 고유용어이다. 본문에서 설명한다.

2 증산 상제의 아내, 도의 반려자

1) 증산 상제 '아내'로서의 수부

　수부의 기능, 역할 중의 하나는 우주 주재자인 증산 상제의 아내이다. 증산 상제와 수부를 논의할 때 세속적인 용어, 담화 따위를 끌어들이는 것은 문제가 있지만, 학문적 접근을 위해서 어느 정도 용인되어야 한다는 전제 하에 본고의 논의도 이루어진다는 점에 유의하자. 천생연분天生緣分이라는 말이 있다. 이 말은 하늘이 마련하여 준 인연을 일컫는다. 천생인연天生因緣 또는 천정연분天定緣分이라고도 한다. 하늘이 내려주었으므로 인간의 힘으로 어떻게 할 수 없는 남녀 사이의 연분을 말한다. 넓게는 같은 의미지만 불교에서는 약간 다른 차원으로 얘기한다. 흔히 옷깃만 스쳐도 5백 생의 인연이 있다고 한다. 부부가 되면 이 '5백 생의 인연'이 두 개가 포함되었으니 천생인연千生因緣 혹은 천생연분千生緣分이 된다고 한다.

　이런 얘기들은 일반 사람들 사이에 오가는 것이지만, 증산 상제와 수부와의 인연도 이 비유로 설명할 수 있다. 실제로 1908년 10월 증산 상제 자신이 고수부에게 그렇게 말했다.

> 10월에 상제님께서 구릿골에서 대흥리로 가시어 …수부님께 일러 말씀하시기를 "내 털토시와 남바위를 네가 쓰고 우리 둘이 함께 걸어가자. 우리가 그렇게 걸어서 곳곳을 구경하며 가면 사람들이 우리를 보고 부러워하여 말하기를 '저 양주兩主는 둘이 똑같아서 천정연분天定緣分이로다.' 하리니(『도전』 6:70:1~4)

이 공사에 대해 안경전 종도사는 "삼계 역사의 절대주권자이시며 입법자이신 증산 상제님께서 후천 5만 년의 부부의 화목과 행복을 근본적으로 이루어주시기 위해 두 분께서 … 공사를 보셨습니다."[13]고 설명하였다. 증산 상제와 수부는 '천정연분'이지만, 그것이 단순히 이승에서 맺어진 인연 정도가 아니라는 얘기다. 전생에서, 즉 천상에서부터 맺어진 인연이다. 고수부는 증산 상제와의 전생 인연에 대해 다음과 같이 밝혀 주었다.

三十三天 內院宮 龍華敎主 慈氏婦人
삼 십 삼 천 내 원 궁 용 화 교 주 자 씨 부 인

天地定位하신 首婦손님 天地報恩이요
천 지 정 위   수 부   천 지 보 은

天皇氏 後裔로 道術造化라
천 황 씨 후 예   도 술 조 화

삼십삼천 내원궁의 용화교주 자씨의 부인

천지가 정定한 위의 수부손님이니

대도통하여 천지에 보은하고

후천을 여는 천황씨의 후예로 도술조화를 내노라.(『도전』 11:171:3)

이 인용문에서 고수부가 자신의 신원을 밝힌 앞부분만을 검토한다.

불교 세계관에 따르면 '내원궁'은 불교에서 욕계欲界 제4천인 도솔천에 있다. 도솔천은 산스크리트어 투시타Tuṣita의 음역이다. 의역하여 지족천知足天이라고 한다. 즉, 이 천상에 사는 천인들은 오욕五欲을 만족하고 있음을 의미한다. 도솔천은 내원과 외원外院으로 구성되어 있다. 외원은 수많은 천인들이 즐거움을 누리는 곳이고, 내원은 미륵보살의 정토로서 '내원궁'이라고 부른다. 이 내원궁은 석가모니가 인도에 출생하기 직전까지 머물렀던 곳이다. 현재는 미래불인 미륵이 이 내원궁에 머무르면서 사바세

---

13) 안경전, 『증산도의 진리』, 서울: 대원출판, 2002, p.351.

계로 하생下生의 시기를 기다리고 있다.

미륵은 산스크리트어로 마이트레야Maitreya이며, 자씨慈氏로 번역한다. 고수부가 자신의 신원에 대해 '자씨 부인'이라고 한 것은 바로 미륵불의 부인이라는 의미이다. 미륵은 때가 되면 사바세계인 이 세상으로 내려와 석가모니가 보리수菩提樹 아래에서 도道를 깨달았듯이 용화수龍華樹 아래에서 대도통을 하고, 이후 세 차례에 걸쳐 설법을 하여 중생을 제도한다. 이를 용화삼회龍華三會, 용화세계龍華世界라 한다. 따라서 고수부가 '용화교주'라고 한 것은 바로 미륵불을 가리킨다.

그런데 지금까지의 논의를 이해하기 위해서는 증산 상제의 신원에 대한 이해가 필요하다. 즉, 증산 상제가 바로 미륵불이라는 내용이다. 증산도에서 이 사실은 아무리 강조해도 지나치지 않다. 상세한 내용은 생략하겠으나 증산 상제는 금산사 미륵전(미륵불)을 통해 인간으로 왔다(『도전』 2:94:6). 1909년 어천하기 전에 증산 상제는 "나는 금산사에 가서 불양답佛糧畓이나 차지하리라. … 내가 미륵이니라. …내가 금산사로 들어가리니 나를 보고 싶거든 금산 미륵불을 보라."(『도전』 10:33:4~6)라고 말했다. 인간으로 올 때는 물론 인간세상을 떠날 때도 금산사 미륵전(미륵불)을 통해 천상으로 갔다. 이 밖에도 증산 상제는 "내가 미륵이니라."(『도전』 2:66:5 ; 4:47:3)라고 자신의 신원을 밝혀 주었다.

정리하면 '삼십삼천 내원궁의 용화교주 자씨의 부인'이라고 한 것은 도솔천 내원궁에 계시는 용화교주인 미륵불 곧 증산 상제의 부인이 다름 아닌 자신의 신원이라는 진술이다. 일종의 전생담이다. 따라서 고수부 자신은 증산 상제에게 '천지정위天地定位하신 수부首婦손님' 곧 천지가 정한 자리의 수부손님이다.

여기서 해명되지 않은 내용이 있다. '내원궁 용화교주 자씨부인'이 있었던 천상은 도솔천이 아니라 '삼십삼천'이다. 불교의 세계관에 따르면 '삼십삼천'은 욕계 6천 가운데 제2인 도리천忉利天을 가리킨다. 내원궁이 있는 도솔천이 아니라 '삼십삼천'이라 한 이유는 무엇일까? 초기경전인 『증일아함경增一阿含經』 「육중품六衆品」에 의하면 미륵불이 삼십삼천에 머물러 있었다고 전한다. 즉, 이 경전에는 덕을 많이 쌓은 한 외도가 수다원과須陀洹果[14]를 이루어 명을 다해 죽어서 삼십삼천에 태어나면, 그곳에서 미륵불을 만나 괴로움에서 완전히 벗어날 것이라는 석존의 설법을 싣고 있다.[15] 미륵은 보살로서 도솔천에 머물러 있는 것이 아니라 부처로서 삼십삼천에 머물러 있다는 내용이다. 미륵이 도솔천이 아닌 삼십삼천에 머물러 있다는 이 내용은 불교 교학에서 해명되어야 할 문제이지만, 고수부의 진술은 전혀 근거가 없는 것이 아니라는 점은 증명이 되는 셈이다.

물론 고수부의 밝힘이 불교의 어느 문맥에 맞고, 맞지 않고를 해명해야 한다는 것은 한낱 기우에 지나지 않는다. 고수부가 불교용어를 사용하고 있지만 우리 고유의 신앙인 신교神敎의 우주관에 따른 내용으로 진술하는 것이기 때문이다(따라서 여기서는 '삼십삼천'을 도솔천과 혼용해서 사용하기로 한다).

고수부는 다른 자리에서 같은 내용을 더욱 구체적으로 밝혀주고 있다.

"금산사 미륵전 남쪽 보처불補處佛은 삼십삼천 내원궁 법륜보살이니 이 세상에 고씨인 나로 왔느니라."(『도전』 11:20:1)

금산사 미륵전은 미륵불을 봉안한 가람의 중심 건물이다. 『삼국유사』에

---

14) 수다원須陀洹. 산스크리트어 Srotāpanna. 성문聲門 4과果의 제일과第一果. 예류과預流果의 산스크리트어 이름으로 무루도無漏道에 처음 참례하여 들어간 지위를 가리킨다.
15) 『增一阿含經』 T.125, pp.717a~717b. 世尊告曰, 彼是有德之人, 四諦具足, 三結使滅, 成須陀洹, 必盡苦際, 今日命終, 生三十三天, 彼見彌勒佛, 已當盡苦際.

따르면 이 미륵전은 혜공왕 2년(766)에 '한국 미륵신앙의 아버지'[16]라고 할 수 있는 진표율사가 미륵불을 친견하고 중창하였다.[17] 그러나 당시 건물은 조선 제14대 왕 선조(재위 1567~1608) 30년에 정유재란 때 불에 타 없어졌다. 그 후 수차에 걸친 중수를 거쳐 오늘에 이르고 있다. 『금산사 사적기』에 의하면 진표가 봉안할 당시의 미륵불은 보처불이 없는 독존獨尊이었다. 그러나 이 때 조성된 미륵불상은 선조 30년(1597)에 소실되었다. 이후 인조 5년(1627) 수문守文대사에 의해 미륵삼존상이 조성되었다. 그중 주불인 미륵불상은 1934년 실화로 소실되었는데 4년 만인 1938년에 다시 조성되었다. 현재 금산사 미륵전의 중앙 본존은 총 높이 11.82m(39척)의 거대한 입상이다. 또 좌우 보처불은 각기 8.79m(29척)로서 역시 동일한 입상이다.[18]

삼존불은 본존불과 좌우에서 시립하는 보처불·보살을 합한 명칭이다. 우리나라의 법당에는 대개 주불이 좌우보처를 거느린 삼존불 형식으로 봉안되어 있다. 이러한 삼존불의 관계는 본존불의 권능을 협시挾侍 보살이 대변하는 것으로 표현된다. 이 가운데 미륵 삼존은 주로 중존은 미륵불, 왼쪽이 법화림 보살法花林菩薩, 오른쪽이 대묘상 보살大妙相菩薩을 봉안한다. 고수부가 '금산사 미륵전 남쪽 보처불은 삼십삼천 내원궁 법륜보살'이라고 하였을 때, 그 출처는 명확하지 않다. 아니, 명확하지 않는 것이 아니라 고수부의 언술 자체가 곧 출처의 근원지라고 할 수 있다. 주목되는 것은 그 법륜보살이 '이 세상에 고씨인 나로 왔다'는 고수부의 언술이다. 이 문맥은 증산 상제가 인간으로 오는 과정을 통해 이해될 수 있다.

---

16) 본고의 임시용어이다.

17) 『三國遺事』 T.2039, p.1009b. 復感慈氏從兜率 駕雲而下 與師受戒法 師勸檀緣 鑄成彌勒丈六像 復畫下降受戒威儀之相於金堂南壁. 진표율사가 창건 당시에는 '금당金堂'이라 하였고 '미륵전'은 후세에 붙인 호칭이다. 여기서는 '미륵전'으로 지칭한다.

18) 한국불교연구원, 『한국의 사찰 11, 금산사』, 일지사, 1985, p.70.

증산 상제는 1902년 4월 13일에 전주 우림면雨林面 하운동夏雲洞 제비창골 김형렬의 집에 이르러 "이제 말세의 개벽 세상을 당하여 앞으로 무극대운無極大運이 열리나니 … 순결한 마음으로 정심 수도하여 천지공정天地公庭에 참여하라. 나는 조화로써 천지운로를 개조하여 불로장생의 선경을 열고 고해에 빠진 중생을 널리 건지려 하노라."라고 천명한 뒤에 당신이 이세상에 온 경위를 설명해 주었다.

> 또 말씀하시기를 "나는 본래 서양 대법국大法國 천개탑天蓋塔에 내려와 천하를 두루 살피고 동양 조선국 금산사 미륵전에 임하여 30년 동안 머물다가 고부 객망리 강씨 문중에 내려왔나니, 이제 주인을 심방함이니라."(『도전』 2:15:6~8)

증산 상제가 인간으로 오기 직전에 30년 동안 금산사 미륵전에 머물러 있다가 고부 객망리 강씨 문중에 왔다는 내용이다. 이 언술을 고수부의 진술과 연결시키면 그분들이 어떤 '천정연분'의 반려자였음을 확인할 수 있다. 미륵불인 증산 상제가 금산사 미륵전에 머물렀다면, 정확하게 어디일까? 말할 나위 없이 미륵불상일 터다. 증산 상제가 금산사 미륵전 본존인 미륵불을 통해 인간으로 왔다면, 고수부는 금산사 미륵전 남쪽 보처불인 법륜보살로 있다가 왔다. 이와 같이 증산 상제와 고수부는 전생에서부터 맺어진 반려자였다.

1907년 11월 초사흗날 증산 상제는 고판례 부인을 맞아 수부 도수를 정하여 수부책봉 예식을 올렸다. 이때 증산 상제는 고부인에게 "내가 너를 만나려고 15년 동안 정력을 들였나니 이로부터 천지대업을 네게 맡기리라."(6:37:5)라고 하였다. 여기서 공사 내용(증산 상제의 언술, 행위 등)을 설명할 여유는 없다. 『도전』은 이 공사의 명칭을 '고수부님께 천지대업의 종통

대권을 전하심'이라고 하였다. 이 날을 기점으로 고수부의 입장은 하늘과
땅 차이로 벌어졌다. 수부책봉 예식을 올렸으므로 정식으로 수부가 되었
다. 증산 상제의 아내로서, 증산 상제와 함께 천지공사를 마무리 짓는 것
이야말로 고수부의 사명이었다. 나아가 증산 상제의 종통대권까지 전해
받고 도운道運(증산 상제의 도의 운로)까지 맡아야 하는 후계자가 되었다.

2) 종통 계승자로서의 수부

수부는 증산 상제의 도의 반려자이다. '반려자'의 사전적 의미는 짝이 되
는 사람을 가리킨다. 증산 상제와 수부는 '짝이 되는 사람'이다. 종속적인
의미가 아니라 평등한 관계의 짝을 일컫는다. 도의 반려자이되, 수부는 종
통 계승자이다. 1907년 동짓달 초사흗날 고수부와 수부책봉의 예식을 거
행하던 날, 증산 상제가 '이로부터 천지대업을 네게 맡기리라.'고 하여 천
하사의 종통대권을 고수부에게 전하였다. 『도전』은 이 언술에 대해 '증산
상제가 누구에게 후계 사명을 내리고 종통대권을 전하였느냐 하는 도운
공사의 핵심을 깰 수 있는 말씀"[19]이라고 설명하였다. 증산 상제의 직접적
인 언술이 아니더라도 수부책봉 예식을 거행했다는 사실 자체만으로도 이
미 종통대권은 고수부에게 전해진 것과 다름없다. 수부책봉 예식은 문자
그대로 세속적인 혼례식의 차원이 아니다. 증산 상제와 수부가 우주만유
의 어버이임을 천지에 선포하는 의식이다. 또한 정음정양正陰正陽의 후천을
여는 천지대도의 수부공사이며 증산 상제 대도의 종통을 전수하는 예식이
다.[20]

---

19) 『도전』, p.817. 측주.
20) 『도전』, p.1210. 측주.

이어 증산 상제는 수부공사首婦公事를 행하였다.[21] 그리고 차경석 성도의 집에 처소를 정하여 '수부소首婦所'라 부르게 하고 고수부를 거처하게 하였다. 이후 증산 상제가 자신의 종통대권을 고수부에게 전하는 공사는 다양한 방법을 이루어졌다.

> 상제님께서 항상 수부님의 등을 어루만지며 말씀하시기를 "너는 복동福童이라. 장차 천하 사람의 두목頭目이 되리니 속히 도통하리라." 하시고 "이후로는 지천태地天泰가 크다." 하시니라.(『도전』 11:5:4~5)

이 공사를 이해하기란 쉽지 않다. 먼저 앞문장의 문면에 드러나는 문자적 의미만 보면 증산 상제가 고수부는 '복이 많은 사람이다. 앞으로 천하 사람들을 가르치는 위격이 될 것이고, 따라서 도통할 날이 멀지 않았다.'라는 정도로 이해된다. 즉, 종통 후계자인 고수부가 도통하는, 천하 사람의 지도자가 되는 때를 정하는 공사로 이해된다.

후반부 문장에서 말한 지천태란 무엇인가. 지천태괘(䷊)는 『주역』에 나오는 64괘 중의 하나이다. 즉, 곤괘坤卦(☷)와 건괘乾卦(☰)가 겹쳐 지천태(䷊) 형상을 이루는 괘이다. 일별하면 당이 위에 있고 하늘이 밑에 있는 형상이다. 이 괘는 음양이 화합하여 하나로 뭉쳐짐을 상징한다. 땅의 음기가 내려오고 하늘의 양기가 상승하는 형상으로 음양이 자유로이 상호 교류함으로써 조화가 일어나 안정을 누리게 되는 길하고 형통할 괘로 알려졌다. 그래서 후천 가을의 변화성을 상징하는 괘이다. 이 괘를 독일의 동양학자 빌헬름Richard Wilhelm(1873~1930)은 『역경강의Lectures on the I Ching』에서 '평화Peace의 괘'라고 하였다.[22] 따라서 증산 상제가 '이후로는 지천태가 크

---

21) 수부공사에 대한 상세한 내용은 『도전』 6:327 ; 6:38 등을 참조할 것.
22) 『도전』, p.148. 측주. 재인용.

다.'라고 한 언술은, 바꾸어 말하면 앞으로 지천태로 상징되는 세상이 온
다는, 오게 하겠다는 선언이며, 앞으로 고수부가 천하 사람의 지도자가 되
는 세상이 온다는 내용이다. 이는 증산 상제가 "후천은 곤도坤道의 세상으
로 음양동덕陰陽同德의 운運이니라."(『도전』 2:83:5)라고 선언한 내용과 같은
의미로 해석된다.

1908년 겨울, 증산 상제는 고수부가 머물던 정읍 대흥리에서 대공사를
행한 뒤에 '포정 공사布政公事'를 행하였다. 증산 상제는 "정읍에 포정소를
정하노라." 하며 "장차 크게 흥하리라."고 하였다(『도전』 6:78:4~5) 그리고
얼마 뒤에 증산 상제는 다시 종통대권 전수 공사를 행하였다.

> 무신년 겨울에 대흥리에 계실 때 어느 날 수부님께
>
> 玉皇上帝
> 옥 황 상 제
>
> 라 써서 붉은 주머니에 넣어 주시며
>
> "잘 간직해 두라. 내가 옥황상제니라." 하시니라.(『도전』 6:82:1~3)

증산 상제는 1901년 대원사 칠성각에서 대도통을 한 날, "나는 옥황상
제니라."(2:11:12)라고 자신의 신원을 밝혀 주었다. '옥황상제'는 천지 만물
의 생명을 다스리는 조화주 하느님, 통치자 하느님의 공식 호칭이다. 증산
상제가 자신의 신원인 '옥황상제'라 쓴 명정을 염낭 속에 넣어 고수부에게
준 것은 그 자체로써 종통 전수라는 큰 의미가 담겨 있다.[23]

이 밖에도 증산 상제는 몇 차례에 걸쳐 고수부에게 종통대권을 전하는
공사를 행하였다.

----

23) 안경전, 『증산도의 진리』(2014년도 판), p.623.

하루는 태모님께서 성도들에게 말씀하시기를 "상제님께서 천지공사
를 통해 평천하를 이루시고 '수부 도수首婦度數로 천하 만민을 살리는
종통대권宗統大權은 나의 수부, 너희들의 어머니에게 맡긴다.'고 말씀
하셨느니라." 하시니라.(『도전』 11:345:6~7)

수부님께서 … "나를 일등一等으로 정하여 모든 일을 맡겨 주시렵니
까?" 하니 상제님께서 "변할 리가 있으리까, 의혹하지 마소." 하시고
부符를 써서 불사르시며 천지에 고축告祝하시니라.(『도전』 6:37:12~13)

『도전』에서도 증산 상제가 "수부님께 도통을 전하시어 무극대도를 뿌리
내리시고 … 신천지 도정道政의 진법 도운을 여시니라. 상제님의 도권道權
계승의 뿌리는 수부 도수에 있나니"(『도전』 6:2:2~5)라고 하여 종통대권이
고수부에게 전해졌음을 분명히 밝히고 있다. 증산 상제는 여성인 수부에
게 종통대권을 전하였을 뿐만 아니라 거기에 따른 문제도 미리 해결해 놓
았다. 과문한 탓인지 모르겠으나 여성에게 종통이 전해지고, 그 여성이 지
도자가 되어 종교단체를 이끈 경우는 세계 종교사상 그렇게 흔치 않았을
터이다. 근대 전환기이며, 소위 '근대'를 상징하는 갑오개혁이 선포된 시기
라고 하지만, 증산 상제가 고수부에게 종통대권을 전하는 당시만 해도 아
직 가부장적 분위기가 서슬 퍼렇게 살아있을 때였다. 이런 때에 여성인 고
수부에게 종통이 넘어간다면, 증산 상제 어천 뒤에 무슨 문제가 일어날지
모를 일이었다. 그런 불미스런 일을 대비하기 위해서였을까.

"나는 서신西神이니라. 서신이 용사用事는 하나, 수부가 불응不應하면
서신도 임의로 못 하느니라. 상제님께서 말씀하시기를 "수부의 치마
그늘 밖에 벗어나면 다 죽는다."(『도전』 6:39:1~4)

"나의 수부, 너희들의 어머니를 잘 받들라. 내 일은 수부가 없이는 안 되느니라. 수부의 치마폭을 벗어나는 자는 다 죽으리라."(『도전』 6:96:5~6)

"수부대우를 잘하면 수명도 연장될 수 있느니라."(『도전』 6:68:5)

이 장을 마무리하면서 제기되는 한 가지 물음에 대한 해명이 필요하다. 증산 상제는 왜 여성인 수부에게 종통대권을 전했을까? 그 의의는 무엇인가? 여기에 대해서 증산도는 몇 가지로 해명한다. 첫째, 후천 정음정양의 음개벽 원리가 인사문제로 실현되기 때문이다. 둘째, 증산 상제와 고수부가 천지부모로서 자리 잡게 되기 때문이다. 셋째, 증산 상제는 수부 도수를 종통계승의 근본으로 선언하였다. 넷째, 수부를 부정하는 자는 그 누구도 난법난도자로 죽음의 심판을 받게 된다.[24]

---

24) 안경전, 『증산도 기본교리』 2, p.84.

3 후천개벽과 수부

1) '모든 여성의 머리, 여성 구원의 선봉장'으로서의 수부

수부는 후천 새 시대의 여성문화를 여는 우먼파워woman power의 머리가
되는 분으로 곤도수, 음도수의 주재자이다.[25] 즉, 수부는 '모든 여성의 머
리가 되는 분'이다. 나아가 여성 구원의 선봉장이다.

> 상제님의 도권道權 계승의 뿌리는 수부도수首婦度數에 있나니 수부는
> 선천 세상에 맺히고 쌓인 여자의 원寃과 한恨을 풀어 정음정양의 새
> 천지를 여시기 위해 세우신 뭇 여성의 머리요 인간과 신명의 어머니
> 시니라.(『도전』 6:2:5~6)

세상의 모든 이름에는 거기에 따르는 책임이 따른다. '모든 여성의 머리
가 되는 분'이라면, 수부에게는 거기에 합당한 사명이 있다. 대표적인 것
이 '여성 구원의 선봉장'이라는 점이다.

증산 상제가 공사로 준비한 후천 선경세계는 남녀동권시대였다. 여성이
유사 이래 억압 받아온 존재였다는 것은 굳이 많은 설명이 필요치 않을 터
이다. '유사 이래'라고 하였으므로 원시 모계사회에서는 아니지 않으냐고,
그때는 모권제母權制였으므로 여성이 억압된 사회가 아니었지 않으냐고 반
문할 수 있다. 선행연구에 따르면 모계사회뿐만 아니라 여성이 최초의 창
조주로, 여신으로 예배의 대상이 되던 시대도 있었다. 그때는 여성이 억압

---

25) 안경전, 『관통 증산도』 1, p.186.

의 굴레에서 벗어나 있었을까.

> 인간의 발전에서 선사 시대와 역사 시대 초기에는 최고의 창조주를 여성으로 섬기는 종교들이 있었다. '위대한 여신'—'거룩한 여성 조상' —은 기원전 7천 년 신석기 시대 초부터 서기 50년 경 마지막 남은 여신 신전들이 폐쇄될 때까지 예배의 대상이었다.
>
> 반면 보통 '태초에 일어난 것으로 여겨지는 『성경』의 사건들은 실제로는 역사 시대에 일어났다. 고고학, 신화학, 역사학적 증거들은 모두 여성 종교가 결코 자연스럽게 사그라진 것이 아니라, 남성 신들을 최고로 받드는 신흥종교 옹호자들이 수백 년에 걸쳐 지속적으로 방해하고 탄압한 결과 말살되었음을 보여준다. 그리고 이런 신흥 종교로부터 '아담과 이브'의 창조 신화와 실낙원 이야기가 나왔다.[26]

인류 역사의 초기에 여성을 예배의 대상으로 하는 시대가 있었으나 곧 남성 신으로 대체되었고, 이 남성 신 옹호자들이 수백 년에 걸쳐 지속적으로 방해하고 탄압한 결과였다는 것이다.

모계사회라는, 여성으로의 혈족 관습을 따르는 사회는 과거뿐만 아니라 현재에도 세계의 여러 지역에 찾아볼 수 있다. 대부분의 사회가 원래 모계제, 여가장제, 심지어 일처다부제 사회였다는 이론은 19세기말과 20세초에 연구의 주제 가운데 하나였다. 많은 학자들이 여기에 참여했다. 이들은 고대 사회가 여가장제와 일처다부제였다는 이론을 받아들였으며, 수많은 증거로 자신의 이론을 뒷받침했다.[27] 이들은 인류의 가족이 원시난혼시대

---

26) 메린 스톤Merlin Stone, 정영목 역, 『하느님이 여자였던 시절When God is Woman』, 서울: 뿌리와 이파리, 2005, p.16.
27) 위의 책, p.84.

原始亂婚時代에서 모계시대로, 이어서 부계시대로 이행하였다는 학설을 유력하게 전개하였다. 그러나 그 후의 연구에 의해 모계제를 인류가 반드시 거쳐야 할 원시의 한 단계로 보기는 어렵게 되었다. 모계사회matrilineal society란 집단으로의 귀속이나 지위, 재산이 어머니로부터 자식에게 계승되어 모계로 결속된 사람들의 출신 집단(씨족, 혈족)이 사회의 기초단위가 되는 사회를 가리킨다. 현재도 인도의 나야르인이나, 수마트라의 미난카바우족, 라오스의 라오족, 아셈의 시카족, 북아메리카인디언의 호피족 등이 모계사회의 예로서 잘 알려져 있다. 이들 사회에서는 아버지의 존재가 거의 희박하다. 그러나 실권을 쥐고 있는 것은 여성이 아니라 남성인 어머니의 형제로, 모계사회는 이른바 모권제가 아니라는 점에 주의해야 한다. 역사적으로 보아도 과거 모권제 사회가 존재했는지 확인되지 않는다.[28] 한마디로 여성이 남성만큼 대우받는 사회는 존재하지 않았다는 것이 선행연구의 결론이다.

　동양의 전통적 음양 사상에서는 과거의 이 여성억압의 역사를 억음존양抑陰尊陽으로 표현해 왔다. 동양적 사유방식의 출발점이라 할 수 있는 음양 사상은 『주역周易』을 통해 최초로 이론적 체계화가 이루어졌다. 증산 상제는 "『주역』은 개벽할 때 쓸 글이니 주역을 보면 내 일을 알리라."(『도전』 5:248:6)라고 하였다. 따라서 증산 상제의 공사 기록은 『주역』을 통해 어느 정도 해명될 수 있다. 여성억압의 역사에 대해서도 마찬가지다.

　선천은 억음존양의 세상이라. 여자의 원한이 천지에 가득 차서 천지 운로를 가로막고 그 화액이 장차 터져 나와 마침내 인간 세상을 멸 망하게 하느니라.(『도전』 2:52:1~2)

----

28) 정치학대사전편찬위원회, 『21세기 정치학대사전』, 한국사전연구사. ; https://terms. naver.com/entry. 검색일.2021.10.25.16:11.

증산 상제는 당신이 출세하기 이전의 인류 역사[29]가 이어져 온 선천先天을 '억음존양의 세상'이라고 정의하였다. 억음존양의 세상이므로 억압당하는 음 즉 여성의 원한이 없을 리 만무하다. 그리고 선천 말기에 이르러 여자의 원한이 천지에 가득 차서 천지운로를 가로막을 뿐만 아니라 장차 그 화액이 터져 나와 인간 세상이 멸망하게 되었다. 바로 여기에 우주 주재자인 증산 상제의 손길이 개입될 필연성이 있다. 이에 대해 증산 상제는 이 원한을 풀어 주지 않으면 비록 성신聖神과 문무文武의 덕을 함께 갖춘 위인이 나온다 하더라도 세상을 구할 수가 없다고 하였다(『도전』 2:52:3). 삼계대권을 주재하는 우주 주재자가 직접 나와서 해결하는 길이 유일한 통로라는 것이다.

"이 때는 해원시대라. 몇 천 년 동안 깊이깊이 갇혀 남자의 완롱玩弄거리와 사역使役거리에 지나지 못하던 여자의 원寃을 풀어 정음정양으로 건곤을 짓게 하려니와 이 뒤로는 예법을 다시 꾸며 여자의 말을 듣지 않고는 함부로 남자의 권리를 행치 못하게 하리라."(『도전』 4:59:2~3)

예전에는 억음존양이 되면서도 항언에 '음양'이라 하여 양보다 음을 먼저 이르니 어찌 기이한 일이 아니리오. 이 뒤로는 '음양' 그대로 사실을 바로 꾸미리라.(『도전』 2:52:4~5)

"이 때는 해원시대라. 남녀의 분별을 틔워 각기 하고 싶은 대로 하도록 풀어 놓았으나 이 뒤에는 건곤의 위차位次를 바로잡아 예법을 다

---

29) 본고에서는 뭉뚱그려 이렇게 표현하였지만 증산도 우주론에 따른 더욱 정확한 의미는 이 것과 약간 차이가 있다. 선후천과 관련한 상세한 증산도 우주론에 대해서는 다음 논문을 참조할 것. 양재학, 「선·후천과 개벽」, 상생문화연구소, 『2021년 봄 증산도 문화사상 국제학술대회 자료집 삼신·선·후천개벽』, 2021.4.23.~4.24. pp.363~408.

시 세우리라."(『도전』 2:136:3)

여자가 천하사를 하려고 염주를 딱딱거리는 소리가 구천에 사무쳤나
니 이는 장차 여자의 천지를 만들려 함이로다. 그러나 그렇게까지는
되지 못할 것이요, 남녀동권 시대가 되게 하리라.(『도전』 2:53:3~6)

증산 상제가 인간으로 온 시기는 '해원시대'이다. 이 해원시대를 맞이하
여 증산 상제가 개벽하고자 한 세상은 '정음정양의 남녀동권 세계'이다. 여
기서 공사 내용 하나하나에 대한 논의는 생략하겠으나 증산 상제는 인용
문에서 보는 공사뿐만 아니라 여러 장소에서 여성해원과 관련된 공사를 집
행하여 두었다. 중요한 것은 이들 공사가 표면적으로는 우주 주재자인 증
산 상제가 행한 것이지만, 이면에는 수부와 '공동작업'으로 이루어졌다는
것이다. 증산 상제는 1907년 10월 차경석 성도에게 수부택정首婦擇定 공사
를 맡기면서, "천지에 독음독양은 만사불성이니라. 내 일은 수부가 들어야
되는 일."(『도전』 6:34:2)이라고 하였다. 1904년, 증산 상제는 수석성도 김형
렬에게 "세상 운수가 박도迫到하였는데 아직 마치지 못한 후천선경 공사가
산적하여 있느니라. 수부를 선정하여야 모든 공사가 차례대로 종결될 터인
데 수부를 아직 정하지 못하여 공사가 지체되고 있으니 속히 수부를 선정
하라. 수부의 책임 공사란 수년 남아 있느니라."(3:92:3~5)라고 하였다. 여기
서 '수부의 책임 공사'가 무엇일까. 증산 상제의 의중을 정확히 파악할 수
없으나 그중의 하나는 수부가 중심이 되어야 해결할 수 있는 여성해원 문
제가 최우선 순위가 아니었을까. 수부는 '모든 여성의 머리가 되는 분', '여
성 구원의 선봉장'이라는 언술은 이 의미망에 포함되어 있다.

여기서 '여성 구원'이라고 하였을 때, 구원의 바탕이 되는 첫 단계는 해
원이다. 증산 상제가 일련의 여성 구원의 공사를 행할 수 있었던 것도 해

원시대이기 때문에 가능하였다. 바꾸어 말하면 해원시대이므로 증산 상제
는 일련의 여성 구원 공사를 행하였다. 여기서 한 가지 지적할 수 있는 것
은 세 수부 역시 증산 상제와 함께 여성 구원의 공사를 행하는 수부이기
이전에 그들 각자가 특수한 위치에서 원한이 맺혀 있는, 따라서 여성 구원
의 대상 혹은 전범이 된다는 점이다. 불교식으로 말하면 인간은, 인간이므
로 각자 욕구가 있고, 이 욕구는 결과적으로 고통을 만들어낸다. 석가는
이 고통의 문제를 풀기 위해 태자 자리를 뿌리치고 출가하였다. 증산도의
세 수부에게도 수부이기 이전에 한 인간으로서, 여성으로서 각자 원한이
없지 않았을 터다.

　여기서 구체적으로 논의할 여유는 없으나 정수부는 신체적으로 맺힌 한
이 있을 수 있었다. 또한 한 여성으로서, 아내로서, 한 가정의 며느리로서
행복한 가정을 꿈꾸었으나 증산 상제가 천하사를 위해 불고가사不顧家事하
였으므로, 거기에 따른 원한이 없지 않았을 터다. 김수부에게는 조혼에 대
한 문제, 봉건 사대부 시대 유물의 희생자로서 원한이 있을 수 있었다. 그
리고 고수부에게는 끼니를 걱정해야 하는 궁핍한 자의 원한, 청춘과부로
서 원한이 있을 수 있었다. 세 분 수부는 자신에게 맺혀 있는 원한부터 풀
어야 하는, 즉 해원시대에 '모든 여성의 머리'로서 해원 그 자체의 전범이
되기도 하였다.[30]

2) '억조창생의 생명의 어머니' 태모太母로서의 수부

　수부는 뭇 창생의 어머니이다. 따라서 '태모太母'라고 칭한다.[31] 앞장에서

---

30) 증산도의 세 수부가 안고 있었던 원한의 대상이 되는 문제에 관한 논의는 다른 기회로 보
류한다.
31) 위의 책, p.86.

수부는 '정음정양의 새 천지를 열기 위해 세운 뭇 여성의 머리요 인간과 신명의 어머니'라는 『도전』의 정의를 살펴보았다. 이 밖에도 같은 의미의 여러 가지 정의가 있다.

> 태모太母 고수부高首婦님은 억조창생의 생명의 어머니이시니라.(『도전』 11:1:1)

> 상제님께서 일러 말씀하시기를 "나의 수부, 너희들의 어머니를 잘 받들라. 내 일은 수부가 없이는 안 되느니라." (『도전』 6:96:5)

'모든 여성의 머리'로서, 나아가 여성 구원의 선봉장으로서 수부의 사명은, 여성해원으로 사명을 다하는 것이 아니다. 수부는 천지의 뭇 생명의 어머니인 태모로서 온 인류를 해원시키는 사명도 함께 짊어지고 있다. 증산 상제는 천지의 뭇 생명의 어머니로서 수부와 관련된 공사를 여러 차례 보았다. 그중의 하나는 고수부에게 내린 '일등무당 도수'이다. 이 공사는 앞 장의 종통대권 전수자로서의 수부 의미와 병행하여 유기적으로 독해해야 어느 정도 이해가 가능하다.

좀 길지만 전문을 인용한다.

> 대흥리에서 공사를 행하실 때 하루는 "유생들을 부르라." 하시어 경석의 집 두 칸 장방에 가득 앉히시고 재인 여섯 명을 불러오게 하시어 풍악을 연주하게 하시니라. 이어 "수부 나오라 해라." 하시니 수부님께서 춤을 우쭐우쭐 추며 나오시는지라 상제님께서 친히 장고를 치시며 말씀하시기를 "이것이 천지굿이라. 나는 천하 일등 재인이요, 너는 천하 일등 무당이니 우리 굿 한 석 해 보세. 이 당 저 당다 버리

고 무당 집에 가서 빌어야 살리라." 하시고 장고를 두둥 울리실 때 수부님께서 장단에 맞춰 노래하시니 이러하니라.

세상 나온 굿 한 석에

세계 원한 다 끄르고

세계 해원 다 된다네.

상제님께서 칭찬하시고 장고를 끌러 수부님께 주시며 "그대가 굿 한 석 하였으니 나도 굿 한 석 해 보세." 하시거늘 수부님께서 장고를 받아 메시고 두둥둥 울리시니 상제님께서 소리 높여 노래하시기를

"단주수명丹朱受命이라.

단주를 머리로 하여[32]

세계 원한 다 끄르니

세계 해원 다 되었다네."

하시고 수부님께 일등무당 도수를 붙이시니라.(『도전』 6:93:1~10)

공사 중에 '무당 집에 가서 빌어야 살리라.'라는 말은 일반 세속의 무당이 아니라 일등 무당 도수의 주인공 (고)수부로부터 시작하는 종통맥을 찾아 신앙하라는 의미다. 일등무당 도수는 무엇인가? 선천 시원문화인 신교의 실체는 우주적 영성을 가진 무당 문화라 할 수 있다. 태고의 황금시대에 화이트 샤만White Shaman(천지조화의 광명을 받는 태초의 무당)이라 불린 존재들은 몸을 가지고 대우주를 날아다닐 정도로 우주적인 영성을 가진 대무大巫로서 문명의 창시자였다. 증산 상제는 이 같은 원시의 신성 문화를 회복하는 문을 열어 놓았으며 그것을 성취한 이가 천지 무당도수를 맡은 고수부이다.[33] 따라서 이 공사에서 고수부에게 붙인 무당도수를 통해 고

---

32) '단주 수명'과 '단주를 머리로 한 해원'은 다음 책을 참조할 것. 『도전』; 노종상, 『수부 고판례』; 이재석, 『인류원한의 뿌리 단주』, 대전: 상생출판, 2008.
33) 『도전』, p.843.

수부는 증산 상제의 아내로서 성령을 받아 내려 후천 곤도시대의 첫 여성이 되며, 상제로부터 친히 도통을 받아 후천선경 건설의 도운道運을 처음 열고 후천 대개벽기에 인류의 거룩하신 생명의 어머니가 되는 것이다.

증산 상제는 이 공사를 '천지굿'이라고 하였다. 이 천지굿판에서 증산 상제는 천하 일등 재인이 되고 고수부는 천하 일등 무당으로 이른바 천지 해원굿 한 판을 벌인 장면이다. 이 천지굿판에서 주인은 일등 무당인 고수부이고, 증산 상제 당신은 재인으로 보조인물이다. 즉, 이 공사에서 고수부는 해원시대를 맞이하여 세계 원한을 모두 끌러내는, 세계해원 굿판의 주인공이 된다.

4 천지공사와 수부: '어머니 하느님'으로서의 수부

우주 주재자의 반려자인 '어머니 하느님'으로서의 수부는 앞장에서 살펴본 '억조창생의 생명의 어머니, 태모'에서 더욱 확대된 개념이라고 할 수 있다. 모든 선천 종교, 혹은 후천 무극대도의 개념이 그렇지만, 개념은 단지 개념으로 끝나는 것이 아니다. 실천적 행위가 동반해야 한다. 그렇다면 '어머니 하느님'으로서의 수부의 실천적 행위는 무엇인가? 그것은 천지공사이다.

천지공사란 무엇인가? 증산 상제는 "현하의 천지대세가 선천은 운을 다하고 후천의 운이 닥쳐오므로 내가 새 하늘을 개벽하고 인물을 개조하여 선경세계를 이루리니 이 때는 모름지기 새판이 열리는 시대니라. 이제 천지의 가을운수를 맞아 생명의 문을 다시 짓고 천지의 기틀을 근원으로 되돌려 만방에 새 기운을 돌리리니 이것이 바로 천지공사니라."(『도전』 3:11:3)라고 하였다. 그러므로 천지공사란 우주 주재자가 천지 만물의 미래를 준비는 일종의 프로그램이라고 할 수 있다. 물론 '천지공사'는 증산 상제가 처음 사용한 용어이다. 증산 상제는 "나는 예언자가 아니로다. 나의 일은 세상 운수를 미리 말함이 아니요, 오직 천지공사의 도수로 정하여 내가 처음 짓는 일."(3:227:7)이라고 하였다.

수부는 '어머니 하느님'으로서 천지공사를 행하는 분이다.

상제님께서 선천 억음존양의 건곤을 바로잡아 음양동덕陰陽同德의 후천세계를 개벽하시니라. 이에 수부님께 도통을 전하시어 무극대도를 뿌리내리시고 … 신천지 도정道政의 진법 도운을 여시니라.(『도전』

6:2:1~4)

수부님께서는 후천 음도陰道 운을 맞아 만유 생명의 아버지이신 증산 상제님과 합덕하시어 음양동덕으로 정음정양의 새 천지인 후천 오만 년 조화 선경을 여시니라.(『도전』11:1:2~3)

수부는 어떤 자격으로 천지공사를 행하는가? 수부는 증산 상제의 종통 대권 전수자로서, 증산 상제의 후계자로서 선천 억음존양의 건곤을 바로 잡아 음양동덕의 후천세계를 개벽하는 분이다. 따라서 증산 상제는 수부에게 도통을 전하여 무극대도를 뿌리내리고, 신천지 도정의 진법 도운을 열었다. 수부는 증산 상제의 반려자로서, 그리고 후천 음도 운을 맞아 만유 생명의 아버지인 증산 상제와 합덕한 만유생명의 어머니로서 정음정양의 새 천지인 후천 오만년 조화 선경을 여는 분이다. 다시 강조하지만, 이와 같은 천지공사는 단지 언술에 그치는 것이 아니다.

『도전』에서는 "모사재천謀事在天하고 성사재인成事在人하는 후천 인존시대를 맞이하여 천지부모이신 증산 상제님과 태모 고수부님께서 인간과 신명이 하나되어 나아갈 새 역사를 천지에 질정하시고…."라고 하였다. 또한 증산 상제는 "모사재천은 내가 하리니 성사재인은 너희들이 하라."(『도전』8:1:2~6)라고 하여, 일을 꾸미는 것은 증산 상제와 수부가 하고, 그 일을 이루는 것은 남은 인간들이 하는 것이라 하였다. 수부는 만유 생명의 어머니로서 자식의 '앞날(후천)'을 위해, 우주 주재자의 반려자인 어머니 하느님으로서 천하 만유를 살리기 위해 천지공사를 행한 분이다.

태모님께서 당신을 수부로 내세우신 상제님으로부터 무극대도의 종통을 이어받아 대도통을 하시고 세 살림 도수를 맡아 포정소 문을 여심으로써 이 땅에 도운의 첫 씨를 뿌리시니라. 태모님께서는 수부로서 10년 천지공사를 행하시어 온 인류의 원한과 죄업을 대속하시고 억조창생을 새 생명의 길로 인도하시니라.(『도전』 11:1:5~7)

증산 상제의 무극대도의 종통을 이어받아 대도통을 하고 도운의 첫 씨를 뿌린 고수부는 '수부로서 10년 천지공사를 행하시어 온 인류의 원한과 죄업을 대속하고 억조창생을 새 생명의 길로 인도'하였다. 그 공사의 내용은 '온 인류의 원한과 죄업을 대속하시고 억조창생을 새 생명의 길로 인도'하는 것이었다.

고수부는 증산 상제 어천 2년 뒤인 1911년 9월 20일 아침에 대도통을 하였다. 이때 고수부가 갑자기 '상제님의 음성'으로 경석에게 "누구냐?" 하고 물었다. 증산 상제의 음성으로 말했다는 것은 곧 증산 상제의 성령을 받고 대도통을 하였으며, 나아가 증산 상제의 성령으로 공사를 보고 있다고 독해해도 무리는 없을 것이다. 이와 같이 수부가 천지공사를 행할 때에 비록 증산 상제가 옆에 부재한다고 해서, 없는 것이 아니다. 이 경우 "독음독양이면 화육化育이 행해지지 않나니 후천은 곤도坤道의 세상으로 음양동덕의 운"(『도전』 2:83:5)이며, "천지에 독음독양은 만사불성이니라. 내 일은 수부가 들어야 되는 일"(『도전』 6:34:2)이라는 증산 상제의 공사 말씀은 수부를 두고 한 것이지만, 반대의 경우도 성립한다는 점에 유의해야 한다. 고수부가 행하는 천지공사에는 언제 어느 때나 증산 상제의 성령이 함께하여 진행된다고 할 수 있다.

고수부의 천지공사는 47세 때인 병인丙寅(1926)년 3월 5일에 시작되었다. 고수부는 이날 다음과 같이 선언했다.

3월 5일에 태모님께서 여러 성도들을 도장에 불러 모으시어 선언하시기를 "이제부터는 천지가 다 알게 내치는 도수인 고로 천지공사를 시행하겠노라. 신도행정神道行政에 있어 하는 수 없다." 하시니라. 이어 말씀하시기를 "건乾 십수十數의 증산 상제님께서는 9년 공사요, 곤坤 구수九數의 나는 10년 공사이니 내가 너희 아버지보다 한 도수가 더 있느니라." 하시니라.(『도전』11:76:1~4)

고수부가 10년간 행한 천지공사의 의의에 대해 『도전』은 "상제님과 수부님은 억조창생의 부모로서 음양동덕이시니, 상제님께서는 건도乾道를 바탕으로 9년 천지공사를 행하시고 수부님께서는 곤도坤道를 바탕으로 10년 천지공사를 행하시거늘 인기어인人起於寅 도수에 맞춰 시작하시니라. 이에 상생의 도로써 지난 선천 세상의 원한과 악척이 맺힌 신명을 해원하고 만백성을 조화하여 후천 오만년 지상선경의 성스런 운로를 밝게 열어 주시니라."(『도전』11:76:5~8)라고 풀이해 주고 있다.

고수부가 천지공사를 시작한 병인년은, 증산 상제가 고수부에게 붙여놓은 '세 살림 도수' 가운데 첫째 살림인 정읍 대흥리 도장 시절(1911. 10~1918. 10)이 끝나고, 둘째 살림인 김제 조종리 도장 시절(1918. 11~1929. 9)의 중기에 해당한다. 고수부는 자신의 공사에 대해, "상제님의 천지공사는 낳는 일이요, 나의 천지공사는 키우는 일이니라."(『도전』11:99:3)라고 하였다. 증산 상제는 물론 고수부가 행하는 천지공사의 성격에 대해 이보다 더 간단하게 정의를 내릴 수 없을 터다. '부생모육父生母育'이라는 말이 있다. 아버지는 낳게 하고, 어머니는 낳아 기른다는 뜻이다. 어머니이되, 천지 만유의 어머니요, 그런 위격에서 고수부는 천지공사를 행한다.

증산 상제와 고수부의 천지공사에 대해 '후천 인존시대를 맞이하여 천지부모이신 증산 상제님과 태모 고수부님께서 인간과 신명이 하나되어 나아갈 새 역사를 천지에 질정'한 것이라는 대목도 유의해야 한다. 증산 상제와 고수부는 천지부모로서 자식 농사—인간 농사를 짓는다(『도전』 6:124:8). '농사'를 짓는 지침서가 바로 천지공사다. 같은 '지침서'라고 해도 증산 상제와 고수부의 그것은 특성이 조금 다르다. 천지의 아버지인 증산 상제가 행하는 천지공사는 씨를 뿌리는 것이요, 천지의 어머니이니 고수부가 행하는 공사는 기르는 것이다. 이 공사 정신에 따라서 고수부는 지난 선천 세상의 원한과 악척이 맺힌 신명을 해원하고 만백성을 조화하여 후천 오만년 지상 선경의 성스런 운로를 밝게 열어 주었다. 즉, 후천 선도 문명의 운로를 열어 주었다.

여기서 고수부가 행한 10년 천지공사 전체를 논의할 여유는 없다. 다만 종통 후계자로서 진법 도운을 열어야 하는 고수부가 행한 도운 공사에 대해서 간략하게 검토한다. 도운이란 무엇인가? 고수부가 행한 천지공사는 두 갈래로 전개된다. 하나는 도운공사요, 다른 하나는 세운공사다.[34] 전자는 증산 상제의 무극대도가 인간 역사에 뿌리내려 제자리를 잡는 과정이다. 즉, 증산 상제의 도의 운로이다. 후자는 세운은 세계 질서를 재편하여 지구촌 인류 역사의 운명을 도수로 짜 놓은 것이다. 결국, 증산 상제의 도법에 의해 지구촌 인류 역사가 둥글어 가기 때문에 도운을 중심으로 세운을 해석해야 한다.[35] 여기서도 고수부 10년 천지공사 전체를 검토할 여유가 없으므로 도운공사 가운데 몇 가지만 살펴본다. 먼저 증산 상제와 수부의 도운이 전개되는 원리를 보자.

상제님께서 "나는 천지일월天地日月이니라." 하시고 삼원三元[36]의 이치에 따라 건곤감리 사체四體를 바탕으로 도체道體를 바로잡으시니 건곤

---

34) "상제님의 대이상이 도운과 세운으로 전개되어 우주촌의 선경낙원仙境樂園이 건설되도록 물샐틈없이 판을 짜 놓으시니라."(『도전』 5:1:9)

35) 『도전』, p.529. 측주.

36) "천지의 이치는 삼원三元이니 곧 무극無極과 태극太極과 황극皇極이라.(『도전』 6:1:5~6)

乾坤(天地)은 도의 체로 무극이요, 감리坎離(日月)는 도의 용이 되매 태극[水]을 체體로 하고 황극(火)을 용用으로 삼느니라.(『도전』 6:1:5~6)

동양사상의 심오한 내용이므로 독해하는데 어려움이 있지만, 좀 거칠게 살펴보면 증산 상제의 도의 바탕[道體]은 건곤감리 즉, 천지일월이다. 이 가운데 건곤은 도의 체로 무극인데, 인사로 말하면 천지부모인 증산 상제와 고수부가 된다. 감리는 일월로서 도의 용이 되는데 태극[水]을 체로 하고 황극[火]을 용으로 한다. 그렇다면 인사로서 일월은 누구인가?

이에 수부님께 도통을 전하시어 무극대도를 뿌리내리시고 그 열매를 수화水火(坎離)의 조화 기운을 열어 주는 태극과 황극의 일월용봉도수日月龍鳳度數에 붙이시어 신천지 도정의 진법 도운을 여시니라. 상제님의 도권道權 계승의 뿌리는 수부도수에 있나니 수부는 선천 세상에 맺히고 쌓인 여자의 원冤과 한恨을 풀어 정음정양의 새 천지를 여시기 위해 세우신 뭇 여성의 머리요 인간과 신명의 어머니시니라. 대두목은 상제님의 대행자요, 대개벽기 광구창생의 추수자이시니 상제님의 계승자인 고수부께서 개척하신 무극대도 창업의 추수운을 열어 선천 인류문화를 결실하고 후천 선경세계를 건설하시는 대사부이시니라.(『도전』 6:2:2~8)

증산 상제와 고수부의 '신천지 진법 도운의 종통맥'을 이보다 더 원리적으로 깊숙하게 진술하기는 쉽지 않을 터다. 이 진술은 증산 상제가 어천한 지 2년 뒤인 1911년 9월 20일 아침에 증산 상제의 성령을 받고 대도통을 한 날, 고수부가 했던 말과 일맥상통한다.

이 때 수부님께서 일어나 앉으시어 갑자기 상제님의 음성으로 경석
에게 "누구냐?" 하고 물으시니 경석이 놀라며 "경석입니다." 하거늘
… "나는 낙종落種 물을 맡으리니 그대는 이종移種 물을 맡으라. 추수
秋收할 사람은 다시 있느니라." 하시니라.(『도전』 11:19:6~10)

『도전』을 보면 이 공사에 '후천 오만년 종통맥과 추수할 사람'이라는 제
목이 부텅 있다. 이것은 고수부가 행한 도운공사의 머리에 위치한다. 이
공사에 의해 고수부의 낙종도수, 차경석의 이종도수, 그리고 최후의 '추수
할 사람' 도수가 정해졌다. 고수부는 이 공사 이후 성령에 감응되어 수부
로서의 신권神權을 얻고 대권능을 자유로 쓰며 신이한 기적과 명철한 지혜
를 나타냈다. 천하 창생의 태모로서 증산 상제 대도의 생명의 길을 열어
주기 위한 대장정에 들어섰던 것이다. 이 공사에서 '도의 운로를 추수할
사람'은 누구인가? 앞의 인용문에서 천지일월의 사체 가운데 일월에 대해
'대개벽기 광구창생의 추수자이시니 상제님의 계승자인 고수부께서 개척
하신 무극대도 창업의 추수운을 열어 선천 인류문화를 결실하고 후천 선
경세계를 건설하시는 대사부'를 말했는데, 바로 그 대사부가 '추수할 사
람'이다.

증산 상제가 집행해 놓은 고수부의 '세 살림 도수' 가운데 셋째 살림은
김제 용화동 살림 도장(1929. 9~1933. 11)이다. 여기에는 정읍 왕심리 도장
시기(1929. 9~1931. 11)이 포함되어 있다. 1933년, 용화동 시절을 마치고
떠나기 직전에 고수부는 위 공사의 전반부 가운데 '태극과 황극의 일월용
봉도수'와 관련된 다음과 같은 도운공사를 집행하였다.

태모님께서 용화동에 계실 때 천지에서 신도가 크게 내리매 여러 차
례 용봉龍鳳을 그려 깃대에 매달아 놓으시고 공사를 행하시더니 용화

동을 떠나시기 얼마 전에 다시 용봉기龍鳳旗를 꽂아 두시고 이상호에 게 이르시기를 "일후에 사람이 나면 용봉기를 꽂아 놓고 잘 맞이해야 하느니라." 하시고 "용봉기를 꼭 꽂아 두라." 하시며 다짐을 받으시 니라.

또 말씀하시기를 "용화동은 동요동東堯洞이요, 건곤乾坤의 사당祠堂 자 리이니 미륵이 다시 서니라. 사람들이 많이 오게 되나니 법은 서울로 부터 내려오는 것 아니더냐. 앞으로 태전太田이 서울이 되느니라."(『도 전』 11:365:1~6)

용봉을 그려 종통 도맥을 전하는 공사이다. 이 공사에서 용봉은 무엇인 가? 용봉은, 증산 상제와 고수부의 도업을 계승하여 선천 상극시대를 매 듭짓고 이 땅에 후천 5만 년 선경 세계를 건설하시는 인사대권자로서 '용' 과 '봉황'으로 상징되는 두 분을 가리킨다. 이 공사에 나오는 '용봉기'에 대해서 『도전』에는 "증산도 안운산 종도사님께서 제2변 도운을 용화동에 서 시작하심으로써 태모님의성 용봉기 공사가 실현되었다."라고 기록되어 있다. 또 '앞으로 태전이 서울이 된다.'는 내용은 "태모님을 모신 이용기 성도의 제자 임예환과 차경석 성도의 당질부 손승례의 딸 차봉수 증언."[37] 이라고 그 출처를 밝혔다.

---

37) 『도전』, pp.1397. 측주.

5 결론

지금까지 증산도의 수부관을 논의하였다. 증산도의 수부는 세 분이다. 정수부와 김수부, 고수부가 그들이다. 그러나 수부로서 완전한 자격을 갖추고, 그 격에 맞는 천지공사를 행한 분은 고수부였다. 본격적인 논의는 다른 기회로 미루었으나 정수부, 김수부가 수부로서 역할을 제대로 하지 못했다고 해서 수부의 대우를 받을 수 없는 것은 아니다. 세속에서 이혼이나 특별한 사고 등 여러 가지 이유로 어머니로서 역할을 제대로 할 수 없었다고 해서 그 자식에게 어머니가 아닐 수 없는 것처럼.

본고에서는 증산도의 수부관과 관련된 내용을 중심 주제에 따라 넓게는 세 가지 범주, 좁게는 다섯 가지 범주로 구분하였다. 전자는 도운과 세운, 그리고 천지공사의 관점으로 구분하였다. 도운의 관점으로서 증산 상제의 아내, 도의 반려자로서 수부를 검토하였다. 세운의 관점으로서는 후천개벽과 수부를, 마지막으로 천지공사의 관점으로서는 '어머니 하느님'으로서 수부를 검토하였다. 후자, 즉 다섯 가지 범주에 따라 검토한 증산도 수부관은 다음과 같다(다시 말하지만, 이와 같은 구분은 어디까지나 논의의 편의를 위한 분류일 뿐이다. 증산도의 수부관은 관점에 따라 여기서 더 보탤 수도 있고 빠져야 할 부분이 있을 지도 모른다).

1. 증산 상제 '아내'로서의 수부: 수부는 천상에서부터 인연을 맺은 증산 상제의 반려자다. 따라서 이 세상에서 어떤 식으로든 다시 만나게 되어 있는 운명이라고 할 수 있다.

2. 종통 계승자로서의 수부: 수부는 증산 상제의 종통을 전해 받은 후계자이기도 하다. 이것은 이후 증산 상제 도문에 입도한 신도들이 종통 계승자인 수부를 찾아야 진법신앙을 할 수 있다는 얘기에 다름 아니다. 후천

가을개벽을 맞이하여 진법신앙을 하는 자는 열매(씨종자)인간이 되어 살아남고, 난법신앙을 하는 자는 낙엽이 되어 흩어져 땅에 떨어져 썩고 말 것이다.

3. '모든 여성의 머리, 여성 구원의 선봉장'으로서의 수부: 수부는 유사 이래 억압당해 온 여성의 머리가 되는 분이다. 또한 인류의 절반이 되는 여성의 원한을 해원시키고 후천 선경세계로 가는 배로 승선시키는 선장과 같은 분이다. 그러나 소부의 맡은 바 사명은 거기서 끝나지 않는다.

4. '억조창생의 생명의 어머니' 태모로서의 수부: 수부는 천지 억조창생의 어머니다. 어머니가 어찌 자식을 버릴 수 있겠는가. 여성 구원의 선봉장으로서 여성해원과 구원은 물론이요 천지의 어머니로서 천하창생을 살리는 역할도 수부의 몫이다.

5. 천지공사와 수부— '어머니 하느님'으로서 수부: 수부는 인간으로 온 '여신' 즉, 하느님이다. 종통 계승자이기도 한 어머니 하느님 수부는 우주 주재자요, 통치자인 아버지 하느님의 삼계대권을 이어받아 후천 개벽기에 인류를 구원하는 10년 천지공사를 집행한 분이다.

═ 참고문헌 ═

1.경전류

- 『도전』.
- 『증일아함경』.

2. 일반 논문 및 단행본

- 노종상, 「수부, 천지의 어머니」, 『증산도사상』 제2집, 증산도사상연구소, 2000.
- ──, 『수부 고판례』, 상생출판, 2010.
- 안경전, 『증산도의 진리』, 대원출판, 2002,
- ──, 『증산도 기본교리』 2, 서울: 대원출판, 2007,
- ──, 『관통 증산도』 1, 서울: 대원출판, 2006.
- ──, 『증산도의 진리』, 대전: 상생출판, 2014.
- 양재학, 「선·후천과 개벽」, 『2021년 봄 증산도 문화사상 국제학술대회 자료집 삼신·선·후천개벽』, 상생문화연구소, 2021.4.23.~4.24.
- 유철, 『어머니 하느님-정음정양의 수부사상-』, 대전: 상생출판, 2011.
- 윤창열, 「증산도 『도전』 간행의 당위성과 역사성」 제4집, 증산도사상연구소, 2001,
- 이정립, 『고부인신정기』, 김제: 증산대도회본부, 1963.
- 이재석, 『인류 원한의 뿌리 단주』, 대전; 상생출판, 2008.
- 정치학대사전편찬위원회, 『21세기 정치학대사전』, 한국사전연구사. ; https://terms.naver.com/entry. 검색일.2021.
- 한국불교연구원, 『한국의 사찰 11, 금산사』, 일지사, 1985,
- Merlin Stone, 정영목 역, 『하느님이 여자였던 시절When God is Woman』, 서울: 뿌리와 이파리, 2005,

'단군신화'로 본 증산도 수부론

황경선

필자 약력

황경선

한국외국어대학교 철학박사.

상생문화연구소 연구위원.

주요 논저

『천부경과 신교사상』

『보천교 다시보다』(공저)

『우주의 교향곡, 천부경』(공저)

「존재론적 관점으로 본 『중용中庸』의 중中 개념」

「우리말 '한'으로 본 「천부경」의 일一 개념」

「하이데거에서 고요함(Ruhe)의 문제」

「삼일신고三一神誥와 수운水雲의 동학」

「하이데거와 천부경에서 일자一者의 문제」

「증산도의 생명사상」

1 머리말

교태전交泰殿. 조선 시대 왕궁인 경복궁 내에 있는 왕비의 침전이다. 임금이 거처하는 전각인 강녕전康寧殿의 북쪽에 세워져 있다. 혹 교태전이란 이름에서 '아리따운 자태'나 '애교'를 의미하는 '교태嬌態'를 떠올릴지도 모른다. 하지만 왕비의 침전 이름은 전혀 이것과 상관이 없다. '교태전'이라는 명칭은 『주역周易』의 64괘卦 중 11번째의 태泰괘[䷊]에서 따온 것이다. '태'는 '태평하다'는 뜻이다.

독일의 중국학자이자 선교사인 리하르트 빌헬름Richard Wilhelm(1873~1930)이 "평화의 괘"라고 부른 태괘는 곤坤[☷]이 위에 있고 그 아래에 건乾[☰]이 놓인 모양이다. 달리 '지천태 괘'라 불리는 이유이다. 건과 곤은 각기 하늘과 땅, 남성과 여성, 양陽과 음陰을 의미한다. 건[하늘, 남성, 양]은 강건함, 밖으로 뻗어나감, 능동성, 이성, 경쟁, 독립성 등의 성격을 갖는다. 곤[땅, 여성, 음]의 경우는 온유함, 안으로 감쌈, 수동성, 감성, 조화調和, 공감 등이 그 특성으로 꼽힌다. 지천태 괘는 양과 음이 서로를 향해 올라가고 내려가 소통함으로써 '크고 평화로운[泰平]' 삶과 세상이 열리게 됨을 상징한다. 여기에 지가 천 앞에 있고, 또 음이 양 위에 배치돼 음과 여성성女性性이 바탕이 될 때 진정한 조화가 일어날 수 있음을 알려주고 있다.

이에 따라 '교태전'에는 왕비로 대표될 땅, 음, 여성의 기운과 덕성으로 하늘과 땅, 남과 여, 양과 음 등 모든 대립이 해소되고 서로 화합하여 안녕과 번영을 누리기를 염원하는 뜻이 담겼을 터이다. 교태전의 위치가 왕의 공간인 강령전보다 위쪽에 자리 잡은 배경도 필경 거기서 구해야 할 것이다.

지천태 괘가 품은 화평과 안정은 물론 아직 어디에도 없는, 그렇지만 언제이고 도래 또는 실현되어야 할 '비현실적' 경지이다. 서구 문명의 정신적 바탕을 이루는 신관 자체가 여전히 지천태에서 한참 벗어나 있다. 기독교가 가장 큰 세력을 차지하는 서양 종교에서 최고신은 인격신이고 그 성性은 남성으로 간주된다. 서양 종교집단의 교리나 상징 또한 대부분 남성적이다. 상대적으로 여성성에 속할, 자연의 충만된 영성靈性이나 신성神性은 시야 밖에 놓여 있다.

그만큼 서구 종교의 신관은 부조화와 불균형의 형세에 처해 있다고 하겠다. 또 일찍이 니체나 하이데거가 감행했던 것처럼 서구 종교를 향해 신의 몰락 또는 떠남을 지적할 수 있겠다. 이들에게 '신 죽음'은 신의 의미가 초월적인 최고의 근거로 축소된 사건을 가리킨다.

뿐만 아니라 서구 신관은 이미 많은 신학자, 생태학자, 철학자 등에 의해 자연 파괴와 인간의 본질 소외를 낳은 의식이나 문화의 저변을 형성한 것으로 평가된다. 신학자이자 목사인 하비 콕스Harvey Cox(1929년~)에 따르면 서양 종교에서는 신은 자연을 초월해 있고, 자연은 인간의 지배 아래있다고 가르친다. 다음의 말은 전 지구적 생명 위협의 상황에 대해 기독교의 이원론二元論이 지고 있는 책임을 서구 정신사의 차원에서 보다 날을 세워 지적하고 있다.

"주지하다시피 '무無로부터 창조'Creatio ex Nihilio라는 창조 원리를 통해 세계(자연)를 탈신성화했던 로마 기독교 시대 이래의 기독교 신학은 전자연을 비인격화시켰고 신의 초월적(영적) 속성과는 근본적으로 다른 것으로 이해하였다. 이러한 사실로부터 세계는 자연과 신, 인간(영적 존재)과 자연, 역사(남성)와 자연(여성)이라는 철저한 이분법적 도식 아래 자연을 정복의 대상으로만 이해되었으며 기계론적 세계관의 도래와 함께 … 무신론적 진보 신앙이 그것을 대신하여 서구 정신사를 지배해왔던 것이다."[1]

---

1) 이정배, 「개신교 신학의 토착화 시론」, 『신관의 토착화』, 서울: 한국천주교중앙협의회, 1995, pp. 231~232.

여기서 우리는 『증산도 도전』(이하 『도전』으로 약함)에 나오는 증산 상제님의 말씀을 상기한다. "서양의 문명이기文明利器는 천상 문명을 본받은 것이니라. 그러나 이 문명은 다만 물질과 사리事理에만 정통하였을 뿐이요, 도리어 인류의 교만과 잔포殘暴를 길러 내어 천지를 흔들며 자연을 정복하려는 기세로 모든 죄악을 꺼림 없이 범행하니 신도神道의 권위가 떨어지고 삼계三界가 혼란하여 천도와 인사가 도수를 어기는지라."(『도전』 2:30:8~10) 앞의 서구 두 철학자가 보기에 유럽에 황무지와도 같은 허무주의를 낳은 '신의 떠남'은 『도전』에 따르면 급기야 서구 문명이 몰락하는 까닭이 된다. "서교西教는 신명을 박대하므로 성공치 못하리라. 이는 서양에서 신이 떠난 연고니라."(『도전』 4:48:5~6) "서양이 곧 명부冥府니라. … 만일 서양을 믿는 자는 이롭지 못하리라."(『도전』 2:120:1~3)

따라서 오늘날 인류 문명이 직면한 위기로부터 벗어나려면, 적극적으로 말해 지천태괘가 상징하는 희망의 새 세상으로 들어서려면 기존 신관의 전환이 모색되어야 할 것이다. 더 구체적으로는 남성적, 부성적父性的 신관에 대한 전면적인 검토가 이뤄져야 할 것이다.

그러나 그 해결은 신의 성性을 남성에서 여성으로 바꾸고 사라진 여신을 소환 복권하며 여신을 숭배하는 방식으로는 이뤄질 수 없을 것이다. 그것은 단순히 상대를, 이번에는 신의 남성성을 배제하고 억압하는 또 하나의 '남성적' 방식의 타개책이다. 그로써는 구원과 완성의 신관은 마련될 수 없을 것이다. 신성[여성]을 배제하는 신[남성]만큼이나 신을 배제하는 신성도 충분하지 않다.

구원은 오직 조화와 공존이 회복된 전일성全一性에 있다. 그리고 조화와 치유, 화해는 남성성, 부성父性보다는 여성성, 모성母性에 속하는 성적 특징이나 덕성이다. 여성적 신관 혹은 여성적 신성의 회복에 구원의 대망大望이 실려 있다는 주장도 이런 맥락으로 제기되고 또 이해되어야 한다. 이는 단순히 성적 이데올로기를 또 다른 형태로 반복하는 것이 아니다.

남성성과 여성성은 단순히 이항대립의 관계가 아니다. 남성성은 분열과 경쟁, 승패의 방식으로 스스로를 관철하려고 한다. 반면 여성성은 어느 편을 배제, 소외시키지 않고 타자를, 심지어 남성성마저 조화의 큰 울타리 안에 끌어안는 포용을 주장한다. 우리가 바라는 평화의 새 날, 다시 말해 지천태의 개벽은 단순히 여성이 아니라 남성성, 부성마저 전일성 안에 품는 여성성의 지배를 통해서(만) 이뤄진다. 다시 말하거니와 양이 나쁘고 음이 선한 것이 아니라 양이 낳은 대립과 분열이 극복되어야 하고 음이 세울 공존과 조화가 소망스럽다는 것이다.

이러한 시각은 다음과 같은 존재론적 조망을 갖출 때 보다 온전해질 것이라고 본다. 인류 역사의 어떤 매듭에서 생존 환경이 바뀌는 존재론적 역사 운명에 따라 남성적 신관이 우위를 차지하게 되었다. 인류가 자연에 효과적으로 대처하며 유지 발전되기 위해 모계사회는 부계사회로, 종합적, 회통적會通的인 사고보다는 합리적, 분별적 사고로, 정치와 종교의 일체보다는 분리로, 공존보다는 지배와 피지배의 차별로 바뀌어야 했을 것이다. 이러한 대응이 성공하여 인류와 문명은 존속되고 진화 발전하여 오늘에 이르렀음을 부인할 수 없다.

역사학이나 종교학적으로 이 시기는 청동기 문화가 출현하는 때로 꼽힌다. 청동기 문화와 함께 가부장家父長 제도 또는 부권父權 제도가 성립되면서 평등성이 파괴되고 삶의 모든 분야에서 남성성이 주도적인 지배모델이 되었다는 것이다. 이와 함께 서양신화에 고스란히 반영돼 있듯이 하늘과 땅, 정신과 물질, 낮과 밤 등의 대립과 갈등, 이른바 '유럽적 균열'이 초래되었다.[2]

---

2) 참조 신은희, 「단군신화와 서양신화의 비교연구」, 『고조선단군학』 제4호, 고조선단군학회, 2001, p. 126.

이는 다시 다음의 사실을 의미한다. 시나브로 존재의 역사가 다시 달라져 기왕의 남성적 신관이 낡고 맞지 않은 것이 되면 그것은 물러나야 하고 또 그럴 수밖에 없게 된다. 남성적 신관의 지배도 퇴위도 존재 운명이다. 여성적 신관의 대두도 그런 시각에서 맞아들여야 한다. 이제는 융합과 공존, 영성이 존재의 형세를 주도하기에 신관에서도 여성성이 앞장서는 조화의 신관이 갈마들어오는 것이다.

이러한 전지구적 신관 전환의 국면에서 이 글은 단군신화에서 남성적 신관이 헤게모니를 쥐기 이전의 '원형적' 신관을 찾아보고자 한다. 저 시원의 서사敍事에서 분열과 대립의 패러다임 아래 다양한 층위에서 조화가 찢겨나가기 이전의 '온전한' 신의 모습과 신과 인간의 관계를 확인하는 것이다. 또 증산도 수부론首婦論에서 새로운 존재 역운에 따라 역사적으로 현실적으로 대두되는 조화의 신관을 살펴본다. 여기서 신과 신성, 천부天父와 지모地母, 남성과 여성이 결합하는 전일적全一的 신관을 만날 수 있다. 이와 관련된 논의는 보다 생생한 의미 전달의 효과를 기대하며 다소 극적인 방식을 취하게 될 것이다. 요컨대 이 글은 단군신화에서 증산도 수부론의 씨앗을 그리고 거꾸로 증산도 수부론에서 단군신화의 시원적 신관이 새롭게 나타난다고 말하려는 시도이다.

2 단군신화

1) 부성父性의 하느님: 환桓[한]

일반적으로 단군신화는 구조적인 측면에서 세 가지 성격을 갖고 있는 것으로 분석된다. 1) 하느님[天神] 신앙 2) 지모신地母神 신앙과 종교적 이니시에이션 3) 천지융합과 새로움이 그것이다.[3] 순서대로 살펴본다.

"우리 민족에게 만일 이 하느님의 관념이 없었던들 우리 문화는 벌써 외래문화에 흡수되어 사라졌을 것이다. 생각컨대 이 하느님의 관념은 한민족의 생명과 함께 영구히 지속해 갈 것이다."[4] "한겨레의 집합적 무의식 세계에서 가장 중심이 되어 온 존재는 하나님"[5]이다.

하느님 신앙이 고대로부터 이어져 온 한국인들의 기본적인 신앙이란 사실은 대체로 확고한 정설로 자리 잡았다.[6] 고대 한국인들이 제천의례祭天儀禮를 중요시했다는 것은 당시 하느님 신앙이 보편적이고 공식적이었음을

----

3) '천상적 신성의 출현', '어머니 신성과 연관된 재생 및 변화', '나라의 기초가 되는 하늘, 땅의 결합'(심상태, 「The Korean Understanding of God」, 『가톨릭신학과사상』 통권77호, 신학과사상사학회, 2016, p. 138); '하느님 신앙', '지모신 신앙과 종교적 이니시에이션', '천지의 융합과 창조신앙'(류동식, 『한국 무교의 역사와 구조』, 서울: 연세대학교출판부, 1981, pp. 30~35)

4) 김경탁, 「한국원시종교사」 2, 『한국문화사대계』 6권, 서울: 고려대 민족문화연구소, 1995, pp. 115~176.

5) 최동환, 「한겨레와 하나님」, http://www.hananim.com/bbs/view.php?id=total&page=1&sn1=&divpage=1&sn=off&ss=on&sc=on&select_arrange=headnum&desc=asc&no=6(2005.6.20.); 허호익, 「한중일 신관 비교 하느님 신관과 한국 기독교」, 『단군학연구』 제13호, 고조선단군학회, 2005, pp 552~553에서 재인용.

6) 물론 일부 예외적인 주장이 있기도 하다. "한국인들은 하나의 유일한 절대신을 신봉하는 것보다는 여러 직능들을 나누어서 맡고 있는 작은 神들을 더 선호했던 것 같다."(최준식, 「한국의 종교적 입장에서 바라본 기독교 토착화 신학」, 『신학사상』 82권, 한국신학연구소, 1993, p. 104)

보여주기에 족하다.

이런 배경 속에 단군신화의 환인桓因[仁], 환웅桓雄은 하느님의 신격神格으로 해석된다. "[단군신화는] 하늘을 대상으로 체험한 종교심성宗教心性의 표현表現들"을 찾아볼 수 있는 신들의 얘기이며 "환인, 환웅은 종교학적 용어로 '천공신天空神'(The Father Sky)으로서 '하늘님', '하느님'으로 부를 수 있을 것"[7]이다. 환인은 "창조자이고 아버지이고 수장首長이며, 이러한 성격을 가진 신이 바로 천부신天父神"[8]이다.

또 '환인'이란 호칭 자체가 '하느님'에 해당하는 고어古語를 한자로 표기한 것으로 풀이된다. 이런 견해는 최남선이 환인을 '하늘+님'을 한자로 표기한 것이라고 처음 주장한 이래 다수 학자들에 의해 지지되고 있다. 또 환인이 내려준 '홍익인간'의 뜻을 좇아 동방을 개척하여 태백산에 배달倍達나라를 세운 환웅은 환인, 곧 하느님의 아들로 설명된다. 이때 '환웅'에서 '웅雄'은 '수컷', '두목', '용감함' 등의 뜻을 지닌 것으로서 남성을 가리킨다고 이해된다.

또 단군신화의 천신강림 신화 모티브는 새롭게 등장한 통치자 환웅의 권위를 신성시함으로써 지배를 정당화하는 역할을 했을 가능성도 지적된다.[9] 하느님 신앙은 환웅이 타 부족들을 통합하기 위해 여러 신들을 통어하는 또 다른 높은 신[하느님]을 제시하면서 등장했다는 것이다. 이에 따르면 『삼일신고三一神誥』(신사기본神事記本)에서 환웅이 '주약왈'이라 외친 것도 하느님을 알리려는 의도였다는 것이다.[10] 총 5장으로 구성된 『삼일신고』

---

7) 참조 오지섭, 「창세신화를 통한 한국인의 하느님 이해」, 『종교신학연구』, 서강대학교 신학연구소, 1994, p. 263.
8) 이은봉, 「단군신화를 통해 본 天神의 구조」, 『단군신화연구』, 서울: 온누리, 1985, p. 362.
9) 『삼성기三聖紀』에서는 환웅의 무리를 일러 신계지맹神戒之氓이라 한다. 여기서 '맹氓'은 백성 맹 자인데 특히 다른 나라나 지방에서 이주해 온 백성이란 뜻이다. 『태백일사』「신시본기神市本紀」에 인용된 『조대기朝代記』에는 '하늘의 계율을 지키는 백성'[天戒之氓]으로 나와 있다.
10) 또 『삼일신고』 장 구성에서 1장 허공[천] 장, 2장 일신一神 장의 순서도 이런 역사성을 반

에서 '하느님[一神]'은 1장 하늘[허공]에 이어 2장에 나온다.[11] 하늘에 비해 인격적이며 최상신最上神인 '하느님'은 이 해석대로라면 환웅 신권정치의 '대부代父'격으로서 남성적 성격을 띠고 있다.

환인이나 환웅에서 하늘, 하느님으로 해석되는 '환'은 밝음이나 광명, 나아가 태양을 뜻한다. 이 의미들은 다음과 같이 서로 맞물려 있다. 광명의 본원인 해[태양]는 하느님을 상징하거나 하느님이 머무는 곳이다. "옛 풍속에 광명을 숭상하여 태양을 신으로 삼고, 하늘을 조상으로 삼았다. … 태양이 광명이 모인 곳으로 삼신께서 머무시는 곳이다."[12] 이 점에서 "고대 한국인의 고신古神을 태양신"으로 보는 입론立論이 충분히 가능하다고 본다. 최남선도 이미 우리 민족에서 해는 천신이며 빛의 주재자라고 파악한다. "이와 같이 조선 민족은 천天은 광명의 세계요, 그 주재자는 태양이요, 자기는 천국의 민이요, 그 천신의 아들로서 인간을 태양이게 하기 위해 이 지계로 내려왔다고 믿게 되었다. 그들은 해뜨는 곳을 거룩하게 보았으며 동방을 흠모하는 풍습이 그들 사이에 생겨나게 되었다."[13]

해모수신화에 나오는 해모수의 '해'가 또한 태양을 가리킨다. 또 '수漱'는 '웅'과 마찬가지로 남성을 의미한다.[14] 환웅과 해모수는 지상에 강림한 하느님의 아들이란 같은 뜻의 이름을 지닌 '동명이인'인 셈이다.

이러한 광명 숭배와 하느님 신앙은 무巫와 함께 한국 종교의 뿌리정신을

영한다고 주장한다. 이찬구, 「삼일신고에서의 하늘과 하느님의 관계」, 『선도문화』 3권, 국제뇌교육종합대학원 국학연구원, 2007. 『삼일신고』는 이른바 신사기본, 태소암본, 발해석실본이 있다. 그 중 신사기본이 다른 두 본과 달리 '제왈帝曰' 대신 '주약왈主若曰'로 시작된다.
11) 그 외 3, 4, 5장의 제목은 다음과 같다. 3. '천궁天宮', 4. '세계', 5. '인물人物'
12) 古俗, 崇尙光明, 以日爲神, 以天爲祖 … 太陽者光明之所會 三神之攸居.(『태백일사』「환국본기桓國本紀」)
13) 최남선, 『아시조선兒時朝鮮』, 경성: 동양서원, 1927, p. 183.
14) 고북선에 따르면 해모수의 '수'는 음音이 수[수킷]이고 환웅의 '웅'은 훈訓이 수[수킷]이다. 참조 허호익, 『단군신화와 기독교』, 서울: 대한기독교서회, 2003, p. 82.

형성하는 선仙에 속하는 요소로 규정된다.[15] 선의 또 다른 특징으로는 천손天孫의식, 수행, 주체적, 자각적 체험 강조, 재세이화在世理化 등의 합리적 정신 등이 있다. 반면 무의 경우는 귀신의 일로서 자연의 신성에 대한 믿음, 접신接神, 타력적, 재생, 신인합일 등의 요소를 포함한다. 또 신명神明의 차원에서 각기 '신 내림'과 '신 남'으로써 무와 선의 성격을 파악하기도 한다. 이에 따라 선을 양적, 부권적인 것으로서, 무를 음적, 모성적인 것으로 분류할 수 있겠다.[16]

따라서 환웅의 개천開天에 따른 부성적 신관의 대두는 선이 문명의 주도적 이념으로 부상하기 시작했음을 말할 것이다. 최남선은 환웅이 신神이며 선[仙; 禪]을 의미한다고 밝힌다.[17] 또 『청학집靑鶴集』의 저자 조여적은 『기수사문록』의 기록을 들어 "환인진인이 동방 선파의 조종이며 환웅천황은 환인의 아들"로 나와 있다고 밝힌다.[18] 이에 따르면 환인의 선맥仙脈은 환웅을 거쳐 단군으로 이어진다.

이렇듯 단군신화에서는 환웅만이 아니라 그를 전후한 환인, 단군왕검이 모두 남성, 즉 양陽의 원리로 서술돼 있다. 또 『태백일사太白逸史』의 「삼신오제본기三神五帝本記」에서는 환인, 환웅, 단군은 조화造化[낳고 지음], 교화敎化[기르고 가르침], 치화治化[다스림과 결실]라는 삼신三神의 창조 정신을 이어받아 각기 부도父道, 사도師道, 왕도王道를 집행했다고 한다. 적어도 이 기사記事가 작성되고 전승되는 과정에서 군사부는 남성성에 속하는 것으로 당연시됐을 것이다. 한편 역사적 통치자로서 환인의 다른 이름이 '안파견安巴堅'

---

15) 유병덕, 「한밝사상의 본질과 전개」, 『한국종교』 제22집, 원광대학교 종교문제연구소, 1997.
16) 한국 종교 조형祖型(Archetype)으로서의 무와 선에 대해서는 참조. 유병덕, 「한밝사상의 본질과 전개」, 『한국종교』 제22집, 원광대학교 종교문제연구소, 1997; 김상일, 오강남, 이성은 엮음, 『한사상의 이론과 실제』, 서울: 지식산업사, 1990; 김상일, 「한국의 고대사상과 동학」, 『동학학보』 제5호, 동학학회, 2003.
17) 최남선, 『단군론』, 서울: 경인문화사, 2013, p. 229.
18) 조여적, 이석호 역주, 『韓國奇人傳 靑鶴集』, 서울: 명문당, 2010, p. 16.

인데 '하늘을 받들어 아버지의 도를 확립시킨다'는 뜻이다.[19] 고려 충렬왕 때(1281) 승려 일연이 지은 『삼국유사』도 "서자庶子", "부지자의父知子意" 등의 표현을 통해 환인과 환웅을 부자父子 관계로 기술한다. 단군 또한 "천제의 아들"[20]로 기술된다.

단군신화에 대한 대부분의 해석들 역시 환웅을 천신이자 부신父神이며 환인의 아들로서 자신子神이라고 규정함으로써 두 신격의 성을 남성으로 수용한다. 반면 이들은 신화의 또 다른 주인공인 웅녀熊女를 '곰신'으로 부르며 지신地神 생산신生産神 모신母神의 지위에 둔다. 이 때문에 웅녀를 배제한 채 남성 중심의 부자손父子孫 삼대[환인-환웅-단군]만을 주장하는 것은 후대의 가부장적인 유교적 해석이라는 비판이 일기도 한다.[21]

박혁거세 신화에서도 동일한 성격이 발견된다. 혁거세가 처음 입을 열어 말한 '알지거서간'에서 '알'은 새 알이면서 곡식의 낟알이고 '지'는 아버지와 같이 존칭어미이다. '거서간'은 임금을 뜻한다.[22] 혁거세 역시 아버지, 남성, 정치적 군장으로 온 것이다.

유독 두드러지게 나타나는 산신山神 신앙에도 이런 신관이 투영돼 있다. 예컨대 각종 산신도를 보면 산신은 대개 남성으로 묘사돼 있다. 산신 신앙은 천신강림天神降臨과 밀접하게 연관돼 있다. 산은 하느님이 인간으로 내려오고 머물고 또 하늘로 돌아가는 성스런 곳이다. 그래서 한국의 산신 신앙에서 존숭하고 제사 지내는 산신은 애니미즘의 자연신이 아니라 산에 강림한 천신, 곧 하느님의 아들이다. 성으로 보면 남성신이다.

이로써 단군신화는 한민족에게 보편적인 하느님 신앙의 토대 위에서 환

---

19) 蓋所爲安巴堅, 乃繼天立父之名也.(『태백일사』「삼신오제본기」)
20) 天帝子(『삼성기』)
21) 허호익, 「한중일 신관 비교 하느님 신관과 한국 기독교」, 『단군학연구』 제13호, 고조선단군학회, 2005, p 529.
22) 류동식, 『한국 무교의 역사와 구조』, 서울: 연세대학교출판부, 1981, p. 43.

인, 환웅, 단군을 하느님이나 그 아들로 얘기하면서 신의 남성성과 부성 그리고 통치자로서의 면모를 드러내고 있음을 알아보았다. 또 광명숭배와 함께 등장하는 이 신격이 고대 한국에서 정신적 원형을 구축하는 선과 무 가운데 선에 속함을 지적했다. 다음으로 환웅의 짝이 되는 웅녀의 신성을 살펴보자.

2) 지모신: 곰[熊]

단군신화의 웅녀 혹은 웅족熊族은 앞에서 언급했듯 '곰신'이라 불리는 여성성의 지모신地母神을 대표한다. 웅녀나 웅족을 한편에서는 곰토템이나 곰신을 숭배하는 족속으로 본다. 다음의 주장이 대표적인 곰토템설이라 할 것이다. "[단군신화는] 환웅의 천손족天孫族과 곰을 토템으로 섬기는 부족(단군족)이 정치적으로 또는 사회적으로 결합한 것을 반영"[23]한다. "태양토템의 천신족天神族인 환웅과 웅熊 토템의 지신족地神族 웅녀 사이에서 단군이 탄생한 것을 설화한 것이다."[24]

다른 한편 '웅족熊族'에서 '웅熊'은 단순히 동물 곰을 가리키는 것이 아니라 '신'이나 '영靈', '임금 등의 높은 어른'을 의미하는 '곰'에서 나왔을 것으로 해석된다. 이에 따르면 '웅熊'[곰]은 '곰'이란 신명神名을 음사音寫한 한자 표현이다.

곰신의 '곰'은 '왕검', '이사금', '매금', '임금', '상감', '대감', '영감' 등의 용례에서 보이듯, 우리말에서 곰, 검, 감, 고마, 금, 김 등으로, 한자로는 解母, 蓋馬, 乾馬, 儉, 錦, 今, 黑, 雄 등으로 표기된다. 또 일본어에서는 구마,

23) 김정학, 「檀君說話와 토오테미즘」, 『역사학보』 7, 역사학회, 1954, pp. 286~287.
24) 이병도(1979), 『한국고대사연구』, 박영사, p. 23~27. 허호익, 『단군신화와 기독교』, 서울: 대한기독교서회, pp. 91~92에서 재인용.

고마, 가무이, 가미, 김, 기미 등으로 불리며, 몽골어나 터키어에서 'Kam'은 샤먼이나 그에게 내린 신령을 뜻한다. 다수 학자들이 이런 사실을 고려하면서 신화의 '곰'은 특정 수렵민의 토템이기보다는 신적 존재인 지모신의 표현으로 받아들여야 한다고 주장한다.

"곰녀의 곰은 한웅의 한에 대칭" 되는 것으로서 "우리 고대인들은 땅의 신을 굼님이라고 불렀으니 웅씨의 여인이란 지신족의 여인을 뜻하는 말이다."(임승국) "웅熊은 동물을 뜻하는 곰이 아니라 신을 뜻하는 고어 굼이다.'(안확) "굼'은 실實로 여신女神이다.'(양주동) "굼이란 우리 고대에서 천신天神의 대對가 되는 '지신地神'인 '신神'의 뜻으로 '신성神聖하다'는 뜻"이다.(최규일)[25] "단군신화의 '곰'이 상징하는 뜻은 수렵민의 토템이라기보다 단순히 神的 存在인 地母神의 표현"이다.[26] 또 웅녀의 본래 이름은 '고마'이며 곰은 이로부터 파생된 것(개음절이 폐음절로 변화)이며 '고마'가 역사적으로 민족의 지모신으로 숭배되었다는 주장도 제기된다.[27] '웅'에 대한 위 두 가지 해석들은 물론 근거는 다르지만, 적어도 곰이 신령한 대상을 가리키는 것으로 보는 점에서는 일치한다고 하겠다.

또한 단군신화는 지모신격인 굼신이 나중에 천신과 결합하는 것으로 전개됨으로써 모계사회가 선행함을 시사한다. 『한국문화사대계』는 굼의 신격을 굴살이하던 구석기 시대 굼족의 신이라고 하면서, 굼을 가장 오래된 신명神名으로 밝힌다. 이어 들살이하는 환웅의 신석기대에 이르러 굼 신의 자리에 '둙'신이 들어서며, 곰신과 환웅족의 만남으로 태어난 단군의 때에는 붉신이 대두된다. 그런데 이 설명에 따르면 앞 시대의 신명神名에 뒤 시대의 것이 업혀 그 의미를 강화시켜 주게 된다. 그래서 배달민족의 배달倍

25) 이상의 '웅=곰' 설에 대해서는 참조 허호익, 『단군신화와 기독교』, 서울: 대한기독교서회, 2003, pp 92~96.
26) 류동식, 『한국 무교의 역사와 구조』, 서울: 연세대학교출판부, 1981, p. 33.
27) 정호완, 『우리말로 본 단군신화』, 서울: 명문당, 1994, pp. 110~131.

逹이 '붉돍'의 복합어라고 본다면, 단군왕검(王 + 곰)은 붉돍곰 삼위일체의 존재로 설명될 수 있다는 것이다.[28]

이제까지 논의에서 드러나듯, 단군신화는 환웅을 아버지/남성[天神]으로서 웅녀를 어머니/여성[地母神]으로서 그리고 있다. 그래서 단군신화는 천부지모天父地母의 세계상에 근거하여 형성된 것이라고 할 수 있겠다. 신화는 천지융합, 음양조화의 신관과 세계관을 드러내고 있는 것이다. 이는 해모수신화에서도 나타난다. 하느님의 아들인 해모수는 웅신산熊神山에 강림했다. '해모수'의 '해'가 태양이나 밝음이니 '웅심산'의 '웅'을 신을 의미하는 '곰'의 음사로 보면 해모수 신화는 단군신화의 또 다른 버전인 셈이다.

여기에 대해서는 다음과 같은 설명이 따른다. 고대 한국인들은 "남성과 여성의 이미지로 신을 인격화했다. 한편으로 엄격성의 신적 속성이 강조된 신의 이미지로, 다른 한편으로는 보편적 사랑과 생산성이 강조된 여성적 이미지로 신을 인격화한다. 신의 여성적 차원은 돌봄과 기름, 인간애 등의 모성적 속성에서 확인된다."[29]

이런 경향은 사실 대부분의 신화가 공유하는 요소이다. 그런데 주목할 것은 단군신화에서는 두 신격, 즉 아버지/ 남성 신과 어머니/ 여성 신 사이의 대립, 불화나 남성원리의 패권적, 파괴적인 모습을 찾아볼 수 없다는 사실이다. 둘은 연대와 결속을 이루며 이 조화는 신인神人의 결혼으로 나타난다. "인류사회가 부계로사회로 넘어 오게 되면서 일어나는 신들의 갈등에서 단군신화는 양극적 입장보다는 화합적 구조를"[30] 지니는 것이다.

---

28) 김경탁, 「한국원시종교사」 2, 『한국문화사대계』 6권, 서울: 고려대 민족문화연구소, 1995, p. 106.

29) 심상태, 「The Korean Understanding of God」, 『가톨릭신학과사상』 통권77호, 신학과 사상사학회, 2016, p. 140.

30) 신은희, 「단군신화와 서양신화의 비교연구」, 『고조선단군학』 제4호, 고조선단군학회,

이는 인류 신화, 특히 남성신과 여성신의 성적 갈등구조 속에 여성신이 억압당하는 서구 신화에서 볼 수 없는 이례적 현상이다.[31]

또한 단군신화에서 웅녀가 보여주는 인간화의 프로세스에는 다음과 같은 중요한 사실이 함의돼 있다. 환웅과 웅녀의 혼례로 나타나는 신인합일 또는 천지융합을 위해서는 하늘로부터의 신령 강림과 함께 땅의 인간이 죽음의 자기부정을 매개로 성화聖化되는 사건이 일어나야 한다. 하늘(적인 것)과의 합일에는 금기와 수행을 통해 육肉의 인간이 죽고 내 안의 신성을 찾아 영의 인간, 깨달음의 인간으로 다시 나는 인간의 신화神化가 맞물려야 한다는 것이다.

『한국무교의 역사와 구조』는 웅녀가 이윽고 소원한 참인간이 되는 재생再生을 '종교적 이니시에이션'이라 부르며, 웅녀가 머문 동굴을 탄생과 창조의 모태를 상징하는 것으로 분석한다. "단군신화에서 빛은 생명을 뜻하는 보편적 종교적 상징"이며 "빛 없는 동굴에 있다가 다시 빛을 보게 된 것은 죽어서 창조 이전의 모태(동굴, 어둠)로 들어갔다가"[32] 새로 나는 사건이라는 것이다. 웅녀의 여인화를 성인식(puberty ceremony)으로 이해하고 그 안에서 웅녀의 통전적 변이(wholistic transfomatoion)가 일어나는 것으로 해석하는[33] 견해도 웅녀에게서 재생이나 거룩함의 코드를 보고 있다.

해모수신화에서 유화부인은 어두운 방 안에서 빛을 받아 잉태하고, 박혁거세신화에서 알영은 몸에 달고 태어난 닭의 부리가 목욕할 때 떨어져

2001, p. 140.

31) 청동기 문화와 함께 가부장 문화가 시작되면서 서양 신화 속 여신들의 세 가지 모습으로 전락된다고 한다. 살해되어 악마화; 남신들의 아내라 딸로 종속; 남성들의 성적 유희물인 창녀. 신은희, 「단군신화와 서양신화의 비교연구」, 『고조선단군학』 제4호, 고조선단군학회, 2001, p. 127.

32) 류동식, 『한국 무교의 역사와 구조』, 서울: 연세대학교 대학출판문화원, 1989, p. 31.

33) 김열규, 한국토착문화와 문학, 1975, p. 81. 참조 신은희, 「단군신화와 서양신화의 비교연구」, 『고조선단군학』 제4호, 고조선단군학회, 2001, p. 137.

나감으로써 완전한 여인이 된다. 이 또한 신인합일을 위해서는 인간의 신화, 성화가 요구된다는 것을 보여준다. 그래서 단군신화가 정신적 원형으로서 작용하는 곳에서 "생명을 뜻하는" 빛은 우주 근본인 동시에 영성으로서 인간 본성을 의미한다.

웅녀의 재생 의식儀式은 그가 환웅에 비해 무적 성격을 지니고 있음을 드러낸다. 앞서 언급한 바와 같이 접신, 재생, 신인합일은 음적이며 모성적인 무에 고유한 특성이다. 그러나 '이중탄생', 즉 죽음의 자기 부정을 거쳐 본성으로 내주內住한 신성을 되찾아 다시 태어나는 신화는 동시에 선화仙化이기도 하다. 신으로부터 품부한 본성을 이윽고 틔워 영육의 한계에서 벗어나 전인적全人的 생명으로 거듭나는 이를 선이라 부르기 때문이다.[34]

또 웅녀는 하느님으로 온 환웅을 닮으려 했고 그의 뜻을 좇아서 동굴과 어둠 속에 빛을 얻었다. 웅녀는 하느님을 믿고 그의 가르침을 지켜 수행을 끝마침으로써, 죽기 전에 '죽어' 죽을 때 '죽지 않는' 신이고 선이 됐다. 이처럼 신화는 한국 고대 사유와 문화에서 하느님 신앙과 선이 하나로 결속돼 있음을 말해주고 있다. 이는 다음과 같은 단군왕검의 가르침에서도 확인된다. "너희 무리는 오로지 하늘이 내려 주신 법을 지켜 … 본성을 틔우고 하느님의 뜻을 완수할 때[性通功完] 하늘에 들 것이다[朝天]."[35]라고 가르친다. 여기서 '하늘에 드는 것'은 신의 고장으로 복귀며 그것은 인간의 신화 또는 선화로 해석된다.[36]

이렇게 볼 때 웅녀의 무는 단순히 무에 그치는 것이 아니라 선과 화합하는 무이다. 그와 꼭 마찬가지로 환웅의 선은 무를 포용하는 선이다. 그리

---

34) 참조 황경선, 「한국 고유의 선仙 사상과 증산도의 태일선太一仙」, 『한국의 신선사상』, 대전: 상생출판, 2022, pp. 193~194.

35) 咨爾有衆, 惟則天範, 扶萬善, 滅萬惡, 性通功完, 乃朝天.(『규원사화揆園史話』)

36) 차주환, 「花郎道와 神仙思想」, 『신라문화』 10권 1호, 동국대학교 신라문화연구소, 1989, pp. 41~43.

하여 무를 떠안은 선을 단군신화가 궁극적으로 전하려는 한 소식으로 강조하기도 한다. 신화에 의하면 선은 곧 "한민족의 초기적인 자기정체성이자 근원적 인간관"[37]이라는 것이다.

이와 관련하여 고대 한국의 제천의례에 대한 기록에서 거의 빠지지 않고 언급되는 음주가무飮酒歌舞의 의미도 새롭게 조명될 수 있다. 제의는 신화의 재현이라는 성격을 갖는다. 제의의 음주가무는 웅녀와 유화 그리고 알영이 보여주듯 신인합일 속에 새로운 존재, 즉 신으로 선으로 거듭나는 종교적 체험의 한 형태로 볼 수 있다. 이에 따르면 제祭 지낼 때 의례의 일부로 진행되는 음주가무는 단순한 흥겨운 오락이나 먹고 마시며 노는 게 아니다. 음주가무는 신령들을 즐겁게 하는 것이고, 신의 경지에 들어서 신령과 교제하는 것[入神交靈]을 경험할 수 있는 종교적 의식儀式이다. 다시 말해 그것은 신화에서 신인의 결혼으로 묘사된 재생과 신인합일을 연출한 일종의 '오마주'라 할 것이다.

『태백일사』는 음악의 유래와 관련하여 신시神市 배달 시대에 "사람들이 둥글게 모여 노래를 불러 삼신을 크게 기쁘게 해드리고," 나라에 복을 주며 백성의 마음을 기쁘게 해달라고 기원했다고 전한다. 또 부루단군때 신시의 옛 풍속으로 "어아지악於阿之樂"이 있었는데 "제사를 지내면서 삼신을 맞이하는 노래"이며 "옛적에 하늘에 제사지낼 때는, 하늘맞이 음악[舞天之樂]이 있었다."라는 기록을 남기고 있다. 오늘날까지 이어지는 굿은 물론 세속화를 거치면서 형태와 의의가 다양하게 변화되었지만 여전히 음주가무의 요소가 남아 있는, 제천의 끈질긴 전승일 게 분명하다. 또한 곰에서 붉둙으로 접어들고 무적 요소가 선에 수용되면서 제천은 또한 수행의 의미도 함께 갖게 되었을 것이다.

---

37) 민영현, 「한국 선과 증산사상의 특징 및 그 도교성에 대해」, 『도교문화연구』 26집, 한국도교문화학회, 2007, pp.301~308.

3) 천지의 융합과 새로움: 선仙

단군신화를 구성하는 또 하나의 요소는 하늘의 신과 땅의 인간, 하늘의 남성원리와 땅의 여성원리, 남성신과 여성신, 몸과 영의 조화가 짓는 새로움의 창조이다. 그리고 새로움은 일차적으로 단군과 그가 이룩한 고조선 창건이 될 것이다. 동시에 환인, 환웅이 짓고 웅녀가 기르고 가꾼 선이 새로운 문화 질서로 결실을 맺게 됐음을 의미한다.

새로움은 이미 환웅 그리고 그를 만나 '인간'이 되기를 원한 웅녀에게서 시작됐다. 웅녀의 눈에는 신시에 도읍을 정하고 배달 나라를 열었던 환웅과 그의 무리들이 '인간'이었다. '사람이면 다 사람이 아니라' 그들이 참사람이고 본래적 인간이었다. 그런데 환웅은 선으로서 이 땅에 왔다. 다시 말해 환웅에게서 구현되고 있는 본래의 사람은 선이었다[人卽仙]. 앞에서 우리는 환웅의 정체를 선으로 밝힌 최남선과 『청학집』의 주장을 인용한 바 있다.

또 『삼성기』와 『태백일사』에 따르면 환웅은 삼칠[21]일을 택하여 천신에게 제사 지내며 "바깥일[外物]을 금기하여 삼가 문을 닫고 수도하였다. 주문을 읽고 공덕이 이뤄지기를 기원했으며, 선약仙藥을 먹고 신선이 되었다. 또한 괘卦를 그어 미래의 일을 아시고, 천지조화의 움직임[象]을 파악하여 신명을 부렸다." 조선 숙종 때 북애자가 지은 『규원사화揆園史話』에서는 환웅이 연 배달 나라의 신교神敎로부터 선이 유래됐다고 말한다.[38]

이로써 환웅이 자신과 같은 '인간'이 되고자 간구한 웅녀에게 제시한 것은 참사람인 선의 길이었다고 할 수 있다. 인간을 본래적 인간이 되도록

---

38) "세상에서는 중국 문헌에 의지하여 선교仙敎가 황제, 노자에서 뻗어 나왔다고 여기지만, 실은 신으로써 가르침을 베푸는 신교神敎가 신시시대부터 있어, 거기서 비롯되었음을 알지 못하고 있다[世俗不知原由 只憑漢籍曰 仙敎是黃老餘流 殊不知 以神設敎 實自我神市之世也]."

하는 그의 홍익인간은 종족, 신분, 외모, 종교, 성 등에 상관없이 모든 사람을 선의 인간으로 만드는 것이다. 즉 정욕과 육신의 한계와 비본래적 혹은 '동물적' 껍질들을 벗고 본성을 온전히 실현하여 그 자신으로 자유롭게 된 사람을 무궁무궁 늘리는[弘益] 일이다. 웅녀는 굶주림과 추위 속에 계율에 따라 수행하여 마침내 인간의 모습을 얻어 선이 됐고 신이 됐다. 웅녀는 인간이 선이 되는 길을 완수함으로써 참인간의 사표師表가 된 셈이다.

"너희 무리는 오로지 하늘이 내려 주신 법을 지켜 … 본성을 틔우고 하느님의 뜻을 완수할 때[性通功完] 하늘에 들 것이다[朝天]." 나아가 선은 단군에 의해 나라 경영의 이념으로 자리 잡게 된다. "선의 종교성"이 "단군의 종교성(치세 이념)"이 되어 고대 강력한 통일국가를 형성하는 것이다.[39] 이러한 선의 결실은 무와 선이 층을 달리하며 끊어지는 것이 아니라 무가 선에 수용되는 방식으로 이뤄진다. "단군의 선적 신명은 원형을 유지하기 위해 무적 신명현상들을 포용하려는 과정"을 거치면서 "한국 종교의 조형祖型(Archetype)"이 갖춰지는 것이다.[40] 이러한 무와 선의 조화를 고운孤雲 최치원崔致遠(857~?)이 말하는 풍류도의 정체성으로 보기도 한다.[41]

앞서 언급한 조화, 교화, 치화의 논리를 선의 문맥 안에 적용하면 환웅과 그를 내려 보내고 그와 부자 관계로도 설명되는 환인이 선의 가능성을 땅 위에 뿌린 조화의 역할을 맡는다. 선의 가능성을 체현體現함으로써 인간 삶의 길을 선구적으로 밝힌 웅녀는 교화 그리고 [무를 수용한] 선을 통치이념으로 삼아 나라를 다스린 단군은 치화의 격格을 차지한다.

----

39) 유병덕, 「傳統思想과 韓國宗教」, 『한국종교』 24권, 원광대학교 종교문제연구소, 1999, p. 45.
40) 여기서 '한국 종교의 祖型'은 '흔붉사상'이라 불린다. 유병덕, 「傳統思想과 韓國宗教」, 『한국종교』 24권, 원광대학교 종교문제연구소, 1999, p. 45.
41) 김상일, 「한국의 고대 사상과 동학」, 『동학학보』 5권, 동학학회, 2003.

이상의 논의를 통해 한민족 고유신관은 음양조화, 천지융합으로 나타나는 하느님 신앙 속에서 신화와 선화의 새로운 삶을 성취하는 것으로 요약된다. 그렇다면 이 고유신관은 어떻게, 또 얼마만큼 증산도 수부론을 통해 확인될 수 있는지 다음 장에서 살펴보고자 한다. 그에 앞서 앞으로의 논의를 위해 생소한 수부 개념의 사전적 의미를 미리 소개해 둔다.

수부首婦란 문자적으로 보면, 천지의 머리되는[首] 여성[婦]이란 뜻이다. 인간과 신명神明의 큰 어머니이다. 그래서 달리 '태모太母'로 호칭한다. 지상에서의 짧은 삶 동안 인간으로 오신 증산 상제님의 반려가 되는 수부는 상제와 나란한 위격에서 삼계를 개조改造하는 여자 하느님이다. "그대와 나의 합덕으로 삼계를 개조하느니라."(『도전』 6:42:3) 또한 상제님으로부터 이어받은 도운道運[도의 계승과 발전]의 씨를 어머니로서 기르고 가꿔 성숙과 완성에 이르도록 한다.[42]

---

42) 증산도 사상과 문화에서 보다 자세한 수부의 역할과 의미에 대해서는 참조 유철, 『어머니 하느님』, 대전: 상생출판, 2011; 노종상, 『인류의 어머니, 수부 고판례』, 대전: 상생출판, 2013.

3 증산도 수부론首婦論

1) 하늘도 하나 땅도 하나

1907년 어느 날 증산 상제님은 박공우 성도에게 후천後天 오만년五萬年 첫 공사公事를 행하려 하니 잘 생각하여 가장 중요한 것을 말하라고 한다. 앞으로 오는 후천 오만년 첫 공사니 창대한 것을 기대할 법도 하지만 공사내용은 의외로 '소박'하다. 잠시 대답을 사양하던 박공우 성도는 이윽고 여쭈기를 "선천에는 청춘소부靑春少婦가 수절한다 하여 공방을 지켜 적막히 늙어버리는 것이 옳지 않사오니 후천에는 이 폐단을 없애시어 … 예를 갖추어 개가하게 하는 것이 옳을 줄 아옵니다." 증산 상제는 무릎을 치며 칭찬한다. "네가 아니면 이 공사를 보지 못하겠으므로 네게 맡겼더니 잘 처결하였도다. 이제 결정한 이 공사가 오만 년을 내려가리라."("도전』 5:195)

다시 그 해도 저무는 12월 25일, 증산 상제는 성도들을 단정히 앉히고 각기 종이 한 조각씩을 나눠주며 다음과 같이 이른다. "후천 음양 도수를 보려 하니 각자 마음에 있는 대로 점 하나에 아내 하나씩 표하여 점쳐 들이라." 성도들은 각자 원하는 만큼 점을 찍는다. 그리고 그 이유에 대해 각자 밝히는데, 증산 상제께서 듣고 싶은 정답은 점 하나를 찍은 문공신 성도의 입에서 나왔다. "하늘도 하나이고 땅도 하나입니다." 증산 상제는 무릎을 치며 반긴다. "그려, 그렇지! 네 말이 옳도다. 오직 건곤뿐이니 이로써 공사를 마치노라."("도전』 5:204)

"후천 오만년 운수는 음양이 근본"("도전』 11:348:10)이기에, 또 앞으로 오는 세상은 음양이 균등한 정음정양正陰正陽이 중요하기에 '미약한' 듯 보이는 이 공사들은 후천의 새 세상을 여는 '나비의 날개짓'이 되는 것일까? 이에 대한 대답과 또 앞으로의 논의를 위해서는 '후천'의 존재론적 의미를 소략의 방식으로라도 먼저 알아봐야 한다.

증산도 우주론은 지금까지의 세상을 선천先天 봄, 여름이라고 하고 다가오는 세상을 후천 가을 세상이라고 한다. 이에 따르면 우리는 지금 우주의 봄 여름과 가을이 바뀌는 교차점에 살고 있다. 선천은 양 기운이 음 기운보다 강하게 작용하면서[三陽二陰] 분열 발전이 주도하는 생[生長]의 시기이다. 이른바 억음존양抑陰尊陽, 편음편양偏陰偏陽의 시대다. "선천은 억음존양抑陰尊陽의 세상이라."(『도전』 2:52:1) 『주역』에서 양[하늘, 남자]이 위에 음[땅, 여자]이 아래 놓여 있어 지천태 괘와 상반된 형태인 천지비天地否괘▦가 이를 상징한다.

반면 음도陰道가 지배하는 후천 가을은 새로운 상생相生의 질서에 따라 모든 것이 조화를 이루며 제 모습 제 자리를 찾아 성숙되고 완성되는 때이다. 마침내 지천태의 세상이다.

선천의 생장은 서로를 극克하는[相克] 경쟁과 대립을 통해 지속된다. 싸워야 크고 적당히 흙을 밟아줘야 새 싹이 나오듯, 생은 극을 먹고 자라는 것이다. 그러나 이와 같이 상극의 이치가 인간과 만물을 맡아 다스림으로써 선천의 자연과 인간 삶은 크고 작은 전란戰亂, 분쟁과 다툼, 정복과 억압의 역사로 점철된다. 그에 따라 좌절하고 탄압받고 희생당한 편에서의 원한이 기왕의 묵은 것들 위에 중첩되며 천지를 가득 채우게 된다. 그리고 이제 여름의 끝자락이자 가을의 초입初入에 들어서 인류는 급기야 원한의 눈물과 한숨과 피가 내뿜는 저주의 불기운으로 대파국의 위기 앞에 내몰려 있다.

"선천은 상극相克의 운運이라 상극의 이치가 인간과 만물을 맡아 하늘과 땅에 전란戰亂이 그칠 새 없었나니 그러므로 천하를 원한으로 가득 채우므로 이제 이 상극의 운을 끝맺으며 하매 큰 화액禍厄이 함께 일어나서 인간 세상이 멸망당하게 되었느니라.”(『도전』 2:12:4~7)

전지구적, 우주적 위기의 근본 원인이 이렇듯 상극과 억음존양의 질서로로부터 비롯될 진대, 온전한 구원은 오직 음양이 균등한 상생과 정음정양의 후천 새 세상을 여는 데 있을 것이다. 그러나 그 개벽은 선천을 폐기하고 그 자리에 후천을 대치시키는 전환으로 단순하게 이해될 수 없다.

선천과 후천 또는 상극과 상생은 앞에서 남성성[양]과 여성성[음]에 대해 이미 말했던 것처럼, 단순히 상반되는 개념이 아니다. 상극의 부조화와 상생의 조화로 나뉠 수 있을 뿐이다. 그런데 근본적인 조화는 상극을 배척하는 것이 아니라 그것을 껴안는 전일성에 있다. 후천의 새 질서인 정음정양과 음양동덕은 모든 관점에서 음양의 똑같은 비례를 말하는 게 아니다. 음이 기반이 돼 양을 끌어안는 화합, 말하자면 지천태의 형국이 음양의 바르고[正] 같음[同]이라는 것이다. 이러한 조화는 여성성으로 상징되는 음도 또는 곤도坤道의 고유한 성격이다. 그리고 증산도 우주론에 따르면 음도, 곤도는 단순히 인간의 결단에 귀속되는 것이 아니라 존재의 역사 운명에 따르는 이법적理法的인 것이다.

하루는 증산 상제께서 벽에 여러 글을 써 붙인 다음 그 위에 흰 종이를 포개어 붙이도록 한다. 이어 한 성도에게 마음 가는 대로 보시기를 종이 바른 곳에 대고 도려서 떼라 하니 그 속에 ‘음陰’ 자가 나온다. 그러자 증산 상제는 무릎을 탁 치며 “옳다! 천지도수가 맞아 들어간다.”고 하신다.(『도전』 6:51)

증산 상제는 시운時運이며 존재 역사인 음도로써 천지 질서를 바로잡아 음양이 서로 통하고 균형을 이루는 후천세계가 도래하도록 하는 것이다. “예전에는 억음존양이 되면서도 항언에 ‘음양陰陽’이라 하여 양보다 음을

먼저 이르니 어찌 기이한 일이 아니리오. 이 뒤로는 '음양' 그대로 사실을
꾸미리라."(『도전』 2:52:4~5)

증산 상제 자신 이같은 정음정양의 도에 맞춰 여자 하나님 수부와 짝으
로 천지와 음양을 중매하며 개벽을 주재한다. "만물이 생장 분열하는 봄
여름의 건도乾道와는 달리 가을은 하늘의 어머니가 아버지를 모시고 함께
강세하시어, 정음정양의 새 판으로 곤도坤道 문화의 새 역사를 열어 주시
는"[43] 것이다.

이상으로 단군신화에 대한 앞선 논의를 유념하고 앞으로 전개될 수부론
을 미리 내다보면서 선, 후천 개념을 중심으로 수부의 신격과 우주 역사적
의미, 또 구원의 방식을 예비적으로 논의했다. 이제 단군신화의 세 가지
구조에 상응하여 증산도 수부론을 보다 구체적으로 살펴보자.

2) 아버지 하느님 상제

우주 가을을 맞아 개벽이 임박한 위험한 때, '탐구인세貪求人世'의 구원자
로서 땅 위에 직접 강세하신 상제는 아버지로, 남성으로 육화肉化하셨다.
인존人尊 하느님 증산 상제의 부성과 남성성은 다음의 성구들에 잘 나타나
있다.

"일찍이 '어린 양'으로 불리운 성자 예수가 십자가에 매달려 피 흘리
며 아버지의 천국 복음을 전하였나니 '아버지 하나님'이신 상제님께
서 예수를 해원시켜 이 땅 위에 천국을 열어주시기 위해 신미생 양띠
로 오시니라."(『도전』 4:143:5~6)

---

43) 『도전』 p. 26.

또한 조화의 신이자 교화의 신이며 치화의 신인 우주의 조화성신[三神]과 일체를 이루는 상제는 "만유 생명의 아버지"[父]며 "큰 스승"[師]이며 "우주 만유의 통치자"[君]로 불린다.(『도전』 3:1:4) 상제는 앞에서 환인, 환웅, 단군 왕검이 각각 지닌 것으로 기술된 군사부를 모두 갖춘 것으로 말하는 여기서도 상제의 성은 남성으로 전제돼 있다고 하겠다.

"… 우주의 조화옹이신 상제님을 모시고 상제님의 조화권으로 후천개벽 문명을 새롭게 여는 … ."[44] 상제님을 호명하는 '우주의 조화옹'의 '옹' 또한 남자 노인을 높여 이르는 삼인칭 대명사이다.

태모님이 지상의 삶을 마치는 선화仙化를 앞두고 여러 성도들에게 이르신 다음의 말씀에서도 상제님과 당신의 신원을 천부지모天父地母로서 밝히고 있다. "차후에 형편이 어려우면 너희들끼리 앉아서 너희 아버지와 나를 위해 보리밥 한 그릇에 수저 두 벌만 놓아도 나는 괜찮으니라."(『도전』 11:415:6)

한편 다음의 성구에는 보다 드라마틱하게 상제님의 부성이 나타나 있다. 하루는 한 여인이 찾아와 자기 자식이 3대 독자인데 병 들어 죽어가고 있으니 살려달라고 호소한다. 그 여자의 집으로 간 상제께서 사경에 이른 아이에게 대뜸 "네 이놈, 애비가 와도 안 일어나냐!" 하니 아이가 놀라 벌떡 일어난다. '애비가 왔는데도 안 일어난다'는 상제님의 말을 의아하게 여긴 제자들이 그 연유를 여쭈자 상제님은 이렇게 대답한다. "가서 알아보아라. 그 놈을 낳으려고 금산사 미륵전에 가서 3년 동안 공을 들여서 낳았느니라." 제자들이 그 부모에게 물어보니 과연 그와 같았다.(『도전』 3:35)

증산 상제의 말씀인 즉, 당신이 부모들이 기도한 미륵불의 현신現身으로서 아이를 낳게 해준 '생명의 아버지'라는 것이다. 요컨대 증산 상제는 자

<hr>

44) 『도전』 2:19:1 '조화' 측주.

신의 정체가 이러저러한 종교의 믿음으로 섬기고 기도해 온 하느님임을 알리며 스스로를 부성의 신격으로서 드러내시는 것이다.

또 이보다 앞서 수운水雲 최제우崔濟愚(1824~1864)로 하여금 동학東學을 열어 당신의 뜻을 펴도록 신도神道로써 천명天命을 내린 상제는[45] 수운에게 자신을 아버지로서 밝힌다. "'너는 나의 아들이다. 나를 아버지라 부르도록 해라.' 선생께서 공경스럽게 가르침을 받아 아버지라 불렀다."[46]

상제의 부성과 남성성을 밝히는 위 내용들은 다른 한편으로 그에 화답하는 어머니 하느님, 지모신의 존재를 묵시黙示하는 것이기도 하다. 증산도에서 이 신격은 '수부'로 불린다.

3) 지모신: 나의 수부, 너희들의 어머니

"나의 수부, 너희들의 어머니를 잘 받들라. 내 일은 수부가 없이는 안 되느니라."(『도전』 6:96:5)

"천지에 독음독양獨陰獨陽은 만사불성이니라."(『도전』 6:34:2)

'후천 오만년 첫 공사'와 '후천 음양 도수'를 짠 그 해 동짓달 초사흗날 정읍 대흥리 차경석 성도의 집에서 수부 책봉冊封 의식이 벌어진다. 30여 명의 성도들이 지켜보는 가운데 증산 상제는 웃통을 벗고 누운 수부님의 배 위에 걸터앉아 장도칼을 수부님의 목에 대고 "천지대업에 중도불변中途不變 하겠느냐?"라고 다짐을 받는다. 그리고 수부님으로 하여금 자신의 배

---

45) "최수운崔濟愚에게 천명天命과 신교神教를 내려 대도를 세우게 하였더니"(『도전』 2:30:14)
46) 윤석산 역주, 『초기동학의 역사 道源記書』, 서울: 신서원, 2001, pp. 35~37.

위에 걸터앉아 "나를 일등一等으로 정하여 모든 일을 맡게 주시렵니까?" 하고 같은 다짐을 받게 한다. 이와 같이 서로 번갈아 다짐을 받는 예식을 행한 뒤, 증산 상제는 "이것이 천지대도의 수부 공사首婦公事니라. 만백성의 부모가 되려면 이렇게 공사를 맡아야 하느니라."고 말한다. 그리고 잠시 후 "우리 내외 하나 되자!" 하고 큰 소리로 외친다.(『도전』 6:37~38)

이렇게 천지가 말없이 증언하는 가운데 수부가 정해짐으로써 현실 역사 속에 천지부모가 자리를 잡는다. 증산 상제는 또 보다 극적인 의식을 통해 자신의 주재가 음양동덕으로써 이뤄지는 것임을 밝힌다. 이듬해인 1908년 어느 날 성도들을 뜰 아래 늘여 세운 뒤 수부와 더불어 마루에 앉은 증산 상제는 이렇게 말한다. "네 나이는 스물아홉이요, 내 나이는 서른 여덟이라. 내 나이에 아홉 살을 빼면 내가 너 될 것이요, 네 나이에 아홉 살을 더하면 네가 나 될지니 곧 내가 너 되고 네가 나 되는 일이니라." 이어서 말하기를 "그대와 나의 합덕으로 삼계三界를 개조하느니라."라고 하신다.(『도전』 11:6)

상제에 수부가, 남자 하느님에 여자 하느님이, 하늘 아버지에 땅 어머니가 어울리는 것이다. 상제가 천지 앞날을 설계한 조화주, 조화옹 하느님이라면, 수부는 인류를 키우고 가르쳐 새 세상을 열도록 하는 교화와 모성의 하느님이다: "나의 수부, 너희들의 어머니를 잘 받들라. 내 일은 수부가 없이는 안 되느니라." "수부 도수首婦度數로 천하 만민을 살리는 종통대권宗統大權은 나의 수부, 너희들의 어머니에게 맡긴다."(『도전』 11:345:7) 위 성구에서 '나의 수부, 너희들의 어머니'는 수부 신격의 여성성과 모성을 분명하게 전달하고 있다. 무엇보다 "수부의 치마폭을 벗어나는 자는 다 죽으리라."(『도전』 6:96:6)라는 말씀에서 모성의 신, 지모신이 지닌 살림과 구원의 성격은 두드러진다. "상제님의 천지공사는 낳는 일이요, 나의 천지공사는 키우는 일이니라."(『도전』 11:99:3)

또한 상제님의 가을주재가 후천선경을 여는 것이기에 선의 성격을 지닌다면 상대적으로 수부는 무적 요소를 대표하는 것으로 볼 수 있다. 증산 상제는 선천의 모든 문제를 끌러내어 신명神明과 조화의 가을 문화를 여는 주재를 '천지굿'으로 표현한다. 이때 당신과 수부님의 합덕을 노래하고 춤추는 무당과 장구치는 재인才人의 관계로 말씀하신다. "'이것이 천지굿이라. 나는 천하 일등 재인才人이요, 너는 천하 일등 무당巫堂이니 우리 굿 한 석 해 보세. 이 당黨 저 당黨 다 버리고 무당 집에 가서 빌어야 살리라.' 하시고 장고를 두둥 올리실 때 수부님께서 장단에 맞춰 노래하시니 이러하니라. 세상 나온 굿 한 석에 세계 원한 다 끄르고 세계 해원 다 된다네." (『도전』 6:93:4~6) 이어 상제님께서 "'그대가 굿 한 석 하였으니 나도 굿 한 석 해 보세.' 하시고는 장고를 두둥둥 울리며 소리 높여 노래하시고 수부님께 일등 무당 도수를"(『도전』 6:93:7~10) 붙이신다. 이로써 수부님은 선천의 시원문화이자 인류의 미래가 걸린, "우주적 영성을 가진 무당문화"[47]를 회복하는 일을 떠안게 된다.

단군신화는 천신과 지모의 융합에는 천신의 하강에 지모신의 재생과 이중탄생이 상응해야 한다는 것을 보여주었다. 이 시원적 시원의 재생 모티브는 수부님에게서 다음과 같이 재연된다.

증산 상제의 어천御天 두 돌이 되는 1911년 4월 수부님은 대원사에서 상제님의 성령과 혼례를 올리고 증산 상제가 일찍이 1901년에 만고에 없는 대도통을 이룬 칠성각에서 49일 동안 진법주眞法呪 수련을 한다. 이어서 운산리 신경수 성도의 집으로 가서서, 상제님이 쓰신 '도술道術'이란 글이 방벽 4면에 붙어 있는 윗방에서 100일 동안 힘써 수도하고, 마침내 활연대각豁然大覺하여 삼계의 모든 이치를 통하게 된다. 그러나 이것은 곧이어 일

---

47) 『도전』 6:93:10 '일등무당도수' 측주.

어나게 될 대도통의 전조였다.

그해 9월 19일 새벽 상제님의 성탄 치성을 봉행한 수부님은 다음날 아침 마당을 거닐다가 그만 정신을 잃고 넘어진다. 이렇게 네댓 시간을 쓰러져 계시다 깨어난 수부님은 그로부터 성령에 감응하여 신권神權을 얻고 대권능을 자유로 쓰며, 신이한 기적과 명철한 지혜를 나타낸다. 바야흐로 신권과 조화造化의 권능을 획득하여 상제님과 음양합덕으로 삼계의 질서를 새롭게 바꾸는 어머니 하느님으로서 거듭난 것이다. 동시에 이러한 '이중 탄생'의 신화神化는 앞서 웅녀의 경우와 마찬가지로 조화와 불멸의 선으로 나는 선화일 것이다.

그리하여 이 날은 우주 주재자가 인간으로 오신 날인 동시에 우주와 인류의 수부가 역사의 전면에 모습을 드러내는 축일祝日이기도 하다. 하강한 천신과 재생을 통해 신격을 회복한 지모신의 합일이 신화의 공간이 아닌 역사 속에서 일어난 '상서로운' 때이다. 또 일찍이 상제님께서 "장차 천하 사람의 두목頭目이 되리니 속히 도통道通하리라."(『도전』 11:5:4)는 말씀과 사람이 죽은 지 두 돌 만에 지내는 제사인 "대상大祥의 '상祥' 자는 상서祥瑞라는 상 자니라."(『도전』 6:69:3) 하신 말씀이 현실이 되는 순간이기도 하다.

상제님과 합덕하는 지모신이 되고 어머니 하느님이 된 수부님은 이후 다음과 같이 선언한다. "'이제부터는 천지가 다 알게 내치는 도수인 고로 천지공사天地公事를 시행하겠노라. 신도행정神道行政에 있어 하는 수 없다'……'건乾 십수十數의 증산 상제님께서는 9년 공사요, 곤坤 구수九數의 나는 10년 공사이니 내가 너희 아버지보다 한 도수가 더 있느니라.'"(『도전』 11:76:2~8)

끝으로 단군신화가 지닌 세 번째 요소와 견주어 수부론을 살펴보기로 하자. 천지융합이 낳는 새로움이라는 관점이다.

4) 천지융합과 새로움: 선仙

1911년 10월 드디어 모든 준비를 마친 수부님은 대흥리 차경석의 집을 본소本所로 정하고 성도들을 불러 모아 도장 개창을 선언한다. 이로써 상제님 도의 씨앗이 곳곳에 뿌려져 싹이 트고 자라기 시작하는 전기轉機를 맞게 된다. 교 이름을 묻는 성도들에게 수부님은 "천하를 통일하는 도道인데 아직은 때가 이르니 '선도仙道'라고 하라. 후일에 다시 진법眞法이 나오면 알게 되리라."(『도전』 11:29:5)라고 말씀하신다. 이로부터 상제님 진리의 포교 운동이 조직적으로 전개돼 전라남북도, 충청남도, 경상남도, 서남해의 도서 지역을 중심으로 신도들이 대거 늘어나기 시작한다.

> "내가 삼계대권을 주재하여 조화造化로써 천지를 개벽하고 불로장생 不老長生의 선경仙境을 건설하려 하노라. 나는 옥황상제玉皇上帝니라."
> (『도전』 2:16:2~3)

> "후천 선경세계는 가가도장家家道場이요, 인신합덕人神合德으로 인인人人이 성신聖神 되어 만백성이 성숙하고 불로장생하는 무궁한 조화낙원이라."(『도전』 7:1:5)

증산 상제께서 인존 하느님으로 강세하신 뜻은 인류가 가을개벽을 딛고 불로장생의 영락榮樂을 누리는 선경 세상을 땅 위에 이룩하고자 하는 데 있다. 그래서 경계를 정할 수 없는 상제님의 지극한 도[無極大道]를 굳이 규정하면 선도仙道라고 해야 할 것이다.[48] 또 선은 결국 인간이 품부한 본

---

48) 특기해야 할 점은 증산 상제가 태어나신 '객망리客望里'(전라북도 고부군)와 옛 이름인 '선망리仙望里'에는 '하늘의 신선이 찾아오기를 염원하는' 뜻이 담겨 있고 그 곳을 중심으로

질 혹은 인간으로서의 가능성을 온전히 실현하는 일이기에 상제님의 가을 주재는 참 사람 선을 하나라도 더 거두는 일이다. 그래서 증산 상제의 직업[業]은 '홍익인간'하는 "인간사업"(『도전』 11:257:3)이라고 할 수 있다. "증산甑山이 증산增産이니라."(『도전』 11:259:2)

이른바 '종교적 이니시에이션'을 통해 도통을 이룸으로써 인즉선의 길을 몸소 보이신 수부님은 이제 도장을 열고 신도를 결집하여 조직화, 세력화한다. 이와 함께 인간을 상제님이 열어 준 후천 인간, 즉 선의 길로 이끌고 가르치는 역사役使를 주도하게 된다. "상제님의 천지공사는 낳는 일이요, 나의 천지공사는 키우는 일이니라." 낳는 상제님은 선의 기틀을 짓고 키우는 수부님은 선의 결실이 맺히도록 기르고 가르치신다.

수부님이 인간을 키우는 교화의 지표는 다음의 말씀에서 분명하게 드러난다. "내가 하는 일은 다 신선神仙이 하는 일이니 우리 도는 선도仙道니라. 너희들은 앞으로 신선을 직접 볼 것이요, 잘 닦으면 너희가 모두 신선이 되느니라. 신선이 되어야 너희 아버지를 알아볼 수 있느니라."(『도전』 11:199:7~9) 저 한민족의 시원에 웅녀가 그랬고 또 당신이 겪으신 바처럼 신인합일로써 하느님을 알현하여[朝天] 하느님 신앙을 완성하기 위해서는 내 안의 밝은 참나를 찾아야 한다. 금기와 수행을 통해 스스로 '비인간적' 요소들을 털어내고 '사람 꼴'을 갖춰 그 자신으로 자유롭게 되는 선으로 거듭 나야 한다. 수부님의 말씀은 곧 하느님 신앙과 선의 결속이라는, 한국 고대 선 사상의 핵심을 확인해주신 것이다.

앞에서 선과 관련하여 환웅과 웅녀, 단군의 관계를 '조교치'라는 삼일三一의 관점에서 조명했다. 이를 다시 증산도 수부론에 비춰보면 인간으로 강세하여 선의 세상이 열리도록 기반을 마련한 주재자 하느님은 조화에,

---

호남의 삼신산으로 알려진 방장산, 두승산(영주산), 변산(봉래봉)이 펼쳐져 있는 등 탄강지에는 유난히 선과 관련된 지명地名이 많다는 사실이다.

하늘의 뜻을 이어받아 선의 씨앗을 뿌리고 가꾼 수부님은 교화에 해당할 것이다. 그렇다면 선의 이념으로써 땅 위에 현실 선경을 건설하고 다스리는 치화의 역할도 있어야 할 것이다. 이와 관련 '선매숭자 공사'로 불리는 다음의 사건이 주목된다. '선매숭자'의 문자적 뜻은 '선을 매개하는 숭고한 사람'일 터다.

상제님 어천 3년째 되는 1912년의 일이다. 김형렬을 비롯한 몇 명의 성도들은 호연 성도가 첫 월경을 시작하자 쌓은 종이 위에 앉게 한다. 그리고 시간이 지난 뒤 피가 묻지 않은 남은 종이에 제비를 그리기도 하고 점도 찍어서 서로 한 장씩 나눠 갖고 종이째로 피가 묻은 것은 조그맣게 잘라서 역시 하나씩 가져 간다.(『도전』 10:107) 이 '신비스런' 공사는 상제님이 생전에 형렬에게 가르쳐준 대로 이뤄진 것이다. 증산 상제는 하루는 종이에 제비를 그리신 후에 수석 성도인 김형렬에게 "선매숭자를 써야 나갔던 제비가 다시 돌아온다." 하시면서 어린 호연을 가리켜 "낳기는 제 어미가 낳았어도 맥은 얘가 붙인다."라고 말씀하신다. 이어 호연을 잘 돌봐서 선매숭자를 받도록 당부하면서 호연의 첫 경도를 받아 공사를 행하는 방법을 일러주셨다.(『도전』 10:12)

상제님의 모든 공사 내용이 그렇지만 특히 선매숭자 공사는 의미심장하여 단선적으로 파악하기 어렵다. 그러나 적어도 다음의 뜻은 분명한 듯 보인다. 선경세상을 세우는 당신의 일에는 반드시 수부가 필요하다고 했던 상제님은 그 일을 현실 속에서 완성하는 일꾼에 대해서도 섭리했다.

증산도 사상에서는 선을 성취하는 공부의 핵심이 주문 수행에 있으며 주문 가운데 특히 태을주가 강조된다. "태을주 공부는 신선神仙 공부니라." (『도전』 7:75:4) 수부님은 태을주를 "심령心靈과 혼백魂魄을 안정케 하여 성령을 접하게 하고 신도神道를 통하게 하며 천하창생을 건지는 주문"(『도전』 11:180:4)으로 밝히신다. 태을주는 "본심 닦는 주문"(『도전』 11:282:2)으로서 읽으면 마음이 깊어지고, 생명활동의 동력원인 기운을 받아 천지의 조화 성신과 감응하게 하여 인간을 선의 새 생명으로 살려내는 주문인 것이다.

증산 상제님이 완성하고 수부님이 보증한 태을주는 환인과 환웅이 참인 간인 선의 길로 베풀고, '웅녀'가 닦은 신교 수행의 계승이며 결실이다. "9천년의 한민족사에서 신교의 이러한 수행법을 이어받아 전 인류의 정신을 개벽시키고 도통의 길로 인도해 주는 신주神呪가 태을주太乙呪이다."[49]

---

49) 안경전 역주, 『환단고기』, 대전: 상생출판, 2016, p .933 주 6).

4 맺음말

가을을 맞아 인간으로 오신 상제께서 수부와의 합덕으로 하늘, 땅, 인간과 모든 것들이 조화를 이루고 그 안에서 제 모습 제 자리를 찾는 선경세상이 건립되도록 짜놓으셨다. 당신 또한 음양동덕으로 선천과 후천, 양과 음의 교역을 중매한 것이다. 상제님이 낳고 수부님이 기르고 가꾼 선의 세상이 이윽고 지상에 역사적으로 현실적으로 성취되도록 하는 일이 증산도 사상이 뿌리내리고 궁극적으로 지향하는 바다. 그것은 또한 한민족이 시원 이래 품어온 소망이기도 하다. 단군신화의 서사가 보여주는, 천지융합과 천지부모의 조화로 창조된 새로움은 한민족이 무궁한 역사와 더불어 간직할 선이었다. 그래서 증산도의 선은 다가오는 새로운 것이며 또한 가장 오래된 것이기도 하다. 또는 환인, 환웅, 단군 왕검의 가르침이 '씨앗'이라면 증산도의 선은 '열매'가 될 것이다. 그리고 그 결실을 거두는 일은 이제 치화의 일꾼들인 선매숭자의 손에 달렸을 것이다.

글의 첫머리에 소개한 교태전에는 못다 한 얘기가 있다. 교태전의 뒤뜰에는 '아미산峨嵋山'이라 불리는, 작은 언덕으로 이뤄진 정원이 있다. 이곳에 4개의 굴뚝이 있는데, 그 벽에는 덩굴무늬[唐草], 학鶴, 박쥐, 봉황鳳凰, 소나무, 매화, 국화, 불로초不老草, 바위, 새, 사슴 등의 무늬가 조화롭게 배치돼 있다. 소담하며 아름다운 아미산과 함께 그 여러 무늬들은 장수長壽와 평화, 조화를 상징할 것이다. 땅, 여성의 곤괘가 위에 있고 하늘, 남성의 건괘가 아래 있는 태괘에서 그 이름을 딴 교태전은 장수와 평화의 선仙을 상징하는 아미산으로 이어지고 있다.

하늘과 땅, 천부와 지모, 음과 양이 사귀고 통하는 조화, 그 우주의 혼례에 선仙으로 완성되는 태평함이 있다. 『도전』은 저 시원의 신화가 내보이고, 한겨레가 품어온 '인즉선'의 오랜 꿈이 마침내 상제님과 수부님이 합덕하는 주재 아래 새로운 천지 질서인 음도가 들어서면서 현실이 될 것이라고 약속하고 있다.

≡ 참고문헌 ≡

- 『규원사화揆園史話』
- 『삼성기三聖紀』
- 『삼일신고三一神誥』
- 『증산도 도전』
- 『태백일사太白逸史』
- 김경탁, 「한국원시종교사」 2, 『한국문화사대계』 6권, 서울: 고려대 민족문화연구소, 1995.
- 김상일, 오강남, 이성은 엮음, 『한사상의 이론과 실제』, 서울: 지식산업사, 1990.
- 김상일, '한국의 고대사상과 동학', 『동학학보』 제5호, 동학학회, 2003.
- 노종상, 『인류의 어머니, 수부 고판례』, 대전: 상생출판, 2013.
- 류동식, 『한국 무교의 역사와 구조』, 서울: 연세대학교출판부, 1981.
- 안경전 역주, 『환단고기』, 대전: 상생출판, 2016.
- 유철, 『어머니 하느님』, 대전: 상생출판, 2011.
- 윤석산 역주, 『초기동학의 역사 道源記書』, 서울: 신서원, 2001.
- 정호완, 『우리말로 본 단군신화』, 서울: 명문당, 1994.
- 정혜정, 『동학·천도교의 교육사상과 실천』, 서울: 혜안, 2004.
- 조여적, 이석호 역주, 『韓國奇人傳 靑鶴集』, 서울: 명문당, 2010.
- 최남선, 『단군론』, 서울: 경인문화사, 2013.
- 최남선, 『아시조선兒時朝鮮』, 경성: 동양서원, 1927.
- 허호익, 『단군신화와 기독교』, 서울: 대한기독교서회, 2003.
- 민영현, 「한국 선과 증산사상의 특징 및 그 도교성에 대해」, 『도교문화연구』 26집, 한국도교문화학회, 2007.
- 신은희, 「단군신화와 서양신화의 비교연구」, 『고조선단군학』 제4호, 고조선단군학회, 2001.
- 심상태, 「The Korean Understanding of God」, 『가톨릭신학과 사상』 통권

77호, 신학과사상사학회, 2016.

- 오지섭, 「창세신화를 통한 한국인의 하느님 이해」, 『종교신학연구』, 서강대학교 신학연구소, 1994.
- 유병덕, 「傳統思想과 韓國宗敎」, 『한국종교』 24권, 원광대학교 종교문제연구소, 1999.
- 유병덕, 「한밝사상의 본질과 전개」, 『한국종교』 제22집, 원광대학교 종교문제연구소, 1997.
- 이은봉, 「단군신화를 통해 본 天神의 구조」, 『단군신화연구』, 서울: 온누리, 1985.
- 이정배, 「개신교 신학의 토착화 시론」, 『신관의 토착화』, 서울: 한국천주교중앙협의회, 1995.
- 이찬구, 「삼일신고에서의 하늘과 하느님의 관계」, 『선도문화』 3권, 국제뇌교육종합대학원 국학연구원, 2007.
- 차주환, 「花郎道와 神仙思想」, 『신라문화』 10권 1호, 동국대학교 신라문화연구소, 1989.
- 최준식, 「한국의 종교적 입장에서 바라본 기독교 토착화 신학」, 『신학사상』 82권, 한국신학연구소, 1993.
- 허호익, 「한중일 신관 비교 하느님 신관과 한국 기독교」, 『단군학연구』 제13호, 고조선단군학회, 2005.
- 황경선, 「한국 고유의 선仙 사상과 증산도의 태일선太一仙」, 『한국의 신선사상』, 대전: 상생출판, 2022.

증산도 수부관과 여성주의

유 철

【 필자 약력 】

유 철

경북대학교 철학박사

경북대학교, 대구교육대학교, 대구한의과대학교에서 강의

상생문화연구소 연구실장

저서

『근본으로 돌아가라-원시반본, 보은, 해원, 상생』

『어머니 하느님』

『만사지』

『강증산의 생애와 사상』(공저)

『동학, 잃어버린 상제를 찾아서』(공저)

『보천교 다시보기』(공저)

『우주의 교향곡, 천부경』(공저)

『이땅에 온 상제, 강증산』(공저)

「칸트의 자아론」

「칸트의 관념론 논박」

「내감의 역설과 자아」

「철학적 인간학」

「현상체와 가상체」

「보천교 교리연구」

「칸트와 루소」(번역서)

1 들어가는 말

증산도 문화와 사상을 이야기 할 때 현재 우리 사회와 연계해서 매우 중요한 주제 중의 하나는 '여성'이다. 그 이유는 『증산도 도전』에 기록된 '남녀 동권'[1]이란 말 때문이기도 하고, 여성의 원과 한을 풀어주는 천지공사의 한 방향인 여성해원공사에서도 그러하다. 그러나 증산도 진리에서 여성이 중시되는 이유는 바로 선후천 우주론의 한 축인 '정음정양' 사상 때문이며, 이를 바탕으로 한 '수부관首婦觀' 때문이기도 하다. 이처럼 증산도 진리가 여성관의 입장에서 주목을 받는 이유는 이미 19세기에 여성의 고통과 원한을 주제로 했다는 것도 있지만, 역사 이래 주요 종교나, 성인, 현자들이 여성을 이야기하면서 존중과 경애를 보낸 적이 없었기 때문이다. 오히려 여성을 비하하거나 여성의 인격을 부정하는 경향이 더 강했다.[2] 그러나 증산도에서는 남성보다 여성의 지위를 더 강조하면서 그 종통의 대권을 여성에게 전하고 있어 그 진리가 새로울 뿐 아니라 기존의 사회문화적 관점에서는 충격적이기도 하다.[3] 이런 점에서 증산도 여성관과 기존 여성주의의 주장은 매우 밀접한 관련이 있다. 따라서 이에 대한 연구는 타당하며 필요한 일이다.

여성주의와 이에 근거한 여성해방운동은 이미 18세기부터 시작되어 현재까지 오래된 사회정치적 이슈로 이어져 왔다. 물론 이에 따라 억압의 기

---

1) 증산도 도전편찬위원회 편, 『증산도 도전』, 서울: 대원출판, 2003. 2편53장. 이하 『도전』으로 표기한다.
2) 예를 들어 기독교의 창세기에서 여성을 악의 근원으로 묘사한 것이나, 공자의 칠거지악, 이슬람의 일부다처제 등등.
3) 증산 상제는 1907년 수부공사를 통해 차경석의 이종사촌 누이인 고판례에게 종통을 전수하였다.

원과 현상을 되짚어 보고 그 근원을 밝히는 작업 역시 여러 가지 방법으로 진행되어 왔다. 여기서 필자는 그와 같은 또 하나의 이론적 해결책을 마련하고자 하는 것은 아니다. 오히려 여성주의 문화의 새로운 가능성을 보여주고자 하는데, 그것은 근대에 나타난 아주 새로운 관점에서 유래한다. 바로 증산도의 정음정양사상과 수부관이다. 이 두 주제는 동양의 음양론陰陽論과 밀접한 관련이 있으며, 나아가 우리가 살아가는 우주의 변화 질서를 근거로 하고 있다. 기존의 해결책과 다른 새로운 방향이고 논리이다.

여성주의적 문제를 평가하고 새로운 해답을 모색하는 이 글에서 가장 중요한 핵심 개념은 '수부首婦'이다. 생소하고 신비한 이 용어는 오직 증산도 문화에서만 볼 수 있으며, 증산도의 주요 교리의 하나이다. 수부를 모르면 증산도 문화를 이해했다고 할 수 없을뿐더러, 여성문제에 대한 새로운 방향을 놓치는 잘못된 결과를 낳는다.

'수부'란 무엇인가? 증산도 『도전』과 『증산도 기본교리』의 내용을 차례로 살펴보자.

동짓달 초사흗날에 상제님께서 대흥리 경석의 집에서 수부 책봉의 예식을 거행하실 때 고부인께 일러 말씀하시기를 "내가 너를 만나려고 15년 동안 정력을 들였나니 이로부터 천지대업을 네게 맡기리라." 하시고 경석의 집에 수부님의 처소를 정하시어 '수부소首婦所'라 하시니라. 상제님께서 항상 수부님의 등을 어루만지며 말씀하시기를 "너는 복동福童이라. 장차 천하 사람의 두목頭目이 되리니 속히 도통道通하리라." 하시고 "이후로는 지천태地天泰가 크다." 하시니라.(『도전』 11:5:1~5)

수부의 수首 자는 상제님의 상上 자와 대응이 되는 글자로서 '가장 높다.

더 이상이 없다'는 의미이고, 부婦 자는 하느님과 같은 격의 여자를 뜻한
다. 수부는 후천 오만년 새 역사를 낳아주신 모든 인간과 신명의 큰 어머
니 태모로서 상제님 아내의 공식 호칭이다.[4]

증산 상제는 종통대권을 고판례에게 맡기면서 수부라고 하였으며, 수부
는 천하 사람에서 가장 귀하고 높은 존재임을 밝히고 있다.『증산도 기본
교리』에서 이러한 증산 상제의 말씀에 기대어 수부는 단지 인간으로서 최
고의 여성을 뜻하는 것이 아니라 더 나아가 인간과 만물을 낳아주고 구원
하는 최상의 위격을 가진 여성 주체를 뜻한다. 즉 수부는 상제와 같은 격
으로서 인간과 신명을 구원하는 주체를 의미한다. '아버지 하느님'과 같은
격으로서 수부는 '어머니 하느님'이다. 이러한 어머니 하느님, 수부에 관한
정의는 다음의『도전』구절에서 확인할 수 있다.

> 상제님께서 천지공사를 통해 평천하를 이루시고 '수부 도수로 천하
> 만민을 살리는 종통대권을 나의 수부 너희들의 어머니에게 맡긴다.'
> 고 말씀하셨느니라.(『도전』11:346:6-7)

'나의 수부'란 말에서 수부는 곧 '상제님의 반려자'라는 것을 알 수 있으
며, 수부를 내세우는 이유는 '천하 만민을 살리기 위한' 것이며, 이는 수부
도수首婦度數[5]의 의미이다. 또한 '너희들의 어머니'라는 구절에서 수부는 곧
천지만물을 낳은 생명의 어머니로서 '태모'이며, 이는 수부가 곧 '어머니
하느님'이라는 것을 알 수 있다. 이 또한 부권의 상징인 기독교의 아버지
하나님과 대비되는 개념으로 부권과 동일한 모권의 상징인 수부와 '태모'

---

4) 증산도 본부 편집부,『증산도 기본교리 2』, 대원, 2007. p. 84.
5) 공사公事와 도수度數는 증산 상제의 천지공사와 관련된 개념이다. 공사는 후천선경을 열
고 천지만물을 새롭게 하는 우주 주재자로서 증산 상제의 모든 행위를 말하는 것이고, 도수
는 그러한 천지공사로 천지에 아로새겨진 변화 섭리이다.

는 증산도 여성관의 특징이기도 하다.

이 글에서는 증산도 모든 진리의 근원이 되는 우주론에서 정음정양의 의미와 수부관, 그리고 이 두 개념이 갖는 여성주의적 의의를 다루고자 한다.

2 남녀불평등의 기원과 여성주의의 현재

페미니즘feminism, 즉 여성주의에 대한 사전적 정의는 '여성의 사회적, 정치적, 법률적 권리를 확대해 나가야 한다는 경향이나 태도'이다. 그러므로 여성주의 운동은 성별로 인해 발생하는 정치, 경제, 사회, 문화적 차별을 없애고 남녀가 한 인격체로 동등한 권리를 보장받기위해 벌이는 사회운동이라고 할 수 있다. 여성주의 활동가들은 현실적으로 여성으로서 겪는 불평등이나 억압, 예를 들어 가정폭력, 임신 및 육아 휴가, 여성에 대한 임금과 승진의 차별, 성적 차별과 성폭력 등에 관심을 가졌다. 이는 주로 가부장적 가족제, 성적 편견, 성적 대상화와 억압 등과 연관된 문제들이다.

초기 여성주의 운동이 주로 여성의 교육권을 추구하는 것에서 시작되었지만 점차 정치적 권리와 사회적 지위, 문화적 주권 등으로 옮겨갔다. 19세기 들어서면서 여성이 불공평한 대우를 받고 있다는 자각이 널리 공유됨에 따라 여성주의는 조직적인 움직임으로 발전하였다. 이러한 여성운동은 사회개혁운동과 접목되면서 점점 보편적 사회운동으로 전개되었다. 샤를 푸리에Charls Fourier(1972~1837)는 1837년 '페미니즘'이라는 단어를 처음 사용하였다. 또 정치학자이자 철학자인 밀John Stuart Mill(1806~1973)은 자신의 저서 『여성의 종속』에서 "하나의 성이 다른 성에게 종속되는 것은 잘못이며...인류 발전에 큰 장애가 될 수 있다."고 기술하였다.

한국에서 여성주의가 유행하기 시작한 것은 1980년대 초이다. 서구보다 늦었지만 유교적 전통이 분명한 한국에서 여성운동의 시작은 많은 반발을 낳았다. 남녀평등이란 말이 회자되면서 희화화되기도 하였지만 그러한 사회운동이 점차 확대되면서 국내에서 여성의 권리가 개선된 것은 사실이다. 그러나 현재 여성주의는 오히려 남성혐오로까지 나아가 세대갈등보다 심각한 남녀갈등의 양상으로 전개되는 실정이기도 하다. 한국의 여러 사회적 지표에서 여성은 여전히 남성에 비해 그 비율이 낮다. 취업률, 임금, 노동시간, 승진 등에서 여성들은 스스로 불이익을 받는다고 믿는다. 이는 남성조차도 인정하고 있는 사실이다.

요즘 여성의 사회적 불이익을 나타내는 용어로 널리 알려진 '유리천장'[6]은 여성주의의 주장이 현재진행형임을 보여준다. 오래된 관습과 전통에 기반을 둔 이러한 불평등의 문제가 해결되는 것은 불가능한 것인가? 이에 대한 새로운 접근은 없는가?

여성과 남성은 인류라는 범주의 구성원이다. 엄밀히 말해서 그 구성원으로서 남녀는 동등한 인격과 지위를 가져야함이 당연하다. 생물학적 차이를 정치적 사회적 차별로 전환하면서 의도적으로 만들어진 남녀 불평등이지만, 원래의 남녀는 오히려 그 성적 차이로 인해 여성이 더 우월한 지위에 있어야 했다. 왜냐하면 모든 인간의 존재 근거는 여성이기 때문이다.

남성은 여성의 몸을 매개로 태어난다. 그리고 유아기에서 시작되는 삶과 행복의 근거는 부성이 아니라 모성에서 찾을 수 있다. 아이가 어머니 품속에 있는 최초의 그 몇 년이 사랑과 평화, 아름다움과 희망이 생겨나고 체화되는 바탕이다. 그럼에도 이러한 생명과 사랑이 생겨난 창조의 모태는 다시 여성이라는 이름으로 억압되기 시작한다. 모성의 사회적 위치와 가치는 사라지고 여성이라는 인간의 나머지 절반으로 평가절하 되면서 차별받기 시작한다.[7] 『성서』에서는 남성의 갈비뼈에서 여성이 생겨났음을 기

6) 유리천장琉璃天障(Glass ceiling)은 미국의 경제 전문 일간지인 월스트리트 저널에서 1970년대에 만든 조어로, '충분한 능력을 갖춘 사람이 직장 내 성차별이나 인종차별 등의 이유로 고위직을 맡지 못하는 상황'을 비유적으로 이르는 용어이다. 한국에서는 인종이나 집단의 문제보다는 여성의 사회적 불평등을 나타내는 용어로 주로 사용된다.
7) 모성의 가치는 사라지고 여성으로, 또 여성이기에 남성의 반대자로 평가되며, 남성을 위해 여성은 차별이 시작된다. 모성의 가치가 상실되는 바탕에는 부권의 강압과 폭력이 존재한다. 모권의 아름다움과 평화는 부권의 권위와 폭력의 지도하에 사라지고 왜곡된다. 이 부권의 기

록하며 남성의 종속물로 만들어 버렸고[8], 불교 경전은 여성이 남성이 아니라는 이유로 그 모든 종교적 가능성을 부정하였다.[9]

왜 인간의 역사가 이러한 여성 억압의 역사로 흘러왔을까? 그 바탕에는 남성이라는 비여성非女性의 우월적 지위가 있다. 남성 우월주의는 조작된 여성의 열등성을 딛고 서있다. 그 배경에는 '차이'가 자리하고 있다. 남성과 여성의 생물학적 차이는 양자에서 가장 분명하고 즉각적이며 본래적이다. 문제는 이러한 차이를 차별적 이데올로기로 왜곡 재생산한 남성의 억압과 폭력이다.

현재 여성의 지위가 최근 몇 세기 향상되고 대부분의 권리를 남성과 공유하는 시점에서 여성주의적 관점에서 여성의 문제를 언급하는 것이 의미가 있는가라고 되물을 수 있다. 정치적, 경제적, 사회적으로 여성은 남성과 동등한 역할과 능력을 발휘하고 있는 것으로 보이기 때문이다. 우먼파워에 남성들이 억압당하기도 한다는 반론이 제기되기도 한다. 그러나 이는 착시현상이며 부분적 현상이다. 여성이든 남성이든, 그 누군가가 남성과 대비해서 '여성'을 상상하면서 그의 머릿속에 상대적 불이익과 무의식적 편견이 동반되는 것은 어쩔 수 없다. 최근 남원의 한 금융기관에서 여직원에 대한 상사의 갑질과 성차별이 신고되어 세간에 화제를 낳았다. 이에 대한 기사는 다음과 같다.

원이 바로 뒤에서 살펴볼 음양 관계이다.

8) "내가 너에게 임신하는 고통을 크게 더할 것이니 네가 진통을 겪으며 자식을 낳을 것이요, 너는 남편을 사모하고 남편은 너를 다스릴 것이다."(「창세기」 3:16.) 「창세기」에서 하나님이 인간을 창조할 때 흙으로 아담을 만드신 후 그 갈비뼈를 뽑아 여자인 이브를 만들었다고 기록하고 있다. 선악과 사건의 주범은 바로 여자이며 이로써 인류의 원죄가 시작된 것이라고 하였다.

9) 붓다 시대부터 내려오고 있다는 여성차별사상은 비구니는 비구에게 무조건 공경해야 한다는 팔경법八敬法, 여성이 출가하면서 정법의 수명이 5백년 단축됐다는 정법감소설正法減少說, 여성은 성불할 수 없다는 여인불성불설女人不成佛說 등이 있다.

전북 남원의 한 새마을금고에서 여직원에게 밥 짓기 등 성차별적 갑질이 지속됐다는 주장이 제기됐다. 지난 24일 직장갑질119 등에 따르면 2020년 8월 남원의 한 새마을금고에 입사한 A씨는 출근하자마자 업무와 무관한 밥 짓기, 설거지하기, 빨래하기 등의 지시사항을 받았다. 이에 A씨는 창구 업무를 하다가 오전 11시가 되면 밥을 지어야 했다. 또한 지점장으로부터 밥이 되거나 질다는 등 밥 상태에 대한 평가도 받아야 했다고 주장했다. A씨가 이의를 제기하자 담당 과장은 '시골이니까 네가 이해해야 한다.', '지금껏 다 해왔는데 왜 너만 유난을 떠냐.'는 답변을 받았다.[10]

21세기 대한민국에서 여전히 뿌리 깊은 성차별이 진행 중이라는 매우 평범한 한 예이다. 이것은 문제이다. 그저 일상적인, 일부러 문제를 제기하지 않으면 지나갈 한 개인의 애처로운 에피소드이지만 그 내면에는 생활 밀착형의 여성 불평등 혹은 여성에 대한 편견이 숨어있다. 그 불평등을 관념에서부터, 아니 무의식에서부터 극복할 때 사회는 건전한 남녀공동사회가 될 것이다.

가정의 화평과 행복은 남편과 아내의 사랑과 평화, 가족 구성원 간의 평등한 조화에서 나온다. 이와 마찬가지로 사회의 평화와 행복은 사회를 구성하는 두 주체인 남성과 여성의 화해와 조화에서 나온다. 불행하게도 이런 간단한 진리가 오랫동안 부정되었다. 우리 역사는 그 두 주체 중 하나

---

10) 출처 : 시사매거진(https://www.sisamagazine.co.kr) 8.25일자 기사. 이 외에도 일상화된 예들은 많다. 요즘 만화영화인 '안녕 자두야'가 인기라고 한다. 그 내용은 평범한 자두네 가족 이야기인데 그 속에는 부지불식간에 주인공인 자두를 중심으로 성차별적 대사나 에피소드가 들어있다. 예를 들어 막내아들과의 비교와 차별 등이 그렇다. 이 에니메이션을 본 한 여성은 "자두 너무 불쌍해. 맨날 막내 남자애는 애기애기 거리면서 챙겨서 처음에 막내 이름 없는 줄 알았음. 둘째는 예쁘다고 챙기고..."라고 감상평을 남겼다. https://cafe.daum.net/weareshower/ZEn4/118750?q= 다음 카페, '우리 동네 목욕탕'에서 인용.

인 아내와 여성을 남편과 남성의 권위와 폭력으로 억압하고 착취해왔다.

선천은 억음존양抑陰尊陽의 세상이라. 여자의 원한이 천지에 가득 차
서 천지운로를 가로막고 그 화액이 장차 터져 나와 마침내 인간 세상
을 멸망하게 하느니라.(2:52:1-2)[11]

증산 상제는 현재 우리 사회가 남성을 높이고 여성을 낮추는 억음존양
의 세상이라고 하였다. 왜 여성의 문제, 여성주의에 대한 관심이 필요한지
에 대해 이보다 더 분명한 표현은 없을 것이다. 인류 사회에서 지금 무엇
보다 필요한 것은 수천 년 동안 쌓인 여성의 억울함과 원한을 풀어주는
것이다.

남성과 여성의 문제는 인간의 문제를 넘어서 자연의 본성에 대한 자각
에서 풀어야 함을 지적하는 것은 정당하다. 존재하는 순간부터 남성과 여
성은 인간으로서 동등하며 무차별적이다. 그렇기 때문에 그들이 자연 속
에서 태어나고 살아가는 목적은 자연과의 조화와 남녀 간의 조화로 성취
되어야 한다. 이것이 남성과 여성이 자연의 일부로 서로 간에 억압과 착취
없이 살아가는 방법이다. 그러나 인간은 자연을 수탈하고, 남성은 여성을
억압했다. 인간의 반자연적 문명사가 시작된 것이다. 그러면 자연의 순리
를 거스르는 불평등과 부조화의 근원은 어디에서 유래하는 것인가?

사회학적, 역사학적 관점에서 볼 때 여성 억압의 역사가 노예제 이전부
터 존재했고, 그 원인이 생물학적 차이에 근거한 차별이었음은 대부분 동
의한다. 최초의 분업은 남녀의 생물학적 조건에 의해서 이루어졌다. 여성
이 출산과 양육, 그리고 채집 활동을 했다면 남성은 영역 확보와 전투, 그

---

11) 『증산도 도전』(증산도 도전편찬위원회 편, 서울: 대원출판, 2003.) 인용표기 방식은 편:
장: 절로 한다.

리고 사냥 활동을 했다. 이러한 생물학적 차이에 기초한 분업은 자연스럽고 평등했다. 성차에 의한 분업에서 출산과 양육이라는 비생산적 영역과 힘과 도구를 소유하여 사냥과 농업의 적극적 생산활동을 통한 잉여생산은 사회적 권력의 방향을 결정했다. 남성은 생산력과 생산물을 소유하고, 이를 매개로 남녀 간의 권력관계를 규정했다. 남성은 갑의 위치에 서서 소비와 분배의 권한을 가졌고, 이러한 상황은 비생산적 노동의 주체인 여성을 종속하고 착취하는 근거로 작용하였다.

남성이 생산 수단을 독점하고 경제권을 가지게 되자, 여성은 경제적으로 남성에 의지하고 심리적으로 종속하게 된다. 이후 남성은 여성을 도구화하고, 여성의 여성성을 부정하고 왜곡하면서 남녀 차별적 이데올로기를 생산한다. 수천 년간 지속된 여성의 소외와 종속으로 인해, 이제 사회화의 과정에서 잘못 만들어진 여성성女性性이 당연시 되고, 여성 스스로도 이러한 관념에 익숙해지게 되었다. 결국 여성은 정치·경제·종교·문화·교육에서 소외되고 억압되며, 수탈과 착취의 대상으로 전락한다. 이렇게 자연스러운 차이가 비자연적이고 폭력적인 억압의 기원이 된 것이다. 그리고 그러한 억압과 종속의 역사는 오늘날까지 지속되었고 여성 운동의 발단이 되었다.[12]

만일 그렇다면 그 해결 방안은 무엇인가? 인간의 초기 역사에서부터 발생한 여성 억압이 차이에 근거한 차별이었다면 그 차이의 문제를 해체하고 남성과 여성이 자연적 존재로 돌아가 그 차별의 이데올로기를 부정 타파하는 것이다. 필자가 여기서 증산도의 수부관과 정음정양의 우주론을 살펴보는 이유도 여기에 있다. 즉 남성과 여성의 관계가 우주를 구성하는

---

12) 단순하게 묘사했지만 여성주의 사회학이 그 근거로 삼는 여성 억압에 대한 명료한 진단이 아닐 수 없다. 여성운동은 여성의 억압에 대한 여성의 자각에서 시작된 것이지 남성들의 반성에서 시작된 것이 아니다. 오히려 남성은 여성의 자각을 저지하고 방해하고 또다시 억압했다. 이러한 과정은 지금도 진행되고 있다고 판단된다.

음양의 논리로 해석되고, 그럼으로써 우주 내적 존재로서 양자가 서로 다른 '차이'를 갖고 있음을 자연스러운 사실로 인정하는 것, 그러나 그 차이로 상대를 차별하는 것이 아니라 그 차이가 서로 자연적 '조화'의 관계로 회복되는 모티브를 찾고자 하는 것이다.

필자는 여성 억압 이데올로기의 바탕에 동서양의 음양 논리가 숨어있음을 밝히고 그 해결 방안을 역사적이고 이념적인 차원을 넘어서 음양의 균형, 즉 정음정양이라는 우주론적 차원에서 찾아야 한다는 점을 확인해볼 것이다. 존재하는 모든 것은 우주의 원리와 법칙에서 벗어날 수 없다. 역사와 철학과 종교는 인간의 문제이지만 그 이면에 우주론적 배경을 배제한다면 그 기원과 전개가 정확히 이해되기 어렵다. 여성주의와 남녀평등의 문제도 마찬가지다. 필자는 인류 역사와 함께 시작된 이러한 남성과 여성의 비극적 관계를 새로운 시각에서 풀어보고자 한다. 그 과정에서 증산도 정음정양 우주론과 수부관은 여성주의 문제를 풀어낼 수 있는 중요한 단서를 제공할 것이다.

3 증산도 우주론과 여성주의

천존지비天尊地卑와 남존여비男尊女卑는 어떤 관계가 있을까? 천존지비는 하늘과 땅이라는 자연에 대한 관념적 설정이며, 남존여비는 이를 남녀 간의 관계로 유비한 용어이다. 동양의 인간관, 도덕관, 남녀관은 자연을 인간 사회의 질서에 차용하여 형성되었다. 따라서 남녀 간의 불평등 관계를 단순히 사회문화적 차원에서 해석하는 것은 한계가 있다는 것이다. 인간은 우주 내 존재로 우주의 질서 속에서 살아가며, 그 질서에 영향을 받을 수밖에 없다. 인간과 우주의 관계에 대한 상관성을 음양논리陰陽論理를 중심으로 살펴보는 것은 남녀 간의 문제를 새롭게 고찰하는 계기가 될 것이다. 특히 우주를 고찰하는 철학적 관점인 음양논리는 여성억압의 토대가 되었기에 이에 대한 접근은 반드시 필요하다.

1) 음양논리로 본 남녀관계

음陰과 양陽은 원래 자연에서 드러나는 가장 분명한 두 대립적 측면을 나누어 부르던 말이었다. 예를 들어 음지陰地와 양지陽地의 두 특성과 함께, 어두움과 밝음, 차가움과 따스함, 부드러움과 딱딱함 등 모든 존재의 대립된 성향을 상징하는 기본 개념이 바로 음양이다.

음陰은 어둡다는 의미이다. 강의 남쪽, 산의 북쪽을 가리킨다...양은 높고 밝다는 의미이다.[13]

----

13) 양계초 저, 김홍경 편역, 『음양오행설의 연구』, 서울: 신지서원, 1993, p. 29-30.

　이처럼 음양의 구분은 처음에는 밝음과 어두움의 두 측면을 구분하는 개념으로 사용되었다. 은주殷周 시대 이전의 이른바 음양이라는 것은 자연계 속의 일반적인 미세한 현상에 불과하였으며, 어떤 심오한 의미를 담고 있는 것은 결코 아니었다. 그러다가 이 양자가 합해져서 '음양'이란 개념으로 사용된 것은 그 후의 일이다. "음양이 서로 연속된 하나의 명사가 되고 무형무상無形無象한 두 가지 대대對對적인 성질을 가리키게 된 것은 대체로 공자 혹은 노자부터 시작되었다."[14] 음양 개념의 철학적 규정이 시작된 것은 약 2,500년 전의 일이었다. 그 이후 지금에 와서 음양은 중국 철학뿐 아니라 동서양의 가장 기본적이고 중요한 개념이 되었다.[15] 양계초도 인정하듯이 이러한(음양과 오행) 이상야릇한 체계는 마침내 이천년 동안 모든 사람들의 심리에 뿌리내렸고, 모든 사람의 일을 지배하였다.

　음양은 상대적 개념이다. 밝음과 어두움은 절대개념이 아니다. 따뜻함과 차가움 역시 그렇다. 밝음이 점차 줄어들면 어두움이 되는 것이고 그 반대도 마찬가지다. 이처럼 음과 양은 상호 간에 하나의 존재가 상대의 존재를 전제하고 있음을 상징한다. 이것은 존재의 법칙이자 변화의 법칙이라고 할 수 있다. 모든 존재는 상대적이며, 상호 의존하는 관계에 있고, 그럴 때만 생성이 가능하다. 고전古典에서 "홀로 있는 음과 홀로 있는 양은 어떠한 것도 생성시키지 못한다."[16]라고 한 것은 이를 의미한다.

　동양적 사유의 특징은 이러한 음양 원리가 단지 우주와 만물에만 적용되는 것이 아니라 인간과 사회에도 동일하게 적용된다는 것에서 찾을 수 있다. 동중서는 "하늘-대지 운행의 규칙은 음이 한번 주도하고 양이 한번

---

14) 양계초, 같은 책, p. 30-31.
15) 음양개념은, 혹은 음양적 사상의 적용은 동서 모두에서 철학뿐 아니라 사회학, 예술, 자연과학에까지 이제 가장 보편적 범주가 되었다. 전산의 가장 기본 단위는 0과 1 즉 음양이며, 사회학의 이분법적 도식은 음양적 구분과 일치한다.
16) "獨陰不生, 獨陽不生"(『春秋穀梁傳』)

주도하는 것이다."[17]라고 말한다. 그리고 그는 이러한 음양 관계는 인간 사회에도 그대로 영향을 미쳐서 "성스러운 사람(성인)의 통치도 이러한 규칙에 의거해서 추진된다."[18]고 말한다.

음과 양에 대한 이러한 생각은 잘 알려진 내용이다. 그러나 이러한 학설을 떠나서 음과 양이 상징하는 대상은 음과 양을 구분하면서부터 정해진 것이다. 일단 하늘을 양이라고 하고, 땅을 음이라 하는 것에서 양과 음은 그 성격이 분명히 서로 다른 것으로 구분된다. 특히 『주역』「계사전」에 나오는 "천존지비天尊地卑"나 동중서의 『춘추번로』에서 말하는 "양존음비陽尊陰卑"가 그러하다. 특히 동중서는 양은 남성을, 음은 여성을 상징한다고 한다. 이러한 음양 사상은 곧 "남존여비男尊女卑" 사상의 토대가 된다. 즉 자연철학적 원리인 음양이 남녀의 구분과 관계를 규정하는 바탕이 되었다는 것이다. 그 배경에는 다양한 음양 사상이 존재한다.

처음에 음양의 구분은 서로 대립하기 위해서가 아니라 상호 작용을 설명하기 위해서였다. 즉 음양은 우주와 인간을 구성하는 상호보완의 요소라는 것이다. 그래서 『주역』에서 말하는 바와 같이 "한 번 음하고, 한 번 양하는 것이 바로 만물의 법칙"이며,[19] 동중서 또한 "양은 음을 아우르고, 음은 양을 아우른다."[20]고 말한다. 이후 음양론이 지배자의 권력을 정당화하고, 남성 우월주의를 정당화하는 논리로 전개되었지만 처음 음양 사상의 출현은 오히려 조화와 상생을 의미하는 것이었다. 따라서 음양론에 대한 새로운 시각이 필요하다.

---

17) 동중서, 같은 책, p. 605.
18) 동중서, 같은 책, p. 606.
19) 『주역』,「계사전」, 一陰一陽之謂道.
20) 동중서, 같은 책, p. 629.

2) 증산도 선후천 우주론과 음양질서

음과 양의 작용으로 만물이 생성·변화하는 것이지만 문제는 그 두 요소가 어떻게 작용하는가에 따라서 변화의 질은 달라진다. 즉 음양이 인간의 삶에 영향을 미칠 수 있다는 것이다. "따사로운 날과 차가운 날 중 어느쪽이 더 많은지를 살피지 않으면 반드시 하늘과 서로 어긋난다. 하늘과 어긋나게 되면 비록 우리가 고생한다고 하더라도 성취를 거두지 못한다."[21]는 동중서의 말은 이를 지적한 것이다. 이러한 생각은 매우 중요한데, 왜냐하면 음양이 만물의 근원이면서, 그 음양의 작용이 곧 인간과 사회의 변화조차 좌우할 수 있기 때문이다. 물론 이러한 생각은 당연한 논리적 귀결이다. 인간도 만물의 일종이므로 만물의 근원인 음양의 변화는 인간의 삶에 필연적인 영향을 미친다. 천지음양의 균형과 인사人事가 서로 연관되어 있다는 것을 동양사상에서는 '천인상응天人相應'이라고 한다. 천지 음양의 양적量的 상호 관계에 있어서 균형과 불균형이 인간의 삶에 어떤 식으로든 반드시 영향을 미친다는 것이다.

증산도 우주론에서 음양의 양적 균형 관계는 크게 두 가지로 구분할 수 있다. 편음편양偏陰偏陽과 정음정양正陰正陽이 그것이다. 편음편양은 음과 양의 균형이 어느 한쪽으로 치우친 상태를 말하고, 정음정양은 음양이 동등하게 상호 조화를 이룬 상태를 말한다.[22] 이 중 편음편양에는 양이 강하고 음이 약한 관계인 삼양이음三陽二陰, 혹은 삼천양지三天兩地의 관계가 있는데 이를 인간관계, 남녀관계에 적용하면 억음존양抑陰尊陽이라고 부를 수 있다. 이와 반대로 음이 강하고 양이 약한 삼음이양, 혹은 삼지양천 관계가

---

21) 동중서, 같은 책, p. 623.
22) 편음편양과 정음정양은 증산도 사상의 주요 술어이다. 동중서 이래 음양의 조화와 인간의 관계를 다룬 이래 증산도에서는 그 상관적 관계를 음양의 양적 비율을 토대로 설명하고 이를 우주 변화 원리로 설명하고 있다.

있는데 이는 억양존음이라고 할 수 있다. 그 어느 쪽이든 음양의 부조화는 인간 삶의 부조화를 초래한다.[23]

증산도 우주론의 특징은 우주의 변화가 1년 단위로 순환한다는 것이다. 우주 1년은 지구 1년과 마찬가지로 봄, 여름, 가을, 겨울의 4계절로 순환한다. 이중 봄, 여름을 선천先天이라고 하고, 가을 겨울을 후천後天이라고 부른다. 크게 보면 우주 1년은 선천과 후천 두 주기로 순환하는 것이다.

봄, 여름에 해당하는 선천은 양의 시대로 만물이 생겨나고 자라는 시기인 반면, 가을 겨울에 해당하는 후천은 음의 시대로 만물이 열매 맺고 휴식하는 시기이다. 이처럼 선천과 후천은 각 시기를 이끄는 음양의 질서가 서로 다르며, 그 다른 음양의 질서로 인해 상극과 상생이라는 서로 다른 변화이치가 만물을 다스리게 된다. 즉 선천은 양의 시대로 만물이 상극의 이치에 따라 서로 경쟁하면서 자라는 시기이고, 후천은 음의 시대로 만물이 상생의 이치에 따라 서로 조화를 이루면서 통일되는 시기이다. 상극과 상생은 만물을 낳고 기르고 열매 맺게 하는 근원적인 이치이며 힘이지만 인간 역사에 적용되면 서로 대립투쟁하는 힘과 평화와 통일을 이루는 힘으로 작용한다. 선후천의 음양 질서와 이에 바탕한 인간 삶의 현실을 증산 상제는 다음과 같이 말씀하였다.[24]

선천은 억음존양抑陰尊陽의 세상이라. 여자의 원한이 천지에 가득 차서 천지운로를 가로막고 그 화액이 장차 터져 나와 마침내 인간 세상

....
23) 이러한 우주원리는 김일부의 『정역』에 잘 담겨져 있다. 『정역』의 주요 사상이 선후천론이며, 선후천의 순환은 바로 금화교역으로 상징된다. 김일부는 『정역』에서 "선천先天은 삼천양지이며, 후천後天은 삼지양천이다."라고 하였다.
24) 후천 상생의 세상에 대해서는 "선천에는 위무威武로써 승부를 삼아 부귀와 영화를 이 길에서 구하였나니, 이것이 곧 상극의 유전이라. 내가 이제 후천을 개벽하고 상생의 운을 열어 선善으로 살아가는 세상을 만들리라."(『도전』 2:18:2~3)라고 하였다.

을 멸망하게 하느니라.(『도전』2:52:12)

증산 상제의 이 말씀에서 '억음존양'이란 선천의 특징으로 양이 위주가 되는 삼양이음을 말하는 것이면서, 그 음양질서로 인해 음으로서 상징되는 여성이 억압당하는 현실을 나타내는 것이다. 이러한 선천의 음양 불균형은 선천을 상극의 세상으로 만드는 근본적인 원인이기도 하다.

선천은 상극相克의 운運이라. 상극의 이치가 인간과 만물을 맡아 하늘과 땅에 전란戰亂이 그칠 새 없었나니 그리하여 천하를 원한으로 가득 채우므로 이제 이 상극의 운을 끝맺으려 하매 큰 화액禍厄이 함께 일어나서 인간 세상이 멸망당하게 되었느니라. 상극의 원한이 폭발하면 우주가 무너져 내리느니라.(『도전』2:17:1~5)

선천 상극의 운은 음양이 서로 부조화하여 양이 더 큰 작용을 하기에 우주 전체가 성장과 발전을 위한 경쟁과 대립의 질서, 곧 상극의 질서를 바탕으로 전개되어 나간다. 선천의 과학과 문명의 분열과 진보는 모두 상극의 결과이다. 이것이 선천문명의 특징이다. 반면 상극의 운이 인간과 역사에 적용될 경우 대립을 통한 성장의 이면에 투쟁과 억압의 반작용이 생겨나게 된다. 그 상극의 운에서 남녀는 서로 갈등대립하면서 투쟁하고, 양인 남성이 음인 여성을 억압하는 원한의 역사가 전개되는 것이다.

3) 정음정양과 여성주의

증산도에서 여성에 대한 관점은 특별하다. 일반적으로 종교가 갖는 여성관, 나아가 정치, 문화, 사회적인 여성관과는 다르다. 증산도는 여성의 억압과 이로 인한 여성의 원과 한, 여성 해원에 대해 강조한다. 이는 기존의 억음존양, 남존여비의 전통적 남녀관과는 상반된다. 이를 나타내는 가장 대표적인 증산 상제의 말씀이 바로 "남녀동권"[25](『도전』 2:52:2)이다. 남녀동권이란 남성과 여성이 동등한 권리를 갖는다는 뜻이다. 그리고 그 남녀동권 사상은 남성과 여성의 관계를 억압과 복종에서 상생과 조화의 관계로 새롭게 규정하는, 즉 여성주의를 지향하는 사상이다. 이러한 남녀동권 사상의 근저에는 정음정양이라는 우주론적 음양 관계가 깔려있다.

> 여자가 천하사를 하려고 염주를 딱딱거리는 소리가 구천에 사무쳤나니 이는 장차 여자의 천지를 만들려 함이로다. 그러나 그렇게까지는 되지 못할 것이요, 남녀동권 시대가 되게 하리라. 사람을 쓸 때에는 남녀 구별 없이 쓰리라. 앞 세상에는 남녀가 모두 대장부大丈夫요, 대장부大丈婦이니라.(『도전』 2:53:1~4)

증산 상제의 말씀은 현대 여성주의 운동의 핵심을 밝혀주고 있다. 이제 여성은 사회적, 정치적, 경제적으로 남성과 동등한 위치에서 동등한 권리를 갖고자 한다. "남녀구별 없이 쓴다."는 말은 지금까지 있어온 정치, 제도, 경제, 교육에 있어서 남녀 간의 모든 차별을 없앨 것이라는 획기적인 선언이 아닐 수 없다. 이러한 남녀동권사상의 근저에 자리하고 있는 음양질서가 바로 정음정양이다.

우주변화의 원리를 음양오행을 중심으로 풀이한 한동석 선생은 우주 변화 속에서 음양의 가장 균형 잡힌 상태에 대해서 다음과 같이 말한다.

---

25) 남녀동권과 남녀평등은 유사한 표현이다. 남녀평등이 남녀간의 인격적 동등함을 강조하는 것이라면 남녀동권은 인격적 동등함을 넘어 권리가 동등함을 강조한 말이다. 즉 남녀동권은 남녀가 인격적으로 평등할 뿐만 아니라 역할과 권리에 있어서도 동등해야함을 강조하는 말이다.

'선천 말 후천 초 지축도'와 같이 축미진술丑未辰戌이 사정위四正位를 이룬다고 한다면(곧 지축이 바로 선 상태라면) 인묘진사오미寅卯辰巳午未의 6 방위에서는 양기陽氣를 받게 되고, 신유술해자축申酉戌亥子丑의 6방위에서는 음기陰氣를 받게 되는 것인 즉 이때에는 음과 양을 각각 절반씩 받게 되는 것이다. 그러므로 이때는 우주가 가장 정상 운동을 하는 때가 된다. 그러므로 일부는 이것을 가리켜서 '호호무량好好無量'이라고 하였거니와 사실상 이 때부터가 후천이 시작되는 때이므로...[26]

생소하고 어려운 말이지만 우주의 음양 관계를 설명한 말이다. 음과 양이 같은 정도의 역할을 하는 때는 선천과 후천이 바뀌는 그 시점(선천 상극의 질서에서 후천 상생의 질서로 들어가는 시점)이다. 이처럼 음양이 상호 조화를 이루어 우주가 가장 이상적인 운동을 하는 것에 대해 정역正易으로 선후천의 올바른 변화원리를 창안한 김일부 선생은 너무나 좋은 상태('호호무량好好無量')이라고 하였고, 한동석 선생은 그 때가 바로 '후천이 시작되는 때'라고 말한다. 증산도에서는 이러한 우주 상태를 '정음정양'이라고 말한다.

상제님께서 선천 억음존양의 건곤을 바로잡아 음양동덕陰陽同德의 후천세계를 개벽하시니라.(『도전』 6:2:1)

'억음존양의 건곤'이란 양이 음보다 강한 천지의 질서를 말하는 것으로 삼양이음三陽二陰의 상태를 말한다. 이와 반대되는 음양 상태는 삼음이양三陰二陽이 아니라 음양동덕陰陽同德이다. 음덕과 양덕이 상호 동일한 상태로 음양동덕의 후천세계는 음양이 조화를 이룬 상태로 정음정양의 상태를 말한다.[27]

---

26) 한동석, 같은 책, p. 396-7. (괄호 필자첨가)
27) 증산 상제는 호연과의 대화에서 "그려, 이를테면 해는 머슴애고 달은 계집애인데 내가 바

남녀동권 사상을 음양론에 기초하여 새롭게 인식하기 위한 전제는 선후천 변화를 담지하고 있는 우주 1년과 상극-상생의 원리에 대한 이해이다. 왜냐하면 우주는 곧 음양의 운동이며, 음양의 운동은 인간의 삶에 직접적인 영향을 미치고 있기 때문이다. 음양의 균형과 불균형은 모든 사물과 사건의 상관관계를 규정하며, 나아가 이 글의 주제가 되는 남녀의 상호 관계에 대해서도 영향을 준다. 앞에서 말한 바와 같이 선천은 억음존양의 음양관계이고 후천은 정음정양의 음양관계라면, 이러한 우주의 음양질서는 불가피한 자연의 음양질서이다. 이러한 음양 관계로 인해 선천과 후천의 변화이치 역시 달라지게 된다.

> 나의 도는 상생相生의 대도이니라. 선천에는 위무威武로써 승부를 삼아 부귀와 영화를 이 길에서 구하였나니, 이것이 곧 상극의 유전이라. 내가 이제 후천을 개벽하고 상생의 운을 열어 선善으로 살아가는 세상을 만들리라.(『도전』 2:18:1~3)

선천 상극과 후천 산생의 도에 대한 증산 상제의 명확한 말씀이다. 증산도 우주론에서는 상생의 바탕이 되는 후천의 음양 상태를 특별히 지칭하여 '정음정양'이라고 부른다. 이는 음양이 어느 한쪽으로 치우치지 않는 불편부당不偏不黨한 상태, 즉 상호 조화를 이룬 상태이다. 이 정음정양의 상태는 문명과 역사에 있어 갈등과 대립을 화합과 조화로 만드는 기틀이 된다. 이처럼 우주론적 음양이론을 바탕으로 한 여성 문제를 다룸에 있어서 남녀평등, 남녀동권은 정음정양에 대한 이해 없이 설명하기 힘들다.

꿔 났다. 그러니 달이 남자고 해가 여자란다."(『도전』 4:81:8)라고 하였다. 이는 선천 음양의 질서가 바뀌어 새로운 음양상태, 즉 정음정양의 상태가 된다는 것을 말함이다.

이때는 해원시대라. 몇 천 년 동안 깊이깊이 갇혀 남자의 완롱玩弄거리와 사역使役거리에 지나지 못하던 여자의 원寃을 풀어 정음정양正陰正陽으로 건곤乾坤을 짓게 하려니와...(『도전』 4:59:1~2)

정음정양은 음양이 조화로운 상태이면서, 지난 역사에서 억압과 고통 속에 원한이 맺힌 여성의 병을 치유하고 남성과 여성이 서로 조화를 이루는 상태이다.

이렇게 본다면 정음정양은 두 가지 의미를 갖는다. 첫째는 우주의 음양 조화 상태를 말한다. 둘째는 약자와 강자의 구분이 없는 조화로운 상태를 말한다. 전자는 우주론적 음양 관계라고 한다면 후자는 사회질서로서 음양관계이다. 특히 인간의 관점에서 정음정양은 남녀가 서로 조화를 이루고 살아가는 상태, 남녀가 동등한 권리를 향유하는 상태를 말한다. 지금까지 살펴본 바에 의하면 전자는 후자가 가능하기 위한 바탕이다.

나아가 증산도 정음정양은 개벽 사상과 밀접한 관련이 있다. 선천에서 후천으로의 시간적 이행은 우주 1년의 시간대에서 필연적인 과정이다. 우주는 봄, 여름, 가을, 겨울의 사계절로 순환하는데 봄여름의 선천이 끝나면 가을의 시간대로 접어들게 되며, 이 가을의 시간대는 바로 음양이 상호 균형을 이루는 정음정양의 시대이다. 증산 상제는 여름과 가을의 이러한 변화를 후천개벽이라고 하였다. 그리고 지금 우리가 살아가는 이 시대가 바로 가을로 넘어가는 여름과 가을의 전환기, 즉 하추교역기夏秋交易期이다.

현하의 천지대세가 선천은 운運을 다하고 후천의 운이 닥쳐오므로 내가 새 하늘을 개벽하고 인물을 개조하여 선경세계를 이루리니 이때는 모름지기 새판이 열리는 시대니라. 이제 천지의 가을운수를 맞아 생명의 문을 다시 짓고 천지의 기틀을 근원으로 되돌려 만방萬方

에 새 기운을 돌리니 이것이 바로 천지공사니라.(『도전』 3:11:3-4)

후천개벽은 음양이 상호 조화로운 상태가 되는 것을 말하며, 따라서 우주는 상극의 상태를 벗어나 상생이 만물변화의 원동력이 된다는 것을 의미한다. 즉 정음정양의 우주는 곧 상생의 우주를 의미하는데 이는 단지 우주의 음양운동이 조화를 이루는 것을 넘어서 우주 안의 만물이 음양의 상호 조화와 균형을 이룬다는 것을 의미한다. 비로소 남녀의 평등과 동권이 현실화 될 수 있는 바탕이 마련된 것이다.

> 선천은 천지비天地否요, 후천은 지천태地天泰니라. 선천에는 하늘만 높이고 땅은 높이지 않았으니 이는 지덕地德이 큰 것을 모름이라. 이 뒤에는 하늘과 땅을 일체로 받드는 것이 옳으니라.(『도전』 2:51:1~3)[28]

『주역』의 천지비괘와 지천태괘는 서로 상징하는 바가 반대이다. 천지비는 선천의 음양관계를 나타내고 지천태는 후천의 음양관계를 나타낸다. 선천을 상징하는 천지비天地否괘는 양의 괘인 건이 위에 있고 음의 괘인 곤이 아래에 있어 음양이 서로 불통하고 조화가 이루어지지 않는 상이다. 이는 후천을 상징하는 지천태괘地天泰卦와는 반대이다. 지천태괘는 음의 괘인 곤이 위에 있고 양의 괘인 건이 아래에 있는 괘상卦象이다. 따라서 아래로 향하는 음과 위로 향하는 양이 서로 결합하고 조화를 이루게 되는 형상이

---

28) 지천태와 천지비는 각각 『주역』의 11번째 12번째 괘이다. 『정역』 「십오일언十五一言」의 "화옹친시감화사化翁親視監化事"에는 금화교역을 통해 지천태地天泰의 세상이 오면 천간지지 체계의 근본이 바뀌어 묘월 세수의 결과를 가져 온다는 시를 읊은 내용이 있다.
"嗚呼라 金火正易하니 否往泰來로다.(아아! 금화가 천지비의 세상은 가고 지천태의 세상이 오는구나.)
嗚呼라 己位親政하니 戊位尊空이로다.(아아! 기위가 친히 정사하니 무위는 존공되는구나.)"

다. 지천태괘가 후천을 상징한다는 것은 남녀가 서로 화합하고 조화를 이룬다는 것을 말한다. 인용문에서 지덕이 크다는 것은 음이 지닌 고유의 역할을 인정한다는 것이며, 하늘과 땅을 일체로 받드는 것은 곧 후천이 정음정양의 세상이 되는 것을 말한다. 이는 남녀가 똑같이 존중받는 세상이 되는 것을 함축한다. 이는 다음의 구절에서 더 명확해진다.

> 예전에는 억음존양이 되면서도 항언에 '음양陰陽'이라 하여 양보다 음을 먼저 이르니 어찌 기이한 일이 아니리오. 이 뒤로는 '음양'그대로 사실을 바로 꾸미리라.(『도전』 2:52:4~5)

일반적으로 음과 양을 합쳐 명명할 때 '음양'이라고 하지 '양음'이라고 하지는 않는다. 즉 음을 앞에 둔다. 그럼에도 선천의 음양 관계는 양이 더 우위에 있음에도 음을 앞세워 '음양'이라고 불렀다는 것이고 이제 후천이 되어서 음과 양이 서로 균형을 이루게 되므로 음을 앞에 둔 그대로 '음양'이라는 표현대로 남녀관계를 바로잡는다는 말씀이다.[29]

증산도의 여성관은 "여자가 천하사를 하려고 염주를 딱딱거리는 소리가 구천에 사무쳤나니 이는 장차 여자의 천지를 만들려 함이로다. 그러나 그렇게까지는 되지 못할 것이요, 남녀동권 시대가 되게 하리라."(2:53:1~2)는 말에서 잘 드러난다. 정음정양은 남녀동권의 존재근거이며, 남녀동권은 정음정양의 인식근거이다. 이 둘은 서로 구분될 수 없다. 남녀동권을 위해서 여성 해원은 필연적이다. 그리고 여성 해원의 한 단서는 증산 상제의 새로운 가르침인 수부 도수와 수부관에서 찾아볼 수 있다.

---

29) 양계초, 같은 책, p. 476 이하 참조.

4 수부공사와 정음정양

증산도 수부관은 양의 시대였던 선천을 벗어나 양과 음이 상호 조화를 이루는 정음정양 시대의 상징이다. 선천이 양의 시대, 남성의 시대, 강자의 시대, 건도乾道의 시대였다면, 후천은 음의 시대, 여성의 시대, 약자의 시대, 곤도坤道의 시대다.[30] 건과 곤은 『주역』에서 하늘과 땅을 상징한다.[31] 건의 시대가 곧 남성의 시대를 상징했다면, 곤의 시대는 여성의 시대를 상징하며, 증산 상제에 의해서 여성의 시대는 "수부" 개념으로 대변된다.

음과 양을 말할 때에 음陰 자를 먼저 읽나니 이는 지천태地天泰니라...그러나 음 자의 이치를 아느냐? 사람은 여자가 낳는 법이므로 옳게 되었느니라...후천에는 음陰 도수가 뜬다.(『도전』 6:51:7~9)

위 인용문에서 중요한 개념은 '지천태'와 '음陰 도수度數'이다. 지천태는 앞에서 말한 바와 같이 주역 11번째 괘상이다. 양괘인 건은 위로 올라가는 기운이 강하고, 음괘인 곤은 아래로 내려가는 기운이 강하여 건과 곤, 하늘과 땅, 음과 양이 서로 화합하고 조화를 이루는 것을 상징한다. 음 도수는 이러한 지천태의 후천 음양관계를 보여주는 말이다. 증산 상제가 말씀하신 정음정양은 음양의 단순 평등과 조화를 넘어서 음을 바탕으로 한 남녀동권시대를 의미한다. 후천 음 도수는 후천이 음의 시대임을 뜻한다. 그 음의 특성이 후천을 규정하며, 음을 중심으로 후천선경의 새 문화를 여는 것이다.

---

30) "乾坤其易之門邪 乾陽物也 坤陰物也 陰陽合德 而剛柔有體"(『주역』「繫辭」下)
31) 『주역』, 重天乾卦, 重地坤卦 참조.

음 도수는 음, 즉 여성이 중심이 되는 후천 여성관을 보여주는 핵심 개념이며, 수부관은 음 도수에 따른 증산도 여성관의 핵심 사상이다. 증산상제는 자신의 모든 종통대권을 여성인 태모 고 수부에게 전하고 있다. 이러한 행위는 앞으로 열리는 후천 새 문명이 음 중심으로 음양 조화를 이루어 정음정양으로 전개됨을 예정한 것이다. 지천태, 음 도수, 정음정양, 남녀동권 등 증산도 여성관은 기존 종교와 철학에서는 찾아보기 힘들다.

> 세상 운수가 박도迫到하였는데 아직 마치지 못한 후천선경 공사가 산적하여 있느니라. 수부를 선정하여야 모든 공사가 차례대로 종결될 터인데 수부를 아직 정하지 못하여 공사가 지체되고 있으니 속히 수부를 선정하라.(『도전』 3:92:3)

1907년의 상황이다. 증산 상제는 수부 선정에 대해 명하였고, 이로써 수부공사는 시작되었다. 증산도 문화와 사상을 이해하기 위해서는, 그 중에서 여성관을 정확히 이해하기 위해서는 '수부관'을 반드시 거쳐야 한다. 증산 상제는 선천 억음존양의 시대에서 억압받는 여성의 원과 한을 풀어주고, 음양의 새로운 질서를 만들기 위해 천지공사의 일환으로 수부를 택정擇定하는 수부공사首婦公事를 집행하게 된다. 수부공사란 인간으로 강세한 인존상제가 상제로서 가진 천지구원의 대권과 사명을 수부에게 전하여 종통을 이어받게 하는 공사를 말한다.[32] 이는 후천 음양 조화관계를 상징하는 매우 중요한 공사이다. 이 공사를 통해서 여성은 남성의 완롱거리에

---

32) "상제님께서 선천 억음존양의 건곤을 바로잡아 음양동덕陰陽同德의 후천세계를 개벽하시니라. 이에 수부首婦님께 도통道統을 전하시어 무극대도를 뿌리내리시고...상제님의 도권道權 계승의 뿌리는 수부 도수首婦度數에 있나니 수부는 선천 세상에 맺히고 쌓인 여자의 원(寃)과 한(恨)을 풀어 정음정양의 새 천지를 여시기 위해 세우신 뭇 여성의 머리요 인간과 신명의 어머니시니라."(『도전』 6:1:1~6)

서 벗어나 새 역사를 여는 주체로 우뚝 서게 되며, 기존의 모든 원과 한을 풀고 진정한 남녀동권의 위치와 역할을 갖게 되는 계기를 마련한다. 이러한 수부공사의 배경에는 우주의 음양 질서를 바탕으로 하는 정음정양 도수가 깔려있다.

> 천지에 독음독양은 만사불성이니라. 내 일은 수부首婦가 들어야 되는 일이니, 네가 참으로 일을 하려거든 수부를 들여세우라. (『도전』 6:34:2)

독음독양獨陰獨陽은 말그대로 양 없는 음, 음 없는 양을 말한다. 만물은 음양의 조화로 생성소멸하는 것인데 그 중 한쪽이 없는 음과 양은 아무것도 이룰 수 없다는 말이다. 이 말은 천지 만물의 생성과 소멸이 음양의 질서와 조화에 달려 있음을 내포하고 있다. 그리고 그러한 음양의 존재 질서는 곧 인간의 삶과 문명에도 그대로 적용된다. 수부는 음양동덕의 이치에 따라 상제의 반려자로 필연적인 존재이다. 하늘을 상징하는 건과 땅을 상징하는 곤이 음양의 조화를 이루듯, 인존상제와 수부는 양과 음으로 서로 조화를 이루어야만 한다는 것이다.

> 상제님께서 선천 억음존양의 건곤을 바로잡아 음양동덕陰陽同德의 후천세계를 개벽하시니라... 상제님의 도권道權 계승의 뿌리는 수부 도수首婦度數에 있나니...(『도전』 6:2:1~7)

이 구절의 의미는 고 수부에게 종통의 다른 이름인 도통道統을 전했으며, 그로써 증산 상제의 가르침, 즉 무극대도와 도권 계승의 뿌리가 심어졌다는 것이다. 이는 "정음정양, 음양동덕으로 수부에게 도를 전한다."라는 아주 중요한 의미를 내포한다.

증산 상제가 수부에게 종통을 전하는 것은 왜일까? 그 이유는 바로 정음정양이라는 우주원리에 따른 것이었다. 수부는 여성이고, 여성은 음을 뜻한다. 증산 상제는 음양의 이치에 대해 "독음독양獨陰獨陽이면 화육化育이 행해지지 않나니 후천은 곤도坤道의 세상으로 음양동덕陰陽同德의 운運이니라."(『도전』 2:83:5)라고 말한다. 이러한 배경에서 볼 때 수부로써 종통을 잇는 것은 천리天理의 측면에서 당연한 것이었다. 이에 대해 증산도 안경전 종도사는 다음과 같이 그 의의를 설명한다.

상제님은 선천의 남성 중심 문화의 벽을 허물고 후천 정음정양의 남녀동권 시대를 열어주시기 위해 종통대권을 남성이 아닌 여성에게 전수하였다. 이로써 선천 억음존양의 문화 속에서 살아 온 여성들을 불평등과 억압에서 모두 해방시키심은 물론 그들의 원과 한을 끄르시어 진정한 남녀평등의 새 역사를 열어주셨다.[33]

'진정한 남녀평등'은 곧 남녀동권을 의미한다. 남녀동권은 평등사상과 함께, 선천 역사 속에 쌓인 여성의 억압과 불평등, 원과 한을 끄르는 일이 전제되어야 가능하다. 여성 해원은 새로운 남녀 관계를 위해 반드시 필요하다. 증산 상제는 이와 함께 후천 새 역사의 남녀동권을 이루기 위해 수부에게 모든 천지 만물과 인류의 구원을 위한 진정한 권능을 전수하였다. 그 핵심은 '10년 천지공사'에서 찾아볼 수 있다.

이제부터는 천지가 다 알게 내치는 도수인 고로 천지공사天地公事를 시행하겠노라. 신도행정神道行政에 있어 하는 수 없다... 건乾 십수十數

---

33) 안경전, 『증산도 기본교리 2』, p. 86.

인 증산 상제님께서는 9년 공사요, 곤坤 구수九數의 나는 10년 공사이
니 내가 너희 아버지 보다 한 도수가 더 있느니라.(『도전』 11:76:2~4)

수부에게 천지공사가 주어졌다는 것은 매우 의미심장하다. 고 수부는
"상제님의 천지공사는 낳은 일이요, 나의 천지공사는 키우는 일이니라."
(『도전』 11:99:3)고 말한다.

증산 상제의 천지공사에서 수부는 대단히 큰 역할을 담당한다. 증산 상
제는 "천지공사에 수부가 있어야 일이 순서대로 될 터인데 수부를 정하지
못한 연고로 도중에 지체되는 일이 허다하도다."(『도전』 3:209:3)고 말하고,
"나의 일은 수부가 있어야 되는 일이니 수부를 천거하라."(『도전』 6:19:1)고
말한다. 그리고 그 고 수부에게 종통을 전한다. "내가 너를 만나려고 15년
동안 정력을 들였나니 이로부터 천지대업을 내게 맡기리라."(『도전』 6:37:5)
는 선언으로 종통을 수부에게 전하였다. 이렇게 수부에게 종통대권을 전
수한 수부공사는 천지부모인 증산 상제와 고 수부가 음양합덕(정음정양)하
여 선천 세상의 왜곡된 자연 질서와 인간질서와 문명 질서를 바로잡음으
로써 후천 새 문명을 열기위한 것이다.

5 수부관의 여성주의적 의의

　페미니즘, 즉 여성주의는 그 바탕에 '여성 억압'이란 말을 내포한다. 억압이 있으면 저항과 투쟁이 나타나게 마련이다. 여성주의적 관점에서 여성은 인간으로서 권리와 의무를 가지고 있는 것이 아니라, 여성이기 때문에 인간으로서 가져야할 당연한 위격과 권리인 인격을 억압당하고 있으며, 그래서 그 억압과 종속에서 벗어나 인류의 절반으로서 동등한 인권과 능력을 인정받아야 한다고 주장한다. 그래서 페미니즘은 여성운동으로 나타나며, 여성운동은 '여성의, 여성에 의한, 여성을 위한' 운동이고, 이 여성운동은 여성의 해방을 전제하고 있다.[34]

　증산도 수부관은 이러한 여성운동의 새로운 장을 열고 있다. '여성'에 대한 부정적인 관념과 이를 고착화 한 것이 지금까지의 역사에서 이어져 왔다면 수부관은 여성성女性性에 대한 새로운 평가를 하고 있다. 억압과 소외로서의 여성성이 아니라 존중과 동권으로서의 여성성을 강조한다.

　　이 뒤로는 예법을 다시 꾸며 여자의 말을 듣지 않고는 함부로 남자의
　　권리를 행치 못하게 하리라... 하루는 상제님께서 공사를 보신 후에
　　'대장부大丈夫 대장부大丈婦'라 써서 불사르시니라.(4:59:3-4)

　증산도의 여성관은 기존 종교에 비해 매우 파격적이다. 증상 상제의 말

---

34) 부산대 여성연구소, 『여성과 남성을 위한 여성학』, 서울: 중앙적성출판사, 1996, p. 313 참조. 필자가 보기에 여성 해방이란 단어가 다분이 전투적 뉘앙스가 있다. 여성주의가 여성의 위치에 대한 철학적 관점이라면, 여성해방은 여성의 위치에 대한 사회운동적 관점이 강하다. 여성 해방은 여성에 대한 모든 억압과 부정과 불평등에서 벗어나는 것이다. 즉 모든 사회적 정치적 경제적 속박에서 벗어나는 것이다.

씀은 지금까지 남녀 간의 예법이 남존여비男尊女卑, 여필종부女必從夫였다면 이제 정음정양의 시대를 맞이하여 새로운 예법으로 남녀 관계를 설정하게 된다는 것이다. 남성의 권리는 여성의 권리를 존중한 상태에서 행사하게 된다는 것은 곧 남성과 여성의 권리가 동등하게 보장된다는 의미를 갖는다. 남성으로서의 대장부大丈夫를 여성으로서의 대장부大丈婦와 함께 동일시하는 어법은 남녀평등을 넘어 남녀동권 사상의 선언이다.

'대장부大丈夫 대장부大丈婦'는 여성주의적 입장에서 매우 중요한 의미를 갖는다. 남성과 여성은 동등한 권리를 갖는다는 의미에서 모두 '대장大丈'부夫이며 '대장大丈'부婦이다. 증산 상제의 '대장부大丈夫 대장부大丈婦'라는 말 속에는 남녀의 존엄한 인격적 평등성과 함께, 각자 남과 여로서 고유한 권리를 함께 갖는다는 동권의 의미가 동시에 들어있는 것이다. 이렇게 남성과 여성의 같음과 다름, 양자의 조화와 합덕을 명백히 보여주고 있는 것이 증산도 수부관이 내포한 특징이다.

특히 증산도 수부관은 인류 역사에서 여성 억압의 근원적 원인으로 밝혀진 남성중심, 부권父權 중심의 엄격한 가부장제를 해체하는데 역사적 의의가 있다. 알다시피 여성 억압이 제도화된 것은 바로 부권 중심적 가족제도를 통해서이다. 가정이 부권 중심이며, 이것이 확대되어 사회는 남권 사회였다. 그 속에서 여성은 힘없고 나약한 존재, 남성(아버지, 남편, 아들)의 보호를 받아야 하는 존재였다. 부권은 여성억압의 기원이자 상징이다. 증산도 수부관은 이러한 부권 중심에서 탈피하여 모권의 가치를 인정하고 있다는 면에서 여성주의적 특성을 갖는다.

인류가 갖고 있던 초기의 여신문화, 모성문화가 깨지고 모든 종교의 신관, 창조관, 인간에 대한 사고는 남성 중심, 하늘 중심으로 돌아가 억음존양의 문화를 형성했다. 가부장적 문화 속에서 어떤 종교도 여자에게 종통을 넘기지 않았다. 탄생부터도 여자는 남자의 갈빗대를 뽑아서 만들었다고 하거나 삼종지도를 강요하고 칠거지악이니 하면서 모든 죄악과 어둠에 대한 책임을 여자에게 떠넘겼다.[35]

'수부'는 이러한 전통을 완전히 해체하는 주체이다. 수부首婦란 머리 수首자에, 여자 부婦로, 우두머리 여성이란 뜻이다. 이는 모든 여성의 우두머리라는 뜻보다는, 모든 생명의, 모든 인간의 우두머리를 뜻한다. 아버지 하느님 상제와 어머니 하느님 수부는 상호 음양의 조화를 이룬다. 가정 내에서 부권(대장부大丈夫)과 모권(대장부大丈婦)이 조화를 이룰 때 여성주의는 그목적을 달성할 것이다. 상제와 수부는 증산 상제의 남녀동권사상인 대장부 대방부에서 보듯이 부권과 모권의 평등을 상징하는 것이다.[36]

전통적인 남녀 성역할은 남성의 억압과 여성의 복종이었다. 이러한 역할을 폐기해야만 여성과 남성의 관계는 상생과 조화의 관계를 유지할 수 있다. 그렇다고 여성 중심적 사회가 되어야 한다는 것이 아니다. 남성과 여성이 동등한 권리를 가지지만 평화와 애정의 원천인 음을 바탕으로 한 동권 사회가 되어야 함을 뜻한다. 이로써 음과 양이 더 이상 대립과 갈등의 관계가 아닌 조화와 상생의 관계를 이루어갈 수 있기 때문이다.

여기서 증산도 상생 사상의 의미를 새롭게 되새겨볼 수 있다. 양이 중심이 된 사회에서, 남성은 군림하고 여성은 종속하면서 그 불평등과 불화가 극에 달하였다. 남성과 여성은 서로 극하는 삶을 산 것이다. 그러나 이제 음이 중심이 된 사회에서 조화와 평화, 애정과 희망의 특성인 여성성이 중

---

35) 안경전, 개벽 실제상황, p. 57.
36) 모계사회와 무권사회는 서로 다른 사회적 의미를 갖는다. 학자에 따라 모계사회는 존재했지만 모권사회는 존재하지 않았다고 주장하기도 한다. 모계 사회를 모권 사회라고 부른다고 하더라도 그 모권 사회는 사유 재산이 없는 공산제 사회이며 위계질서가 없는 평등 사회였으므로 부권에 대비되는 의미의 모권이란 존재하지 않았다고 추정하는 것이다.

심이 되면서 사회는 어느 한쪽의 군림과 종속이 없는 동권의 사회로 나아가야할 것이다. 그 사회에서 남성과 여성은 서로가 서로를 잘되게 하는, 상생의 삶을 살아가게 된다.[37]

　상생의 도는 증산 상제님이 인간 세상에 오셔서 처음으로 선포하신 새 진리이다. 상생은 문자적으로 서로 상, 살릴 생으로서 '서로를 살린다', '남을 잘 되게 한다'는 의미이다. 상제님께서는 인류의 고통과 모든 죄악의 근원인 천지의 상극질서를 넘어 후천 가을 천지의 새 세상을 갈 수 있도록 인류에게 상생의 문화라는 다리를 놓아 주셨다.[38]

　여성의 특징은 감성적이고 섬세하며 자기희생적이어서 다른 사람과의 관계를 중요시하는 등 표현적 정감적 특징을 갖는 반면, 남성은 자기중심적, 활동적, 목적적이며 도구적, 기능적이다. 이러한 성별 특징을 고정적으로 이해하고, 성차별의 기반으로 받아들이지 말고 각자가 지닌 장점으로 바꾸어서 그 조화를 통해 상생하고 윈윈win-win 할 수 있다는 것이다.[39]

---

37) 상생은 남잘되게 하는 공부, 사람을 살리는 공부이며, 서로 극剋하는 이치가 없는 상태이다. "나의 도는 상생相生의 대도이니라...만국이 상생하고 남녀가 상생하며 윗사람과 아랫사람이 서로 화합하고..."(『도전』 2:18:1~4), "우리 일은 남 잘되게 하는 공부니 남이 잘되고 남은 것만 차지하여도 우리 일은 되느니라."(『도전』 2:30:1), "내 도는 곧 상생이니, 서로 극剋하는 이치와 죄악이 없는 세상이니라."(『도전』 2:19:2)
38) 안경전, 개벽 실제상황, p. 61.
39) 정영애 외 공저, 같은 책, p. 104-105 참조.

6 맺음말

증산도 수부관은 남성 중심의 역사, 상극의 질서를 낳은 억압의 역사를 끝맺고, 여성 중심의 역사, 남성과 여성이 조화를 이루는 역사, 상생의 질서를 만들어 나가는 새로운 역사를 상징한다. 이로써 우리는 인류 시원 역사에 존재했던 모계 중심의 조화와 평화의 사회를 갖게 될 것이다. 남성과 여성이 동등한 권리를 누리게 될 것이다. 정음정양의 새로운 사회는 음과 양이 서로 화합하며 조화를 이루는 인류 역사상 가장 아름다운 사회, 후천선경이 될 것이다.

인류 공동체 내에서 여성이 차지하는 지위와 역할에 관계되는 문제가 페미니즘, 즉 여성주의의 주제이다. 어떻게 하면 여성이 자신의 능력을 최대한 개발하고, 또 모든 방면에서 제한없이 발휘할 수 있을까. 그리하여 남성과 완전하고도 동등한 권리를 누리면서 인류 사회의 나머지 반으로서 행복한 삶을 살아갈 수 있을까. 이 문제는 인류 사회가 억압과 착취, 종속과 소외, 원한과 고통에서 벗어나 건강하고 아름다운 사회로 나아가기 위해 반드시 해결되어야 한다.

우주 만물의 존재론적 근거인 태극이 음양의 양면성을 동시에 가지고 있는 것처럼, 우리가 살아가는 세상은 '실체와 관념', '정신과 물질', '육지와 바다', '낮과 밤' 등의 대립물의 조화로 통일체를 형성한다. 이러한 자연 속의 상반된 양자는 서로 분리하여 생각할 수 없는 한 존재의 양면성이다. 이와 마찬가지로 우주의 산물로서 우주 내에서 살아가는 남과 여는 서로 분리된 독립된 대상이면서 어느 하나가 존재하지 않으면 상대 또한 존재할 수 없는 상호 의존체이다. 이러한 자연주의적 존재가치에 대한 명확한 이해가 남녀 문제를 좀 더 전향적으로 바라보는 모티브가 되어야 한다.

자연에 관한 동양철학적 범주인 음양 사상에 비추어 여성의 문제를 다룬 이글에서 증산도 정음정양에 기초한 남녀동권의 본래 의미를 찾아보았다. 그리고 여성주의는 증산 상제의 천지공사에서 중요한 한 축을 차지하는 수부관을 통해 그 근본적 문제가 해명될 수 있었다. '수부'는 남녀동권 사상의 전제이자 결론이며, 후천의 새로운 여성성을 정립하기 위해 반드시 논의되고 해명되어야 할 중요한 조건인 셈이다. 특히 증산도 수부관은 음양의 질서를 바탕으로 여성해방의 역사를 새롭게 전개하는 중요한 모티브가 된다는 것이 필자의 결론이다.

≡ 참고문헌 ≡

• 『증산도 도전』(증산도 도전편찬위원회 편, 서울: 대원출판, 2003.)
• 『성서』
• 『논어』
• 『주역』
• 『정역』
• 『환단고기』
• 김미영, 『유교문화와 여성』, 살림, 2004.
• 김세서리아, 『동양여성철학에세이』, 서울: 랜덤하우스, 2006.
• 김주성, 『정역집주보해』, 부천: 태훈출판사, 1999.
• 동중서, 『춘추번로』, 신정근 역, 『동중서의 춘추번로, 춘추-역사해석학』, 서울: 태학사, 2006.
• 부산대 여성연구소, 『여성과 남성을 위한 여성학』, 서울: 중앙적성출판사, 1996.
• 안경전, 『개벽실제상황』, 서울: 대원출판, 2005.
• 안경전, 『증산도의 진리』, 서울: 대원출판, 2002.
• 안경전, 『증산도 기본교리』, 서울 대원출판, 2007.
• 양계초, 풍우란 저, 김홍경 편역, 『음양오행설의 연구』, 서울: 신지서원, 1993.
• 여성한국사회연구회 편, 『여성과 한국사회』, 서울: 사회문화연구소, 1993.
• 이정빈, 정혜정 공저, 『성 역할과 여성』, 서울 : 학지사, 1997.
• 이정호, 『정역과 일부』, 서울: 아세아문화사, 1994.
• 정영애 외 공저, 『또 하나의 나무』, 용인: 강남대출판부, 1998, p. 273-4.
• 한국여성연구회, 여성학강의, 서울: 동녘, 1994.
• 한동석, 『우주변화의 원리』, 서울: 대원출판, 2002.

태모 고수부의
치유 성적에 대한 고찰

이주란

필자 약력

이주란

경상대학교 국어국문학과 졸업

한국학 석사학위 취득(글로벌한국학 전공)

現 배재대학교 박사과정

現 한빛 한국문화원 원장

저서

『관용어로 배우는 한국어』

『한국어와 한국문화』(공저)

『한글 함께 배워요』(공저)

논문 및 저널

「코로나19 시기 비대면 한국어 수업의 양상 연구」

「문화 기반 한국어 교육을 위한 텔레비전 파일럿 프로그램 설계 방안 연구」

「道典으로 보는 태모 고수부님의 치병 역사」

E-mail : jr4334@naver.com

1 푸는 말

　바야흐로 지금은 우리가 숨 한 번 쉬는 사이에도 각종 데이터가 바뀌는 변화무쌍한 시대다. 그 데이터에는 전 세계를 휩쓸며 3년째로 접어든 코로나19[1]로 인한 여러 통계치도 포함한다. 이러한 감염병의 대세는 세계의 경제, 정치, 교육, 예술 등 모든 분야에서 주도권을 행사하며, 최첨단 의료 시스템을 무색하게 만들고 최고의 지성체라는 인간의 생사여탈을 쥐락펴락한다. 치료와 방역은 경제 활동과 대립하며 최선책을 선택하는데 골머리를 앓게 한다. 거기에 더하여 선천적으로 타고난 인간의 신체적인 희귀병과 누구나 앓을 수 있는 소위 '마음의 병'은, 주기적으로 찾아오는 전염병 시대를 살아가는 현대인을 더욱 절망하게 만든다.

　따라서 인간의 병은 무엇으로 다스릴 수 있으며, 어떤 방법으로 치유할 수 있는지를 생각해 보지 않을 수 없다. 그런 배경에서 이 연구에서는 그동안 제대로 고찰되지 못한 역사적 실존 인물이자 대 성인 한 분이 인류에게 베푼 치유의 성적을 밝히고자 한다. 그분은 증산도에서 증산 상제와 동격으로 후천 선仙문화를 열어 준 태모 고수부로 어머니 하느님으로 추앙받는 인물이다.

　그동안의 문헌 자료와 논문들을 검토해 보면, 태모 고수부에 대한 사료의 부족뿐 아니라 연구가 너무도 미진했음을 알 수 있다. 태모 고수부에 대한 단행본으로는 2010년대 이후 노종상의 『수부, 고판례』(2010), 유철의 『어머니하느님-정음정양의 수부사상-』(2011)이 대표적이며, 2021년 가을 증산도 문화사상 국제학술대회에서 노종상의 「증산도 수부관」이 발표

---

1) 세계보건기구는 2020년 1월에 국제적 공중보건 비상사태를 선언하고, 3월 11일 세계적 대유행, 즉 팬데믹으로 선언했다.

2 되었고, 윤창열의 「조화정부와 후천 선문화」에서 증산 상제의 무극대도
를 계승한 태모 고수부가 천지공사를 통해 신선의 세계를 소개하며 선仙
의 어머니로서 그 면모를 간접적으로 보여준 것이 전부라 할 수 있다.

　이 글은 이상호의 『대순전경』(1929)을 비롯하여 고민환의 『선정원경』
(1960), 전선필이 구술하여 김경도가 적은 『고후불전』(1960년말), 이정립의
『고부인신정기』(1963), 이용기의 『고사모신정기』(1968)를 종합, 분석하고,
답사 과정에서 당시 성도들의 후손 증언을 통해 새롭게 채록된 사실 및 오
류를 바로잡아 편찬된 것3으로 『道典』 11편을 전적으로 연구 대상으로 삼
아 논의를 펼친다. 하지만, 기존의 증산도 진리 도서나 증산도의 팔관법에
서 다루어진 태모 고수부의 생애, 천지공사, 종통 전수가 아닌 치유 성적
에 대해 고찰하는 것이 본 연구의 목적이다. 물론 생애 속에서 이루어진
치유 역사는 태모 고수부의 천지공사와 무관하지 않다. 또한, 수부로서 이
어받은 종통은 그 도권과 자연스럽게 연결된다. 하지만 이 글에서 그 초점
은 오롯이 태모 고수부가 병을 다스린 성적에 맞춰질 것이다.

　먼저, 태모 고수부가 어떤 분인지를 간략하게 기술한다. 여기에는 '수부'
와 '태모'라는 칭호에 대해 정의하고, 태모 고수부가 이룬 도통과 신권을
소략함으로써 태모 고수부의 위격이 어떠한지를 설명하고자 한다. 또한,
태모 고수부가 행한 치유의 자취를 따라가기 위해서는 그 생애를 간과해

2) 이외 선행연구로 노종상, 「수부, 천지의 어머니」, 『증산도사상』 제2집, 증산도사상연구소,
2000, pp.12~108이 있다.
3) 안경전, 『누구나 알기 쉬운 증산도 기본교리』, 서울: 대원출판, 2000, p.222. 『선정원경』은
태모 고수부의 생애와 공사에 대한 최초의 기록물이다. 『고부인신정기』는 이정립이 고민환에
게서 태모 고수부에 대한 말씀과 성적을 수집하여, 그들 형제에 대한 불리한 부분은 빼고 유
교적인 시각에서 공사를 이해하고 기록한 판본이다. 『고후불전』은 태모 고수부의 주요 공사
가 사실 그대로 묘사되어 태모 고수부의 천지공사를 제대로 알 수 있다는 의의가 있다. 『고사
모신정기』는 태모 고수부가 아들로 삼은 이용기가 태모 고수부가 어천할 때까지 곁에서 보필
하면서 직접 본 것을 기록하였기에 『선정원경』과 『고부인신정기』에서 누락된 공사 내용이 많
이 수록되어 있다는 특징이 있다.

서는 안 된다. 따라서, 여기에서는 생애 전체를 다루지는 않지만, 아버지 하느님으로서 증산 상제가 태모 고수부에게 종통을 전수하며 맡긴 천하사 도정 살림을 큰 틀에서 짚어볼 것이다. 그 이유는 태모 고수부가 10년 천지공사를 공표하기 이전부터 시작한 도의 운로運路는 자연스럽게 태모 고수부의 치유 성적과 그 길을 함께 하고 있기 때문이다.

다음으로 이 글의 핵심인 태모 고수부가 펼친 다양한 치유 역사를 『道典』을 바탕으로 분석한다. 이 글에서는 태모 고수부가 치유해 준 질병은 어떤 것이었는지, 치유할 때 사용한 방법은 무엇이었는지, 그 과정에서 어느 주문을 주로 읽었는지에 초점을 맞춰 세 가지로 논할 것이다.

마지막으로는 앞에서 살펴본 태모 고수부의 치유 성적이 감염병과 더불어 살아가는 오늘의 현대인들에게 주는 의의는 무엇인지를 정리하며 결론을 맺고자 한다.

2 태모 고수부의 위격과 천하사 도정 살림

1) '수부', '태모'의 칭호와 도권

증산도는 증산 상제와 태모 고수부를 만유 생명의 아버지, 어머니인 천지부모로 받들며 후천 선문화를 선도한다. 이와 더불어 증산도 도생道生은 증산 상제를 아버지 하느님으로, 태모 고수부를 어머니 하느님으로 인식한다. '상제'의 칭호와 위격 등에 대한 논의는 역사적으로 연구된 바가 적지 않지만, '수부'의 개념과 그와 관련한 논의는 앞의 '푸는 말'에서 언급된 소수의 연구물에서만 보인다. 따라서 '수부'라는 말의 소자출과 그 의미를 살펴볼 필요가 있다.

증산 상제가 어천하기 두 해 전인 1907년 음력 11월, 태모 고판례高判禮를 '수부首婦'로 책봉하고 종통宗統을 잇게 하였다. 이때 "천하 만민을 살리는 종통대권은 나의 수부, 너희들의 어머니에게 맡긴다."(『道典』 11:345:7)고 증산 상제는 선포하였다. 이 선언에서 알 수 있는 것은 증산 상제의 입장에서 수부는 당신의 아내이지만, 천지신명과 뭇 창생에게는 가장 큰 어머니가 된다는 뜻이다.[4] 그렇다고 해서 수부가 단지 증산 상제의 반려자라는 뜻만을 지닌 것은 아니다. '수부'라는 글자는 머리 수首 자, 아내와 며느리를 모두 포함한 여자 부婦 자로 이루어진 증산도 고유어다. 또한 '수부'는 증산 상제가 처음 쓴 말이며, 온 천지의 머리가 되는 여성으로 '어머니 하느님'을 의미한다.[5] 따라서 '아버지 하느님'인 우주 주재자의 공식 칭호인 '상제'와 음양 짝이 되는 칭호가 바로 '수부'라는 것을 알 수 있다. 한

---

4) 안경전, 『증산도 88문답』, 대전: 상생출판, 2019, p.64.
5) 안경전, 『증산도의 진리』, 대전: 상생출판, 2015, p.615.

편, '태모'는 말 그대로 클 태太 자와 어머니 모母 자로, 증산 상제가 밝힌 '너희들의 어머니'라는 말씀에서 알 수 있다. 증산도 도생에게는 도의 어머니가 될 것이고, 우주 차원에서는 천지신명과 인류의 생명의 뿌리 자리가 되기 때문에, 단순히 큰 사람 '대大'가 아니라 그 위격에 맞게 극존칭의 '클 태'[6] 자를 써서 '태모'로 불리는 것이다.

그렇다면, 태모 고수부의 도권道權은 어떻게 말할 수 있을까? 필자는 그 핵심어로 『道典』의 '수부사명'에 주목하였다.

> 6월 24일 어천치성을 올린 후 태모님께서 신도 수십 명을 벌여 앉히시고 진액주를 한 시간 동안 읽게 하신 뒤에 박종오에게 "지필을 들이라."고 명하시어 '구천지 상극 대원 대한 신천지 상생 대자대비'라 쓰게 하시고, 성도들로 하여금 뒤를 따르게 하시어 왼쪽으로 열다섯 번을 돌며 '구천지 상극 대원대한'이라 읽히시고 오른쪽으로 열다섯 번 돌며 '신천지 상생 대자대비'라 읽히신 다음 이어 '서신사명西神司命 수부사명首婦司命'이라 열여섯 번을 읽히시니라. (『道典』 11:345:1~5)

태모 고수부는 증산 상제의 '서신사명'[7]에 대응하는 '수부사명'의 주체이다. 수부사명은 '수부 도수'[8], '수부의 책임 공사'[9]와 일맥상통한다고 볼 수 있으나, 완전히 합치되는 술어는 아니다. 따라서 이 세 용어의 관계를

---

6) 하영삼, 『한자어원사전』, 부산: 도서출판 3, 2018, p.846.
7) 『道典』 1:78:1 측주. 서西는 방위로는 서쪽, 계절로는 가을을 뜻한다. 가을은 성숙과 통일의 광명 시대이다. 곧 서신은 가을신, 가을에 오는 신이다. 이는 우주의 주재자 아버지 하느님이 천지의 여름과 가을이 바뀌는 극적인 대변혁의 시간대에 인간으로 강세하여, 천지일년 인간 농사를 추수하는 시간대의 시명時命을 집행한다는 의미이다.
8) 『道典』 11:345:7.
9) 『道典』 3:92:5.

따져 보아야 한다. 서신사명과 수부사명은 대응 관계[10]를 이루지만, '수부 도수'에 대한 '상제 도수'라는 말은 있을 수 없다. 『道典』을 보면, '수부 도수'와 '수부의 책임 공사'도 그 주체가 다르다. 수부 도수는 증산 상제의 천지공사로 이루어진 중요한 종통 공사이다. 하지만 증산 상제가 어천 전에 말한 '수부의 책임 공사'는 수부 책봉 이후 증산 상제와 태모 고수부가 함께 본 천지공사뿐 아니라 더 중요한 것은 증산 상제의 어천 이후 태모 고수부가 첫 도장 문을 열고 행할 10년 천지공사를 의미하기에 차이가 있다고 하겠다. 이러한 차이점을 인지하면서 태모 고수부가 온전히 수부사명을 집행하기 위해 거쳐야 했던 종통 대권과 대도통을 간단히 서술하고자 한다. 1907년 증산 상제의 명에 따라 차경석 성도는 자신의 이종 누님을 천거하였는데, 그분이 바로 태모 고수부였다.

증산 상제는 천지공사를 행하면서 "이로부터 천지대업을 네게 맡기리라"라고 명확히 종통 대권을 고수부에게 전수하였다. 그러면서 그 예식에서 "그대와 나의 합덕으로 삼계를 개조하느니라."[11]라고 제자들을 증인으로 세우며 만천하에 선언하였다. 삼계는 천계, 지계, 인간계로 신명 세계와 인간 세계를 아우르는 전 우주적 범주이다. 증산 상제는 삼계대권을 주재하여 우주 통치자로서의 위격과 도권을 지닌다.[12] 따라서 이때 삼계를 개조하기 위해 전제가 되는 중심 구절이 있다. 증산 상제가 '태모 고수부와의 합덕으로'라는 전제가 제시되어 있는데, 이는 어느 한쪽으로의 포함

---

10) 서신사명과 수부사명은 증산 상제와 태모 고수부가 아버지 하느님과 어머니 하느님으로서 동등한 위격을 갖는다는 증산도 고유 진리어다.

11) 『道典』 6:42:3.

12) 안경전, 『관통 증산도1』, 2차 개정판, 서울:대원출판, 2006, p.70. 이에 따르면 삼계란 하늘과 땅과 인간의 세 가지 세계, 즉 천지인 삼계, 삼재(우주를 구성하는 세 가지의 근본 요소)를 말한다. 또한, 대권은 최상의 권능, 더 이상이 없는 최고의 권력과 힘을 뜻한다. 따라서 삼계를 통치하는 최상의 권력, 권능, 그 힘이 곧 삼계대권이다.

관계를 의미하는 것이 아니라는 것이다.[13] 여기에 더해, '서신사명 수부사명'이 일체이면서도 각각 동등한 위격을 나타낸다는 근거에 마침표를 찍는 말씀이 있다.

> 나는 서신이니라. 서신이 용사는 하나, 수부가 불응하면 서신도 임의로 못 하느니라. (『道典』6:39:2)

증산 상제가 자신을 서신이라 하면서 그에 대응하는 존재로 수부를 말한다. '서신의 용사'를 '서신사명'으로 대치한다면, '수부의 용사'를 말하는 수부의 응함은 '수부사명'으로 대치가 가능하다. 따라서 '서신사명과 수부사명'은 병든 삼계를 개조 즉 치유하기 위한 천지부모로서 그 위격을 내포한 진리 상징어이며, '수부 도수'의 절대성[14]을 갖는 증산도 고유어라 규정할 수 있다.

그런데, 『道典』에 의하면 수부사명의 주체인 태모 고수부가 거쳐야 할 통과의례가 남아 있었다. 태모 고수부는 증산 상제가 천지대신문을 열고 삼계대권을 처음으로 집행한 대원사에 가서 증산 상제의 성령과 혼례식을 올렸다. 이는 증산 상제에 대한 믿음의 재서약이며, 수부로서 '수부사명'을 다할 것을 천지에 맹세하는 예식이었다.[15] 증산 상제가 1901년 7월 7일 활연관통의 대도통으로 '서신사명'의 우주 가을철 시대를 열어준 것처럼, 태모 고수부도 1911년 모악산 대원사에서의 49일 진법주 수도와 신경수 성도의 집에서 이루어진 100일 수도로 활연대각하여 삼계의 모든 이치를 통하게 되었다.[16] 이로써 일찍이 "장차 천하 사람의 두목이 될 것이기

---

13) '합덕合德'에 대해서는 더 심도 있는 고찰이 필요하다.

14) 안경전, 『천지성공』, 대전: 상생출판, 2010, p.237.

15) 안경전, 『관통 증산도1』, 2차 개정판, 서울: 대원출판, 2006, p.191.

16) 안경전, 『증산도의 진리』, 대전: 상생출판, 2014, pp.136~137 참조. 태모 고수부의 활연

에 속히 도통하리라."[17]라고 한 증산 상제의 말씀이 그대로 이루어진 것이다. 이후 태모 고수부는 대흥리로 돌아와 9월 19일 증산 상제의 성탄치성을 봉행했는데, 이는 증산 상제 어천 후 처음 이루어진 성탄 치성이었다. 다음 날 아침, 태모 고수부가 혼절하여 성령으로 천상에 올라가는 대사건이 일어났다. 이러한 과정을 통해 태모 고수부는 '수부사명'을 온전히 집행하기 위한 신권을 포함한 모든 도권의 권능을 갖추게 된 것이다.[18] 다시 말해, 1911년의 일련의 세 사건인 증산 상제와의 성령 혼례식, 149일 동안의 수도 후 활연대각의 대도통과 이후 증산 상제와의 성령 감화는 태모 고수부가 인간 역사 속에서, 수부사명의 수부로서 그리고 신명과 인간의 태모로서 자리매김하게 되었음을 보여준다고 할 것이다.

2) 태모 고수부의 생애 속 다섯 도정 살림

증산 상제의 어천 이후 태모 고수부가 꾸려 나간 도정 살림은 크게는 세 흐름이지만 조금 더 세분하면 다섯 살림으로 나뉜다.

태모 고수부는 1911년 '크게 흥한다'는 정읍 대흥리大興里에서 첫 살림과 포정소 문을 열고 아버지 하느님의 첫 도장을 세웠다. 이로부터 한국 땅에 비로소 증산 상제의 무극대도가 조직적으로 전개되는 계기가 마련되었다. 이때 태모 고수부는 교명教名을 무엇으로 하겠느냐는 성도들의 물음에 "천하를 통일하는 도道인데, 아직은 때가 이르니 '선도仙道'라고 하라."는 말로 규정해 주었다.[19] 이후 이에 대해 더 구체적으로 설명한 바 있다.

대각의 대도통은 하늘땅의 중심인 인간의 모든 문제에 근본을 통하는 중통인의 경지로 신천지 도통이라고 한다.
17) 『道典』 11:5:4.
18) 안경전, 『증산도의 진리』, 대전: 상생출판, 2014, p.625.
19) 『道典』 11:29:1~2.

첫째 살림	정읍 대흥리 도장	▸ 1911년 10월 초 ~ 1918년 9월 21일(7년) ※ 김제 송산리 천종서의 집(조종리 가기 전 한 달 머묾) ▸ 1918년 9월 21일 ~ 1918년 10월 중순 1개월
둘째 살림	김제 조종리 도장	중조 마을 오두막집 ▸ 1918년 10월 중순 ~ 1918년 11월 중순(1개월) 하조 마을 강응칠의 집 ▸ 1918년 11월 중순 ~ 1919년 윤 7월 18일(9개월) 중조 마을 도장 ▸ 1919년 윤7월 18일 ~ 1929년 9월 21일(10년 2개월)
셋째 살림	정읍 왕심리 도장	▸ 1929년 9월 21일 ~ 1931년 11월 15일 ※ 정읍 왕심리 도장에서 용화동 조직 선포 후 4개월 더 머묾 ▸ 1931년 11월 15일 ~ 1932년 3월 20일 4개월 　　　　　　　　　　　　　　　　(실제 2년 6개월)
넷째 살림	김제 용화동 도장	▸ 1931년 11월 15일 ~ 1933년 11월 5일(실제 1년 8개월)
다섯째 살림	군산 오성산 도장	▸ 1933년 11월 5일 ~ 1935년 10월 6일(1년 11개월)

〈표 1〉 태모 고수부의 다섯 살림 개창사[20]

"내가 하는 일은 다 신선이 하는 일이니 우리 도는 선도니라." 하시고 "너희들은 신선을 직접 볼 것이요, 잘 닦으면 너희가 모두 신선이 되느니라." 하시니라. (『道典』 11:199:7~8)

이러한 '신선의 도'로 정의된 첫째 살림이 시작되고 3년 뒤 1914년 10월 30일 첫 치유의 역사가 행해졌다. 전주에 사는 이태우가 등에 난 큰 혹으로 고통을 당하고 있을 때 태모 고수부는 유일태에게 명命으로 치유의 법

---

20) 증산도 도전팀, 『성지순례 가이드북 – 도전 강독 성지순례 제7차 – 천상의 어머니 하느님, 태모 고수부님 천지공사의 출발지와 종착지 조종리·오성산〉, 대전: 증산도 초립동포교회, 2019, p.54.

을 내려, 약을 쓰지 않고도 낫는 은혜를 베풀었다.[21] 그 구체적인 방법에 대해서는 다음 절에서 논하도록 하겠다. 여기에서 한 가지 염두에 둘 점은 이 치유의 역사가 시작된 시점이 태모 고수부의 천지공사 시행 12년 전이라는 사실이다. 필자는 이러한 시점에 주목하였다. 이것은 태모 고수부가 증산 상제의 도의 계승자로서 첫 도장을 연 이후 조직적인 포교 운동을 전개한 그 중심에 치유 역사가 있었다는 사실을 뒷받침하는 시간적 근거가 된다.

둘째 살림은 증산 상제가 인간으로 강세할 때 택한 성姓인 강씨 집성촌, 조종리祖宗里에서 이루어졌다. 조종리 강씨들의 증언에 의하면, 그들의 조상 무덤과 그 근처의 땅을 마을 뒤 야산에 조성한 후 그 산의 이름을 조종산이라 부르면서 마을 이름이 조종리가 되었다.[22] 1926년 3월 5일, 태모 고수부는 "건 십수의 증산 상제님께서는 9년 공사요, 곧 구수의 나는 10년 공사이니 내가 너희 아버지보다 한 도수가 더 있느니라.(『道典』11:76:3~4)"고 말씀하면서 10년 천지공사를 선포하였다. 태모 고수부는 그 천지공사를 바로 조종리 중조 마을 도장에서 집행하였다.

1929년 태모 고수부는 증산 상제의 성탄치성을 봉행한 뒤 9월 21일에 몇몇 성도들과 함께 상제의 어진을 모시고 정읍 왕심리로 옮겨갔다. 이것이 셋째 살림의 시작이다. 그곳은 순흥 안씨 집성촌으로 진주 도수의 주인과 직접적인 관련이 있는데, '진주 도수'에 대한 설명은 이 글에서 생략한다.

넷째 살림터는 김제 용화동이다. 1931년 태모 고수부는 동지치성을 봉행한 후 "법은 상제님께서 내셨으되 용사는 내가 하노라.(『道典』11:313:5)"

---

21) 『道典』11:34:1~5.
22) 증산도 도전팀, 『성지순례 가이드북 – 도전 강독 성지순례 제7차 – 천상의 어머니 하느님, 태모 고수부님 천지공사의 출발지와 종착지 조종리·오성산』, 대전: 증산도 초립동포교회, 2019, p.24.

라는 말씀을 하며 용화동 도장 개창을 위한 조직 구성을 새롭게 하였다. 다섯 살림 가운데 가장 짧은 도정을 이곳에서 운영하였지만, 그 고초는 형언할 수 없을 정도로 깊었다.

1933년 동짓달 초닷샛날에 태모 고수부는 고난과 역경을 뒤로하고 마지막 도장인 오성산으로 성소를 옮겼다. 그로부터 증산 상제의 곁으로 돌아가는 그 날까지 어머니 하느님으로서 10년 천지공사와 24년의 다섯 살림을 마무리 지었다.[23]

『道典』을 통해 태모 고수부의 삶을 들여다보면 천지신명과 인류를 위해 모든 죄를 대속하고, 치유와 복록의 은혜를 내려주었음을 알 수 있다. 또한, 인류에게 앞으로 열릴 후천 오만년 선仙의 세계로 나아갈 길을 놓아 주셨음을 확인할 수 있다. 따라서 인류가 선의 세상에서 무병無病하면서 장생長生할 수 있는 그 길, 천지의 큰 어머니로서 창생들에게 베풀어 준 치유의 성스러운 발자취를 다음 장에서 하나하나 살펴볼 것이다.

---

23) 이주란, 「도전으로 보는 태모 고수부님의 치병 역사」, 세종출판 기획, 『월간 개벽』, vol. 293호, 2021, p.66.

3 태모 고수부의 치유 성적과 그 양상

1) 태모 고수부가 권능으로 열어준 의통醫通[24]과 신통神通[25]

태모 고수부가 치유한 양상은 행위자의 측면에서는 크게 둘로 나뉜다. 태모 고수부가 직접 치유한 경우와 성도들에게 의통과 신통을 열어주어 병을 다스리도록 한 경우이다. 후자의 경우는 다시 두 가지로 나뉜다. 즉 태모 고수부가 직접 의통과 신통을 열어준 경우와 다른 성도를 통해 도권을 전한 경우이다.

태모 고수부가 직간접적으로 치유의 은혜를 베푼 경우는 다음 2)에서 언급하고 1)에서는 『道典』 11편을 기준으로 태모 고수부가 성도들에게 어떻게 의통과 신통의 권능을 부여했는지를 살펴보기로 한다.

(1) 태모 고수부가 직접 열어준 의통과 신통

태모 고수부가 직접 의통과 신통을 열어준 성도는 열 명으로 집약해 볼 수 있다.[26] 첫 번째 인물이 김봉우(1882~미상) 성도이다. 그는 태모 고수부가 10년 천지공사를 시작한 다음 해인 1927년 3월 26일에 태모 고수부에

---

24) 『道典』에는 한자가 다른 두 가지 의통이 나온다. 하나는 의통醫通이며, 다른 하나는 의통醫統이다. 『道典』 5:242:18 측주의 설명에 의하면, 의통은 의醫를 통한다는 뜻과 전 세계 3년 병겁 심판에 인간 역사를 통일한다는 두 가지 의미가 있다. 증산 상제는 이 두 가지 의통법을 통합해서 만국의원 도수를 천지공사로 행하였다. 이 만국의원 도수는 먼저 각자가 생활 수행으로 신의 세계에 통하여 의통醫通을 이루고, 나아가 온 인류가 가을 대개벽기에 대병겁으로 넘어갈 때 의통醫統을 통해 선천 문화가 통일되면서 마침내 현실화한다.
25) 신의 세계에 통한다는 의미이다.
26) 이주란은 이에 대해 「도전으로 보는 태모 고수부님의 치병 역사」에서 다섯 인물만 소개한 바가 있지만, 이 글에서는 『道典』을 근거로 편, 장, 절이나 각주도 면밀하게 살펴, 태모 고수부의 권능으로 의통과 신통이 직접 열린 성도는 모두 포함하였다.

게서 병을 다스리는 권능을 받게 된다. 이날 김봉우 외에 두 성도가 함께 태모 고수부를 찾아갔지만, 김봉우에게 사는 형편을 물은 뒤 그의 손을 잡고 손이 따뜻한가를 다시 물었다. 그러면서 태모 고수부는 돌아가서 병을 다스리도록 명命을 내린다. 이때의 명은 어머니 하느님으로서 성도에게 내리는 천명天命이자 사명으로 해석된다.

> 이때 태모님께서 봉우의 생계를 물으시거늘 봉우가 "가도가 심히 곤란합니다." 하고 아뢰니 "그래서야 쓰겠느냐." 하시며 봉우의 손을 잡고 다시 물으시기를 "내 손이 따스운고?" 하시매 봉우가 "따습습니다." 하고 아뢰니 이르시기를 "너는 이 길로 돌아가서 치병이나 하여 보아라." 하시니라. (『道典』 11:144:2~4)

여기서 눈여겨볼 것이 있다. 태모 고수부가 김봉우에게 당신의 손이 따뜻한가를 물었다는 점과 태모 고수부가 명을 내린 점 즉 말로써 병을 다스리는 권능을 전수했다는 사실이 중요하다. 첫 번째 사실에서 한국어의 '약손'이라는 말이 떠오른다. 이 말은 아이들의 아픈 곳을 마사지하면 낫는다고 하여 '어루만져 주는 손'을 뜻한다.[27] 이를 과학적으로 증명한 연구 결과가 있다. 영국 과학 저널 〈Nature네이처〉는 어머니의 따뜻한 손길이 자녀의 신경조직을 자극해 정서적 안정과 신체 발육까지 촉진한다고 발표

---

27) '약손'은 특히 아이를 양육하는 가정이나 문학 작품에서 쓰이는데, 대개 '엄마 손은 약손', 혹은 '우리 아가 배는 똥배, 할머니 손은 약손'이라는 표현을 자주 대할 수 있다. "영자가 간절히 바라던 것은 과학적인 치료법이나 특효약이 아니었다. 약손이었다."(박완서, 오만과 몽상, 세계사, 2002). "그런 일이 있은 뒤부터 내 별명은 약손이 되었지만, 참으로 약손이 효력을 발휘했음인지 주인마누라는 거뜬히 나아 한동안은 탈이 없이 잘 지냈다."(이호철, 소시민·살, 문학사상사, 1993). 어린이를 위한 책 제목에서도 엄마 손, 할머니 손을 넘어 '할아버지 손', '오빠 손' 심지어 한 가정 모두를 칭하는 경우도 있다. 한수연(2005), 〈할아버지 손은 약손〉, 이춘희(2010)〈엄마 손은 약손〉, 정지윤(2014), 〈출동 약손이네1〉, 석호열(2005), 〈내 손이 약손이다〉.

했다.[28] 한의학뿐 아니라 내과, 가정의학에서도 인간의 손을 인체의 축소판으로 간주한다. 손은 신경망이 치밀하게 분포돼 뇌의 영역을 활발하게 하고, 면역력을 깨우는 역할을 한다는 것이다.[29] 그만큼 손은 생활에 필요한 행위를 하는 인체의 한 부분이기도 하지만, 건강, 즉 병과 관련해서도 중요한 기관임을 알 수 있다. 1980년대 후반 '손을 얹어 질병을 치유하는 법'이 미국 전역을 휩쓴 적이 있다. 그것에 관심을 가진 사람들을 위해 바바라 앤 브렌넌Barbara Ann Brennan은 치유사로서 『Hands of Light』를 세상에 내놓기도 했다.[30] 따라서 '따뜻한 손'은 치유의 행위에서 보편적으로 사용하는 신체가 된다. 이제 두 번째 사실을 살펴보자. 태모 고수부가 김봉우에게 치유하는 권능을 전수한 방법이다. 『道典』을 통해 확인할 수 있듯이, 치병이나 해 보라는 말씀 한마디가 전부이다. 증산 상제는 어천하기 2

28) m.hani.co.kr, 한겨레 [우리말과 한의학] "엄마 손은 약손" 2011-02-28. "CT as a system for limbic touch that may underlie emotional, hormonal and affiliative responses to caress-like, skin-to-skin contact between individuals".

29) MBN 천기누설, 잠자는 면역, 손으로 깨워라!, 2022년 3월 4일 방송. "손에 분포한 수많은 신경 세포들 사이로 미네랄 같은 에너지가 흐르고 있습니다. 손으로 몸을 만지고 두드리는 것만으로도 신경세포에서 뿜어지는 에너지가 몸으로 전달되는 동시에 손에도 자극이 가해지면서 면역력을 깨우는 역할을 하는 데 도움이 되는 것입니다"(우승민, 내과 전문의). "실제 뇌를 자극할수록 면역력 상승을 돕는다는 연구 결과도 살펴볼 수 있는데요, 뇌와 똑같이 발달하기 때문에 (피부는) 제2의 뇌라고 불리기도 합니다. 피부와 뇌는 섬세한 회로로 연결되어 서로 정보를 주고받기 때문에 피부에 가해지는 약한 자극(손으로 두드르는 태핑)도 뇌에 잘 전달되면서 면역력 상승으로 연결되는 것이죠"(이아랑, 가정의학과 전문의). "엄마 손 즉, 따뜻한 손으로 배를 문질러주면 복부 혈관이 확장돼 혈류량이 늘고 신체를 긴장시키는 교감신경의 활동이 억제되면서 수축했던 장이 풀어지는 효과를 볼 수 있습니다. 배를 어루만져주는 것이 막힌 기와 혈을 뚫어주는 데 효과적이라고 보고 있습니다"(정이안, 한의사).

30) Barbara Ann Brennan, 『Hands of Light- A Guide to Healing Through the Human Energy Field』, A Bantam Book, 1988. 이 책은 인간이 뿜어내는 오오라에 대한 연구와 더불어 정신과 육체의 치유 과정과 오오라와의 관계를 심도 있게 연구하여 그 결과를 제시하고 있다. 저자는 나사NASA에서 연구과학자로 일하기도 했으며, 드렉셀 대학과 뉴 에이지 연구소와 함께 하는 연구 프로젝트에도 참여한 바 있다. 세계 여러 지역에서 '인간 에너지장'과 '힐링과 채널링'에 대한 워크숍도 연 치유사다.

년 전 1907년 정월 어느 날 그의 수석 제자인 김형렬에게 다음과 같은 말씀을 하였다.

> 나의 말은 약이라. 말로써 사람의 마음을 위안도 하며 말로써 병든 자를 일으키기도 하며 말로써 죄에 걸린 자를 끄르기도 하나니 이는 나의 말이 곧 약인 까닭이니라. 나의 말은 구천에 사무쳐 잠시도 땅에 떨어지지 아니하나니 부절과 같이 합하느니라. (『道典』 2:93:2~3, 6)

앞 2.1)에서 서술한 대로 증산 상제와 태모 고수부가 천지부모로서 동등한 권능을 가진 위격의 존재라는 것을 전제로 한다면, 이 말씀은 증산 상제에게만 해당하는 것이 아님을 알 수 있다. 따라서 태모 고수부의 말씀 자체가 치유의 권능을 전수하는 법이다. 이와 관련하여 다음 3.2)에서 더 자세하게 논할 것이다.

두 번째로 소개하고자 하는 인물은 전대윤(1861~1933) 성도이다. 대흥리 도장 시절에 신앙을 시작했다. 용화동 도장에서는 태모 고수부의 시종을 들었다. 전대윤에게 의통을 열어준 때는 1928년 9월로 추정된다.[31] 태모 고수부는 전대윤에게 명하여 10년 동안 한센병(문둥병)으로 고통받고 있는 정토면 면장의 아내를 완치했다. 이때 전대윤은 태모 고수부를 대신하여 치성을 올리고 병자를 7일 단위로 수련시켰다. 7수로 세 번, 21일을 거치

---

31) 『道典』의 기록을 보면, 11편의 흐름은 연대순 즉 통시적 기술로 배열된 것으로 판단한다. 『道典』의 2편, 8편, 9편 등은 통시적 구조를 따른다고 볼 수 없지만, 증산 상제와 태모 고수부의 생애와 밀접하게 관련한 1편과 11편의 기본 체제는 통시적 기술이라고 봐도 무리가 없다. 11편의 경우에도 답사를 통한 고증이 이루어졌다고는 하지만, 정확한 날짜가 없는 사례도 있다. 그런 경우 편찬자들은 시대적 상황, 기록 및 채록의 다층적 검증, 오류의 재검토 등을 근거로 합당한 연대를 고려하여 배열한 것으로 판단하였다. 전대윤 성도가 의통이 열린 시기도 정확한 날짜는 없으며, 전후 장을 미루어 1928년 9월의 어느 때쯤으로 보았다.

면서 병을 완전히 낫게 하였는데, 그 바탕에는 칠성문화[32]가 깔려 있음을 엿볼 수 있다. 전대윤은 이 일을 계기로 의통이 크게 열렸다[33]. 이후 태모 고수부는 전대윤에게 '애기 치병 도수'를 붙여서 주로 어린아이의 병을 맡아서 다스리도록 했다.

> 임피 술산에 사는 문기수의 셋째 아들 봉현이 담종으로 석 달을 앓다가 사경에 이른지라 기수의 아내가 태모님께 찾아와 이 사실을 아뢰니 태모님께서 전대윤을 불러 밤과 대추를 주며 이르시기를 "네가 가서 이 과실을 먹이고 병든 곳을 만지며 시천주주를 읽으라." 하시므로 대윤이 가서 그대로 행하매 3일 만에 그 아이의 병이 나으니라. 이는 태모님께서 대윤에게 애기 치병 도수를 붙이심이니 이루로 어린아이가 아프면 대윤으로 하여금 치병하게 하시니라. (『道典』 11:302:1~5)

세 번째로 알아볼 인물은 태모 고수부가 아들로 삼고 명줄을 늘려 준 이용기(1899~1980) 성도이다.[34] 1921년, 태모 고수부가 삼신경을 읽어 자손을 내려줄 때 이용기 성도는 신도가 열려 삼신과 칠성 기운이 합하여 생명이 잉태되는 것을 보기도 했다.[35] 그러나 이때는 태모 고수부가 어머니로서 아들인 용기에게 잠시 신도를 통하게 해 준 것일 뿐 온전하게 신통을 열어준 것은 아니다. 그 근거는 이용기가 이후에 행한 치유 행적을 보면 알 수 있다. 태모 고수부는 이용기에게 주로 한국에 와 있는 일본 사람의

---

32) 선문화와 칠성문화는 상호 불가분의 관계이다. 이에 관한 연구는 더 많은 시간이 필요하므로 이 글에서는 더 전개하지 않았다.
33) 『道典』 11:227.
34) 『道典』 11:32. 1913년 대흥리 도장에서 신앙을 시작함.
35) 『道典』 11:58.

병을 다스리는 것을 맡게 하였다.[36]

> 쌍제리 오룡동에 사는 김도봉의 부친 김경칠이 우연히 병을 얻어 백약이 무효하여 사경에 이르거늘 용기가 이 사실을 아뢰니 태모님께서 "네 의사대로 처리하여 보아라." 하시니라. 이에 해전리에 사는 정덕근과 함께 환자의 집에 찾아가 주문을 읽어 주니 약을 쓰지 않고도 자연히 완쾌되거늘 이것은 태모님께서 용기로 하여금 뜻하는 대로 치병할 수 있도록 신도를 열어 주심이더라. (『道典』 11:241:1~6)

위 기록에 의하면, 1927년 일본 사람의 병을 고쳐 줄 때와는 달리 태모 고수부는 용기가 그의 뜻대로 치유할 수 있도록 신의 세계에 통하는 권능을 부여한 것이다. 그와 같이 한 후 태모 고수부는 신도를 다스려 치유할 일이 있으면 주로 이용기 성도에게 맡겼음을 알 수 있다. 이용기는 신도가 열려 병자의 조상 선령신을 다 보고, 또 어떻게 해서 병을 앓게 되었는지 환하게 알게 되었다[37]고 한다. 이용기는 병을 고쳐 주고도 어떠한 사례금을 받지 않았으며 특히 경제적으로 어려움에 처한 사람들의 병을 다스리는 데 힘을 쏟은 것으로 밝혀져 있다.

이용기의 치유 행적은 앞에서 거론한 두 명과는 다른 면이 있다. 그것은 의통과 신통의 권능을 함께 받았다는 점이다. 병의 근원이 신도와 밀접하게 관련이 있는 경우에는 반드시 신의 세계를 다스릴 수 있어야 하는데, 태모 고수부는 그것을 가능하도록 이용기에게 신통의 권능을 전수했다는 사실이다. 1921년에는 태모 고수부가 잠시 신도 체험을 하게 해 준 것이라

---

36) 『道典』 11:145장과 151장은 1927년에 이용기가 후꾸다 부부, 천리교 선교소의 오구라에게 치유한 행적을 전하고 있다.
37) 『道典』 11:242. 1929년 3월 27일 이후 6월 5일 이전으로 추정된다.

면, 1929년에는 천지 어머니, 하느님의 도권으로 의통과 신통을 모두 부여
받았다는 점이 중요하다. 이용기만이 신통을 받은 것은 아니지만, 이 인물
을 통해 병을 어떤 경지에서 다스려야 하는지를 깊이 생각해 보게 된다.

네 번째 인물은 옥구에 살던 김내원(1879~1957) 성도이다. 1925년 9월,
김내원은 태모 고수부의 명에 따라 큰 종기로 고생하고 있던 고민환을 사
흘 만에 낫게 한 적이 있다.[38] 그때 김내원은 고민환이 아픈지도 몰랐다.
태모 고수부는 '네 손이 큰 약손'이라고 하며 내원의 손에 의통 기운을 붙
여 치유하도록 했다. 앞서 김봉우의 경우에서도 '손'이 언급되었는데, 김내
원의 경우는 '약손'이라고 치유하는 손이라는 것을 더 명확히 해 준다. 하
지만 1925년의 기록으로는 이 당시에 김내원이 의통을 받았는지는 명확
하지 않다. 김내원의 의통과 신통에 관한 것은 『道典』 11편 255장에서 명
확하게 나타난다.

> 하루는 김내원이 찾아와 태모님께 문안을 드리고 나서 의통을 여쭈니
> 태모님께서 일러 말씀하시기를 "일심만 가지면 자연히 열리나니 너희
> 도 다 기운을 받을 수 있느니라." 하시니라. 내원이 다시 여쭙기를 "지
> 금이라도 일을 하는 데는 의통을 가져야 하겠나이다." 하니 태모님께
> 서 "그러하리라." 하시며 "일심으로 나에게 심고하라." 하시니라. 이로
> 부터 내원이 의통이 열려 치병에 신통을 얻으니라. (『道典』 11:255:1~5)

이 말씀에서 의통과 신통의 관계가 이용기 성도와는 좀 다르다. 김내원
이 의통이 열려 치병에 신통을 얻었다는 말은 몇 가지로 해석할 수 있다.
김내원이 태모 고수부에게 심고를 하자 태모 고수부는 의통을 열어주었
다. 이에 따라 그가 치유할 때 신통까지 하게 되었다는 것이 하나의 해석

---

38) 『道典』 11:74.

이다. 즉 처음에는 의통의 권능만 받았지만, 그로 인해 치유할 때 신통도 가능해졌다는 의미이다. 다른 해석으로는 이용기의 경우처럼 신도를 통해야만 치유가 가능한 경우는 의통이 곧 신통이어야만 하기에 의통을 받은 것은 신통 전수로 해석할 수 있다. 전자든 후자든 결국은 의통과 신통의 권능을 다 갖게 되었다고 봐야 한다.

다섯 번째 인물로는 고춘자 성도로 생몰연대는 알 수 없다. 태모 고수부의 다섯 도정 살림의 마지막 오성산 도장에서 어려운 생활고를 겪으며 남편 이진묵 성도와 함께 태모 고수부를 모신 몇 안 되는 성도 가운데 한 명이다.

> "신도로써 천지공사를 행하자니 노고스러울 때가 많다." 하시고 "이제는 네가 내 대신 공사를 행하여 나의 노고를 덜라." 하시니 이로부터 춘자가 문득 신도를 통하여 천지공사를 대행하는데 신도와 인사를 일일이 법도에 부합하게 처결하는지라. (『道典』 11:267:2~3)

위 말씀을 통해 고춘자에 대한 태모 고수부의 신뢰가 아주 대단하였다는 것을 감지할 수 있다. 천지공사는 증산 상제와 태모 고수부가 우주 통치자의 위격으로 행사할 수 있는 권한인데, 어머니 하느님의 말씀으로 대행권을 가지게 된 것이다. 그 전제가 신도에 통하는 것, 바로 신통인데, 고춘자는 신도가 열린 이후 병을 다스리는 능력이 뛰어나 많은 사람을 고쳤다.[39] 고춘자의 신통 경지는 이미 언급한 이용기, 김내원 성도의 경우와 또 다른 면이 있다. 그들이 치병할 때 신도가 열렸다는 것은 확실하지만, 태모 고수부를 대신하여 천지공사를 볼 정도는 아니었다. 고춘자가 천지공사를 대행하게 된 정확한 날짜는 기록으로 알 수 없으나, 기록의 전후 정황으로

----

39) 『道典』 11:268:1.

1929년 8월과 9월 사이로 증산 상제의 성탄치성 전인 것으로 보인다.

여섯 번째 인물은 익산 솜리댁으로 알려진 김성녀[40]이다. 김성녀는 1928년 8월 이후 그리고 9월 증산 상제의 성탄치성 전, 전주에 사는 배한주의 아내의 병을 고쳐준 기록이 있다.[41] 이때의 기록상으로는 태모 고수부에게 의통을 받았는지 알 수 없다. 그 사실은 1932년 1월 8일 치유 행적인 11편 316장의 측주를 통해 파악할 수 있다. 측주에 따르면, 태모 고수부가 "너는 적선을 많이 해라."라고 하며 의통을 열어준 이후 치유를 잘하였다는 것이다. 하지만 안타깝게도 김성녀는 나중에 태모 고수부의 말씀을 어기고 물질에 정신을 빼앗겨 병을 고쳐 준 대가로 돈을 받으면서 신도가 닫혀 버렸다고 한다.

다음으로는 일곱 번째, 여덟 번째로, 기록상으로 김성녀와 함께 나오는 정성녀와 박경신 성도를 들 수 있다.[42]

1933년 1월 20일의 기록이다. 김성녀, 정성녀, 박경신 세 사람이 태모 고수부를 찾아뵈었다.

> 영등리에 사는 탁치복의 아내 소씨가 뱃속 혈적증으로 고통 중에 있음을 아뢰니 태모님께서 이르시기를 "그 병이 대단히 중하도다. 너희들에게 맡기나니 너희들 의사대로 처리하여 보아라." 하시므로 세 사람이 치성과 기도를 두 차례 올리니 그 병이 자연히 완치되니라. (『道典』11:335:2~4)

----

40) 11편에는 그 이름을 알 수 없고 성씨만 알 수 있는 경우는 김성녀金姓女, 정성녀鄭姓女 등으로 기록한 곳이 있다. 익산에 살던 주원일의 아내 김성녀를 말한다. 하지만, 그 생몰연대는 알 수 없다. 김성녀는 11편 외에도 『道典』3편과 5편에서 찾아볼 수 있다. 증산 상제를 모신 김준상, 이환구, 정성백의 아내들이 모두 김성녀로 기록되어 있으며, 이들 세 사람은 생몰연대가 나오는데, 11편의 김성녀와는 다른 인물들이다.
41) 『道典』11:219:3~7.
42) 이들의 생몰연대는 기록에 나오지 않는다.

'너희들에게 맡긴다', '너희들 의사대로 처리하라'는 말씀은 이용기 성도의 경우와 마찬가지로 말씀으로 의통을 허락한 것이다. 김성녀가 한 해 전 1932년에 태모 고수부의 명에 따라 치유 역사를 했고, 측주에 근거하여 그 당시 의통을 받은 것으로 볼 수 있다. 하지만 세 사람을 함께 언급한 것은 1933년이 된다. 정성녀와 박경신은 같은 마을에 살면서 함께 병자를 치유한 것으로 보인다.[43]

아홉 번째와 열 번째 인물은 김도성화(1883~1962)와 정실생화(생몰연대 미상) 성도이다. 1929년 3월 15일의 일이다. 태모 고수부는 이 두 사람에게 병을 다스릴 때 부채를 사용하게 하였다.[44] 태모 고수부의 지엄한 천명이자 말씀에 '치병을 하라'는 것과 그 방법으로 '부채'를 사용하라는 것이 눈에 띈다. 부채는 바람을 일으켜 더위를 날려 보낼 뿐 아니라 먼지도 날려 청정하게 하므로, 재앙을 몰고 오는 액귀나 병을 불러오는 병귀 같은 사邪를 물리치는 도구로도 인식된다. 그래서 마를 쫓고 신명을 부르는 굿에서도 부채는 필수인데, 이때 부채는 삿된 것이나 병마를 쫓고, 좋은 신을 부르는 상징적인 도구라 할 수 있다.[45] 또한, 신선들이 들고 다니는 물건에도 부채가 등장한다. 중국 팔대 신선 가운데 종리권鍾離權은 여동빈呂洞賓의 스승이며, 일반적으로 팔선의 수장으로 알려져 있다.[46] 그는 도교의 오묘한 이치를 터득하여 진선眞仙이 되었으며, 옥황상제는 그를 태극좌궁

---

43) 『道典』 11편 335장에 따르면, 정성녀는 김석배의 어머니이며, 박경신은 조남경의 어머니이다. 이 두 사람은 전주군 조촌면 화전리에 살았다. 1934년의 기록인 392장에서도 두 사람이 함께 병을 다스렸다는 것을 알 수 있다.
44) 『道典』 11:234:1~4. 김도성화의 남편은 유일태 성도이며, 정실생화는 조승기의 어머니로 같은 마을에 살았다.
45) 허동화, 『우리가 정말 알아야 할 우리 규방 문화』, 서울: 현암사, 1997, p.122.
46) 이철괴를 팔선 중 첫째라고 말하는 사람도 있다. 그러나 팔선 중 제일 먼저 득도한 신선은 종리권이기에, 원명 시대에 종리권을 팔선의 첫째로 주장하는 사람이 많았다.

진인太極左宮眞人에 봉했다고 한다.[47] 종리권이 세상에 나타날 때의 모습은 두 갈래 큰 상투에 커다란 배를 드러낸 채, 종려 부채를 든 모습이었다. 그가 자신의 특성을 나타내는 상징물로 부채를 들었다는 것과 태모 고수부가 병을 다스리는 데 부채를 사용하라고 명한 것은 우연한 일이 아니다.

2.2)에서 태모 고수부의 대흥리 첫 살림을 상기해 보면, 성도들이 태모 고수부에게 교명을 무엇으로 하겠느냐는 물음에 신선 선仙 자를 써서 '선도'라고 명명한 점과 전혀 무관하지 않을 것이다. 앞으로 이에 관한 발전적인 연구가 필요하며, 차후 과제로 남겨두고자 한다.

한편, 태모 고수부가 어천한 해인 1935년 2월에 김도성화와 정실생화는 시두로 위독한 사람을 두 번이나 치유한 기록이 나와 눈길을 끈다.[48] 시두를 비롯한 병에 따른 분류는 다음 절에서 다시 다룰 것이다. 시두 치유 행적 이후 김도성화와 정실생화가 의통을 넘어 신통을 부여받았다고 판단할 수 있는 근거는 1935년 3월 29일의 기록이다.

> 하루는 도성화와 실생화가 김제 장산리에 사는 유호열과 유남렬 두 사람이 중병으로 목숨이 경각에 달렸음을 보고 태모님께 이 사실을 아뢰니 말씀하시기를 "너희들 심령대로 치병하라." 하시므로 두 성도 가 성심으로 기도축원하니 사나흘 뒤에 그 병이 완치되니라. (『道典』 11:393:4~6)

위 기록에서는 '너희들 심령대로'라는 말에 주목해야 한다. 앞에서도 밝혔듯이, 태모 고수부는 이용기에게는 '네 의사대로', 김성녀, 정성녀, 박경신에게는 '너희들 의사대로'라 천명을 내림과 동시에 신통을 열어주었다.

---

47) 진기환 편저, 『중국의 신선 이야기』, 파주: 이담북스, 2011, pp. 49~54.
48) 『道典』 11:392:1~5.

이처럼 김도성화와 정실생화에게도 그 경지를 부여한 것으로 보인다.

(2) 성도를 통한 의통과 신통의 도권 전수

앞에서는 태모 고수부가 직접 의통과 신통을 열어준 열 명의 성도를 살펴보았다. 이번에는 태모 고수부가 대리인을 세워 의통과 신통을 전한 경우를 알아본다. 이에 해당하는 인물은 김순화 성도 한 명이다. 9년간 중풍을 앓아 온 김순화가 고찬홍 성도를 통해 자신의 병을 태모 고수부에게 알리게 한다. 그러자 태모 고수부는 고찬홍에게 순화의 집에 가서 치성을 드리고 심고하라고 명한다. 그런데 놀랍게도 고찬홍이 그 집에 가보니 병석에 있던 순화가 일어나 치성을 준비하고 있었다. 이에 대해『道典』에서는 다음과 같이 기록하고 있다.

> 이는 태모님께서 찬홍에게 의통의 신비한 묘력을 붙여 보내심이니
> 그 후 순화가 의통이 열려 신묘하게 치병을 잘하매 많은 사람을 포
> 교하게 되니라. (『道典』 11:195:6~7)

앞의 사례들과 이 말씀을 통해 소결론을 내린다면, 태모 고수부가 성도들에게 열어준 의통과 신통은 치유를 위한 기본 전제가 되었으며, 병을 다스리는 치유 역사役事는 포교와 직접 맞닿아 있음을 알게 된다.

2) 질병, 행법, 주문의 세 가지 코드로 본 치유 성적

이 절에서는 태모 고수부의 치유 성적을 세 가지 코드로 나누어 살펴보고자 한다. 먼저 기록을 통해 그 당시 어떠한 크고 작은 병을 다루었는지를 큰 틀에서 파악하여 그 시대 풍토병이나 감염병도 확인하고자 하였다.

또한, 치유 과정에서 행한 모든 방법이라는 의미로 '행법行法'이라는 용어를 사용하였다.[49] 그리고 행법 가운데에서 주문을 사용한 점에 주목하여 치유에 사용한 주문에 대해서도 따로 분석해 보기로 하였다. 이 세 가지를 통해 태모 고수부의 치유 성적이 갖는 의의를 도출해 내는 지표를 세우고자 한다.

(1) 태모 고수부의 치유 성적에 나타난 질병

태모 고수부의 치유 역사에는 신체 일부분을 고쳐 준 일화부터 이미 죽은 자를 살리는 기적과 같은 사례까지 나온다.

가	아픈 팔, 눈(안질, 감겨진 눈을 뜨게 함), 혹(등, 이마, 귀밑), 치통, 두통, 견비통, 부종, 종기(담종, 독종), 습종(다리), 주달[50], 낙상, 가슴앓이 경풍, 중풍, 장풍, 두풍, 건각증, 뇌전증(간질), 해소병(천식), 치질, 적체(적병), 난산, 산증[51], 노증怒症, 혈적증, 별복[52], 주마담[53], 광사병狂邪病, 연주창[54]
나	시두(두창), 홍역, 호열자(콜레라), 장질부사(장티푸스, 열병), 폐결핵, 이질, 한센병(문둥병), 학질(말라리아)
다	급병, 불치병, 절명, 단명, 사경에 이른 상태, 죽은 자를 살림

〈표 2〉 태모 고수부의 치유 역사에 나타난 주요 질병

---

49) 여기서 말하는 '행법'은 증산도에서 진리 술어로 사용하는 '교법敎法'에 대응하는 행법과 정확하게 같지 않다는 것을 밝혀 둔다. 다만, 증산도의 '행법'이 지닌 의미를 좁은 범위에서 차용하였다.

50) 『道典』11:142:3 측주. 술 중독으로 인해 소변 불통, 발열 등의 증세를 일으키는 황달.

51) 『道典』11:219:1 측주. 아랫배와 고환이 붓고 아프며 오줌이 잘 나오지 않는 병.

52) 『道典』11:340:2 측주. 지라가 부어 뱃속에 자라 모양의 멍울이 생기며 열이 심하게 오르고 내리는 어린아이의 병.

53) 『道典』11:372:1 측주. 담이 혈관을 타고 돌아 이곳저곳이 욱신거리고 때로 부어오르는 병.

54) 강병화, 『우리나라 자원식물』, 서울: 한국학술정보, 2012. 목 부위에 단단한 멍울이 생겨 삭지 않아 통증이 계속되고 연주나력이 터져 진물이 흐르며 자꾸 퍼져나가는 부스럼.

〈표2〉의 '나'는 보건복지부 질병관리본부에서 공표한 법정감염병에 해당한다. 한국의 법정감염병은 1급에서 4급으로 나뉜다.[55] 시두 즉 두창은 제1급 감염병에 분류되어 있고, 홍역, 콜레라, 장티푸스, 결핵, 세균성이질, 한센병은 제2급 감염병이다. 학질로 불렸던 말라리아는 제3급 감염병으로 분류한다.

『道典』11편에 따르면, 1920~30년대 그 당시 전라 지역에는 최소 여덟 가지에 해당하는 법정감염병이 발병한 것을 알 수 있다. 여기서 주목할 병은 천연두로 널리 알려진 시두이다. 한의학에서는 두창痘瘡으로 불리며, 두신, 객성, 시두손님, 손님마마, 별성마마, 마마와 같은 별칭을 갖는 제1급 감염병 가운데 하나이다.[56] 지구상에서 가장 많은 사람을 사망에 이르게 한 질병이 바로 시두이며, 사망자 수는 3억~5억 명으로 추산한다.[57] 시두는 홍역과 함께 역사적으로 특별한 의미가 있는데, 이것들은 제국주의의

---

55) 이 내용은 질병관리청(KDCA) 2022년 4월 5일 공식 자료를 근거로 한다. 질병관리본부는 다음과 같이 분류와 신고 기준을 정하고 있다. 제1급 감염병은 생물테러 감염병 또는 치명률이 높거나 집단 발생의 우려가 커서 발생 또는 유행 즉시 신고해야 하고, 높은 수준의 격리가 필요한 감염병이다. 제2급 감염병은 전파가능성을 고려하여 발생 또는 유행 시 24시간 이내에 신고해야 하고 격리가 필요한 감염병이다. 제3급 감염병은 그 발생을 계속 지켜볼 필요가 있어 발생 또는 유행 시 24시간 이내에 신고해야 하는 감염병이다. 제4급 감염병은 1급에서 3급 감염병 외에 유행 여부를 조사하기 위해 표본감시 활동이 필요한 감염병을 말한다.

56) 『道典』 7:63:9 측주. 시두는 인류가 퇴치에 성공한 유일한 질병으로, 1980년 5월 세계보건기구는 시두(천연두)가 지구상에서 완전히 박멸되었음을 선언하였다. 질병의 역사상 가장 혹독하게 인간을 괴롭혔던 죽음의 사자인 '마마여신'에게 인류의 이름으로 사망 선고를 내린 것이다. 그러나 증산 상제는 "앞으로 시두가 없다가 때가 되면 대발할 참이니 만일 시두가 대발하거든 병겁이 날 줄 알아라."라는 말씀으로 병겁이 터지기 전 개벽의 신호탄으로 시두가 다시 창궐하게 됨을 알 수 있다.

57) 서민, 『서민 교수의 의학세계사』, 서울: 생각정원, 2018, p.194. 시두는 이집트에서 유행하다가 기원전 천 년경 이집트 상인들을 따라 인도에 상륙했다. 이후 시두는 인도에서 이천 년간 풍토병으로 맹위를 떨쳤다. 기원전 1세기쯤, 서남쪽으로 이동하여 중국을 강타하였고 한국을 거쳐 6세기 무렵에는 일본으로 퍼졌다. 735~737년 일본에서는 시두로 인해 인구의 삼분의 일이 죽었다고 한다(p.176).

생물학 무기로 사용되었다[58]는 점이다.

앞에서 잠시 언급했듯이, 1934년에 한 번, 1935년에 두 번, 각기 시두를 다스렸던 사례가 있다. 1934년에는 김성녀가 네 살배기 아이가 시두로 죽을 지경에 이른 것을 증산 상제와 태모 고수부에게 심고하고, 시천주 주문을 읽어 완쾌하고 목숨을 살린 경우이다.[59] 1935년 2월에는 김도성화와 정실생화가 김제에 사는 황경수가 시두로 위독한 것을 태모 고수부에게 심고한 후 시천주 주문을 읽어 치유했다. 또 이들은 황일봉의 어머니가 임신 중에 시두로 사경에 이르렀을 때, 단지 태모 고수부에게 마음으로 아뢰고 병을 낫게 해 달라는 간절한 기도로 치유했다.[60]

시두로 인해 한국전쟁이 한창이던 1951년 당시 1만 명 이상이 사망하기도 했다. 그러나, 백신의 보급으로 1980년 세계보건기구는 천연두에 대한 지구상의 멸종을 발표했다. 국내에서도 1979년부터 예방 접종을 중단하고 1993년 이후 완전히 사라졌다고 발표해 시두가 없어진 상태이다.[61] 그렇지만 의학적으로 시두를 치료할 수 있는 약은 없다. 이러한 사실로 미루어보면, 태모 고수부의 치유 역사 속에서 세 차례나 시두를 약 없이 완쾌했다는 기록은 경이로운 사건이다.

'다'의 경우는 특정한 병으로 인해 사경에 처한 경우도 있고, 병명을 알 수 없는 경우도 있는데, 한두 사례만 살펴보기로 한다. 김도성화가 다섯 살 먹은 아이를 치료하기 위해 애를 썼음에도 불구하고 그 아이가 절명했는데, 살릴 방책을 얻기 위해 태모 고수부를 찾아간 일화가 있다. 이 일은 김도성화가 아직 태모 고수부에게서 의통을 전수 받기 전이다.

58) 아노 카렌 저, 권복규 옮김, 『전염병의 문화사』, 서울: 사이언스북스, 2001, p.96.
59) 『道典』 11:374:6~7.
60) 『道典』 11:392:1~5.
61) 안경전, 『생존의 비밀』, 대전: 상생출판, 2010, p.199.

도성화가 즉시 태모님께 이 일을 아뢰며 "저의 잘못으로 아이가 죽게 생겼으니 방책을 주시옵소서!" 하매 태모님께서 물으시기를 "죽은 지 얼마나 되느냐?" 하시거늘 "오늘까지 사흘째입니다." 하고 아뢰니라. 이에 태모님께서 명하시기를 "즉시 돌아가서 밥을 정갈하게 지어 그 집 마당에 한 상을 차려 놓고, 또 대문 앞에 세 상을 차려 놓은 다음 마당에서 예고신주를 삼칠독 한 뒤에 갱생주를 삼칠독 하고, 대문 앞에서 운장주를 삼칠독 하라. 그러면 회생할 수 있으리라." 하시니라. 도성화가 즉시 그 집으로 돌아가 말씀대로 하니 과연 아이가 다시 살아나거늘. (『道典』 11:203:3~7)

대개 삼일장으로 장례를 하면, 사망한 지 3일 되는 날에 발인한다. 즉 망자를 실은 상여가 집을 떠나 장지에 이르는 과정을 말한다. 삼일장에 따른다면 이 아이는 장지로 떠날 시점이다. 하지만 태모 고수부는 김도성화에게 회생할 수 있는 비법을 일러주었고, 죽었던 아이는 살아났다. 상을 차린 것 외에 김도성화가 행한 것은 세 가지 주문을 읽은 것뿐이다. 또한, 1931년 어느 날 문명수가 이름 모를 병에 걸려 숨을 거둔 김기화를 살릴 때, 태모 고수부는 청주淸酒를 조금씩 입에 흘려 넣으면서 진액주를 읽고 기도하라고 그 방법을 일러주기도 했다.[62] 이 두 사건에서 태모 고수부가 법방을 일러 준 것, 그 법방에 주문이 포함되어 있다는 공통점을 발견할 수 있다. 이것은 바로 이어서 살펴볼 '행법'과 '주문'으로 분류하면서 구체적으로 살펴볼 것이다.

(2) 행법으로 분류한 치유 양상

이 글에서 말하는 '행법'은 치유 과정에서 행한 법으로 태모 고수부의

---

62) 『道典』 11:302:6~9.

말씀을 근본으로 한다. 태모 고수부의 말씀의 절대성은 증산 상제의 다음과 같은 말씀에 따랐다. 증산 상제와 태모 고수부의 위격과 도권은 일체이기에 증산 상제의 '나의 말이 곧 약'이라는 법언도 태모 고수부에게 그대로 적용된다고 할 것이다.

> 나의 말은 약이라. 말로써 사람의 마음을 위안도 하며 말로써 병든 자를 일으키기도 하며 말로써 죄에 걸린 자를 끄르기도 하나니 이는 나의 말이 곧 약인 까닭이니라. (『道典』2:93:2~3)

따라서 필자가 제시하는 행법은, 어머니 하느님으로서의 천명인 말씀의 절대성을 바탕으로 태모 고수부의 말씀만으로 치유가 이루어졌는지, 치병할 때 치성, 청수, 기도가 있었는지, 환부에 손을 대고 도공[63]을 했는지 등 병을 다스리기 위해 행한 모든 방법을 일컫는다. 3.1)에서 태모 고수부가 성도들에게 의통과 신통을 부여해 치유의 권능을 전한 경우를 두 가지로 분류하였다. 그와 같이, 행법의 양상도 태모 고수부가 직접 치유한 경우와 대리인을 통해 병을 다스린 경우로 나눌 수 있다. 이 글에서는 태모 고수부의 치유 성적이기에 태모 고수부가 직접 치유한 사례를 중심으로 서술하고자 한다.

행법의 분류는 '말씀'과 '도공'을 기준으로 삼고 거기에 부가적으로 행한 것이 무엇이었냐에 따라 다음과 같이 일곱 가지로 분류하여 분석하였다. 동서고금의 모든 영적 전통들이 이구동성으로 얘기하는 것 가운데 하나가 신성한 '말씀'이다. 판딧 라즈마니 티구네이트Pandit Rajmani Tigunait 박

---

63) 여기에서 말하는 '도공'이란 태모 고수부가 직접 손으로 환부를 어루만져 준 것을 의미한다. 증산도의 수행 방법을 말하는 '도공'과는 그 의미와 차이가 있으나 넓은 의미에서 증산도 도공에 포함되는 행위라 할 수 있다.

사에 의하면, 신성한 말씀은 내재계와 초월계, 현상계와 본질계를 이어주는 가교架橋로 작용한다. 그런데, 각각의 영적 전통들이 말하는 '말씀'의 차원은 언어의 한 측면으로서 최고 실재, 혹은 절대 진리의 현현으로 인식되고 있다는 것이다.[64] 즉 '말씀'은 그 자체가 절대 진리인 셈이다.

이러한 말씀과 도공을 기준으로 한 것은 태모 고수부가 의통과 신통을 성도들에게 전수한 그 중심에도 '말씀'이라는 원천적인 도권을 사용한 점, 치유 문화에서 일반적으로 일컬어지는 인체의 손이 행하는 방법으로의 '도공'을 근거로 '행법' 분류에도 적용하고자 한 것이다.

가	말씀
나	말씀 + 도공
다	말씀 + 병자(또는 그의 가족)의 말씀 이행
라	말씀 + 기타
마	도공
바	도공 + 처방
사	'가~바'에 해당하지 않는 방법

〈표 3〉 '행법'으로 분류한 일곱 가지 치유 양상

첫째, 태모 고수부의 말씀이 성약聖藥이 되어 치유의 은혜가 내려진 경우이다. 둘째, 말씀과 도공을 한 경우이며, 셋째, 태모 고수부의 말씀을 병자나 그의 가족이 말씀대로 행한 경우이다. 넷째, 말씀과 '기타'로 분류한 경우인데, 태모 고수부의 말씀을 바탕으로 하되 둘째와 셋째와 다른 경우를 이에 포함하였다. 다섯째, '도공'만으로 치유한 경우이다. 여섯째, 도공과 함께 다른 처방이 가미된 경우이다. 일곱째, 위 여섯 가지에 포함되지 않

64) 판딧 라즈마니 티구네이트 지음, 서민수 옮김, 『만트라의 힘과 수행의 신비』, 서울: 대원출판, 2000, pp.34~35.

는 치유 양상을 말한다. 이 일곱 가지 분류를 크게 보면, '말씀', '도공', '기타'로 나눌 수 있지만, 일곱 가지로 분석하여 좀 더 세밀하게 살펴보고자 하였다. 이에 해당하는 각각의 대표 사례를 제시하도록 하겠다.

'가'의 '말씀'만으로 이루어진 사례로는 1929년 6월 5일의 기록을 들 수 있다.[65] 익산에 사는 김원명이 두풍頭風으로 한쪽 눈이 보이지 않은 채 도장에 왔을 때 태모 고수부는 눈을 떠 보라고 하면서 '눈을 떴으면 감지 마라, 부모가 이르는 말을 잊지 말라.'는 엄한 명령이면서도 부모로서 자녀를 대하는 말씀을 하였다. 이 말씀 후 김원명의 눈이 완치되었다. 이듬해 사례를 하나 더 살펴보면 박종오가 열병[66]으로 목숨이 위험했을 때이다. 오로지 태모 고수부의 한 말씀으로 병자의 병을 다스렸다는 것을 알 수 있다.

> 정월에 박종오가 열병을 앓아 위독하므로 태모님께서 그의 방문을
> 열어 보시고 종오에게 일러 말씀하시기를 "그만 앓고 일어나라." 하
> 시니 종오의 병이 곧 나으니라. (『道典』 11:279:1~2)

'나'의 말씀과 도공이 함께 어우러져 치유된 사례들은 주로 신체 일부분을 치유하는 과정에서 나타났다. 그에 해당하는 신체는 대개 눈, 팔, 다리, 어깨, 배 등이다. '보기 싫다'고 꾸짖으며 손으로 눈을 쳐서 선천적으로 장애가 있던 눈을 낫게 하거나[67], 식당에서 일하는 여인의 팔을 어루만져 주며 '몸이나 성하여야 먹고 살리라'는 말씀으로 그 자리에서 팔을 낫게 해주었다.[68] 1929년 7월 오성산에서 공사를 행할 때도 치유의 은혜를 베풀

---

65) 『道典』 11:243:1~6.
66) 이때 '열병'은 현재 제2급 감염병으로 분류된 '장티푸스'를 일상적으로 이르는 것으로 추정한다.
67) 『道典』 11:149:1~3.
68) 『道典』 11:218:4.

었다. 그 마을 사람 강만덕이 건각증으로 다리를 절고 있었다. 태모 고수부는 그의 다리를 어루만지며 '이로부터 나으리라'고 했는데, 며칠 후 깨끗이 나은 일화이다.[69] 또 1933년 3월, 이용기의 셋째 딸 일례가 세 살이 되었을 때 별복을 앓았다. 이때 태모 고수부는 이 아이의 뱃속에 다른 아이가 들었다고 하며 손으로 배를 어루만져 별복도 낫게 하고 무병하게 자라게 해 주었다.[70] 『道典』에는 태모 고수부가 아이들을 무척 귀여워하고 사랑과 자비를 베풀어 주었다는 것을 느낄 수 있는 일화들이 이곳저곳에 많이 나오는데, 아이들에게 행한 치유 성적도 그 실천이라 여겨진다. 한편, 도공은 병의 정도에 따라 일부가 아닌 몸 전체에도 행해진 행법이다. 그 대표적인 예로 태모 고수부가 어천하는 해인 1935년의 일화를 들 수 있다. 두창에 여러 병을 앓는 아이를 고칠 때 태모 고수부는 아이의 전신을 어루만지며 '속히 키우고 또 생산케 하라'[71] 하였다. 그 후 아이는 완쾌했고, 아이를 데려온 여인은 말씀대로 곧 잉태하여 아이를 또 낳았다.[72]

'다'의 경우는 태모 고수부가 병자나 그의 가족에게 방법을 일러주는 말씀을 그대로 행했을 때 치유가 이루어진다. 말씀으로 일러주는 행법에는 주문 수행을 하라는 것이 주를 이룬다. 수년간 적체로 고통받고 있는 소은섭에게 이미 그의 병을 알고서 잘 닦아 보라는 말씀에 따라 소은섭은 집에 돌아가 일심으로 수행하여 그동안의 체증을 말끔히 없앴다.[73] 이와 비슷하게 황공선 아내의 적병에는 시천주 주문을 많이 읽으라는 말씀을 그

69) 『道典』 11:247:8~11.
70) 『道典』 11:340:1~4.
71) 이 말씀을 아이의 어머니인 차재수의 아내에게 직접 했다고 해석하는 것과 신도를 바탕으로 천지공사를 행하는 태모 고수부의 삶이라는 점에 착안한다면 천지신명에게 명하여 차재수의 아내가 말씀대로 될 수 있도록 한 것이라는 다른 해석도 가능하다. 두 해석 모두 태모 고수부의 말씀의 권능이었음은 틀림없다.
72) 『道典』 11:394:1~4.
73) 『道典』 11:155:3~5.

대로 받들어 2년 동안 앓던 복통에서 벗어났다.[74] 또 여러 해 된 가슴앓이를 하던 박오용은 잘 닦아 보라는 말씀에 따라 일심으로 수행한 결과 얼마 지나지 않아 완치되기도 했다.[75] 앞의 세 사례는 모두 병자가 태모 고수부의 말씀을 행한 경우라면 다음에 언급할 사례는 병자의 가족이 태모 고수부의 말씀을 그대로 행하여 치유한 경우가 된다. 사경에 이른 며느리를 살리고자 태모 고수부를 찾은 여인에게 돌아가서 치성을 올리라고 하였는데, 심고를 다음과 같이 하도록 했다. '소녀가 청춘과부로 독자 내외만 두었사오니, 이를 불쌍히 여기시어 며느리의 병을 낫게 하여 주시옵소서라고 기도한 후 시천주주 일곱 번과 진액주 일곱 번을 읽으라'고 그 방법을 일러주었다. 그 여인이 태모 고수부의 말씀을 그대로 행하였더니 며느리의 병이 즉시 나았다는 것이다.[76]

이 사례들의 공통점은 바로 '수행'인데, 명상과 달리 주문을 읽는 수행이었다. 주문의 명칭이 정확하게 밝혀진 경우와 수행으로만 기록된 두 가지 경우가 있지만, 말씀의 핵심에 '수행'이 있다는 점은 틀림없다. 즉 치유에 주문의 법력이 큰 작용을 했다고 판단한다.

'라'는 말씀이 바탕이지만 '나', '다'에 포함하지 않는 경우라 '말씀과 기타'로 구분한 것이다. 그 방법 또한 의외다.

> 태모님께서 조종리에 계실 때 한동안 성모 박 씨께서 와 계시더니 이해 정월에 이르러 성모께서 이질을 앓다가 마침내 부종을 이루어 심히 위독하신지라. 태모님께서 박종오에게 명하여 "사물탕 한 첩을 지어 오라." 하시고 모과 세 돈을 함께 넣어 모친의 머리맡에 두시니 그

---

74) 『道典』 11:193:1~5.
75) 『道典』 11:237:3~4.
76) 『道典』 11:316:4~9.

병이 곧 나으니라. (『道典』11:231:1~3)

 이 기록은 태모 고수부의 어머니가 제2급 감염병인 이질로 생명이 위태로울 때의 일이다. 태모 고수부는 약을 지어 오게 하였지만, 그것을 어머니에게 쓴 것이 아니라 그냥 머리맡에 두게 하여 병을 다스렸다. 병이 위중하여 이미 약물로 다스리기 어렵기에 그 기운만 취해 쓴 것일 수도 있고, 신명들이 알게 하여 병을 거두게 한 것일 수도 있다. 여기에는 여러 의미가 있겠지만, 정확하게 그 뜻을 헤아리기는 어렵다.

 또 광사병으로 폐인이 된 김기녀를 치유한 일화에서는 태모 고수부가 청수 그릇의 뚜껑을 쳐서 소리가 나게 한 후에 병을 아뢴 성도에게 기녀의 병이 나았으니 가보라[77]고 했다. 이 치유 역사도 참으로 헤아릴 수 없는 방법이 아닐 수 없다.

 '마'는 '도공'만 행한 경우이며, 이에 해당하는 두 사례를 간단히 보도록 한다. 1928년 9월 증산 상제의 성탄치성에 김기성의 아내가 심한 산증을 앓고 있는 아이를 데려왔는데, 태모 고수부가 환부를 어루만져 주었다. 그러자 그로부터 아이의 병이 나았다.[78] 1929년 4월과 5월 사이의 어느 날 난산으로 죽게 생긴 한 산모가 있었다. 태모 고수부가 그 산모의 배를 어루만지자 순간 고통이 멎고 아이도 낳았을 뿐 아니라 목숨도 건지게 되었다.[79] 이 두 일화 역시 앞에서 언급한 치유의 손, '약손'의 전형적인 모습을 보여주는 사례다.

 '바'는 도공에 다른 처방이 행해진 것으로 태모 고수부가 고민환의 둘째 아들의 다리를 고쳐 준 역사가 대표 사례이다. 고재우가 습종으로 두 다리

---

77) 『道典』11:376:1~4.
78) 『道典』11:219:1~2.
79) 『道典』11:240:8~9.

에 창병瘡病이 심한 상태였다. 고민환은 태모 고수부의 치유 권능을 익히 알고 있었기에 그의 아들을 태모 고수부에게 데리고 갔다. 이에 태모 고수부는 손으로 다리를 어루만진 후 청수에 씻겨 주었더니 이틀 만에 완전히 낫고, 재발하지 않았다.[80]

　일반적으로 증산도 도생은 가정에서 조석으로 청수淸水를 모신다. 또한, 청수를 모시는 의례에는 기도하고 수행하는 행법이 뒤따른다. 청수 모시기는 한국의 오랜 전통으로, 청수는 생명의 근원을 상징한다. 기도할 때는 신들에게 드리는 가장 기본적인 성물聖物이며, 신명과 교감하는 매개물로 작용한다.[81] 그래서 옛 한국의 어머니들은 남편이나 자녀의 건강과 행복을 조상에게 빌었는데, 그때 성물로, 소박하지만 가장 근원적인 힘을 상징하는 맑은 물인 청수를 올렸다. 그러므로 태모 고수부의 치유 역사에서 청수를 사용했음은 이런 전통과도 무관하지 않음을 보여 준다.

　'사'는 위 여섯 가지와 다른 경우의 치유 사례이다. 태모 고수부의 첫 치유 역사가 천지공사 시행 12년 전인 1914년이라는 것을 이미 밝혔다. 그해 1914년 어느 하루의 기록을 보면 도장에 찾아온 한센병[82] 환자를 그 자리에서 낫게 했는데, 없던 눈썹도 곧바로 생겨나게 한 신비한 사건이었다.[83] 하지만 이 치유 역사에 구체적으로 어떤 행법이 사용되었는지 알 수 없다.

　태모 고수부의 천지공사 전의 치유 사례를 하나 더 살펴보고자 한다. 1907년부터 치통을 앓아 온 유일태 성도는 1913년 입도를 한다. 스스로 주문을 읽어 2~3개월 동안 괜찮았으나 곧 재발하였다. 태모 고수부에게 고쳐 주기를 애원했지만, 태모 고수부는 여느 치유 때와는 달리 바로 고쳐

---

80) 『道典』 11:149:4~6.
81) 안경전, 『인류의 희망 증산도』, 대전: 상생출판, 2014, p.53.
82) 『道典』에는 문둥병으로 기록하였으나, 현대의 병명으로 한센병으로 옮겨 적었다. 또 다른 사례에는 '대풍창'으로도 나온다.
83) 『道典』 11:34:6~7.

주지 않는다. 유일태의 백골적악의 죄를 상기시켜 주고 10년을 더 앓아야
한다고 엄하게 말한다.

> 이에 일태가 죄를 뉘우치고 일심으로 수행하며 10년을 기다렸으나
> 여전히 낫지 않는지라. 임술년 겨울에 조종리에 와서 태모님을 뵙고
> 다시 고쳐 주시기를 간청하니 태모님께서 독한 술 한 대접과 소갈비
> 다섯 대를 주시며 한꺼번에 모두 먹게 하시매 이로부터 일태의 치통
> 이 완치되니라. (『道典』 11:66:5~7)

유일태는 태모 고수부의 말씀을 듣고 자신이 오래된 남의 무덤 속 해골
을 불살라 그 재를 발랐던 일을 뉘우치며 10년을 기다렸던 것으로 보인다.
그렇지만, 그 무덤 신명의 한이 다 풀리지 않아 낫지 않았던 것인지 결국 태
모 고수부의 처방으로 유일태는 15년 동안의 고통에서 벗어날 수 있게 되
었다. 이 일화는 여러 의미를 전달한다. 바로 죽을 목숨이 아니었기에 병자
가 저지른 죄에 대해 속죄할 기회를 주었다는 점, 그 속죄를 통해 신명 해
원을 유도했다는 점, 인간과 신명의 어머니로서 신명 대접[84]을 통해 완전한
신명 해원과 인간의 치유를 해결했다는 점으로 해석해 볼 수 있다.

이제 지금까지 언급한 치유 행법과 또 다른 사례를 소개하며 이 절을 마
무리하고자 한다.

> 태모님께서 누가 중병을 앓아 치병 치성을 올릴 때면 반드시 시루떡
> 을 준비하게 하시고 치성이 끝난 뒤에는 시루째 들고 많은 사람들이

---

84) 태모 고수부가 유일태에게 독한 술 한 대접, 소갈비 다섯 대를 한꺼번에 먹도록 한 것은
치통을 앓는 사람에게는 엄청난 고통일 수 있다. 하지만 이러한 법을 쓸 수 있는 것은 태모
고수부의 도권에서 기인한다고 판단된다. 그리고 여기에는 다른 숨은 뜻이 담겨 있을 것이다.

오가는 큰길에 나가시어 지나가는 사람들에게 그 떡을 조금씩 떼어 전부 나누어 주시니라. 이에 떡을 받아먹은 사람들이 집에 돌아가 모두 가벼운 감기 정도로 병을 앓으매 치성을 모신 사람은 자연히 병이 낫거늘 이는 한 사람이 감당해야 할 중병을 여러 사람에게 조금씩 분산시켜서 낫게 하심이더라. (『道典』11:297:1~4)

3.1)에서 태모 고수부가 의통과 신통을 전수하여 성도들이 병을 다스릴 때도 치성을 드리는 행법이 나오기도 했다. 위 도전 말씀에서도 '치성'에 초점을 둘 수 있으며, 그 제물에 '시루떡'이 등장함을 알 수 있다. 시루떡은 떡 가운데 가장 먼저 만들어진 떡의 기본형이다.[85] 떡을 찌는 그릇인 시루에 쌀가루를 쪄낸 것에서 그 이름이 유래했다. 예부터 한국은 나라의 제천 행사와 가정 제사에 시루떡을 올리고 나라와 가정의 평안을 기원했다. 이것을 미루어보아 태모 고수부가 치병 치성에 시루떡을 차린 것은 그와 같은 맥락임을 알 수 있다. 그리고 치성드린 떡을 많은 사람이 나누어 먹게 함으로써 해가 되지 않을 정도로 병을 나누어 다스리게 하였다는 사실은 '베풂과 나눔'의 상보적인 역할에 대해 생각해 보게 하는 대목이다.

이상은 행법에 따라 일곱 가지로 분류하여 태모 고수부의 치유 역사를 살펴본 것이다. 다음은 치병 역사에 사용된 '주문'은 무엇이었는지를 알아보도록 한다.

(3) 치유에 사용한 주문

병을 다스리는 데 가장 많이 사용된 주문은 시천주 주문이다. 그 외 태을주, 오주, 운장주, 칠성경, 예고신주, 갱생주가 기록에 보이며, 주문으로

---

85) 한복진·차진아·차경희·신정규, 『한국음식문화와 콘텐츠』, 서울: 글누림, 2009, p.89.

통칭하여 나오는 곳도 있다. 어떤 경우에는 한 가지 주문이 아닌 두 가지 이상의 주문을 함께 사용한 것으로 나온다.

그런데, 병을 다스리기 위해 주문을 읽으면 어떤 일이 벌어지는 걸까? 이에 대해 스와미 시바난다 라다Swami Sivananda Radha[86]는 주문을 읽게 되면, 영적인 힘을 끌어들이면서 자기 자신을 그 힘의 통로로 이용하게 되고, 그 힘은 우리 자신을 통해 병자에게 전달되면서 치유가 일어난다고 말한다. 이때 자신의 의지가 장애가 되지 않도록 주문의 힘에 완전히 자신을 맡기는 것에 집중하라고 하였다.[87]

구분	빈도
시천주 주문[88]	9
시천주 주문과 오주	2
시천주 주문과 칠성경	1
태을주	1
오주	3
운장주	1
칠성경	1
예고신주	1
예고신주, 운장주와 갱생주	1
주문	1
총합	21

〈표 4〉 치유에 사용한 주문의 빈도

86) 스와미 시바난다 라다는 영적 지도자이며 주문에 관한 권위자 중의 한 사람이다. 1956년 산야스 법통에 입문한 후 서양 여성으로는 처음으로 스와미가 되었다.
87) 스와미 시바난다 라다 지음, 서민수 옮김, 『신성한 소리의 힘』, Mantras words of Power, 서울: 대원출판, 2001, p.153.
88) 시천주조화정侍天主造化定 영세불망만사지 지기금지원위대강.

〈표4〉에 의하면 태모 고수부의 치유 역사에 기록된 주문의 종류는 여덟 가지이며, 그 양상은 열 가지의 조합으로 나뉜다. 시천주 주문의 빈도수에는 해원주解冤呪를 사용한 사례를 포함한다. 이는 해원주가 시천주 주문이라고 밝힌 『道典』 11편 290장의 측주를 근거로 한 것이다.[89] 또한, 그와 같은 원리로 세 번의 빈도로 파악된 오주에는 진액주가 포함된다.[90] 예고신주에 대해서는 증산 상제가 그의 수석 성도 김형렬에게 명하여 읽으라고 한 지신주地神呪를 말한다.[91]

언급한 대로 태모 고수부가 치병 역사에 사용한 주문은 시천주 주문이 으뜸이다. 『道典』에서 그 이유를 찾을 수 있다. 첫째, 태모 고수부는 증산 상제의 도의 계승자로서 증산 상제의 말씀대로 '시천주 시대'의 도정 살림을 펼쳤기 때문이다. 증산 상제는 여러 주문 가운데 태모 고수부에게 시천주 주문을 읽으라고 했는데, 태모 고수부는 증산 상제의 말씀을 좇아 천지공사뿐 아니라 치유 역사에도 그대로 적용하였다. 본 연구자는 증산 상제와 태모 고수부가 도정을 집행하는 데 있어서 일종의 천지부모의 약속과 같은 것으로 태모 고수부에 의한 '시천주侍天主 시대'의 선포를 의미하는 것으로 해석하였다.

----

89) 『道典』 11:290:5 측주. 해원주는 시천주주를 말함. 김정녀, 조정수 씨의 증언에 의하면, 시천주주를 읽을 때 대개 몸을 흔들면서 읽는데 한참 읽다가 보면 흥이 나고 신도가 나며 신명의 원한이 풀린다고 한다.

90) 『道典』 11:96:6 측주에 근거함. 신천지가가장세新天地家家長世 일월일월만사지日月日月萬事知 시천주조화정侍天主造化定 영세불망만사지永世不忘萬事知 복록성경신福祿誠敬信 수명성경신壽命誠敬信 지기금지원위대강至氣今至願爲大降 명덕관음팔음팔양明德觀音八陰八陽 지기금지원위대강至氣今至願爲大降 삼계해마대제신위三界解魔大帝神位 원진천존관성제군願진天尊關聖帝君.

91) 『道典』 4:63:6. 예고신주는 '예고신曳鼓神 예팽신曳彭神 석란신石蘭神 동서남북東西南北 중앙신장中央神將 조화조화운 造化造化云 오명령吾命令 훔'으로 지신주 외에도 도로주道路呪, 예고주曳鼓呪로도 불린다.

하루는 성도들을 불러 방안에 줄지어 앉히시고 말씀하시기를 "너희 아버지가 신도 여러 명이 있는 가운데 내 귀에 입을 대시고 '자네는 시천주주를 읽으소.' 하셨느니라." 하시니라. 이어 태모님께서 친히 시천주주를 읽으시며 "시천주주가 근본이니 이제부터는 시천주주를 읽어라." 하시니 성도들이 이때부터 시천주주를 위주로 하여 공사에 시봉하니라. (『道典』 11:84:2~5)

부가 설명하면, 증산도의 생활문화 즉 그 진리 뿌리에는 천주를 모시는 '시천주' 사상이 자리하고 있다. 일찍이 증산 상제는 '시천주주는 천지 바탕 주문'이라고 하며, 시천주주에 큰 기운이 갊아 있나니 이 주문을 많이 읽으면 소원하여 이루지 못하는 일이 없다[92]고 한 바 있다. 즉 모든 주문의 근본이 되는 주문을 꼽는다면 바로 시천주 주문이 되는 것이다. 이러한 진리의 體체가 되는 정신을 100여 년 전에 태모 고수부가 모든 일에 시천주 주문이 근본임을 공식적으로 선언하여 성도들이 각인하도록 했다고 판단한다. 태모 고수부가 고민환에게 명하여 성도들이 각 주문의 근본 정신을 바로 알도록 한 일이 있다. 그때 시천주 주문에 대해 '천명을 받는 무극대도의 본원주이니 상제님을 지극히 공경하고 내 부모와 같이 모시라는 주문'이라 일러 주었다.[93] 즉 '시천주'는 우주의 주인, 천주를 자기 몸에 모신다는 뜻이다. 따라서 증산 상제의 종통을 이어받은 태모 고수부도 천지공사의 시종始終과 치유 역사를 시천주의 정신을 담은 시천주 주문으로써 근본을 잡은 것이라 하겠다. 이에 따라 성도들도 병자를 고칠 때 주로 시천주 주문을 읽어 치유했고 『道典』의 기록이 그것을 뒷받침한다.

----

92) 『道典』 2:148:1~2.
93) 『道典』 11:180:5.

시천주조화정侍天主造化定 영세불망만사지永世不忘萬事知

지기금지원위대강至氣今至願爲大降 (侍天主呪)

둘째, 시천주 주문이 의통 주문이기 때문이다. 하루는 태모 고수부가 의통 공사를 보며 시천주 주문이 의통 주문[94]임을 직접 밝혔다. 3.1)에서 의통醫通과 의통醫統에 대해서는 언급하였는데, 이 둘은 무관하지 않다. 생활 수행을 통해 스스로 의에 통하지 않고는 온 인류를 살려서 하나로 통일하는 후천 가을 선문화의 일원이 되기 어렵기 때문이다.

셋째, 시천주 주문 속에는 조화가 들어있기 때문이다. 증산 상제는 9년 천지공사를 집행하면서 불도와 유도와 선도에 대해 각각 형체形體, 범절凡節, 조화造化라 정명해 준 적이 있다. 태모 고수부는 첫 도장을 세우면서 천하를 통일하는 도이지만 때가 되지 않아 선도라고 한 사실을 상기해 보면, 그 당시 태모 고수부가 표방한 도의 속성은 선仙이며, 조화를 표방한다는 것을 알 수 있다. 이것은 다른 말로 표현하자면 '선의 어머니'로서 '조화'를 쓴다는 것을 대변하는 것이다. 그래서 태모 고수부의 '도권'은 다른 말로 조화권이라고도 불릴 수 있을 것이다. 앞의 3.1), 2)에서 나타난 치유 성적은 '조화' 혹은 '조화권'이 아니고서는 이해하기가 무척 어렵다.[95] 그런 맥락에서 시천주 주문에 대해 '조화는 시천주주 속에 다 있다'[96]고 한 태모 고수부의 말씀은 참으로 의미심장하다.

이와 같이 태모 고수부의 치유 역사 속에서 시천주 주문이 다수 사용된 근거를 『道典』에서 찾아보았다. 비록 시천주 주문을 위주로 하여 병을 다

----

94) 『道典』 11:84:7.
95) 이 글에서 '조화'와 '선' 사상에 대해 구체적으로 다루기에는 역부족이다. 이에 대해서는 2021년 가을 증산도 문화사상 국제학술대회 자료집을 참고하면 다방면의 정보를 얻을 수 있으리라 판단한다.
96) 『道典』 11:193:7.

스렸지만, 태모 고수부가 다른 주문을 가볍게 여긴 것은 아니다. 각 주문의 근본 뜻을 밝혀 성도들을 깨우쳐 준 일과 병에 따라 다른 주문을 처방하는 사례를 보면 각 주문의 효력이 달랐음을 짐작할 수 있다.

4 맺는 말

　지금까지 『道典』 11편을 바탕으로 태모 고수부의 치유 역사를 고찰하였다. 태모 고수부는 첫 도정 살림이 시작된 후 3년이 되는 해부터 어천하는 해까지 22년간 치유 역사를 펼쳤다. 종통 계승자로서 수부사명의 첫 행보인 도장 개창과 더불어 시작한 치유 역사는 다섯 살림을 마치는 그 시점과 함께 마감되었다. 그 과정에서 밝혀진 사례만 100여 건이 넘는다. 오직 말씀의 권능으로 직접 치유하기도 하고, 의통과 신통을 전수한 대리인을 통해 병을 다스리기도 하였다. 또 병자와 병자의 가족에게 치성, 기도, 주문 수행, 그 밖의 신이한 행법을 통해 고통을 없애고 목숨을 건져 주었다.

　이러한 태모 고수부의 치유 성적이 전염병의 세계적 대유행이라는 위험 속에서 살아가는 현대인에게 주는 의의를 밝히고 제언으로 글을 마무리하고자 한다.

　첫째, 태모 고수부의 치유 역사는 만유생명의 어머니 하느님이자 선仙의 대성모大聖母로서 인간에게 베푼 자애와 자비의 실천이었다. '건강을 잃으면 모든 것을 잃는 것'이라는 말이 있듯이 병은 한 개인의 삶뿐 아니라 가족 전체의 삶에도 치명적인 영향을 주기에 치유의 은혜를 받는다는 것은 새 삶을 얻는 것과 같다. 더욱이 죽음에서 살아났다는 것은 그 어떤 것으로도 바꿀 수가 없는 최고의 은총이다. 태모 고수부는 그런 기회를 더 많이 나누어 주기 위해 성도들에게도 의통과 신통의 권능을 부여한 것이다. 그렇게 해서 이 땅의 자녀들이 크고 작은 병에서 벗어나 온전한 심신으로의 회복과 갱생의 삶을 누리게 하였다.

　둘째, 태모 고수부의 치유법은 천지공사가 그랬던 것처럼 신도神道에 바탕을 둔, 현대 의학과 과학으로는 헤아릴 수 없는 신묘불측神妙不測의 의법

醫法이었다. 이는 태모 고수부가 보여준 치유 역사의 한 특성으로, 하늘과 땅, 인간의 삼계에 두루 통하여 인간계와 신명계의 소통을 자유자재로 하는 태모 고수부의 도권이 잘 드러나는 특성이라 할 것이다. 이 맥락에서 본다면, 태모 고수부의 치유 역사는 인간뿐 아니라 신명의 한을 풀어내는 해원 문화가 반영되어 있다. 이용기 성도가 신도가 열려 병자의 조상신을 체험하기도 하고, 유일태의 병의 근원은 신명 해원이 그 해결책이었던 사실을 기억해야 할 것이다.

셋째, 태모 고수부의 치유 역사의 또 하나의 특성은 '시천주 시대'를 표방하고 있다는 것이다. 3.2).③에서 논했듯이, 태모 고수부의 천지공사와 치유 역사의 중심에 시천주 주문이 있었다. 증산 상제가 강세하기 전 동학의 최수운 대신사가 천상 상제로부터 시천주 주문을 받은 바 있고, 이를 통해 시천주 시대의 개막을 세상에 미리 알렸다.[97] 그 후 시천주 사상은 증산 상제의 종통 계승자로 도문을 연 태모 고수부에 의해 다섯 도정 살림은 물론 치유 역사의 실천 사상으로 깊숙이 자리하게 된 것이다. 또한, 이것은 증산 상제와의 성약聖約을 철저하게 실천한 것이기도 하다. 따라서 앞으로 우리는 '천주를 내 몸과 마음에 모시는' 시천주 사상과 시천주 주문에 대해 더 주목하고 연구해야 할 이유를 가지게 된다.

넷째, 태모 고수부의 치유 역사에는 후천 선仙문화의 코드가 곳곳에 숨어 있다. 이것은 태모 고수부가 첫 도장의 문을 열면서 도문의 성격을 '선도仙道'라고 규정한 사실과 태모 고수부가 행하는 모든 일이 다 신선이 하는 일이라고 선언한 것에서 비롯한다. 치유 행법에서 주문을 읽는 횟수나

---

97) 최재우 지음, 박맹수 옮김, 『동경대전』, 서울: 지식을만드는지식, 2009, pp.33~34. 박맹수는, 동학의 핵심 사상은 『동경대전』과 『용담유사』에 집약되어 있다. 그중에서도 동경대전의 논학문은 수운 최재우 선생이 제정한 21자 주문에 대해 상세히 설명하고 있다. '시천주조화정 영세불망만사지' 13자 주문에 그 핵심이 집약되어 있으며 그것은 다시 '시천주' 석 자, 마지막에는 모실 '시' 한 자로 집약할 수 있다고 말한다.

수행 기간, 치유를 시행한 날 수 등에서 나타나는 3수와 7수, 그리고 무엇보다도 시천주 주문에 담긴 조화 사상은 선 문화의 대표적인 코드가 된다.[98] 특히, 치유에 사용된 시천주 주문과 태을주는 인간에게 도통을 열어주고, 신선으로 만들며, 만병을 물리치게 하는 무궁한 조화권능을 지니기에 태모 고수부는 조화는 시천주주 속에 다 있다고 했으며, 태을주를 읽어야 신도가 나고 조화가 난다고 한 것이다.[99]

　다섯째, 치유 행법에서 나타난 '말씀'의 절대 가치와 동서 치유에서 일반적으로 사용되며 '약손'으로 대변되는 '도공', 그리고 증산도 생활문화에서도 보여주는 청수 모시기와 주문 수행, 기도와 치성 문화, 이 모두는 현대 의학에서 규명하는 병의 개념과 그것을 다스리는 방식에서 차원을 달리한다. 요약하면, 태모 고수부의 치유 행법은 치유 문화의 패러다임을 바꾸는 무가지보無價之寶였다. 특히, 1920~30년대에 시두를 비롯한 여덟 종류의 법정감염병을 태모 고수부의 행법 차원에서 다스렸다는 것은 현대의 '치료약'이라는 것을 무색하게 만든다. 그렇다고 현대의 의료 체계가 인류에게 공헌한 바를 폄하하려는 의미는 아니다. 이미 20여 년 전부터 21세기는 이윤추구 지상주의, 물질만능주의가 아닌 영성의 시대[100]라고 외쳐온만큼 지금은 의학사에서도 영성을 바탕으로 한 패러다임의 전환에 더 적극적인 자세와 연구가 필요한 때이다. 그런 의미에서 감염병과 더불어 살아가는 이 시대에 영성 계발과 명상·수행을 가정이나 학교, 직장에서도 손쉽게 행할 수 있는 양생법養生法[101]의 대중화를 제안해 본다. 이를 위해 관

---

98) 윤창열, 「조화정부와 후천 선문화」, 『후천 선문화와 상제』 5-1권, 2021년 가을 증산도 문화사상 국제학술대회 자료집, 2021, p.80 참조.
99) 『道典』 11:193:7, 11:282:2.
100) 미래학자 패트리셔 애버딘이 그의 저서 『메가트렌드 2010』에서 밝힌 말이다.
101) 병에 걸리지 아니하도록 건강 관리를 잘하여 오래 잘 수 있도록 하는 방법. 한마디로 '무병장수 건강법'이라 할 수 있다. 양생법이라고 하면, 도가에서 선인이 되기 위한 양생법을 떠올리기도 하고, 동의보감의 양생법을 떠올리기도 할 것이다. 양생은 예방의학 차원에서도 응

계 기관과 전문가들의 협업이 선행되어야 할 것이다. 필자는 현재 증산도에서 전개하고 있는 '무병장수 후천 선 명상수행법'이 양생법 대중화의 모델이 될 수 있다고 전망한다[102]. 결론적으로, 질병대란 시대에 누구나 자신의 몸과 마음을 스스로 치유할 수 있는 '셀프 치유 문화', '수행 문화'가 체계적으로 생활 속에 자리 잡게 되기를 제언하는 바이다.

이 글에서는 인간 역사 속에 다녀간 태모 고수부의 약 22년간의 치유 성적을 『道典』에 의거하여 질병, 행법, 주문이라는 세 코드로 분석하고, 그 메시지를 다섯 가지로 정리하였다. 하지만 앞으로 연구해야 할 과제를 군데군데 제시하고 있고, 치유 문제를 의학 차원에서 깊이 있게 다루지 못한 제한점이 있다. 비록 그런 과제와 한계점을 안고 있지만, 이 글을 통해 독자들이 『道典』에 관심을 쏟고 탐독하는 계기가 되었으면 한다. 또한, 앞으로 태모 고수부에 대한 연구가 여러 학문 영역에서 다양한 시각으로 접목되기를 기대하며 글을 맺는다.

용이 되는 요소라 볼 수 있다.
102) 2022년 8월 15일 증산도 STB상생방송에서는 낮 12시 30분 〈STB 상생개벽뉴스〉 생방송 프로그램을 선보였다.

≡ 참고문헌 ≡

1. 경전

- 『道典』
- 『東經大全』

2. 단행본

- 강병화,『우리나라 자원식물』, 서울: 한국학술정보, 2012.
- 노종상,『수부 고판례』, 대전: 상생출판, 2010.
- 박완서,『오만과 몽상』, 서울: 세계사, 2002.
- 서민,『서민 교수의 의학세계사』, 서울: 생각정원, 2018.
- 스와미 시바난다 라다 지음, 서민수 옮김,『신성한 소리의 힘』, 서울: 대원출판, 2001.
- 아노 카렌 저, 권복규 옮김,『전염병의 문화사』, 서울: 사이언스북스, 2001.
- 안경전, 관통 증산도1』, 2차 개정판, 서울: 대원출판, 2006.
- 안경전,『甑山道의 眞理』, 대전: 상생출판, 2014.
- 안경전,『누구나 알기 쉬운 증산도 기본교리』, 서울: 대원출판, 2000.
- 안경전,『생존의 비밀』, 대전: 상생출판, 2010.
- 안경전,『인류의 희망 증산도』, 대전: 상생출판, 2014.
- 안경전,『증산도 88문답』, 대전: 상생출판, 2019.
- 안경전,『천지성공』, 대전: 상생출판, 2010.
- 안운산,『춘생추살』, 서울: 대원출판, 2007.
- 이춘희,『엄마 손은 약손』, 서울: 사파리, 2010.
- 이호철,『소시민·살』, 서울: 문학사상사, 1993.
- 유철,『어머니 하느님-정음정양의 수부사상』, 대전: 상생출판, 2011.
- 증산도 도전팀,『성지순례 가이드북-천상의 어머니 하느님, 태모 고수부님 천지공사의 출발지와 종착지』, 대전: 증산도 초립동포교회, 2019.
- 진기환 편저,『중국의 신선 이야기』, 파주: 이담북스, 2011.

- 최용선·지영환, 『바이러스 대처 매뉴얼』, 고양: 모아북스, 2020.
- 최재우 지음, 박맹수 옮김, 『동경대전』, 서울: 지식을만드는지식, 2009.
- 판디 라즈마니 티구네이트 지음, 서민수 옮김, 『만트라의 힘과 수행의 신비』, 서울: 대원출판, 2000.
- 패트리셔 애버딘 지음, 윤여중 옮김, 『메가트렌드 2010』, 서울: 청림출판, 2006.
- 하영삼, 『한자어원사전』, 부산: 도서출판 3, 2018.
- 한복진·차진아·차경희·신정규, 『한국음식문화와 콘텐츠』, 서울: 글누림, 2009.
- 허동화, 『우리가 정말 알아야 할 우리 규방 문화』, 서울: 현암사, 1997.
- Barbara Ann Brennan, 『Hands of Light- A Guide to Healing Through the Human Energy Field』, A Bantam Book, 1988.

3. 논문

- 노종상, 「수부, 천지의 어머니」, 『증산도사상』 제2집, 증산도사상연구소, 2000, pp.12~108.
- 노종상, 「증산도 수부관」, 『후천 선문화와 상제』 5-5권, 2021년 가을 증산도 문화사상 국제학술대회 자료집, 2021, pp.37~58.
- 윤창열, 「조화정부와 후천 선문화」, 『후천 선문화와 상제』 5-1권, 2021년 가을 증산도 문화사상 국제학술대회 자료집, 2021, pp.71~109.

4. 저널 및 기타

- 이주란, 「도전으로 보는 태모 고수부님의 치병 역사」, 『개벽』, vol. 293호, 대전: 세종출판기획, 2021, pp.64~74.
- MBN 천기누설, 잠자는 면역, 손으로 깨워라!, 2022년 3월 4일 방송.
- m.hani.co.kr, 한겨레 [우리말과 한의학] "엄마 손은 약손" 2011-02-28.

지천태와 맷돌

원정근

필자 약력

원정근

고려대학교 철학박사.

현재 상생문화연구소 연구위원.

주요 논저

『도가철학의 사유방식-노자에서 노자지귀로』

『도와 제』

『진묵대사와 조화문명』,

『충의의 화신 관우』

「곽상 천인조화관의 연구」

「위진현학의 자연과 명교의 논쟁」

「왜 천지공사인가」

「증산도의 조화관-동학의 조화관과 연계하여」

1 새로운 여성시대의 도래

인간 세상에 과연 무릉도원은 있는가? 인류는 예로부터 지금까지 끊임없이 무릉도원의 이상낙원을 추구하였다. 마음과 몸이 편안히 살 수 있는 진정한 삶의 고향을 찾아 돌아가는 것이다. 모든 것이 독자적 자유를 만끽하면서도 다른 사람이나 사물과 상호 유기적 관계를 통해서 통일적 조화를 누릴 수 있는 전일적 세상이다. 그런 이상세계를 열어줄 수 있는 사람은 과연 누구인가? 여성해방의 차원을 넘어 대장부大丈婦 여성이 새 역사 창조의 주인공이 되어 대장부大丈夫 남성과 함께 후천개벽의 새 세상을 열어준다는 새로운 소식이 있다. 여성 하느님이 남성 하느님과 하나가 되어 후천의 이상낙원을 연다는 놀라운 소식이다.[1]

증산 상제는 "독음독양獨陰獨陽이면 화육化育이 행해지지 않나니 후천은 곤도坤道의 세상으로 음양동덕陰陽同德의 운運이니라."(『도전』 2:83:5)고 하였다. 천지와 음양의 관계를 새롭게 정립함으로써 선천의 억음존양의 상극 세상을 넘어서 후천의 음양동덕의 상생세상을 열려는 것이다. 선천 건도의 시대가 가고 후천 곤도의 시대가 온다는 것이다. 후천 개벽시대에는 음과 양이 각기 따로의 독자성을 확보함과 동시에 하나로의 관계적 조화를 이루는 시대이다.

『역易·서괘전序卦傳』은 천지만물의 생성과정을 서열화한다. 천지, 만물, 남녀, 부부, 부자, 군신, 상하라는 순서로 표현한다.[2] 인간사회를 포함한 천지만물을 하나의 구조체계로 도식화하여 말하는 것이다. 『역易·계사전繫

---

1) 유철, 『어머니 하느님-정음정양과 수부사상』, 상생출판, 2011, P 145.
2)『十三經注疏 上』, 『易·序卦傳』, 中華書局, 1996, p 96. "有天地然後有萬物, 有萬物然後有男女, 有男女然後有父子, 有父子然後有君臣, 有君臣然後有上下, 有上下然後有禮義有所錯."

辭傳』은 하늘은 높고 땅은 낮다는 '천존지비天尊地卑'에 입각하고 있다. "하늘은 높고 땅은 낮으니 건과 곤이 정해지고, 낮음과 높음이 펼쳐지니 귀함과 천함이 자리한다."[3]라고 하였다. '천존지비'에서 건과 곤, 남과 여의 서열이 생겨나는 것이다. 여기에서 남자는 존귀하고 여자는 비천하다는 남존여비男尊女卑의 사상이 생겨난다.

동중서董仲舒(B.C 179-B.C 104)는 음양오행설을 응용하여 유가의 정치적, 도덕적 질서에 형이상학적 근거를 제시하려고 한다.

> 천도의 일정함은 한 번 음하고 한 번 양하는 것이다. 양은 하늘의 은덕이고, 음은 하늘의 형벌이다.[4]

> 군신, 부자, 부부의 뜻은 모두 음양 사이의 도리를 취하고 있다. 군주는 양이고, 신하는 음이다. 아버지는 양이고, 아들은 음이다. 남편은 양이고, 아내는 음이다.[5]

동중서가 말하는 정치적, 도덕적 예악질서의 핵심은 음양존비陰陽尊卑이다. 동중서는 음양의 양극성을 상하존비의 관점에서 해석하고 있는 것이다.[6]

그러나 『역易』에서 천지만물의 상하존비의 서열과 위계는 또바기 고정된 것이 아니다. 천지, 음양, 남녀 등의 양극적 관계는 시공의 흐름에 따라 역

---

3) 『十三經注疏 上』, 『易・繫辭傳』, p 75. "天尊地卑, 乾坤定矣, 卑高以陳, 貴賤位矣."
4) 蘇輿撰, 鍾哲點校, 『春秋繁露義證』 「陰陽義」, 中華書局, 1992, p 341. "天道之常, 一陰一陽. 陽者天之德也, 陰者天之刑也."
5) 蘇輿撰, 鍾哲點校, 『春秋繁露義證』 「基義」, p 350. "君臣父子夫婦之義, 皆取諸陰陽之道. 君爲陽, 臣爲陰; 父爲陽, 子爲陰; 夫爲陽, 婦爲陰."
6) 정병석, 「주역의 질서관」, 『동양철학연구』 제23집, 2001, p 246.

동적 균형과 조화를 이루면서 얼마든지 달라질 수 있다. '비괘否卦'와 '태괘泰卦'의 관계는 그런 사실을 잘 반영하고 있다. '태괘'는 남자가 여자를 억누르던 억음존양抑陰尊陽의 '천지비天地否'의 시대가 물러가고 여자가 주도권을 지니고 남자와 감응하고 소통할 수 있는 정음정양正陰正陽의 '지천태地天泰'의 운수가 도래할 것임을 예시하였다. 선천 건도乾道의 시대가 가고 후천 곤도坤道의 시대가 온다는 것을 암시하는 것이다.

기독교의 『성경』에도 새로운 여성시대의 알림을 예고하는 말이 있다. "패역한 딸아 네가 어느 때까지 방황 하겠느냐. 여호와가 새 일을 세상에 창조 하였나니 곧 여자가 남자를 안으리라."[7]가 바로 그것이다. 또한 "심판 때에 남방의 여왕이 일어나 이 세대 사람을 정죄하리니 아는 그가 솔로몬의 지혜로운 말을 들으려고 땅 끝에서 왔음이니와 솔로몬보다 더 큰 이가 여기 있느니라."[8]고 하였다. 선천 건운의 시대가 가고 후천 곤운의 시대가 다가올 것임을 예고하는 것이다.

증산 상제는 우리가 살고 있는 지금 이 후천개벽의 시대를 선천의 억음존양과 남존여비의 시대에서 후천의 음양동덕과 남녀동권의 시대로 전환하는 과도기로 보았다. 땅보다 하늘을 높이고 여자보다 남자를 높이 받드는 시대가 가고 땅을 높이고 여자를 높이 받드는 후천개벽의 새 세상이 온다는 것이다. 음의 기운이 양의 기운을 짓누르는 것이 아니라 부드럽게 감싸 안아서 음양의 기운이 서로 조화를 이루면서 제자리에서 제 모습을 온전하게 발현하도록 한다.

노자는 "사물들이 많고 많지만 각기 제 뿌리로 되돌아간다."[9]라고 하였다. 시인과 촌장이 「풍경」에서 노래하는 것처럼, 이 세상에서 제일 아름다

---

7) 『성경전서·구약전서』, 대한성서공회, 1983, 「예레미아 11:22」, P 1102.
8) 『성경전서·신약전서』, 「마태복음 13:42」, P 20.
9) 樓宇烈校釋, 『老子·周易王弼注校釋』, 『老子十六章』, 華正書局, 1983, p 36. "夫物芸芸, 各復歸其根."

운 풍경은 모든 것들이 제자리를 찾아 돌아가고 돌아오는 풍경이다.

    세상 풍경 중에서
    제일 아름다운 풍경
    모든 것들이
    제자리로 돌아가는 풍경
    세상 풍경 중에서
    제일 아름다운 풍경
    모든 것들이
    제자리로 돌아오는 풍경
    우 우 풍경
    우 우 풍경
    세상 풍경 중에서
    제일 아름다운 풍경
    모든 것들이
    제자리로 돌아오는 풍경
    우 우 풍경
    우 우 풍경
    세상 풍경 중에서
    제일 아름다운 풍경
    모든 것들이
    제자리로 돌아가는 풍경
    세상 풍경 중에서
    제일 아름다운 풍경
    모든 것들이

제자리로 돌아오는 풍경
풍경 풍경[10]

음이 주도하고 양이 보조하는 후천 세상의 새로운 도래를 예고하는 것이 증산도의 수부首婦 사상이다. 증산도의 수부 사상은 하늘 중심과 남성 중심의 선천의 상극역사를 끝맺고 땅 중심과 여성 중심을 주축으로 하여 하늘과 땅, 남성과 여성이 유기적 조화를 이루는 후천의 상생질서를 열려는 것이다. 어머니 여성이 하느님이 되어 아버지 남성 하느님과 하나가 되어 후천의 조화선경세계를 건립하려는 것이다.

증산 상제는 구천지에서 신천지로 바뀌는 음양동덕의 시대에는 남녀 모두가 대장부大丈夫와 남장군男將軍, 대장부大丈婦와 여장군女將軍이 되어 새로운 후천 역사를 창조할 것이라고 강조하였다. 선천에서는 남자 대장부와 남자 대장군만 주장했다면, 후천에서는 남자와 여자가 모두 새 세상을 창조하는 후천개벽의 주역이 될 것임을 강조한 것이다.

10) 시인과 촌장, 『푸른돛』, 1986.

2 천지굿과 지천태

  새는 양 날개가 있어야 날 수 있고, 수레는 두 바퀴가 있어야 달릴 수 있다. 새의 날개나 수레의 바퀴처럼, 모든 일은 어느 하나만으로는 이루어질 수 없다. 손바닥도 마주쳐야 소리가 나는 법이다. '고장난명孤掌難鳴'이 바로 그것이다.

  『춘추곡량전春秋穀梁傳·장공삼년莊公三年』에 "음만으로는 생겨날 수 없고, 양만으로는 생겨날 수 없으며, 하늘만으로는 생겨날 수 없다. 세 가지가 합하여진 뒤에야 생겨날 수 있다."[11]라고 하여, 음과 양과 하늘이 합쳐져야 만물을 생겨나게 할 수 있다고 말한다. 동중서董仲舒는 『춘추번로春秋繁露·순명順命』에서 "하늘은 만물의 시조이니, 만물은 하늘이 아니면 생겨날 수 없다. 음만으로 생겨날 수 없고 양만으로 생겨날 수 없다. 음양이 천지와 더불어 참여한 뒤에 생겨난다."[12]라고 말하였다.

  『영보필법靈寶畢法』의 서문에는 "곧 음 가운데 양이 있고 양 가운데 음이 있음은 천지의 승강이 마땅한 이치에 바탕하며, 기 가운데 물이 생겨나고 물 가운데 기가 생겨나는 것은 심장과 신장이 교합하는 이치이니, 이러한 사물의 형상을 보아 도는 사람에게서 멀리 떨어져 있는 것이 아님을 깨달아야 한다."[13]라고 하였다. 또한 『영보필법靈寶畢法』에는 "음은 양을 얻지 못하면 생겨날 수 없고, 양은 음을 얻지 못하면 이룰 수 없다."[14]이라고

---

11) 『十三經注疏 下』, 『春秋穀梁傳·莊公三年』, p 2381. "**獨陰不生, 獨陽不生, 獨天不生, 三合然後生.**"
12) 蘇輿撰, 鍾哲點校, 『春秋繁露義證』「順命」, p 410. "天者, 萬物之祖, 萬物非天不生. 獨陰**不生,** 獨陽不生, 陰陽與天地參然後生."
13) 沈志剛, 『鍾呂丹道經傳譯解』, 宗教文化出版社, 2008, p 152. "乃悟陰中有陽, 陽中有陰, 本天地升降之宜, 氣中生水, 水中生氣, 亦心腎交合之理, 比物之象, 道不遠人."
14) 沈志剛, 『鍾呂丹道經傳譯解』, p 176. "陰不得陽不生, 陽不得陰不成."

하였다.

　하늘과 땅의 큰 덕성은 만물을 생겨나게 하는 데 있다. 천지는 음양의 상호관계를 통해 온갖 사물을 끊임없이 생성하고 변화시킨다. "한 번은 음이 되고 한 번은 양이 되는 것을 도라고 한다."[15]가 바로 그것이다. 그런데 천지만물이 변역과 교역을 지속하기 위해서는 음양의 '호장기택互藏其宅'의 논리가 작동해야 한다. '호장기택'은 본래 장재張載(1020-1077)의 『정몽』에 나오는 말이다. '호장기택'의 논리로 음양의 관계를 설명할 수 있다. 음속에 양이 있고 양속에 음이 있어서 제각기 자기의 집에 상대방을 감추고 있기 때문에 음양이 서로의 존재근거가 되는 것이다. 천지가 만물을 끊임없이 생겨나게 할 수 근거가 바로 '호장기택'인 것이다. 음과 양이 각기 상대방을 자신 속에 감추고서 제자리를 잡고 있다가 제 때가 되면 주도적 활동을 개시하여 이 세계를 끊임없이 생겨나고 생겨나게 하는 것이다.[16]

　이 세계의 모든 것은 음양의 관계로 이루어진다. 음과 양 가운데 어느 하나가 없다면, 모든 일은 이루어질 수 없다. 인간을 포함한 천지만물은 음만으로 이루어질 수도 없고, 양만으로 이루어질 수도 없다. 음양의 상호작용은 우주만물을 생성하고 변화시키는 창조적 원동력이다. 천지는 음양의 상호작용으로 만물을 생겨나게 하고 변화시킨다. 천지가 교합하는 것처럼, 남녀 간도 음양의 이치와 교합으로 자식을 낳는 것이다.

　하지만 지금까지의 선천 세상은 음양의 불균형과 부조화로 인하여 끊임없이 갈등과 대립을 이루었다. 선천세계는 음과 양 가운데 어느 한쪽으로 치우치는 '편음편양'의 시대이자 음을 누르고 양을 높이는 '억음존양'의 시대이다. 선천세계는 지축의 경사로 인하여 양의 기운이 음의 기운보다 더 강한 작용을 하여 음양의 관계가 불균형과 부조화를 이루고 있다. 이런

15) 『十三經注疏 上』, 『易·繫辭傳』, p 78. "一陰一陽謂之道."
16) 김진근, 「'호장기택'의 논리와 그 철학적 의의」, 『유교사상문화연구』 33권, 2008, p 226.

선천 세상을 삼음삼양三陰二陽 또는 삼천양지三天兩地의 시대라고 부른다.[17]

이런 음양의 불균형과 부조화는 선천을 상극이 지배하는 세상을 만들었다. 선천 시대는 천지, 음양, 부모, 남녀, 빈부, 귀천, 영욕 등의 양가적 가치가 서로 대립하고 갈등하였다. 강한 것, 돈 많은 것, 권력 높은 것, 잘난 것, 용감한 것, 명예스러운 것, 찬란한 것, 이름난 것, 힘 있는 것, 많이 배운 것 등의 가치가 억눌려 있는 것, 우둔한 것, 못난 것, 가난한 것, 이름 없는 것, 못 배운 것, 힘없는 것 등의 가치보다 상대적인 우위를 점하였다.

선천 세상은 상극의 악순환이 되풀이 되는 가운데 수 만년 동안 원한으로 축적되어온 세상이다. 그래서 상생보다는 상극이, 조화보다는 투쟁이, 평화보다는 전쟁이, 공평보다는 착취가, 평등보다는 억압이 지배하는 세상이었다. 선천 시대에는 이처럼 온갖 것이 이원론적 대립과 차별로 가득 차 있는 '무도無道'(『도전』 5:347:5)의 시대이다. 현재 인류가 겪고 있는 모든 문제는 생명의 존재근거인 '무극대도'를 망각하고 상실한 '무도無道'에서 생겨난다.

문제의 핵심은 이런 양극적 가치가 서로 극단적으로 대립할 때, 그 어떤 하나의 가치를 우선적으로 선택한다면 그 갈등과 대립의 악순환을 되풀이 할 수밖에 없다는 사실이다. 대립은 대립을 낳고, 보복은 보복을 낳을 수밖에 없다. 그렇다면 어떤 새로운 인식과 발상의 전환이 일어나야 하는 것일까?

선천세계는 상극질서에 얽매여 있기 때문에 모든 것이 갈등과 충돌을 빚을 수밖에 없다. "선천은 상극相克의 운運이라 상극의 이치가 인간과 만물을 맡아 하늘과 땅에 전란戰亂이 그칠 새 없었나니 그리하여 천하를 원한으로 가득 채"(『도전』 2:17:1-3)우고 있기 때문이다. 문제는 원한이 개체의 차원에

---

17) 원정근, 『천지공사와 조화선경』, 상생출판, 2011, p41-42.

서 머무는 것이 아니라 살기殺氣로 터져 나와서 인간 자신뿐만 아니라 인간 사회나 우주만물의 관계망을 폭발시킬 수도 있다는 사실이다.

증산 상제는 우주만물의 변화작용이 활발하게 일어나는 '천지조화天地造化'(『도전』 11:77:3)를 바탕으로 천지의 상극적 기운을 상생적 기운으로 전환시키고자 한다.

> 이제 하늘도 뜯어고치고 땅도 뜯어고쳐 물샐틈없이 도수를 굳게 짜 놓았으니 제 한도限度에 돌아 닿는 대로 새 기틀이 열리리라.(『도전』 5:416:1-2)

> 선천에는 상극의 이치가 인간 사물을 맡았으므로 모든 인사가 도의 道義에 어그러져서 원한이 맺히고 쌓여 삼계에 넘치매 마침내 살기殺氣 가 터져 나와 세상에 모든 참혹한 재앙을 일으키나니 그러므로 이제 천지도수天地度數를 뜯어고치고 신도神道를 바로잡아 만고의 원을 풀 며 상생의 도道로써 선경의 운수를 열고 조화정부를 세워 함이 없는 다스림과 말 없는 가르침으로 백성을 교화하여 세상을 고치리라.(『도 전』 4:16:2-7)

증산 상제가 천지공사를 본 것은 선천의 낡은 천지도수를 바꾸어 후천의 새로운 천지도수를 만들기 위한 것이다. 선천의 상극적 천지도수를 후천의 상생적 천지도수로 바꾸어 조화선경세계를 건설하기 위한 것이다. 천지도수天地度數는 천도天度와 지수地數가 합하여진 말이다. 천도는 하늘의 법도를 뜻하고, 지수는 하늘의 법도가 땅에서 펼쳐지는 순환을 뜻한다. 천도지수는 우주변화가 이루어지는 정도를 수로 표현한다는 말인데, 천지가 운행하는 질서 또는 법칙을 가리킨다. '천지운로'(『도전』 2:15:)나 '천지운도'(『도전』 3:23:5)와 같은 뜻이다.

증산 상제는 우주의 조화기틀을 바꾸기 위해서는 무엇보다 먼저 천지만물의 원한관계를 해소해야 한다고 본다.

선천은 억음존양抑陰尊陽의 세상이라. 여자의 원한이 천지에 가득 차서 천지운로를 가로막고 그 화액이 장차 터져 나와 마침내 인간 세상을 멸망하게 하느니라. 그러므로 이 원한을 풀어 주지 않으면 비록 성신聖神과 문무文武의 덕을 함께 갖춘 위인이 나온다 하더라도 세상을 구할 수가 없느니라. 예전에는 억음존양이 되면서도 항언에 '음양陰陽'이라 하여 양보다 음을 먼저 이르니 어찌 기이한 일이 아니리오. 이 뒤로는 '음양' 그대로 사실을 바르게 꾸미리라.(『도전』 2:52:1-5)

선천은 하늘과 양만 존숭하고 땅과 음은 비천한 것으로 여긴 '천존지비天尊地卑'와 '억음존양抑陰尊陽'의 세상이었기 때문에 천지와 음양의 상관관계가 서로 감응과 소통을 이루지 못하였다. 선천이 양을 높이고 음을 억누르는 시대라면, 음양을 부를 때에도 당연히 양음으로 불러야 옳은 것이다. 그런데도 세상 사람들은 음양이라 하여 음을 먼저 부른다. 이는 사리에 맞지 않는 것이다. 증산 상제는 우리가 일상에서 늘 말하는 음양 그대로 음이 양보다 앞서는 음이 주가 되는 세상을 만들고자 한다.

선천은 천지비天地否요, 후천은 지천태地天泰니라. 선천에는 하늘만 높이고 땅은 높이지 않았으니 이는 지덕地德이 큰 것을 모름이라. 이 위에는 하늘과 땅을 일체로 받드는 것이 옳으니라.(『도전』 2:51:1-3)

선천의 천지를 대변하는 말은 '천지비天地否'이다. '천지비'는 하늘은 양으로서 위에 있고 땅은 음으로서 아래에 있다. 천지의 기운이 부조화를 이루는 상극관계를 상징한다. 선천 세상은 땅의 덕성이 광대한 것을 알지 못했기 때문에 하늘만 존숭하고 땅을 비천하게 여겼다. 선천의 구천지가 상극질서에 얽매여 충돌과 대립을 빚게 된 것이다.

구천지舊天地 상극相剋 대원대한大冤大恨 신천지新天地 상생相生 대자대비
大慈大悲.(『도전』 11:345:2)

후천 세상은 '지천태'의 세상이다. 구천지의 '천지비天地否'의 세계를 신천지의 '지천태地天泰'의 세계로 바꾸려는 것이다. '지천태'는 땅은 음으로서 위에 있고 하늘은 양으로서 아래에 있어 천지의 기운이 상호 교감하고 소통하는 관계를 상징한다. 천지의 기운이 조화를 이루는 '정음정양正陰正陽'(『도전』 4:59:2)의 신천지다.

이어 말씀하시기를 "음과 양을 말할 때에 음陰 자를 먼저 읽나니 이는 지천태地天泰니라. 너의 재주가 참으로 쓸 만하구나. 옳게 떼었느니라. 그러나 음 자의 이치를 아느냐? 사람은 여자가 낳는 법이므로 옳게 되었느니라." 하시고 "후천에는 음陰 도수가 뜬다." 하시니라.(『도전』 6:50:7-9)

증산 상제는 천지공사를 통해 음의 기운을 바탕으로 후천 5만년의 정음정양과 음양동덕의 음 도수의 세상을 만들려고 한다.
후천의 '정음정양'과 '음양동덕'의 세계를 만들기 위해 제시된 것이 천지굿이다. 그렇다면 굿이란 무엇이고, 천지굿이란 어떤 특성을 지니고 있는가?

상제님께서 친히 장고를 치시며 말씀하시기를 "이것이 천지굿이라. 나는 천하 일등 재인才人이요, 너는 천하 일등 무당巫堂이니 우리 굿 한 석 해 보세. 이 당黨 저 당黨 다 버리고 무당 집에 가서 빌어야 살리라." 하시고 장고를 두둥 울리실 때 수부님께서 장단에 맞춰 노래하시니 이러하니라. 세상 나온 굿 한 석에 세계 원한 다 끄르고 세계 해원 다 된다네. 상제님께서 칭찬하시고 장고를 끌러 수부님께 주시며 "그대가 굿 한 석 하였으니 나도 굿 한 석 해 보세." 하시거늘 수부님께서 장고를 받아 메시고 두둥둥 울리시니 상제님께서 소리 높여 노래하시기를 "단주수명丹朱受命이라 단주를 머리로 하여 세계 원한 다 끄르니 세계 해원 다 되었다네." 하시고 수부님께 일등 무당 도수를 붙이시니라.(『도전』 6:93:4-10)

천지굿은 증산 상제가 천지인 삼계대권을 고수부高首婦(1880-1935)에게 넘겨주는 천지에 행한 굿의식을 집행한 데서 유래한다.

태모太母 고수부高首婦님은 억조창생의 생명의 어머니이시니라. 수부님께서 후천 음도陰道 운을 맞아 만유 생명의 아버지이신 증산 상제님과 합덕合德하시어 음양동덕陰陽同德으로 정음정양의 새 천지인 후천 오만년 조화 선경을 여시니라.(『도전』 11:1:1-3)

증산 상제가 수부를 내세워 종통대권을 전수한 것은 '정음정양'이라는 후천의 우주변화의 원리를 밝히고 조화선경세계를 열기 위한 것이다. 수부는 "가장 으뜸되는 여성"이라는 뜻으로 우주생명의 어머니를 말한다. 양 중심의 남성문화를 벗어나 음양이 조화된 정음정양의 후천세계를 만들기 위하여 '천지부모'(『도전』 8:1:3)인 우주생명의 어머니와 아버지의 관계를 새롭게 설정하려는 것이다. 증산도의 수부공사는 정음정양의 우주원리에 따라 후천이 음양동덕의 남녀 동권시대가 될 것임을 천명한 것이다. 후천 가을개벽을 음 도수로 열기 위하여 그 음 도수의 주재자를 여성으로 임명한 것이다.

천지굿은 개인과 사회의 차원을 넘어서 우주적 차원으로 확대된 '천지 해원굿'이자 '천지개벽굿'이자 '천지해방굿'이다.[18] 천지굿은 자연과 인간과 문명 속에 내재한 상극의 기운을 털어버리고 상생의 기운을 다시금 불어넣으려는 것이다. "이제 만물의 생명이 다 새로워지고 만복萬福이 다시 시작되"(『도전』 2:43:7)게 하려는 우주적 살림굿이다.

> 천지공사나 기도 시에는 천지 음양굿이라야 하나니, 남녀가 함께 참석하여야 음양굿이 되느니라. 남자만으로는 하늘굿이며 여자만으로는 땅굿이니 이는 외짝굿이라. 외짝굿은 원신寃神과 척신隻神의 해원이 더디느니라.'(『도전』 11:78:1-2)

천지굿은 음양이 조화를 이루게 하는 천지 음양굿이다. 후천개벽을 통해 자연질서와 문명질서의 음양관계를 전일적으로 조화시키려는 것이다. 자연개벽과 인간개벽과 문명개벽으로 새로운 자연질서와 문명질서를 구축하려는 '천지개벽굿'이다. 우주생명을 살리려는 천지굿에서 증산 상제와 고수부는 자연질서와 문명질서의 음양의 합덕관계를 뜻한다. 우주적宇宙的 '대동세계大同世界'(『도전』 8:115:8)를 추구하는 것이 바로 천지굿이다.[19]

---

18) 김진, 『종교문화의 이해』, UUP, 1998, p. 35.
19) 원정근, 「후천개벽과 천지굿」, 『삼신·선·후천개벽』, 2021, p 306.

3 맷돌의 운수로 오는 후천세상

서양에서 맷돌은 사물을 변화시키는 것 또는 숙명적인 것으로 인식되고 있다. 형벌, 부활, 순교 등을 상징한다. 성경에서의 맷돌은 단순한 도구로서의 기능뿐만 아니라 몸의 양식을 공급하는 특성으로 생명의 상징이다. 『성경』에서 맷돌은 사람들이 생명을 유지하는 근본이라고 본다. "사람이 맷돌의 전부나 그 위짝만이나 전집하지 말찌니, 이는 그 생명을 전집함이니라."[20]고 하였다. 맷돌을 저당 잡히는 것은 사람의 생명을 저당 잡히는 것과 마찬가지라는 것이다.[21]

그렇다면 『성경』 속에서 "맷돌소리가 적어지거나, 끊어지는 마을"[22]은 무엇을 뜻하는 것일까? 예레미야 선지자는 하나님을 떠난 남유다 백성들에게 "맷돌소리가 끊어지게 하리라(렘25:10)"는 하나님의 경고를 전하였고, 사도 요한도 계시록에서 힘센 천사가 세상을 심판할 때에 '맷돌소리가 결코 다시 네 가운데서 들리지 않으리라(계18:22)'고 경고한다. 집안에서 들려오는 맷돌 가는 소리는 사람들이 정상적 삶을 살고 있음을 알리는 정겨운 소리였고, 그것이 사라지면 폐가가 됐다는 뜻이었다. 그래서 성서에서 맷돌 소리가 사라진다는 것은 하느님이 내리신 심판의 징조와 도시의 멸망을 상징했다.[23]

현대를 살아가는 우리에게 맷돌은 어떤 의미를 던져주고 있는가? 일상 생활 속에서 맷돌은 아득히 먼 옛날의 향수를 불러일으키는 도구에 지나지 않는 것일까? 시인 김종태는 맷돌이라는 시에서 다음과 같이 노래한다.

---

20) 『성경전서·구약전서』, 「신명기 24:7」, p. 298.
21) 「『성경』 속의 맷돌 이해하기」(blog.naver.com.)
22) 「『성경』 속의 맷돌 이해하기」(blog.naver.com.)
23) 「『성경』 속의 맷돌 이해하기」(blog.naver.com.)

천생연분 몸과 마음이
꼭 맞는 짝이 어이 있으랴
돌고 도는 맷돌도
위짝 밑짝 엇갈려 도느니
너와 나 어긋 돌며라도
무심한 듯 한평생 살자꾸나

어깻죽지 빠지고
굳은 손 물집 잡히더라도
타기도 전에 갈 수야 없지
잊은 듯이 들들 타기도 하고
다시 본 듯 곱게도 갈자꾸나

우리 인생은 단추만 누르면
칼날같이 갈리는 믹서가 아니니
진득하게 온몸으로 퍼질러 앉아
설핀 세월을 쫀쫀히도 짜자꾸나[24]

옛날부터 맷돌은 우리 삶에서 없어서는 안 될 생활도구였다. 오늘날에
도 두부를 만들 때 콩물을 내기 위해서 여전히 사용하고 있다. 그러나 놓
치지 말아야 할 것이 있다. 맷돌이 일상생활에 필요한 소중한 도구일 뿐만
아니라 우주변화의 원리를 담고 있는 것으로 새로운 후천세상의 운수가
도래하는 것을 알려주는 상징적 의미를 지닌다는 사실이다. 맷돌이 돌아
가는 원리는 후천의 가을개벽의 운수를 알려준다는 점이 매우 중요하다.

----

24) 김종태, 『그때를 아십니까』, 새벽, 1993, P 45.

증산 상제는 맷돌을 통해 선천과 후천이 뒤바뀌는 개벽원리를 제시한다. 맷돌이 돌아가는 원리로 '천지비'의 선천 상극세상에서 '지천태'의 후천 상생세상이 새롭게 도래할 것을 예고하였다.

> 을사乙巳(道紀 35, 1905)년 8월에 하루는 성도들을 줄지어 앉히시고 어렸을 때 지은 글이라 하시며 "정심正心으로 삼가라." 하시고 글을 외워 주시니 이러하니라. 운래중석하산원運來重石何山遠이오, 장득척추고목추粧得尺椎古木秋라. 무거운 돌을 운반하여 옴에 어찌 산이 멀다 하리오. 잘 깎은 방망이로 세상을 다듬질하니 고목 된 가을이구나! "이는 선생문명先生文明 아닐런가." 하시고 "이 글을 심고하고 받으라." 명하시므로 모든 성도들이 심고하고 받으니라.(『도전』 8:44:1-4)

중요한 한 것은 "운래중석하산원運來重石何山遠이오, 장득척추고목추粧得尺椎古木秋라."는 두 구절이다. "운래중석하산원運來重石何山遠?"은 후천의 가을 개벽의 운수가 맷돌의 이치에 따라 온다는 것을 강조하고 있다. 무거운 돌이라는 말에 주목해야 한다. 무거운 돌은 '중석重石'을 가리킨다. '중석'은 아래와 위 이중으로 된 돌이다. 맷돌을 가리킨다. 맷돌은 암돌이 위에 있고 숫돌이 밑에 있다. 위에 있는 암돌이 돌면서 능동적으로 곡식을 가는데 반해 밑에 있는 숫돌은 수동적이다. 여기서 맷돌은 '지천태'의 후천 곤운시대를 암시한 것이다. 암돌은 땅을 가리키고, 숫돌은 하늘을 가리킨다. 맷돌은 땅이 위에 있고 하늘이 아래에 있는 형상에 비유한 것이다.

"장득척추고목추粧得尺椎古木秋"는 방망이로 분단장을 시키니 고목에서 후천 가을세상이 꽃핀다는 뜻이다. 맷돌의 운수에 따라 낡고 묵은 천지를 새 가을천지로 바꾸려는 것이다. 고목나무에 꽃이 피듯이, 구천지를 신천지의 가을세상으로 변화시키려는 것이다. '천지비'의 선천세상을 '지천태'의 후천세상으로 전환시키려는 것이다. 증산 상제는 『역』에 나오는 후천개벽의 지천태의 운수를 우리가 날마다 살아가는 일상생활 속의 평범한 진리로 알기 쉽게 풀이한 것이다.

"맷돌도 짝이 있다."는 말이 있다. 음양의 관계가 그런 것처럼, 이 세상의 모든 것은 다 짝이 있다는 것이다. 맷돌은 아랫돌과 윗돌이 한 짝으로 되어 있다. 아랫돌을 숫맷돌이라 하는데 가운데에 숫쇠라는 쇠꼬챙이가 있고, 윗돌을 암맷돌이라 하는데 숫쇠가 들어갈 수 있는 암쇠 구멍이 있다. "맷돌도 중수리가 있어야 쓴다."라는 말이 있다. '중수리'란 것은 아랫쪽 가운데 뾰족하게 깎아서 박은 나무인데, 어떤 일이든 갖출 것을 제대로 다 갖추어야 이루어진다는 뜻이 들어 있다. 숫쇠와 암쇠를 합쳐 맷돌의 중쇠라고 부른다.

또 어느 때에는 맷돌 밑짝의 중쇠를 이로 물어 올리시고, 마당에 서서 발로 처마끝을 차시며 한 팔을 뒤로 하여 땅을 짚고 발꿈치를 땅에 붙이신 채 장정 십여 명을 시켜 허리를 힘껏 누르게 하시되 전혀 요동하지 않으시니라.(『도전』 1:35:7-8)

중쇠는 아래는 볼록하고 위는 오목하다. 아래는 양을 상징하고 위는 음을 상징하니, 천지가 뒤바뀌어진 모습이다. 맷돌은 음양의 두 짝이 맞물려 있어서 그 위에 곡물을 넣고 어처구니를 잡고서 돌리면 곡물의 가루가 되어 나온다. 문제는 어처구니가 부러지면 음양이 조화를 이루지 못하게 된다. 둥글넓적한 돌 두 개를 포개고, 위에 뚫린 구멍으로 갈 곡식을 넣으며 손잡이를 돌려서 갈게 된다. 맷돌의 손잡이를 맷손이라 한다. 맷돌을 돌리는 맷손은 대개 나무로 만들며 윗돌 옆에 수직으로 달아 손잡이를 돌려서 곡식을 간다. "어처구니가 없다."라는 말은 맷돌을 쓰려는데 손잡이가 없는 기가 막힌 상황에서 유래했다는 설이 있다.

『춘향전』에는 성춘향이 이몽룡을 만나 첫날밤을 치르는 '사랑가'가 있다. 지조와 절개의 아이콘인 성춘향이와 정의와 공정의 화신인 이몽룡을 새로운 캐릭터로 설명하여 흥미를 돋운다. 이몽룡은 이렇게 말한다.

> 너는 죽어 글자 되어 땅 지地 자, 그늘 음陰 자, 아내 처妻 자, 계집 녀女 자 변이 되고, 나는 죽어 글자 되어 하늘 천天 자, 하늘 건乾, 지아비 부夫, 사내 남男, 아들 자子 몸이 되어, 계집 녀女 변에다 딱 붙여 좋을 호好 자로 만나 보자. 사랑 사랑 내 사랑, 또 너 죽어 될 것이 있다.[25]

이몽룡은 자신과 성춘향의 관계를 천과 지, 건과 곤, 음과 양, 남과 여 등의 관계로 설정한다. 흥미로운 것은 이몽룡의 말에 성춘향이 어찌하여 여성은 이생이나 후생이나 밑으로만 된다는 법이 있느냐고 따진다. 성춘향은 여성 하위의 세상에서 벗어나 여성 상위의 새로운 세상을 꿈꾸는 것이다. 이몽룡은 성춘향의 반박에 맷돌의 비유를 들어 남성과 여성의 관계를 새롭게 설정한다.

> 그러면 너 죽어 될 것 있다.
> 너는 죽어 방아 구덩이가 되고
> 나는 죽어 방아 공이가 되어
> 경신년 경신일 경신시에 강태공이 만든 방아
> 그저 떨구덩 떨구덩 찧거들랑

---

25) 송상욱 옮김, 『춘향전』, 민음사, 2006, p 61.

나인 줄 알려무나.

사랑 사랑 내 간간 사랑이야.

춘향이 하는 말이,

"싫소. 그것도 내 아니 될라오."

"어찌하여 그런 말을 하냐."

"나는 항시 어찌 이생이나 후생後生이나 밑으로만 되라니까 재미없어
못 쓰겠소."

"그러면 너 죽어 위로 가게 하마. 너는 죽어 맷돌 윗짝이 되고 나는
죽어 밑짝 되어 이팔청춘 아름다운 젊은 여자들이 섬섬옥수로 맷대
를 잡고 슬슬 두르면 둥근 하늘 네모진 당처럼 휘휘 돌아가거든 나
인 줄 알려무나." "싫소 그것도 아니 될라오. 위로 생긴 것이 성질나
게만 생기었소. 무슨 원수가 졌기에 일생 한 구멍이 더하니 아무것도
나는 싫소."[26]

이몽룡은 맷돌 노래를 부른다. 맷돌은 돌매라고 부르기도 한다. 맷돌은
음양의 결합으로 남녀의 성적 결합을 의미한다. 맷돌 노래는 남녀의 성행
위를 비유하여 노래한 것이다. 더욱 놀라운 것은 이몽룡이 남녀의 관계를
방아 구덩이와 방아 공이에 비유하자 성춘향은 무슨 년의 팔자가 평생토
록 한 구멍에만 목숨을 바치는 삶을 살겠느냐고 반문한다. 그러자 이몽룡
은 맷돌의 윗짝과 밑짝에 비유해 여성이 상위가 되어 살아가는 새로운 세
상을 제안한다.

증산 상제는 맷돌의 운수로 지천태의 새 세상이 온다는 것을 다음과 같
이 말한다.

----

26) 송상욱 옮김, 『춘향전』, p 62-63.

하루는 상제님께서 여러 성도들에게 이르시기를 "앞으로 여자가 위에서 합궁合宮하는 때가 오느니라." 하시니 내성이 "무슨 뜻인지 잘 모르겠습니다." 하거늘 말씀하시기를 "사람은 맷돌과 같다. 맷돌 돌아가는 이치와 같으니라." 하시니라.(『도전』 9:190:1-3)

위의 인용문에서 여자가 남자 위에서 합궁을 한다는 것은 앞으로 후천 개벽을 통해 지천태의 세상이 온다는 것을 상징한다. 사람은 맷돌과 같은 삶을 살아야 한다. 맷돌의 이치에 따라서 선천의 천지비의 세상을 후천의 지천태의 세상으로 만들어야 하는 것이다.

4 대장부大丈夫와 대장부大丈婦

지금 이 시대는 천지가 사람을 쓸려고 하는 '천지용인天地用人'의 때이다. "천지생인天地生人하여 용인用人하나니 불참어천지용인지시不參於天地用人之時 면 하가왈인생호何可曰人生乎아 천지가 사람을 낳아 사람을 쓰나니 천지에 서 사람을 쓰는 이 때에 참예하지 못하면 어찌 그것을 인생이라 할 수 있 겠느냐!"(『도전』 2:33:3) 후천 가을개벽기의 천지는 인간에게 새 우주문명을 창조할 수 있는 중차대한 역할을 해주기를 간절히 바라고 있다. 구천지를 신천지로 새롭게 전환시켜 주기를 고대하고 있는 것이다. 그렇다면 어떤 사람이 새 우주문명의 창조적 주체가 될 수 있을까?

선천에서는 남자를 대장부로 중시하고 여자를 아녀자로 폄하하는 세상 이었다. 선천에서 중시한 대장부는 남자다운 남자를 말한다. 남자를 뜻하 는 장부丈夫라는 말에 대자를 붙여 남자 가운데 남자인 진짜 사나이라는 의미로 사용한 것이다. 대장부라는 말은 본래 『맹자孟子』 「등문공滕文公」에 나온다.

경춘이 말했다. '공손연과 장의는 참으로 대장부가 아니겠습니까? 한 번 성을 내면 제후들이 두려워하고, 조용히 있으면 온 천하가 조 용합니다.' 맹자가 말했다. '그들을 어찌 대장부라 할 수 있겠소? 그 대는 예를 배우지 않았소? 장부가 관례를 할 때에 아버지가 교훈을 주고, 여자가 시집을 갈 때 어머니가 교훈을 준다오. 어머니는 딸을 문 앞에까지 전송하면서 말한다오. 「시집에 가거든 반드시 공경하고 조심하여 남편을 어기지 말라!」 순종하는 것을 바른 도리로 여기는 것은 부녀자의 도에 지나지 않소. 천하의 넓은 곳에 살고, 천하의 올바른 자리에 서며, 천하의 가장 큰 도를 행하오. 뜻을 이루면 백성과 더불어 나아가고, 뜻을 얻지 못하면 홀로 그 도를 행하오. 부귀해도 음란하지 않고, 빈천해도 지조를 잃지 않으며, 위세와 무력이 그를 굽히게 할 수 없소. 이런 사람을 대장부라고 하오.'[27]

공손연과 장의는 유세가들이다. 맹자에 따르면, 공손연이나 장의는 남편의 비위나 맞추는 것을 삶의 도리로 삼는 부녀자에 지나지 않는다는 것이다. 큰 뜻을 품고 그것을 이루기 위해 꾸준히 노력하고, 뜻을 이룬 뒤에는 교만하지 않으며, 설령 뜻을 이루지 못하더라도 비굴하지 않은 사람이 바로 진정한 대장부라는 것이다.

맹자의 말에는 진정한 사내대장부의 큰 뜻을 존중하는 의미가 들어 있다. 하지만 맹자는 여성을 시집을 가서 집안의 어른이나 남편의 뜻에 순종하여 살아가는 존재로 폄하하고 있다. 대장부의 길과 부녀자의 길이 다르다는 것을 강조한 것이다. 그렇다면 어떤 사람이 후천 세상이 진정한 대장부가 될 수 있는가?

여자가 천하사를 하려고 염주를 딱딱거리는 소리가 구천에 사무쳤나니 이는 장차 여자의 천지를 만들려 함이로다. 그러나 그렇게까지는 되지 못할 것이요, 남녀동권 시대가 되게 하리라. 사람을 쓸 때에는 남녀 구별 없이 쓰리라. 앞세상에는 남녀가 모두 대장부大丈夫요, 대장부大丈婦이니라. 여자도 각기 닦은 바에 따라 자고로 여자를 높

27)『十三經注疏 下』,『孟子·滕文公』, p 2710. "景春曰: '公孫衍張儀豈不誠大丈夫哉? 一怒而諸侯懼, 安居而天下熄.' 孟子曰: '是焉得爲大丈夫乎? 子未學禮乎? 丈夫之冠也, 父命之, 女子之嫁也, 母命之. 往送之門, 戒之曰「往之女家, 必敬必戒, 無違夫子!」以順爲正者, 妾婦之道也. 居天下之廣居, 立天下之正位, 行天下之大道, 得志, 與民由之, 不得志, 獨行其道, 富貴不能淫, 貧賤不能移, 威武不能屈, 此之謂大丈夫."

이 받들고 추앙하는 일이 적었으나 이 뒤로는 여자도 각기 닦은 바를 따라 공덕이 서고 금패金牌와 금상金像으로 존신尊信의 표를 세우게 되리라.(『도전』 2:53:1-6)

증산 상제는 후천의 새 세상을 만들기 위해서는 남녀 모두가 대장부大丈夫와 대장부大丈婦가 되어야 한다고 강조한다.

이어 말씀하시기를 "사람을 쓸 때에는 남녀의 구별이 없나니, 옛날에 진평陳平은 '야출동문夜出東門 여자 이천인女子二千人' 하였느니라." 하시고 "대장부가 여자 대장부니라." 하시니라.(『도전』 8:61:3-4)

"야출동문夜出東門 여자女子 이천인二千人"은 항우와 유방이 천하를 두고 다툴 때 나온 고사에서 비롯되는 말이다. 항우의 군사에게 포위되어 절체절명의 위기상황에 놓인 유방이 여자 이천 명에게 갑옷을 입혀 병사로 위장하여 거짓으로 항복하게 하고 자신은 다른 문으로 탈출한다는 이야기다. 후천 세상을 만들기 위해서는 남녀노소를 불문하고 누구나 적재적소에 활용한다는 말이다.

주보의 아내를 불러 위로하시며 "내가 너의 어려움을 풀어 주리니 슬피 울지 말라. 세상에 어찌 남장군男將軍만 있으리오." 하시니라. 잠시 후 종이에 '여장군女將軍'이라 쓰신 뒤에 뜰로 들고 나오시어 하늘을 향해 오른손을 높이 들어 원을 그리며 흔드시고는 이내 그 종이를 불태우시며 신명에게 명을 내리시니(『도전』 3:299:6-8)

여자 대장부와 남자 장부의 관계는 달리 표현하면 여장군女將軍과 남장군南將軍의 관계로 볼 수 있다. 남녀가 갈등과 대립을 빚지 않고 따로 또 하나로 살아갈 수 있는 세상을 만들고자 하는 것이 증산도 수부 사상의 핵심과제로 할 수 있다.

≡ 참고문헌 ≡

1. 단행본

• 증산도 도전편찬위원회, 『증산도 도전』, 대원출판, 2003.
• 김열규, 『한국인의 원한과 신명-맺히면 풀어라-』, 둥지, 1991.
• 김진, 『종교문화의 이해』, UUP, 1998.
• 노종상, 『수부 고판례』, 상생출판, 2010.
• 안경전, 『증산도의 진리 제2강』, 대원출판, 2001.
• 안경전, 『개벽 실제상황』, 대원출판, 2005.
• 유철, 『어머니 하느님-정음정양과 수부사상』, 상생출판, 2011.
• 원정근, 『천지공사와 조화선경』, 상생출판, 2011.
• 『성경전서·구약전서』, 대한성서공회, 1983.
• 송상욱 옮김, 『춘향전』, 민음사, 2006.
• 『十三經注疏 上下』, 中華書局, 1996.
• 樓宇烈校釋, 『老子·周易王弼注校釋』, 華正書局, 1983.
• 蘇輿撰, 鍾哲點校, 『春秋繁露義證』, 中華書局, 1992
• 沈志剛, 『鐘呂丹道經傳譯解』, 宗敎文化出版社, 2008
• 喩博文, 『正蒙注譯』, 蘭州大學出版社, 1990.
• 高麗楊點校, 『鐘呂傳道集·西山郡仙會眞記』, 中華書局, 2018.

2. 논문

• 김경일, 「『역경』의 건곤적 세계의 구조」, 『동양철학연구』 제40집, 2004.
• 김기선, 「천지굿과 디오니소스 제의」, 『증산도사상』 제2집, 2002.
• 김익두, 「상생 · 해원 · 대동의 '천지굿' 비전과 신명 창출의 문체」, 『계간 시작』 제11권, 2012.
• 김진근, 「'호장기택'의 논리와 그 철학적 의의」, 『유교사상문화연구』 33권, 2008.
• 변찬린, 「성서와 역의 해후」, 『증산사상연구』 제4집, 1978.

• 원정근, 「후천개벽과 천지굿」, 『삼신·선·후천개벽』, 2021.
• 정병석, 「주역의 질서관」, 『동양철학연구』 제23집, 2001.

한국여성의 '한' 치유과정에 대한 임상실천 사례연구

– 깊은 괴로움으로 가득 찬 내러티브에서 새로운 내러티브 정체성으로 –

송귀희

번역: 상생문화연구소 번역위원회

필자 약력

송귀희

서울 가톨릭대학교 사회사업학과 졸업

서울대학교 임상 사회복지학 석사

시카고 로욜라대학교 임상 사회사업학 박사

한국 안디옥세계선교회 국제사역 목회학 석사

미국 학회지 〈정신건강과 사회적 행동〉의 편집위원

사단법인 대한사랑 해외학술자문위원

현 미국 치코 캘리포니아 주립대학 정교수

저서 및 논문

『Process Evaluation Study of Multiple-Systems Collaborative Child Welfare Approach』 (다층시스템의 협업적 아동복지의 접근에 대한 과정 평가의 연구)

『Multicultural and international approaches in social work practice: An intercultural perspective』 (사업사업 임상의 다문화 및 국제적 접근: 문화교류적 관점)

『Cultural Diversity in Social Welfare: Policy, Practice and Education』 (사업복지의 문화적 다양성: 정책, 임상 그리고 교육)

『Beyond multiculturalism in social work practice』 (사회사업임상에 있어서 다문화주의를 넘어) 외 다수

특이사항

30년 이상 아동 및 가정의 정신건강 상담, 치유 경험

공인 임상 사회사업가; 공인 브레인스폿팅 치료사

재미한인 사회사업교육자 협회의 협회장

일리노이 가정봉사센터의 전문사회사업사

맥그로힐 출판사의 자문위원

1 들어가는 말

나의 삶은 단지 나의 하나님과 나 사이에 천을 짜는 과정이다.

나는 색상을 선택할 수 없고

나의 하나님은 꾸준히 일하신다.

나의 하나님은 자꾸 슬픔을 짜시는데 (중략)

직물 짜는 분의 능숙한 손에는

그분이 계획하신 무늬에는

검은색 실이 금색, 은색 실만큼이나 필요하다.

- 그랜트 콜팩스 털러 〈천 짜는 분〉 중에서

한恨에 대한 많은 연구들은 한의 정적이고 폐쇄적인 감정적 측면을 지나치게 강조한다. 그런 연구들은 한을 정신질환의 파괴적, 병적, 신체적 증상을 수반한 억압적 상태로 특징짓는다(최, 2011년; 김 1996년; 오, 2015년, 2021년). 한은 욕망이나 의지의 좌절, 삶의 파국, 편집증적이고 강박적인 태도와 마음의 상처에 대한 의식적, 무의식적 얽힘의 콤플렉스(김, 1996년)를 가리키기도 한다. 최(2011)는 한을 어떤 대상을 생각하고 마음속에 머무르는 정신으로 정의해 그것이 마치 꽃병처럼 정체되어 한이 되고 제한의 의미를 갖는다고 말한다. 한은 조용히 정체되어 있다는 뜻이다. 한은 마음의 감정적 잔재(S.M.리, 1991년; S.W.리,1994년)를 지칭하는 풍부한 심리적, 사회적, 문화적 배경과 함축적 의미를 지닌 한국 고유의 구성체를 말한다. 이러한 견해는 한의 한 단면만을 대변한다. 그것은 한의 외적 표현, 명시적 표현이다. 한의 또다른 면, 즉 한의 암시적 측면에 대해서는 알려진 바가 거의 없다.

한 변형의 본질, 내적 정신구조 및 과정을 개념화하는 데 초점을 맞춘 연구는 소수에 불과하다. 오화철(2021)은 자기심리학과 기독교의 치유 영성을 결합시켰다. 오화철은 한을 한국 사회의 억압된 감정이라고 정의한다. 오화철(2021)은 한이 왜곡된 자기대상 이미지와 사랑받지 못하는 감정 상태를 나타내는 자기 분열, 즉 한의 악순환에 의해 발생한다고 설명하며 바로 이곳에서 치유가 시작된다고 주장한다. 치유는 나약한 자아와 깊은 욕구가 동시에 존재하는 지점에서 시작된다는 것이다. 건강한 자기 대상화 경험을 쌓는 것은 더 이상 한의 해소와 관련해 자기 자신을 약하게 느껴지게 하지 않는다. 한편 안성수(1988)는 한국 문학적 접근에서 한이 맺혀 있는 구조를 해소되는 구조로 변형시키는 동적 원리를 분석했다. 안성수(1988)는 한국 시 '초혼'과 한국 단편소설 '배따라기'의 분석을 통해 "변증법적이고 순차적인 원리는 한을 푸는 여러 방법 중 하나이며, 그는 극한의 감정을 한으로 승화한 변증법적 상상력과 관련하여 한의 역동성을 설명하고자 했다"(안, 1988, p. 21)고 말했다.

이와 같이 한의 깊은 면은 조용하지만 역동적이고, 멈추었지만 움직이며, 아무것도 없는 듯하지만 움직임의 큰 잠재력이 있다. 한의 이러한 성격은 더 많은 영적 인식, 성장, 성숙과 동시적인 반향을 불러일으킨다. 특히 양재학(2021b)은 64괘 중 가장 중요한 괘로 여겨지는 주역 간괘艮卦와 연관된 귀중한 한恨의 개념을 제시한다. 양재학은 멈춤과 움직임의 미학에서 간괘의 의미를 잘 설명하고 있다. "간艮은 그침인데, '그침止'이라고 말하지 않은 것은 간은 산의 형상이니, 안정되고 무겁고 견실한 뜻이 있어 '그침'의 의미로 다할 수 없기 때문이다"(p. 432). 간은 다음과 같이 이해될 수 있다: 즉 "위는 그치고 아래는 고요하다. … 그침을 편안히 여기는 뜻이니, 그 자리에 그치는 것이다"(양재학, 2021b, p. 433). 양재학(2021b)이 강조하는 바와 같이, 이 간괘艮卦의 개념은 후술할 선후천 개벽사상에 함축되어 있다. 양재학(2021b)은 또한 간艮을 "존재와 인식과 가치와 행위가 조화된 역동적 개념인 시중時中"(p.442)이라고 정의한다. 필자는 한이 동전의 양면을 이루고 있다고 주장한다. 묵시적이고 보이지 않는 면과 명시적으로 드러나는 면의 공존은 영적, 사회적 성장과 성숙을 이루려는 의도다. 한에 대한 이야기는 사람마다 모두 다르고 그들의 고뇌는 개인적인 것이지만, 그들 모두는 비범한 용기, 신성한 휴식의 침묵의 힘, 그리고 회복력이라는 공통의 실마리를 공유하고 있다. 그것은 생존하는 용기뿐 아니라 산산조각 난 삶을 인내하고 재건하는 용기도 포함된다. 한을 품은 사람들은 짓밟혔지만 파괴되지는 않으며, 새로운 새벽을 눈물겹게 기다리고 있다. 한의 의미에 대한 정확한 영어 번역 또는 해석은 없지만, 비극적인 삶의 사건과 상황에 의해 오랜 시간 동안 축적된 고통과 응어리진 마음을 나타낸다. 한은 한국인들의 큰 슬픔의 민족 정신문화적 형태라고 볼 수 있다. 한은 외부적 역사 및 사회 환경과의 상호작용과 관련된 심오한 정신 내부적 과정을 반영한다. 그런 이유로 한은 매우 복잡하고 포괄적인 정신 과정을 수반하며, 서구 문화에서 아직 잘 알려지지 않은 개념으로 사람을 변화시키는 힘을 가지고 있다.

2 조화 원리: 한국 민족정신철학 개념에서 말하는 변화 과정

많은 한 이야기들이 원한怨恨과 원한寃恨의 공통적인 근본 원인을 공유해 왔기 때문에, 본 논문은 원한怨恨과 원한寃恨의 개념에 초점을 맞춘다. 한국의 민족 우주론적 철학 사상에서 한은 후천개벽(안, 2019b; 증산도 도전편찬위원회, 2016; 양, 2020, 2021a, 2021b; 유, 2001, 2011, 2021)의 더 넓은 맥락에서 정의된다. 한이라는 개념은 가까운 연관 개념을 많이 가지고 있다. 예를 들면 원한怨恨, 원한寃恨, 정한情恨, 원한願恨, 해원解怨, 해한解恨 등이다. 본 논문에서는 한을 해원解怨과 해한解恨을 필요로 하는 원한怨恨과 원한寃恨의 의미에서 본다. 특히 원한寃恨은 가을철의 원시반본(시작을 찾고 근본으로 돌아가는 것)과 천지공사(천지를 새롭게 하는 일)라는 근본사상에 중요한 영향을 미친다. 유철(2011)은 한을 개념화하면서 원怨과 한恨의 차이점을 설명한다. 한은 주체적 정신의 억압적인 상태로, '응어리진 한을 풀어내라'(한풀이)는 구절에서 볼 수 있듯이 특정한 가해자가 없다. 유철은 한풀이가 한을 내적으로 인식하는 것이 아니라 예술적이고 종교적인 형태를 띠는 것임을 시사한다. 이와는 대조적으로, 원怨은 명백한 가해자가 있으며, 상호주관적인 피해자와 가해자 관계가 있다. 원한은 인간관계의 부당함에 맞서 대결함으로써 해소된다. 더 나아가 유철(2001)은 원한怨恨과 원한寃恨을 분리한다. 원寃은 명백한 가해자로서의 타인의 힘과 차별적인 사회 제도, 환경, 관습 등에 의해서 형성된다. 원寃은 원한怨恨의 전 단계로 여겨진다. 권력자에 의해 원寃이 생기면 그것은 더 깊은 내면으로 들어가 원한怨恨이 된다. 그리고 "불확실한 외부의 사회, 문화적 상황으로 인해 원寃이 생기면 그것은 한恨이 된다. 원한寃恨이 응어리지면 그것은 원한怨恨, 살기, 척

隻으로 더욱 자라난다"(유철, 2011년, p. 152). '살기'와 '척'은 원한寃恨의 외형적인 표현인 해로운 기운이다. 특히 척隻은 "인간과 영혼이 품고 있는 분노, 질투, 악의, 증오 등의 감정에서 비롯되는 복수심에 불타는 해로운 기운으로 정의된다"(증산도 도전편찬위원회, 2016, p.303).

증산도의 철학적 관점에서 원한寃恨은 "선천의 상극질서 아래 모든 지각 있는 존재들의 내면속의 괴로움과 슬픔을 나타낸다"(증산도 도전편찬위원회, 2016, p. 287). 증산도에서 한의 개념은 원한怨恨보다는 원한寃恨의 파괴력을 강조한다. 나아가 증산도는 "원한寃恨을 해소하는 것이 영원한 인류 화평을 이루는 길"(안, 2019년, p.341)이라고 설명하면서, "마음과 입과 뜻으로부터 일어나는 죄를 조심하고 남에게 척을 짓지 말라"(도전 5:416)고 가르친다.

증산도 도전에는 상극의 질서에 의해 발생한 "원한의 파괴력"(안, 2019b, p. 343)이 다음 구절들에 잘 요약되어 있다. "한 사람의 원한寃恨이 능히 천지기운을 막느니라"(도전 2:68); "상극의 원한이 폭발하면 우주도 무너져 내리느니라"(도전 2:17); "한 여인이 한을 품고 돌아가니 그 원한 기운이 하늘에 닿아 천지공사가 잘 이루어지지 않더라"(도전 2:64:5); "여자의 원한이 천지에 가득 차서 천지운로를 가로막고 그 화액이 장차 터져 나와 마침내 인간 세상을 멸망하게 하느니라. 그러므로 이 원한을 풀어주지 않으면 비록 성신聖神과 문무文武의 덕을 함께 갖춘 위인이 나온다 하더라도 세상을 구할 수가 없느니라"(도전 2:52:2-3).

특히 유철(2001)은 원寃을 병적인 마음의 심리적 증상에 국한하여 정의하지 않고 선천 상극 질서의 필연적인 결과로 인한 모든 존재의 보편적인 특징으로 정의한다. 상극의 선천 역사에서 비롯된 불가피한 결과로 인해 하늘과 땅에 원한寃恨이 가득하다. 마찬가지로 증산도 안경전 종도사(2019b)도 한을 상극의 질서에 따른 고난과 고통으로 오랫동안 이루고자 소망했던 것을 이루지 못하면서 느끼는 보편적인 감정이라고 정의한다:

원한은 보통 '원망할 원怨', '한스러울 한恨' 자로 '원한怨恨'이라고 쓰
지만 상제님이 말씀하신 원한은 '원망할 원怨' 대신에 '원통할 원冤'
자를 씁니다. '원冤'은 불공평한 일을 당해 마음 깊은 곳에 쌓인 원통
함을 나타냅니다. 남에게 일방적으로 당해서 억울하고 분통이 터지
는 개별적인 정서입니다. 이러한 원과 달리 '한恨'은 인간의 보편적인
정서입니다. 오랜 세월, 상극의 시련과 고통 속에서 원하는 바를 이
루지 못해 가슴 깊이 응어리져 맺힌 마음입니다. 이 원과 한이 합쳐
진 '원한冤恨'은 억울하고 원통한 일을 당해 가슴 깊이 응어리진 마음
을 뜻합니다. 선천 세상에서 원한이 맺히는 것은 육신을 쓰고 살아가
는 인간에게 피할 수 없는 숙명입니다.(안경전, 2019b, p.341)

원한冤恨은 해원의 총체적 해결 프로젝트가 필요하다. 그리고 "해원의 총
체는 증산도 천지공사의 궁극적인 목적을 반영한다"(유철, 2001, p.66). 이
천지공사의 형이상학적 사상을 바탕으로 원시반본은 해원, 상생, 보은의
세 가지 핵심 원리를 강조한다. 세 가지 원칙은 조화법으로 행해진 천지공
사의 성공적인 완성을 위한 상호보완적 연동개념이다. 후천개벽이라는 한
국의 민족 정신철학적 사상(안, 2019b; 양, 2020, 2021; 유, 2001, 2011, 2021)
은 한의 변형 과정을 이해하기 위한 체계적인 개념적 틀을 제공하고 있다.
억음존양抑陰尊陽과 정음정양正陰正陽 개념은 해원의 도의 핵심을 나타낸다.
낡은 억음존양시대에서 정음정양의 새 시대를 여는 영생의 조화(창조 변화)
를 가져온다. 특히 억음존양의 개념은 해원의 도에 실천적인 의미를 제공
한다"(유, 2011, p.189). 선천은 억음존양의 세상이다. "그래서 여성은 하늘
(陽) 중심인 선천 문화권 속에서 온갖 천대와 억압을 받으며 살아왔다. 정
음정양으로 돌아가는 후천에는 남녀가 모두 대장부大丈夫·대장부大丈婦가
되는 남녀동권시대가 펼쳐진다"(안 2019b, p.53). 증산도는 그 세상을 계몽

된 집단행동의 맥락에서 설명한다. "남녀동권 시대가 되게 하리라… 앞세상에는 남녀가 모두 대장부大丈夫요, 대장부大丈婦이니라"(도전 2:53:2-4).

상생으로 나아가려면 해원의 도는 반드시 이루어져야 한다. 이로써 인간에게 선천 억음존양의 건곤질서에서 후천 정음정양의 새로운 곤건질서로 성스러운 변화의 길이 열린다. 이것은 또한 선천 천존 질서에서 새로운 후천 인존 질서로의 패러다임 변화를 반영하는 것이기도 하다. 상극에서 비롯된 우주 질서의 변화는 선천 개벽의 불균형한 음양을 후천 개벽의 정음정양으로 이끌었다. 정음정양의 질서는 우주와 인간이 균형 잡힌 음양 속에서 만나는 접점이다. 유철(2011년)은 "해원은 가능하다. 응어리진 한은 하늘과 땅, 하늘과 사람이 서로 닿을 때 풀릴 수 있다"(pp.121-122)고 주장한다. 증산도는 마음의 개념을 다음과 같이 설명한다.

> 모든 생명은 마음을 근본으로 하여 '사랑'으로 조화를 이루며 살아
> 갑니다. 마음은 영원한 '생명의 근원'입니다. 원한은 이 마음을 멍들
> 게 하고 생명에 지울 수 없는 충격을 주어 속사람을 원기 어린 원혼
> 으로 변화시킵니다. 속사람이 원혼으로 화하면, 그 원혼의 증오와 저
> 주와 보복 때문에 세상에 온갖 참화가 일어납니다.
> (안, 2019b, pp.342-343)

이것은 우주 1년의 원리에 따라 응어리진 마음의 치유와 회복의 중요성을 설명한다(안, 2019b). "선천은 천지비天地否요, 후천은 지천태地天泰니라"(도전, 2:51)라는 것이다. 이는 우리의 잘못된 마음, 왜곡된 내러티브 정체성을 후천이라는 새로운 우주 질서에 맞춰 새롭게 바꿈으로써 한이 변형될 수 있음을 시사한다. 〈그림 1〉은 우주 1년의 원리와 변화된 질서가 인류를 포함한 모든 피조물에 미치는 영향을 나타낸다. 그리고 〈표 1〉은 천지비天地否

에서 음양이 바르게 자리잡은 지천태地天泰로의 근본적인 우주에너지 변화를 보여주고 있다. 이는 한 변형 치유를 위한 우주의 힘을 의미한다.

우주의 1년 선·후천 변화 운동

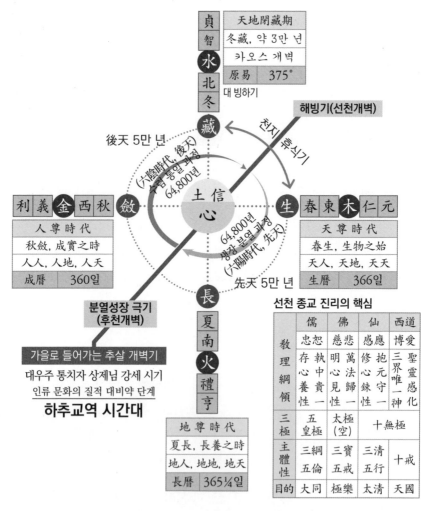

그림 1: 우주 1년의 원리(출처: 안경전, 2019b, p. 37).

괘	천지비 (주역의 12번째 괘)	지천태 (주역의 11번째 괘)
이미지와 의미	건(하늘)이 위에, 곤(땅)이 아래에 있다. 따라서 이 괘는 하늘과 땅이 서로 소통할 수 없는 불협화음의 모습을 보여준다. (이것은 소인배들이 지배하는 선천의 상극 세상을 나타낸다.)	곤(지구)이 위에 위치하여 그 에너지가 아래로 이동한다. 아래쪽 건(하늘)의 에너지는 위로 올라와 두 에너지가 서로 맞물린다. 따라서, 이 괘는 하늘과 땅이 조화를 이루고 있는 모습을 보여준다. (이것은 후천의 조화와 상생의 세상, 성인 시대를 나타낸다.)

표 1: 우주 에너지 변화(출처: 안경전, 2019b, p.40)

또 다른 중요한 점은 선천과 후천에서 대립하는 두 우주 에너지의 개념이 슬픔으로 가득한 내러티브 정체성의 변화와 관련된 신성한 섭리를 내포하고 있다는 것이다. 이규태(1987년, 1991년)에 따르면 한恨이라는 글자는 '心'(마음)과 '조용히 고요한 상태로 있다'는 뜻의 '음' 두 글자로 구성돼 있다. 이것은 마음의 마지막 상태일 수 있다. 양재학(2020, 2021b)은 다른 맥락에서 한恨이라는 글자가 心(마음)과 艮(간)으로 구성되어 있다고 설명한다. 한은 간艮의 정신으로 이해된다. 간괘는 간방의 원리를 설명한다. 간은 만물의 끝맺음과 새출발이 이루어지는 괘이다. 이것은 간艮이 "종어간終於艮 시어간始於艮"(양, 2020, p.79; 양, 2021a, p.383)임을 의미한다. 간艮의 가장 중요한 의미는 만물의 시작과 끝이 간에서 나온다는 것이다. 종말이란 모든 인류의 역사와 문명의 종말을 의미하며, 창조와 완성(또는 재창조)의 순환에 있어서 완성의 시점을 의미한다. 그러므로 이 지구는 하늘 섭리의 가장 은밀한 집결이며 특별한 기운이 모인 곳이다. 결실과 조화의 에너지가 성숙하고 열매를 맺어 완성과 성숙을 지향하는 곳이다.

한국의 민족 정신철학적 관점에 깊이 뿌리를 둔 한에 대한 개념화는 자아 정체성과 사회적 불균형을 변화시키는 것과 관련된 인류의 궁극적인 삶의 목적을 탐구하는 효과적인 방법이다. 필자는 한의 복잡한 다단계 내적 과정을 이해하는 것 외에도 예술적, 혹은 영적 형태의 인간 경험이 한의 변형에 있어서도 중요한 역할을 한다고 제안한다. 본 논문은 한이 동전의 양면적인 방식으로 존재함을 강조한다. 한에는 정적이고 수동적이며 멈춰 있으며 문제로 가득한 명시적 상태와, 역동적이고 열정적이며 조화(창조-변화)로 움직이는 암묵적 상태가 모두 담겨있다. 포스트모던적 관점에서 보면, 이러한 정의는 사람을 문제와, 문제를 사람과 구분하는 데 도움이 된다. 포스트모던 사회구성주의 사상에 의해 알려진 한 치료 접근법은 치료자와 가족(또는 더 큰 시스템) 사이의 참여적 파트너십의 중요성과 내담자에 대한 "모르는" 자세의 도전을 강조한다.

이 글에서 '한'은 사회적 빈곤·소외계층에 대한 오랫동안 뿌리 깊은 트라우마적 고통을 안고 있는 갈등으로 가득한 내러티브 정체성을 말한다. 그리고 '한 변형'이란 갈등으로 가득한 내러티브 정체성에서 새로운 상생의 내러티브 정체성으로의 실제 변화와 함께 다양한 방식의 치유와 회복의 여정으로 정의된다. 이 정의는 또한 보편적, 총체적, 역사적 의미를 지닌 원과 한의 공통된 타당한 근본 원인의 중요성을 지적한다(유, 2001).

한으로부터 개인을 치유할 수 있는 정신건강 실천은 특히 사회적 빈곤·소외계층에게 중요할 수 있다. 포스트모더니스트 다문화적 언어학적 접근에 대한 필자의 통합적이고 상호작용적인 개념을 바탕으로, 본 논문은 문화적으로나 언어적으로 소외된 미국 내 대표적인 내담자 그룹으로서 한국계 미국인 이민 여성에 대한 임상 연구를 기술한다. 이 특정 연구에 대한 아이디어는 사회 사업 실천에 있어서 문화·언어적으로 효과적인 치료 접근방법들에 대한, 사회과학의 철학뿐만 아니라 사회과학에서 최근 포스트모더니스트의 지적 발달에 대한 제한된 관심에 대한 불만족에서 비롯되었다.

3 다문화주의와 포스트모더니즘의 통합

1980년대의 다문화주의(Lating & Zundel, 1986; Korbin, 1987)와 1990년대의 포스트모던 정신에서는, 가족 구성원의 치료 경험은 단일 관점적이고 병적 처리되거나 지시된 치료 경험보다는 대화에서 자연스럽게 발견되는 해결책과 공동의 협력과 권한의 하나일 수 있다(앤더슨, 굴리시안 & 윈더만, 1986년; 굴리시안 & 앤더슨, 1987년, 1990년; 앤더슨 & 굴리시안, 1988년, 1992년; 굴리시안, 1990년; 니콜스 & 슈워츠, 1998년; 랙스, 1992년; 레어드, 1993년, 1995년; H. 앤더슨, 1997).

특히 1990년대의 내러티브적/구성주의자 및 포스트모던 운동은 모더니즘 접근법의 인식론적 한계에 도전했다. 사회 사업의 임상 분야를 알리는 물리적, 사이버네틱, 생물학적, 사회학적 인식론의 한계는 비판을 받아왔다(왓즐라윅, 1976, 1984; 델 & 굴리시안, 1981; 샘슨, 1981; 거겐, 1982, 1985, 1991, 1994; 클라인만, 1986, 1988; 세친, 1987; T. 앤더슨, 1987, 1990; 앤더슨 & 굴리시안, 1988, 1990; 앳킨슨 & 히스, 체식, 1990; 플랙스, 1990; 화이트 & 엡스턴, 1990; J. D. 앤더슨, 1992년 맥나미 & 거겐, 1992년 호프만, 1993년 쇼터, 1993년 호프만, 1995년 D. S. 백바르 & R. J. 백바르, 2000; H. 앤더슨, 1997). 내러티브적/구성주의자 운동은 단지 몇몇 지나치게 단순하고 특징적인 행동 방식보다 훨씬 더 넓은 범위의 인간 경험에 관한 것이다. 포스트모더니즘은 주어진 상황의 언어적 맥락에서 파생될 수 있는 의미의 총체적 다양성과 관련이 있다. 따라서, 의미론과 내러티브의 인식론으로 빠른 전환에 따라 정신 건강 분야에서 수집된 실증적 데이터에 대한 보다 해석적인 입장이 형성되는데, 이는 아동 학대를 질병으로 규정했던 이전의 특성화에서 반가운 변화이다.

필자는 현재의 치료문화는 병리화, 피해자화, 권위적 또는 예방적 초점에 중점을 둔 다양한 치료 체계들의 현실을 수반한다고 주장한다. 현재 의사소통 내의 치료 언어는 결핍에 기반하지만 종종 행동 및 정신적 현실을 정확하게 나타내는 것으로 가정한다(H. 앤더슨, 1997). 문화적 언어적 불협화음의 관점에서, 현재 아동보호서비스 전달 체계는 다양한 문화적 배경을 대표하는 내담자들 사이에서 치료 효과에 대해 비판적으로 검토될 필요가 있다(Billingsley & Geovanni, 1972; Adebimpe, 1981; Jansson, 1994; Brown, 1997). 게다가, K. S. 송(1986)은 기존의 아동 복지 서비스 네트워크가 미주 한인사회에 미치지 못하고 있음을 시사하였다. 아동학대의 위험을 줄이기 위한 예방전략에 대한 지식은 중요하며, 소외된 한국인 내담자들이 "다양한 관점들을 협상하고 행동의 상황이 주어진 관계적 맥락에서 의미 자체의 상대성을 받아들이도록 도울 수 있는 능력을 지원하는 방법도 중요하다"(Gergen & Kaye, 1992, p.183).

치료에 대한 포스트모던 협업-내러티브 접근법은 사회적으로 생성된 다양한 의미와 내러티브/목소리(Pen & Frankfurt, 1994; Freedman & Combs, 1996) 및 권한 강화(임파워먼트) 과정을 강조한다. 이 접근법은 또한 상호 사회적 행동을 조직하고 분류하는 관점에서 정체성을 정의하는 데 도움이 된다. 이 접근법은 치료자가 내담자의 개념 체계, 부모의 한恨과 연관된 아동학대 의미, 아동학대의 실제 개인적 경험을 이해하는 데 도움이 될 것이다. 이것은 또한 내담자가 일상 생활에서 서로 관계를 맺고 반응하는 방식을 이해하는 것을 포함한다(Freeman, 1993). 그리고, 아동보호 서비스 기관에 관련된 한인 가족 내담자들과 일할 때, 이 접근방식은 또한 치료 과정을 용이하게 할 것이다. 그것은 관계들이 의미와 이해를 창조/재창조할 수 있게 하고, 자유와 희망을 가지고 자아 현실을 구축/재구성할 수 있게 할 것이다(H. Anderson, 1997).

포스트모더니스트 다문화적 실천 접근의 핵심 개념들

순환 질문은 가족 시스템의 구성 요소들과 관련된 반복적인 맥락적 패턴을 조사하는 관계 질문을 말한다(Penn, 1982; Fleuridas, Nelson, & Rosenthal, 1986, p. 114).

아동보호 서비스 관련된 한인 내담자는 일리노이주 쿡 카운티와 레이크 카운티 아동가족서비스부(DCFS) 지역의 아동학대 문제를 해결하는 한국계 미국인 이민 1세대 부모 및 1세 반 또는 2세 자녀로 구성된 가족으로 정의된다.

대화 형 질문은 치료에 사용되는 정신 현상의 본질에 대한 순환 가정을 바탕으로 순환적이고 성찰적인 질문으로 정의된다(Tomm, 1987, 1988).

대화는 참여자 관점의 상호보완적 자율성을 통해 창의성과 의식을 가능하게 하는 사고와 소통을 의미한다(Bráten, 1992).

외적 대화는 다른 사람의 버전을 수정하기 보다는 자발적으로 이야기를 전하는데 동참하고 덧붙이며 확장시키는 모든 참석자들에게 일어나는 대화를 말한다(H. 앤더슨, 1997, p. 128).

내부 대화는 생각을 말로 표현하여 언어로 발생하는 (H. Anderson, 1997) 대화 또는 내언(소리 내지 않고 자신이 마음속에서 쓰는 말)(Vygotsky, 1962, p. 218)을 말한다.

의미는 아동 학대 행위와 관련된 자신의 행동에 대해 한국인 내담자가 나타내는 내러티브로 정의된다.

단일 관점적 말하기는 단일 영역이 정의된 관점에서 단일 관점의 말하기를 통한 통제를 포함하는 사고 및 의사 소통을 말한다(Bráten , 1992; Nelson, 1989).

내러티브는 지역적 개인과 더 넓은 맥락, 그리고 문화적으로 주도된 규칙과 관습 속에 위치하는 대화적 도식이다(H. Anderson, 1997).

신체적 아동 학대는 정의된 양육 과제에 대한 효과적인 자기주장을 제공하지 않는 사회적 (문화적) 내러티브와 자기 정의에서 나오는 치료에서 다루는 문제로 정의된다(H. Anderson, 1997).

성찰 질문은 가족에게 새로운 상황별 정보를 제공하는 질문이다(Tomm, 1987, 1988).

자기 주도권은 (과거, 현재, 미래로부터의) 자유와 (지금과 다른 미래를 위한) 희망을 포함한 행동에 대한 능력에 대한 개인적 인식으로 정의된다.(Anderson, 1992; H. Anderson 1997).

스토리텔링은 감정적 설정이나 관점을 바꾸는 치료 기법으로 정의된다. 문제를 둘러싸고 있는 즉각적이고 좁은 상호작용적 맥락보다는 과거, 현재, 미래의 차원을 포용하는 더 넓고 유동적인 의미의 맥락을 적용하면서 경험된 상황과 관련이 있다(Eron & Lund, 1993).

치료적 대화는 내담자와 치료자 사이에 새로운 의미가 나타나고 상호 구성되는 생성 과정으로 정의된다(H. Anderson, 1997).

포스트모던 구성주의자, 권한 강화 및 내러티브 이론들은

- 그룹 구성원들이 삶의 이야기와 주관적인 경험을 통해 어떻게 그들의 현실을 창조하고 유지하는지에 집중한다.
- 인간은 사회적 경험과 주변 세계와의 대화를 바탕으로 삶의 경험(주관적 현실)에 독특한 의미를 부여한다는 전제를 바탕으로 한다.
- 변혁적이고 상호작용적인 리더십 접근법은 이야기를 재구성하고, 구성원들에게 힘을 주고, 그들의 강점, 회복력, 능력을 끌어내기 위해 사용될 수 있다.
- 구성원은 리더/다른 그룹 구성원의 도움을 받아 새로운 인생

스토리를 만들 수 있으며, 자신의 억압적이고 부정적인 삶의 이야기를 기회, 역량 및 강점을 기반으로 하는 보다 긍정적인 참조 프레임을 가지고 바라볼 수 있다.

- 다른 내러티브 치료 기법으로는 일기 쓰기, 편지 쓰기, 상호 원조, 시각화, 인지 이미지 및 마음챙김 중재가 있다.
- 구성원을 외부적으로 강요된 제약으로부터 해방시키고, 억압받는 사람들이 사회적으로 강요된 제약을 받아들이도록 돕고, 역량 강화와 강점에 기반한 접근을 통해 그들의 삶을 재정립하고 재정립한다는 개념이다.

다음은 문화적으로 언어적으로 다양한 사람들과 함께 실천할 수 있는 이론적 관점을 제공하는 포스트모던 철학적 틀을 설명한다. 주요 개념으로는 사회구성주의 이론, 해석학 이론(둘 모두 해석적 관점), 내러티브 이론이 있다. H. 앤더슨과 굴리시안의 협력 시스템 접근법으로서의 치료 이론도 논의된다.

사회구성주의 이론

사회 구성주의 이론(SCT)은 "현실이 독립적으로 '외부세계에 존재하는 것'이 아니라 집합적 의미 만들기를 통해 해석된다는 이론"이다(H. 앤더슨, 1997, p. xiii). 사회 구성주의 이론은 세상과 인간의 경험에 대한 인식을 다음과 같이 설명한다.

보완

거겐(1994)은 의미를 생성하기 위해 말과 행동이 조정되는 방식에 대한 설명어로서 보완의 개념을 제시한다. 보완은 한 사람이 다른 사람의 말이나 행동을 보완하거나 응답하는 상호 과정이다. 그러한 디아드에서 의미에 대한 잠재력은 보완 과정을 통해 발전한다. 디아드의 각 개인은 과거, 현재, 미래 등 다양한 다른 관계를 내재하고 있으며, 그러한 관계의 여러 맥락은 현재의 디아드 내에서 개발된 보완과 의미에 영향을 미친다(H. Anderson, 1997).

공동행동

사회구조에 대한 거겐의 분석과 유사한 쇼터(1993)의 이론이 있다. 쇼터는 그의 설명을 "수사적 반응"이라고 언급한다. 그는 모든 사회구성주의의 공통점은 "우리의 사회적 현실을 만들고 만들어지는 인간 상호작용의 우발성과 창의성 모두에 대한 변증법적인 강조"라고 주장한다(1993, p. 13). 루드비히 비트겐슈타인의 후기 연구와 미하일 바흐틴(홀퀴스트, 1994), L.S. 비고츠키(크레인, 2000), V.N. 볼로시노프(Volosinov)의 저술에서 영향을 받은 쇼터는 특히 자기-타인 관계와 그들의 매일 자발적으로 협력하는 방식에 초점을 맞춘다. 쇼터(1993)는 또한 "화자와 청자가 어떻게 그들 사이에...현재와 과거의 관계의 광범위한 삶의 배경 맥락에서 자신들이 훌륭히 지켜온 인간다운 모습을 (감각적으로 구조화된) 만들고 유지할 수 있는지에 관심이 있다"(12쪽). 쇼터(1984)에 따르면, "이러한 방식으로 사회 집단의 다른 사람들과 관련된 인간의 모든 행동은 어떤 방식으로든 대화적이거나 반응적으로 연결되어 있다. 두 사람 모두 이미 행위를 하였고 가능한 다음 행위를 예상했다"(52-53 페이지).

4 사회구성주의와 구성주의

사회 구성주의와 구성주의는 모두 포스트모던 패러다임의 두 가지 원천이다(니콜스 &슈워츠, 1998). 사회 구성주의와 구성주의는 마음이 현실을 반영한다는 개념을 거부하고 오히려 현실이 인간에 의해 구성되는 것이라는 생각을 발전시킨다. 두 관점 모두 "사람의 인간관은 현실에 대한 가정의 함수"(16쪽)라는 리처드 파머의 주장과 일치한다. 유사점이 있기는 하지만 각 이론이 이 구성에 도달하고 이를 보는 방식에는 주요한 차이가 있다(H. 앤더슨, 1997). 구성주의와 사회구성주의는 서로 다른 지적 전통에서 비롯되었다. 초기 구성주의는 발달주의자 피아제(1954년)와 개인 구성 심리학자 켈리(1955년)의 연구와 관련이 있었다.

이와는 대조적으로, 사회 구성주의는 의미 형성자로서 상호작용 및 소통의 맥락을 강조한다. 즉, 마음은 관계적이고 의미의 발달은 대화적 과정에 있다는 것이다(H. 앤더슨, 1997). 거겐(1994)은 "구성주의는 서양 개인주의의 전통에 깊이 빠져 있다"고 경고했다. H. 앤더슨(1997)도 다음과 같이 언급했다:

사회구성주의는 개인의 구성 정신에서 벗어나 자율적인 개인의 개념에 도전한다. 개인은 더 이상 이해의 객관적 대상이 아니며 의미의 창조자도 아니다. 마음은 의미를 창조하지 않는다. 대신 마음이 의미이다. (1997, 페이지 43)

이러한 강조는 쇼터(1993)가 "대화적 현실"이라고 언급한 것이다. 사회구성주의는 행동과 단순 상대성이라는 행동의 사회적 맥락화를 넘어선다.

문맥은 행동, 감정, 감정, 이해가 공동의 다관계적 언어적 영역으로 이해된다. 그것들은 끊임없이 변화하는 복잡한 관계망과 사회적 과정, 그리고 지역적이고 광범위한 언어적 영역-실천-대화에서 발생한다(H. 앤더슨, 1997).

따라서 사회구성주의자 아이디어는 신체적 아동 학대를 경험하는 한국계 미국인 가정과의 적절한 사회적 활동 상호작용의 제공에 있어 민족적, 언어적, 문화적 요소를 고려하는 권고사항을 실행하는데 도움이 될 수 있다. 사회구성주의는 다문화적 관점을 취하는 사회사업가들의 사고와 양립할 수 있다(Laird, 1995). 곤잘레스, 비버, 가드너(1994)는 사회구성주의와 다문화주의가 많은 면에서 유사하지만, 전자의 개념이 후자에 광범위하게 적용되지 않았다고 지적한다. 사회구성주의는 다문화적 관점과 잘 조화되는 사회문화적 영향을 조사하고 이해하기 위한 틀을 제공할 수 있다. 이러한 포스트모던 접근법은 치료에서 적법한 고려사항으로서 다중 신념 체계와 다중 이해의 장점을 존중하려는 다문화 관점의 노력에 힘을 실어준다.

해석학 이론

"해석학 이론은 과거로부터 새롭게 발굴된 해석의 예술이다"(H. Anderson, 1997, p. xiii). 해석학은 지식의 이원론적 본성, 즉 관찰자와 피관찰자의 분리에 대한 데카르트 이론에서 가장 초기의 질문 중 하나이다. 해석학은 성경과 이후의 문학 문헌을 분석하고 적절한 해석을 보장하기 위한 접근법으로 17세기에 처음 등장한다(H. Anderson, 1997).

H. 앤더슨(1997)은 "18세기 후반, 그리고 19세기 철학자 프리드리히 빌헬름 슐라이어마허와 빌헬름 딜테이의 영향 아래 해석학은 텍스트 기반의 전통에서 벗어나 인간의 행동을 해석하고 이해하는 접근법이 되었고, 진정한 철학적 학문과 사회 및 인문 과학의 일반 이론으로서 나타났다"고 설명한다(Muller-Volmer, 1989, p. ix).

  20세기에, 철학적 해석학은 일반적으로 한스-게오르크 가다머, 위르겐 하버마스, 마르틴 하이데거, 폴 리코어 같은 사상가들의 견해와 연관되었고 해석학은 포스트모던 전환을 맞이하기 시작했다(Madison, 1988; Palmer, 1987). 넓게 말하면 해석학은 인간의 감정과 행동을 포함한 텍스트나 대화에서 파생된 의미를 이해하는 것과, 해석자의 신념, 가정 및 의도에 영향을 받는 과정으로서의 이해와 해석에 관련이 있다.

  해석학적 관점에서 모든 이해가 해석적이라면, 사람은 결코 진정한 이해에 도달할 수 없다. 화자의 의미는 다른 사람에 의해 완전히 이해될 수 없고, 더군다나 복제될 수도 없다. 진리는 드러나지 않으며, 사건에 대한 단일의 올바른 설명은 없으며, 단일의 정확한 해석도 없다. 각각의 설명, 각각의 해석은 진리의 한 버전일 뿐이다. 진리는 참여자들의 상호작용을 통해 구성되며 맥락에 따라 이루어진다. 의미는 해석자의 이해의 전면 구조, 그리고 가다머(1975)가 "선입견"이라고 칭한 것뿐만 아니라 독자와 텍스트 사이의 "지평선의 융합"(p.272)(치료 영역에서 "독자와 텍스트의 "관련된 사람"을 "독자와 텍스트(p. 338)"로 대체한다)에 의해 알려진다.

  이러한 해석적 관점에서 이해는 언어학, 역사학, 문화적으로 위치한다. 즉 "언어와 역사는 항상 이해의 조건이자 한계이다"(Wachterhauser, 1986, p. 6). 이해는 항상 알려진 것에 대한 언급을 포함하기 때문에 순환적이다; 부분(지역)은 항상 전체(세계)를 언급하고, 반대로 전체는 항상 부분을 언급한다. 이것을 하이데거(1962)는 해석학적 순환이라고 불렀다. 이해의 과정은 자신을 상대방의 맥락에 몰입시키는 과정이며, 그 반대도 마찬가지이다. 해석학은 "이해의 문제는 개인이나 집단의 의도를 일시적으로 이해하지 못하는 데서 발생하는 문제로서, 대화와 해석 과정을 계속함으로써 극복할 수 있는 몰이해의 문제라고 가정한다"(Warneke, 1987, p. 120). H. 앤더슨(1997)의 주장은 해석학이 "치료자와 내담자의 관계에 있어서 의미는 언어에 의해 생성되며 개별 화자나 작가의 마음에 있는 것이 아니라 대화 자체에 존재한다"(p. 269)는 체식(1990)의 주장과 상통한다. 거겐(1994)은 이것을 "인간 의미의 관계적 이론"(p. 264)이라고 지칭한다.

내러티브 이론

"내러티브 이론은 인간 삶의 사건은 이야기를 통해서만 이해 가능해진 다는 것을 의미한다"(H. Anderson, 1997, p. 13). 대화나 담론은 내러티브 형식을 취하며 내러티브는 우리가 언어를 사용하여 다른 사람과 관계를 맺는 방식이다. 그것은 우리 삶의 사건과 경험의 단편들에 구조와 일관성을 제공하는 문화적으로 주도된 규칙과 관습을 가진 대화적 스키마이다. 우리는 내러티브나 이야기를 통해 우리 삶의 경험을 정리하고 설명하며 그에 의미를 부여한다(H. Anderson, 1997). 내러티브 관점에서 보면 치료자는 내담자와 함께 그 혹은 그녀의 웰빙 및/또는 문제에 대한 내러티브를 말하고, 다시 말하고, 듣고, 창조하는 데 참여한다.

내러티브와 이야기에는 내용과 과정이 모두 포함된다. 즉, 내러티브의 사실관계, 말하기, 듣기 등의 상호 작용이 포함된다. 포스트모던 관점에서 보면 내용과 과정이 모두 중요하다. 전문가의 콘텐츠 전문지식을 성공적으로 사용하는 것의 대부분은 프로세스 전문성에 달려 있다. 후자의 목적은 심리학자 실비아 런던(Sylvia London과 개인 면담, 1995년 7월)이 "공유 자원의 공동체의 창조"라고 묘사한 내담자와의 상호 수용 가능한 현실을 연결, 협업, 구축하는 것이다. 그 관계는 덜 위계적이고 덜 권위적이고 더 평등해지고 더 상호적이게 된다. 그것은 공유된 주제 선택, 인터뷰의 상호 통제, 내담자의 불확실성 감소, 그리고 내담자의 문제 개념화에 대한 간섭을 줄이는 것을 강조한다(H. Anderson, 1997).

5 문화 및 언어적으로 소외된 내담자와의 치료에 대한 협력적 언어 시스템 접근

H. 앤더슨과 굴리시안의 최근 치료 이론은 모두 해석학적이고 해석적인 위치로 빠르게 전환하고 있다. 이러한 경향은 인간의 행동이 사회적 구성과 대화를 통해 만들어진 이해의 현실에서 일어난다는 견해에 크게 의존한다(앤더슨, 굴리시안, 풀리엄 & 윈더만, 1986).

굴리시안의 현재 내러티브 입장은 본 연구에 사용된 이론들의 기초가 되는 포스트모던 철학에 대한 다음의 전제에 의존한다(H. Anderson & Goolishian, 1988, 1992; Goolishian & Anderson, 1987, 1990).

- 인간 체계는 언어를 생성하는 동시에 의미를 생성하는 체계이다.
- 소통과 대화는 사회 조직을 정의한다.
- 의사소통이 구조적 조직의 산물이기보다는 사회문화시스템이 의사소통의 산물이다
- 치료 체계는 그러한 언어 체계이다.
- 의미와 이해는 사회적으로 구성된다.
- 우리가 의사소통이 관련성이 있는 체계 내에서 의사소통 행위, 의미를 생성하는 대화를 시작하기 전에는 어떠한 의미나 이해에도 도달하지 못한다. 치료 체계는 의사소통이 대화적 교환에 특정한 관련성을 갖는 체계이다.
- 치료 중인 모든 체계는 어떤 "문제"를 중심으로 대화적으로 결합되어 있는 것이다. 이런 의미에서 치료는 가족 등 자의적인 사회구조가 아니라 진화하는 공동창조적 의미, 즉 '문제'로 구

분되는 체계이다. 따라서 치료 체계는 문제를 조직화하고 문제를 용해하는 체계이다.

- 치료는 대화를 통한 치료적 대화로 알려진 언어적 사건이며, 새로운 의미가 문제의 용해를 향해 끊임없이 진화하는 아이디어의 교차이다. 따라서, 이것은 문제를 조직화하고 문제를 용해하는 체계가 된다.

- 치료자의 역할은 참여자-관찰자 및 참여자-진행촉진자로서 대화 공간을 만들고 촉진하는 영역에서 전문 지식을 가진 대화 예술가의 역할이다.

- 치료자는 대화 또는 치료적 질문을 사용하여 이 기술을 수행한다. 치료적 질문은 대화 공간과 대화 과정의 발전을 촉진하는 주요 도구이다. 이러한 질문은 치료자가 미리 갖고 있는 이론적 내러티브에 기초하여 구체적인 답변을 요구하는 이미 알려진 방법에 따른 전형적 입장 즉 "알고 있는 자세"가 아니라 "모르는 자세", 즉 내러티브적 자세에서 나온다.

- 치료에서 다루는 문제들은 인간의 내러티브를 자신의 주체감과 개인적 자유 의식을 감소시키는 방식으로 표현하는 행위들이다. 문제 상황은 우리가 스스로 요구에 맞는 자신감 있는 행동을 규정할 수 없는 상황에 대해 우려와 두려움으로 거부감을 일으키는 상황이다. 이러한 의미에서, 문제는 언어에 존재하고 문제는 그들이 의미를 도출하는 내러티브 맥락에 따라 독특하다.

- 치료적 변화는 새로운 내러티브의 대화적 창조이며, 따라서 새로운 주체적 역량이 열리는 기회다. 내러티브가 개인을 변화시키는 힘은 새로운 여러가지 의미들의 맥락에서 우리 삶의 사건

들을 다시 연관 짓는 능력에 있다. 우리는 서로 대화하면서 발전하는 내러티브 정체성을 갖고 살아간다. 치료는 단순히 이 과정에 참여할 수 있는 전문 기술을 제공한다.

이러한 전제들은 사회사업 임상 이론과 실천에 영향을 미치며 언어, 대화, 자아, 이야기의 역할에 큰 중점을 둔다. 이 입장은 인간의 행동이 사회적 구조와 대화를 통해 만들어진 현실에서 일어난다고 가정한다(T. Anderson, 1987; H. Anderson & Goolishian, 1988; H. Anderson, Gulishian, Pulliam 등, 1986; H. Anderson, & Winterman, 1986; Goolishan & Anderson, 1990). 이것은 인간의 언어와 대화의 세계이다. 굴리시안과 앤더슨은 문제 결정 체계, 문제 조직화 및 용해 체계, 언어 체계(H. Anderson & Goolishian, 1988, 1990, 1992; H. Anderson, Goolishian 등, 1986; H. Anderson, Goolishian, Winterman, 1986)의 기준 아래 의미 체계에 대한 아이디어를 논의하였다. (H. Anderson & Goolishian, 1988, 1990, 1992; H. Anderson, Goolishian, Pulliam et al., 1986; H. Anderson, Goolishian, & Winterman, 1986).

"모르는 입장에서 하는" 치료적 질문

모르는 입장에서 던지는 치료적 질문은 소크라테스식 질문 방식과 여러 면에서 유사하다. 모르는 입장에서 던지는 질문은 알려지지 않았거나 예측하지 못한 것들을 가능성의 영역으로 가져온다. 치료적 질문은 이해의 차이에 의해 유도되고 지식 공동체의 아직 실현되지 않은 가능성에 의해 미래로부터 도출된다. 이 위치에서 질문할 때 치료자는 내담자가 "아직 말하지 않은" 것들과 함께 대화를 촉진할 수 있다(H. Anderson & Gulishian, 1988, 1992). 방금 전 한 말이 무엇인지에 대한 감각을 바탕으로 한 대화방식이다. 그것은 내담자의 이야기에 대한 도전을 통해서라기 보다는 내담자의 이야기에 대한 내러티브적 진리과 함께하는 대화로, 국소적으로 개발되고 국소적으로 협의된 의미 체계 안에 있다. 바로 이러한 국소적이고 지속적인 질의응답 과정 속에서 새롭고 "아직 말해지지 않은" 것들에 대한 특정한 이해나 서술이 시작된다(H. Anderson & Goolishian, 1992년).

모르는 입장

"모르는 입장"이라는 개념은 기존의 이론적 서술에 기초한 치료자의 이해와 대조된다. 모르기 위해서는 치료에 대한 우리의 이해와 설명, 해석이 이전의 경험, 이론적으로 형성된 진리, 지식에 의해 제한되지 않아야 한다. 이러한 '모르는 위치'에 대한 설명은 해석학적 또는 해석적 이론과 사회구성주의 언어, 내러티브 관련 개념에 의해 영향을 받았다(Gergen, 1985; Shapiro & Sica, 1984; Shotter & Gergen, 1989; Wach terhauser, 1986). 따라서 이러한 치료적 대화를 달성하려면 치료자는 모르는 입장을 취해야 한다. 모르는 입장을 취하는 것은 치료자의 행동이 내담자, 문제 또는 무엇에 대한 선입견과 기대를 전달하기보다는, 이야기된 것에 대해 더 많이 알 필요가 있다는 풍부하고 진정한 호기심을 전달하는 일반적인 태도 또는 입장을 수반한다. 그러므로 치료자는 항상 내담자로부터 정보를 받고 있는 상태에 있도록 자신을 위치시킨다. 모르는 입장을 취할 때 치료자는 특정 맥락에서 발생하는 경험에 대한 지속적인 분석에 의존하는 해석적 입장을 취한다. 그러한 위치는 치료자가 항상 내담자의 입장과 연속성을 유지하고 내담자의 세계관, 의미 및 이해에 일차적인 중요성을 부여하도록 허용한다. 치료자는 단순히 해석학적 순환(해석학적 순환에 대한 논의는 와흐테라우저, 1986, pp. 23-24; 와네케, 1987, pp. 83-87 참조)의 일부가 된다.

'모른다는 것'이란 근거 없는 판단을 하는 것이 아니라, 치료자가 임상 면접에서 자신의 경험에 대한 고객의 서술의 전체 의미를 경청함으로써 배양하는 가정과 의미 집합을 말한다.

"모른다"는 것은 근거 없는 판단을 하는 것이 아니라 치료자가 임상 면담에서 보다 광범위하게 사용하는 일련의 가정과 의미를 말하며, 이는 내담자가 자신의 경험을 말할 때 그 풍부한 의미를 경청함으로써 배양된다(H. Anderson & Goolishian, 1992).

대화/협업-내러티브 관계의 치료 과정

호기심 유지: 학습자로서의 치료자의 역할에 따라, 치료자는 고객의 이야기 또는 문제 설명에 대한 강한 호기심을 유지해야 한다(Cechin, 1987년) H. 앤더슨과 굴리시안(1988)은 "치료자가 사람들을 더 빨리 이해할수록, 대화의 기회는 줄어들고, 오해할 기회는 더 많다"고 제안한다. 따라서 치료는 내담자를 위한 가능성의 확장이라기보다는 치료자의 견해에 대한 검증이 될 수 있다.

일관성을 유지하고 내담자의 이야기를 위한 대화 공간을 만든다. 내담자는 자신의 완전한 이야기를 말할 기회를 원한다고 말한다. 이것은 문제와 그것의 상상된 해결책에 대해 내담자의 현실(그 또는 그녀의 언어, 어휘 및 은유) 내에서 친숙한 방식으로 작업하는 것을 포함한다. 이것은 또한 내담자의 목소리가 대신 치료자의 목소리가 이야기를 지배하고 형성하며 도움이 되는 뉘앙스로 향후 버전의 개발을 방해할 가능성을 줄이는 데 도움이 된다(H. Anderson, 1997).

내담자와 치료자 간의 협업: 치료는 고객의 이야기 중 그들을 걱정시키거나 놀라게 하는 부분에 대해 대화하는 새로운 방법을 찾는 것에 의존한다. 치료는 일회성/하나의 관계보다는 고객과 치료자 간의 협력을 강조한다. 이러한 치료에서의 대화는 의견, 편견, 기억, 관찰, 감정, 감정을 교환

표 2: 치료에 있어 모더니즘에서 포스트모더니즘으로의 패러다임 전환

모더니즘에서	포스트모더니즘으로
역할과 구조로 정의되는 사회 체계	상황에 기반한 체계이자 사회적 커뮤니케이션의 산물
개인/부부/가족으로 구성된 체계	언어를 통해 관계를 맺는 사람들로 구성된 체계
치료자 중심의 계층적 조직 및 과정	치료자가 가정하는 협력 관계/과정을 가져오는 철학적 입장
전문가와 비전문가의 이원론적 관계	다양한 관점/전문성을 가진 사람들 간의 협업 파트너십
데이터를 발견하고 수집하는 지식인으로서의 치료자	모르는 입장에서 정보를 제공받는 위치에 있는 치료자
다른 사람들이 어떻게 살아야 하는지 모두 알고 있는 전지적 콘텐츠 전문가로서의 치료자	대화의 공간 조성/대화 과정 촉진의 전문가로서의 치료자
하향식 지식과 인과관계 탐색에 중점을 둔 치료	모든 참가자들의 가능성을 창출하고/그들의 참여 및 창의성에 의존하는 치료
자신이 알고 있는 것(또는 자신이 안다고 생각하는 것)에 대해 확신하는 지식인으로서의 치료자	모르는 입장에서 불확실한/지식이 진화하는 것으로 간주하는 치료자
사적이고 특권적인 가정/생각/질문/의견을 갖고 상담하는 치료자	지식/가정/생각에 대해 공개적으로 공유/반영하는 치료자
전략적 전문 지식과 관련된 전반적인 기술을 갖춘 개입자로서의 치료자	대화에 참여하는 모든 사람의 전문 지식에 의존하여 조사를 공유함
다른 사람이나 체계의 구성원에게 변화를 일으키려는 의도를 가진 치료자	창조적 대화/협력 관계를 통해 진화하고 자연스러운 결과로서 변화되는 것
핵심적 자기로서 감정을 억제하고 다른 사람을 치료함	다양하고 언어적으로 구성되는 관계적 자아로서의 사람을 치료함
다른 주제의 연구자가 연구하는 활동으로서의 치료	그들이 '발견하는 것'을 창조하는 데 참여하는 공동 조사자로서의 치료자와 내담자

하고 토론하는 공동 질문(지속적으로 반응하고 상호작용하는 공동 행동)으로 구별된다. 이 공유 과정에서 참가자들은 같은 언어를 사용하거나(H. Anderson & Goolishian, 1988) 또는 함께, 양방향, 서로 주고받는 교환으로 특징지어지는 유동적 모드에 있다.

6 한 치유과정 4단계에 대한 개념화

　한 변형 치료 과정을 위해 단계라는 개념은 개인의 성장과 발달 과정에서 구별 가능한 기간 또는 식별 가능한 정도의 상태를 의미한다. 한 변형 치유의 4단계는 (1) 1단계 발효-삭히기 (2) 2단계 반추-넋두리, (3) 3단계 풀어냄-한풀이, (4) 4단계 자기중심적 몰이해에서 벗어나기-마음 비우기다. 최(1994)에 따르면, 한의 개념은 한국 고유의 관점으로서의 심정심리心情心理의 또 다른 예이다. 심정심리는 긍정적인 대인관계를 촉진하고 타인에게 공감을 제공하며 대인 갈등을 해소하기 위한 대인관계 스키마로 활용된다. 일반적으로 심정 에피소드는 대인관계에서 하나됨과 '우리'라는 느낌을 긍정하려고 시도한다. 심정 에피소드는 언어 매개체를 통해 전파되는 인지적 의사소통이 아니라 감정적인 감정이 매개체(예: 정, 애정)로 사용되는 마음과 마음 사이의 의사소통이다. 최와 김(1995)은 반응 단계, 내면화 단계, 변혁 단계, 반성 단계, 초월 단계 등 5가지 단계를 아우르는 '한' 에피소드를 분석하는 개념적 틀을 개발했다. 그러나 본 연구의 분석의 경우, 첫 번째 단계는 포함되지 않았는데, 핵심 내담자인 어머니와 관련이 없기 때문이다.

　다음의 '한'의 변화 과정은 성찰과 한풀이를 거쳐 자신의 얽히고 설킨 고통의 감정을 삭히는 것에서 마음을 비우는 변화로의 전환을 아우른다. 내담자 김 여사는 재미교포 여성으로 가정 내 '정'(애정)이 마비된 심리적 상태로써 발생한 '한' 사연을 나누었다. 그리고 '한'이 괴로운 현실로부터의 초연함으로 탈바꿈하면서 '정'(애정)이 넘쳐날 때 '신명'(흥분 혹은 즐거움)이 생겨났다.

1단계: 발효(삭히기)

정이 마비되어 있는 정서적 상태이다. 내담자는 공개적으로 표현하거나 해결할 수 없는 '원'의 원초적 감정인 분노, 노여움, 좌절감, 복수심, 격분을 변형시켜 수용 가능한 감정 표현으로 발전시키고 있다. 내담자는 마침내 자신의 비극적인 사건이나 상황을 받아들인다. 내담자는 지난 삶의 비극적인 경험을 부정적으로 평가한다; 무기력, 절망, 외로움, 슬픔, 애통, 공허함, 고통 또는 쓰라림, 상처, 서러움, 자기 연민, 공감, 증오, 박탈, 회한을 포함한 복잡한 감정적, 인지적 상태를 표현한다; 자신의 운명과 비극이 자신의 탓임을 이해하게 된다. 또는 자신의 개인적인 고통의 깊이를 이해한다. 〈예〉 "이제 저는 제가 얼마나 저 자신과 갈등을 겪었는지 말할 수 없어요." [침묵] [낮고 느린 목소리로 변화] [계속되는 눈물].

2단계: 되돌아보기(넋두리)

내담자의 원초적인 감정은 이제 문화적으로나 사회적으로 용인되는 표현으로 변모한다. 내담자는 한편으로 자신의 비극적 운명을 받아들이지만 다른 한편으로 자기 자신을 대신해서 비극의 짐을 혼자 져야 한다는 잔인한 사실을 받아들이기를 거부하고 운명에 대해 대항한다. 개별적으로 내담자는 자신의 개인적 비극을 반추하고 자신과 자신의 삶에 대해 초연한 관점을 가지려고 노력한다. 특히 감정적 독성을 가진 원冤은 한恨이라는 초연한 눈물로 바뀐다. 이러한 경우 울고 또는/그리고 웃는 행위가 나타난다. 〈예〉 내담자 부인은 8번의 개별 치료를 받았고 남편은 2번의 치료를 받았다. 내담자는 가족 치료 상담 때 자기가 쓴 편지를 가족과 치료자 앞에서 큰 소리로 읽었다.

3단계: 풀어내기(한풀이)

이제 고객의 개인적인 '한'의 감정이 공개되고, 풀어지고, 소통하고, 공유하고, 받아들여지는 단계다. 비슷한 '한'을 경험한 다른 사람들도 내담자에게 공감할 수 있고, 공통의 운명을 함께하고 있음을 깨달은 내담자들은 완전한 '정'으로 묶이고, 슬픔과 설움은 '신바람'(흥겨움)이나 '신명'(유포리아)으로 바뀌고, '정'은 넘쳐난다. 내담자는 자신의 비극과 거리를 둔다; 의뢰인은 응어리진 감정이 증발하도록 내버려둠으로써 자신이 자초한 감옥으로부터의 말할 수 없는 정신적 고통이나 슬픔으로부터 해방될 수 있다; 내담자에게는 위로를 제공하고 자기 존엄성을 향상시키는데 도움을 줄 수 있는 동반자가 있다. 서로의 '한' 감정을 공유하고 받아들이는 즐거움이 있고, 그 결과 '한'의 경험 속에서 긍정적인 주제가 전개되며, 내담자는 타인의 슬픔이나 고통을 쉽게 공감하고 타인의 잘못을 쉽게 용서할 수 있다. 〈예〉 엄마와 아빠, 두 딸을 포함한 가족이 가족 상담 시간에 함께 모였고, 내담자들은 자기가 쓴 편지를 큰 소리로 낭독하고, 다른 사람들은 조용히 듣고, 박수로 화답하고, 남편, 아이, 치료자 등이 서로 고통스러운 경험을 공유하고 토론했다.

4단계: 자기중심적인 몰이해에서 벗어나기 (마음 비우기)

내담자는 이제 이전의 반사적 과정으로부터 도약하는 모습을 보인다. 내담자는 고통의 의미를 깨닫고, 깨달음의 수준에 도달하고, 고요하고 평온해지거나 또는 자신과 삶에서 평화를 찾는다; 삶의 거미줄에서 벗어나고, 자신의 삶이 신이나 어머니의 사랑으로 알려진 가족의 보편적인 관점에 놓인다; 부자 그리고/또는 복수자가 되고자 하는 욕망을 뛰어넘는다. 삶의 긍정적이고 부정적인 측면들을 수용한다. 〈예〉 6번째 상담에서 내담자는 치료자에게 밝음과 그림자는 항상 나란히 존재한다고 말했고, "저는 제 삶의 고통에 대해 다른 사람을 비난하지 않습니다"라고 했다. 이 단계에서 치료자의 관찰 노트에 내담자의 비언어적 행동이 기록된다. 〈예〉 어머니인 내담자는 12번째 상담이 시작될 때부터 매우 명랑하고 침착한 모습을 보였다.

7 한 치료의 실제 임상 사례분석

배경정보

한국계 미국인 이민 1세대 가족인 김씨 가족은 5명의 가족으로 구성되어 있다. 그녀는 1950년대 말 한국에서 태어나 1980년대 초에 한국 서울에서 김씨와 결혼했다. 1980년대 중반에 미국으로 이민을 가서 일리노이주 시카고에서 결혼 생활을 시작했다. 그녀의 남편 김씨는 1950년대 초에 한국에서 태어났다. 그는 1980년대 초에 그의 부모와 형제 자매가 이미 1년 전에 와 있었던 미국으로 왔다. 그들의 세 자녀는 미국에서 태어났다. 리사(13세)(7학년), 크리스티나(7세)(1학년), 앨런(6개월)이 태어났다.

학교 상담원이 1990년대 말에 가족상담소에 김씨 가족 상담을 의뢰했다. 당시 학교 측은 아동 크리스티나의 가정 내 구타에 대한 항의를 우려하기 시작했고, 학교 교사는 아동가족보호국(DCFS)에 아동학대 신고를 진행했다. 몇 주 후, 가족 치료자가 학교 상담원으로부터 전화를 받은 후, 김씨는 마침내 가족 서비스 센터의 치료자를 찾아가기로 결정했다. 이 기간 동안 치료자가 김 여사의 "나중에 다시 전화해 달라"는 요청에 응하면서 두 차례 추가로 상담 예약 전화 통화를 했다. 당시 김 여사는 가족상담에 관심을 보이는 듯했으나 갓 식료품점 사업을 새로 열고 저녁 8시 30분까지 일해야 하는 탓에 바쁜 일정 속에서 시간을 내기가 어려웠다. 내담자와 치료자는 1990년대 말 6월에 오후 9시 늦은 시간 첫 미팅에 합의했다. 김씨 가족은 12회 치료와 한 달 뒤 후속 면담을 위해 치료 상담을 하러 왔다. 김 여사는 핵심 내담자로 총 12회 중 8회(1~7회), 8회, 9회, 11회 등 남편과 두 딸이 함께한 마지막 가족 모임(12회) 등 9번의 상담에 참여했다. 한 달 후 진행된 후속 세션에는 당초 온가족 세션으로 예정됐으나 김 여사

만 혼자 참석했다. 각 가족 구성원은 본 연구에 참여하기 위해 사전 동의
서에 서명하고 사본을 보관했다.

김 여사는 한국 태생의 성인 내담자로서 치료적 대화 과정을 통해 4단계
'한' 변화 경험을 보여줬다. 김 여사의 경우, 이러한 과정들은 한국인의 공
통적인 문화-사회-역사적 현실을 보여주는 것이었다. '한' 변화 과정은 자
신의 뒤엉킨 고통의 감정을 삭이고 숙고하고 해체하는 단계를 통해 마음
을 비우는 변화로의 이행을 아우른다.

1단계 삭히기 경험을 분석한 결과, 김 여사는 자신의 여러 무력한 어려
운 상황들을 깨달았다. 그녀의 이야기의 복잡한 비극적 사건들과 상황들
은 다음과 같다. 그녀는 가난하게 태어나 가난하게 살았고, 어린 시절에
자신의 존재에 대한 박탈감과 기회와 즐거움이 부족했다. 예를 들어, 그녀
는 자신의 삶을 비극적인 결과로 이끈 돌이킬 수 없는 실수를 저질렀다.
어찌 보면 남편의 배경을 잘 알지 못한 채 결혼하기로 한 것은 역경에서
벗어나기 위해서였다. 나중에 그녀는 배신감을 느꼈고 시간을 되돌릴 수
없었고 그녀의 상황을 바로잡을 수 없었다. 남편의 정신질환이 결혼 생활
의 전환점으로 작용했다. 게다가, 며느리이자 아내로서, 권위적인 시부모
와 남편에게 맞설 힘이 없었다. 착취당하면서도 그녀는 더 억압될까 봐 자
신의 분노, 좌절, 복수를 억압자들에게 쏟아낼 수 없었다. 그녀는 자신의
상황을 바꿀 힘이 없었기 때문에, 자신의 운명을 받아들이고 살아야 했다.
비극적인 사건들과 상황들의 경험들은 분노와 좌절의 원초적인 감정들을
불러일으켰다. 그녀는 이러한 원초적인 감정들을 삭이고 사회적으로 용인
되는 감정들로 변화시키기 위해 문화적으로 표현되었다. 그녀는 결국 자
신의 비극적인 상황을 받아들였고, 증오나 '원'의 적나라한 감정이 슬픔뿐
아니라 연민이나 자기연민, 고통, 무력감, 절망감으로 변모했다.

2단계에 대한 분석 결과, 김 여사는 개인적 비극의 원초적 감정을 사회

적, 문화적으로 수용 가능한 형태로 변화시킬 수 있었던 것으로 나타났다. 그녀는 자신의 운명을 받아들였지만, 한편으로 비극의 짐을 자기 혼자 져야 한다는 잔혹한 현실을 받아들이기를 거부했다. 그녀가 이 난제를 벗어나기 위한 한가지 방법은 곤경에서 벗어나기 위한 방법을 찾는 것이었다. 개인적인 차원에서 "한"을 다루면서, 그녀는 "한"의 경험을 되새기려고 노력했고 다소 초연한 관점을 개발할 수 있었다. 이것을 "넋두리"라고 한다. 그녀는 또한 운명의 수동적 수용, 즉 불교에서 유래된 "승화"를 통해 "한"을 치료하려고 노력했다. 어떤 면에서 그녀는 치료를 받는 동안 자주 진정되고 울었고, 때로는 웃고 웃었다.

세 번째 단계인 한풀이는 사회적, 집단적 성취의 맥락에서 일어나는 그녀의 얽힌 감정을 풀어주는 방식이었다. 예를 들면 음악 듣기, 편지 쓰기 및 읽기, 집단적 가족 대화(12회 상담 동안 실시)가 포함되어 있는데, 이 모든 것들이 이전의 가정 생활에서 하지 않던 것이었다. 이 모든 에피소드를 통해 그녀는 자신의 비극과 거리를 둘 수 있었다(이것을 '한풀이'라고 한다). 이 단계에서, 개인적인 "한"은 공개되고, 소통되고, 공유되고, 받아들여졌다. 남편과 두 딸을 포함한 가족 구성원들이 공감할 수 있었고, '정'이라는 완전한 애정으로 함께 유대감을 느끼는 것처럼 보이면서 공동의 운명을 깨닫기 시작했다. 김 여사에게는 위로와 자긍심을 키울 수 있는 동반자들이 있었다. 그 결과, 고통과 슬픔은 이제 흥분과 격앙, 즉 '신바람'으로 바뀌었다. 이런 맥락에서, "한풀이"는 그녀의 비극을 축하하는 것이었다. 비극의 운명 속에서도 김 여사는 한국인으로서 지속적인 낙관을 보였다. 이것은 '한'의 힘이자 아름다움이라고 할 수 있다.

마지막 단계인 4단계 자기중심적 몰이해에서 벗어나기에서는 김 여사가 성찰 단계에서부터 완성도를 발휘했다. 김 여사는 생활 속에서 다져진 종교활동들 덕분에 불교와 기독교의 틀 안에서 자기계발의 정점에 도달했다. 이 단계에서 자기중심적 몰이해에서 벗어나기는 불교와 증산도의 철학인 깨달음과 밀접한 관련이 있다. 예를 들어, 그녀는 12번째 상담에서 어린 시절 고통스러웠던 경험을 되새기면서 삶이 고통과 고통이라는 것을 깨닫고 그것을 아이들의 미래 삶에 투영했다. 마음의 비움 또한 기독교 영성의 사랑하는 마음에서 일어났다. 신성한 사랑의 최고 법칙이 이제 그녀의 삶 전체와 그 안에 있는 모든 것을 지배했다. 예를 들어, 6번째와 특히 12번째 상담에서 그녀는 이 법칙이 항상 작용한다는 것을 명확하게 이해하고 의식적으로 단언하면서 자신의 삶에서 신의 사랑의 바로 그 표현인 하나님의 전능하신 능력을 경험했다. 신의 사랑과 나와의 관계에 대한 영적 지식을 갖고 악한 생각과 행동으로부터 신이 이미 정해 놓은 자유를 행사하면서, 그녀는 어떤 불협화음도 치유할 자신이 생겼으며, 남편, 자식, 부모, 시부모와의 관계에서 증오, 불신, 슬픔의 쓰라림을 이겨냈다.

표 3은 세션 1, 6, 12에서 "한" 변화 과정의 네 가지 단계를 보여준다. "한" 변화 과정의 네 가지 단계는 샘플 설명 내러티브와 함께 아래에 제시되어 있다.

1단계: 삭히기 – 발효

김 여사는 첫 번째 세션에서 치료 대화가 시작된 직후부터 '삭히기'와 '반추하기' 과정을 주로 보여줬다. 그러나 이어진 6번째 세션과 12번째 세션에서는 삭히기에 대한 추가 데이터를 전혀 제공하지 않았다. 따라서 다음 데이터는 세션 1에서 나타난 그녀의 고통스러운 삶의 얽힌 감정을 "삭히기"와 그녀의 감정의 정교화에 대한 것만 제시한다. 이 연구에서, 내담자가 자신의 삶의 사건과 상황의 네 가지 범주와 연관된 삶의 중요한 고통스러운 경험, 즉 부당한 박탈(가난 및 성공 기회의 부족), 비극적 삶의 사건(남동생의 우발적 죽음), 그녀의 통제할 수 없는 개인적인 실패(남편과 관련된 정신 질환에 대한 지식 부족 및 직업적 실패, 그에 따른 부부 갈등 처리), 사회체계의 차별(계급과 성차별 등) 또는 첫째 며느리이자 아내로서 가족 내에서 낮은 지위와 부당한 처우를 내면화했을 때 삭히기로 코딩되었다.

세션 1의 샘플 내러티브

처음에 김 여사는 세션 1에서 중얼거리는 태도로 부당한 박탈감과 자신의 삶에서 일어난 비극적인 사건을 다음과 같이 평가하면서 삭히기를 시작했다.

"사실 제가 .. 오늘은 가족 문제 때문에 여기까지 왔는데 .. 음 .. 특별한 문제는 없습니다. 음… 저는 남편과… 결혼했어요… 먼저 결혼 이

표 3: 어머니의 '한' 변화 과정의 특성

"한" 변화 레벨	세션(상담 유형)					
	1(개인)		6(개인)		12(가족)	
발효 ("삭히기")	54	53.0*	0	0.0*	0	0.0*
반추 ("넋두리")	53	52.0	18	12.4	0	0.0
풀기 ("한풀이")	3	3.0	81	55.9	74	72.5
마음 비우기 ("마음 비우기")	0	0.0	9	6.2	21	20.6
해당 없음	2	3.0	37	25.5	7	6.9
총 세그먼트	102	100%	145	100%	102	100%

참고: 해당 없음은 비극적 사건, 박탈, 착취, 삶의 실수 등 4가지 범주로 비극적 사건 및 상황과 직접적인 관련이 없는 어머니의 설명을 나타냅니다.

* 퍼센트

야기부터 할게요. 저는 한국에서 결혼했습니다… 제가 어렸을 때… 제 상황은… 결혼 전… 저희 가족은… 경제적으로 너무 어려웠습니다. 그리고 나이가 들어서 결혼을 하게 되었는데…어…그런 상황에서 동생이 교통사고로 죽고 말았습니다. 매우 어려운 … 상황에서 … [침묵]. 그는 자동차 사고로 사망했어요. 그는 죽었고 … 저는 매우 어려운 상황에 처해 있었습니다. 직장을 그만뒀어요… 나이가 들면서 주변 사람들이 자꾸 결혼을 하라고 해서 미국에서 온 남자를 만났어요."

다음으로, 남편의 정신적 문제와 직업 상황에 대해 더 많이 알지 못했던 자신의 실패를 깨달은 김 여사는 인생의 전환점이 된 실수를 이렇게 평가했다.

"결혼했을 때는…. 제 주변에 성격이 급하고, 참을성이 없고, 그렇게 불안해하는 사람이 없어서 이상하게 생각한 적은 없어요… 저는 충청도 충주에서 자랐기 때문에 [서울 남서부 시골마을 이름] 순진하고 남자에 대해 어떻게 대해야 하는지 몰랐어요." 결혼의 의도와 동기를 묻는 질문에 김씨는 시댁의 배신으로 인한 상처와 회한의 부정적인 감정을 다음과 같이 평가했다.

"글쎄요, 저는, 저는, 어… 제가 그와 결혼하기로 결정했을 때, 결코 제가 그를 좋아했기 때문이 아니었어요. 그리고 그들은 저에게 거짓말을 하고 있었어요. 그들이 어떻게 거짓말을 하고 있었는가 하면 … 제 남편의 가족을 말하는 거예요 … 당시 미국에 있던 모든 시누이들과 시부모님들이 편지를 보냈습니다… 음, 남편이 한국에 있을 때… 그가 한국에 있는 일주일 동안 모두 편지를 썼어요… 미국에서 시부모님께서 나에게 편지를 썼어요. 그들은 편지에서 남편이 미국에서 일하고 있었다고 말했어요. 그래서, 저는 그가 직업을 가지고 있다고 믿었고, 음⋯ 치과 의사로요⋯ 치과 기공사요. ⋯ 음, 그들은 한국에 있는 제가 그들을 믿고 그가 괜찮을지도 모른다고 생각할 수 있도록 말했습니다. 그나저나, 한국에서 그가 매우 불안해하는 것 같긴 했는데 이런 병이 있을 줄은 상상도 못했어요⋯."

김 여사는 부부갈등을 해결하지 못한 개인적 실패를 평가하며 눈물을 흘리기 시작했고 인생에서 개인적 고통의 뿌리 깊은 부분을 다음과 같이 평가했다. [C=내담자; T=치료자]

C: [13번째 주제 시작] 그 후, 어, 2년이 지난 후, 저는 임신을 하게 되었습니다. 음, 그 기간 동안⋯

T: 첫 번째 임신이었나요?

C: 저는 첫 임신을 했고, 마음속의 갈등을 느꼈습니다. 지금은 그 일을 모두 잊고 있어서 자세한 이야기를 할 수가 없어요. [눈물이 떨어지기 시작한다].

T: [티슈 상자의 티슈를 옆에 있는 내담자에게 건네며] 네 ...

C: [떨어지는 눈물을 닦으며] 글쎄요, 그 당시에는 마음속의 갈등을 상상할 수 없었습니다. 정말로⋯

T: 임신을 했어야 한다는 말인가요?

C: 임신을 해야 하나 하는 생각이 들었습니다...

T: 아니면 아이를 낳아야만 했나요? 아니면 당신은 남편과 같이 사는 것을 그만둬야 했나요?

C: [동시에] 아니면 제가 아이를 낳아야 하나, 그와 함께 사는 것을 중단하고 헤어져야 하나...

T: 네

C: 어쨌든, 그 당시에는 마음속으로 깊이 고민하고 있었어요.

T: 네.

C: [19번째 주제 시작] 그리고 나서 남편이 약을 먹었어요 7mg을 …

T: 네.

C: 그가 먹은 약의 이름조차 기억나지 않아요.

T: 기억…

C: 기억하기 싫어요…

T: 네.

C: [20번째 주제 시작] 이제 그는 1mg을 복용합니다. 지금 …

T: 1mg요?

C: 네 1mg요.

T: 네, 아!

C: 이제 그는 1mg을 복용합니다… [잠시 중지]. 이제 남편이 어떤 사람인지 아시겠지요? 그는 매우, 매우 화를 잘 냅니다… 왜냐하면 그는 매우 불안정하고 항상 불안하기 때문이예요.

T: 네.

C: 그리고 무슨 일이 생기면 즉시 처리해야 합니다. 즉시 그렇게 해야 합니다 … 하지만 누가 그렇게 할 수 있겠어요? 전 그럴 그럴 능력도 없고…

T: 즉시 해야 할 일이라면 예를 들어 어떤 것인가요?

C: 제 말은…

T: 아내로서 당신이 즉시 해야 했던 일은 무엇이었나요? …

C: 그것이 제가 아내로서 늘 억압 속에서 살아야 했던 이유였어요. 제 말은 저는 항상 그의 어떤 짜증도 참아왔다는 거예요.

과거 결혼 생활의 고통에 대한 평가가 거의 완료된 후 그녀는 현재의 부부 갈등에 대한 평가를 추가로 다음과 같이 말했다.

"남편이 지금은 저를 믿지만 그는 저를 너무 의지하는 것이 문제예요. 저는 주인을 죽이는 호랑이 새끼를 키우듯이 지금의 남편을 만들었어요. 과거에 저는 매우 강했고 남편과 육체적으로 싸웠어요. 남편이 갑자기 미쳐버리면 저는 선택의 여지가 없었으니까요."

마지막으로 사회구조적 차별의 예에 대해 그녀는 다음과 같이 말했다.

"그리고 시아버지도 … 제가 가게에서 돈을 만지는 것을 허락하지 않으셨어요. 남편도 마찬가지였습니다. 그는 자신감이 부족하기 때문에 저를 불신해요 … 내 말은 그래서 그는 내가 금전 등록기를 만지는 것을 허용하지 않았습니다 … 그는 저를 의심합니다. 금전함을 만지지 못하도록 저에게 직접적으로 어떻게 하는 것은 아니지만… 간접적으로 그렇게 했다는 것입니다. 그나저나… 제가 모든 것을 잘 알지는 못하지만… 지금 보니… 시아버지가 저를 많이 의심하셨어요. 돈적인 면에서는 어쨌든.. 그래도 힘든 시기에 매 순간 잘 버텼습니다. 그리고 시어머니가 마음대로 저를 교회에 데리고 가셨어요. 교회에 가기 싫었지만 사정으로 인해 교회에 가야만 했습니다. 지금 돌이켜 생각해보면 시어머니는 제가 아직 어리고 예쁘다고 생각하셔서 저를 너무 감시하셨어요. 시아버지도 마찬가지였습니다. 그들은 저를 돌봐주지 않았어요. 대신 저를 힘들게 했주었습니다. … 너무 '가혹하게' 요[강한 어투로]. 제 말은, 글쎄, 어떻게 말해야 할까요 … 제가 서울 여자 같았더라면 그렇게 살지는 않았을 겁니다. 하지만 저는 그런 성격이 아니었어요. 제 말은 시어머니가 저에게 무엇을 하라고 했을 때 저는 그렇게 생각하고 바보처럼 늘 억압 속에서 살았다는 것입니다."

2단계: 넋두리 – 반추

두 번째 단계는 반추하는 단계이다. 반추는 주로 개인적으로 이루어진다. 이것은 내담자가 자신의 마비된 정서적 상태나 영혼에 대해 여러 가지 방법으로 이야기하고 운명에 저항할 때, 그녀가 홀로 비극을 짊어져야 한다는 사실을 받아들이기를 거부하고, 눈물과 미소/웃음을 모두 표현함으로써 '원'의 감정적 독을 '한'의 초연한 눈물로 변화시킬 때, 자아와 삶에 대한 개별적인 초연한 관점을 가질 때 코딩되었다.

이러한 반추, 즉 넋두리는 주로 세션 1과 6 모두에서 일어났다. 그러나 세션 6에서 그녀는 한풀이와 마음 비우기의 초기 단계로 더 가까이 가는 것으로 나타났다. (표 12 참조).

세션 1과 6의 샘플 내러티브

세션 1에서 그녀는 다음과 같이 운명에 항의하기 시작했다.

"제 삶이 너무 어려웠기 때문에, 저는 그 상황에서 벗어나고 싶었습니다. 가족들이 생계를 꾸리기가 너무 어려웠기 때문에… 말하자면, 저는 제 가족의 가난한 경제 상황으로부터 벗어나고 싶었습니다."

그녀는 또한 이렇게 말했다.

"당시 시어머니는 제가 그녀의 아들과 오래 살 수 없을 거라고 생각하셨을 겁니다… 그리고 시어머니와 다른 모든 가족들은 저를 매우 가혹하게 대했습니다. 그래서 시댁에서 살다가 결혼 초기에 [도망칠] 기회를 여러 번 찾았는데….”

다음으로, 그녀는 자신이 비극의 짐을 혼자 져야 한다는 잔인한 사실을 받아들이기를 거부했다. 세션 1에서 그녀는 남편과의 어려운 관계를 반영하여 다음과 같이 말했다.

“저는 그를 [남편] 참을 수 없었고, 시어머니와도 더 이상 함께 살 수 없었습니다. 남편과 결혼 생활을 유지하는 것이 너무 힘들 때 시어머니가 저를 감정적으로 지지해주지도 않았기 때문이죠. 지금 생각해보면, 그녀는 너무 약아서 저를 너무 가혹하게 대했어요.”

세션 6에서 그녀는 강한 자기 책임 의식과 근면한 스타일에 대해 이렇게 말했다.

“어린 시절 성장 과정에서 동기가 생긴 것 같아요. 저는 어머니가 젊으시고 아버지와 함께 사는 동안 어머니가 겪는 어려움을 보았습니다. 왜냐하면 아버지는 본인이 원하는 대로 살았고 가족을 돌보지 않았기 때문입니다. 아이들은 그 결과의 최종 피해자가 되었습니다. 물론 엄마도 마찬가지지만 달랐어요. 그녀는 결국 어머니였습니다. 부모가 부모로서의 의무를 다하지 못할 때. 아이들은 고통받습니다. 어릴 때부터 느꼈어요….”

이어 김 여사는 ‘원’의 감정의 쓰라린 아픔을 초연한 ‘한’의 애절한 눈물과 울음으로 승화시켰다. 세션 1에서 그녀는 다음과 같이 표현했다.

"[미소 지으면서] 아이고 참! [웃으면서 한탄하는 소리] 네, 어쨌든 제 남편이 그랬죠. 제 남편이 그랬어요. 제가 지금까지 살아온 모든 이야기들을 말할 필요는 없죠, 그렇죠? 그리고 임신했을 때 … 참! [한탄스럽게 웃는다] 저는 하나님을 많이 믿었어요. 어쨌든 저는 하나님을 믿어야겠다고 마음먹기 시작했습니다. 전 하나님을 믿어야 했어요. 그리고 남편이 불쌍한 사람이라는 생각을 끊임없이 했어요. 제 남편은… 만약 제가 그를 외면하고 떠난다면 이 남자는 또 다른 결혼 생활을 할 수 있을까 하는 생각이 들기 시작했습니다. 이 남자에게 무슨 일이 일어났을까요? 계속 이런 생각을 하고 있었기에 그를 떠날 수가 없었어요 [웃음, 눈물]."

김 여사는 비극적인 경험의 삶, 그리고 그에 대한 자신의 관점에서 분리되었다. 세션 1에서 김여사는 이렇게 말했다.

"그때… 그가 미국에서 왔기 때문에 저는 그를 좋아할 줄 알았는데, 처음 만났을 때 저는 그를 전혀 좋아하지 않았어요. 아무튼 저희 집이 경제적으로 너무 가난해서 저는 그와 함께 미국에 가고 싶었어요. 솔직히 말하면, 나는 미국에서 그와 헤어지더라도 그곳에 갈 거라고 생각했어요. 저는 그렇게 그와 결혼했어요. 저는 임신하면서 하나님께 기도를 많이 했어요. '제가 아이를 낳음으로 남편과 헤어지지 않게 해달라'는 기도를 많이 했어요. 그렇게 기도를 많이 했어요. 그런 식으로 저는 그와 함께 인생을 살았습니다. 지금까지 저는 그와 함께 그렇게 살아왔어요. 우리가 가게에서 2년 동안 얼마나 끔찍하게 싸웠는지 상상이 안 되나요? 저는 지금까지 남편을 남편으로 생각해 본 적이 없었어요. 저는 항상 그를 제 안의 아들로 생각했어요. 늘 아들을 품에 안고 달래면서 살았던 어머니와 다름없어요."

3단계: 한풀이 – 풀림

내담자가 얽힌 감정을 다음과 같이 여러 가지 방법으로 풀어내는 것을 보여줄 때 얽힘 풀기가 코딩되었다. (1) '한'의 개인적인 얽힌 감정을 공개, 소통, 공유, 수용했다. (2) 위로를 제공하고 그녀의 자기존엄성을 높이는 데 도움을 줄 동반자를 두었다. (3) '정'(애정)으로 가득 찬 모든 참가자들과 결속되어 있었다. (4) '한'의 경험에서 강한 낙관적 주제를 발전시켰다; 그리고 그녀는 다른 사람들의 고통과 쉽게 공감하고 다른 사람의 실수를 용서할 수 있었다.

세션 1, 6 및 12의 샘플 내러티브

먼저, 내담자의 "한"에 대한 개인적인 얽힌 감정이 공개되고, 소통되고, 공유되고, 받아들여졌다. 세션 12에서 그녀는 자신이 자초한 감옥에서의 무언의 정신적 고통이나 슬픔을 종료시켜 풀어내며, 가족 앞에서 자신이 쓴 편지를 다음과 같이 즐겁게 읽었다. [T=치료자, F=아버지, M=어머니, D1=첫째 딸, D2=둘째 딸]

T: 어머니가 읽으신 걸 들으셨나요? [두 딸을 향하여].

D1/D2: 네 [미소].

T: 잘 들으셨나요? [아버지에게].

F: [미소].

M: [미소].

T: 좋아요. 그럼 어머니가 아주 어린 소녀였을 때 어떤 경험을 하셨
는지 몇 가지 함께 나눠봅시다, 김 선생님, 어떻게 생각하세요?

F: 모르겠는데요. [미소]

T: 이제 부인께서 어렸을 때 자신의 어머니와 겪었던 고통에 대해 이야기했는데요.

F: 네.

T: 특히, 무엇을 이해하시나요?

F: 글쎄요. 아내의 상황은 저와 조금 달랐던 것 같습니다.

T: 어떻게요?

F: 저는 부잣집에서 장남으로 태어났기 때문에… 제가 태어났을 때 아버지의 고향과 부모님 댁, 두 집에서 두 번 돌잔치를 열었다고 합니다. 그런데도… 저는 기억이 안 납니다.

M: 당신이 너무 어렸으니까…

T: 그래서 기억하지 못할 수도 있습니다. [미소]

F: 돌잔치가 아주 성대하게 열렸다고 하더라고요…

T: 네. 선생님의 가족 상황은 …

F: 글쎄요...

T: 선생님은 부유한 가정에서 태어나셨습니다 …

F: 네, 부유한 가정에서… 제 가족 상황의 경우는 더 많은 기회가 있었습니다. 그 당시 아버지의 사업은 매우 성공적이었습니다. 아무 걱정 없이, 먹을 것 걱정 없이... 물질적으로 풍요로운 삶을 살았습니다.

다음으로, 내담자에게는 위로를 주고 자존감을 높이는 데 도움을 줄 동반자들이 있었다. 세션 12에서 김 여사와 가족들이 유쾌한 모습으로 참석해 개인의 고통스러운 삶을 나누고 다음과 같이 공감하는 모습을 보였다.

T: 크리스티나, 하고 싶은 말씀이 있나요? 엄마에 대해 어떻게 생각하세요?

D2: 잘 모르겠어요 [미소]. 음 .

T: 어머니께서 어린 시절에 매우 힘든 시간을 보냈다는 것을 알았는데요. 그렇죠?

D2: 네.

T: 어머니가 몹시 가난하셨다는 것도요.

D2: 맞습니다.

T: 맞아요.

D2: 네.

T: 그녀가 마땅히 누렸어야 할 것을 누리지 못함으로 인해 어머니는 삶의 절망감을 느꼈습니다. 그것이 느껴지나요? 어머니께서 느꼈던 감정이 느껴지나요?

F/M/D1/D2: [잠시 조용하고 차분함].

T: 배고픔을 겪은 경험이 있으세요?

F: 어, 저는 아내처럼 오랜 시간은 아니었지만, 주로 고등학교 때 배고픔을 겪었던 경험이 있습니다. 고등학교 때요... 갑자기 부모님이 우리를 위해 사업을 시작하셨습니다. 돈을 벌기 위해서 부모님은 열심히 일해야 했고... 그래도 큰 돈을 벌지는 못했는데, 제가 봤을 때 아버지 어머니가 너무 안 좋아 보였어요. 먹을 것을 살 돈이 필요했는데 말을 꺼낼 수 없었어요. 수업료를 내야 했지만 말을 꺼낼 수 없었어요. 어쨌든 제 상황은 배고픔으로 인한 아내의 서러운 상황보다는 조금은 더 나았습니다.

결과적으로 내담자 김여사는 치료의 모든 참가자에 대한 '정'(애정)으로 가득 찼다. 세션 12에서는 김 여사가 가장 신난 것으로 나타났다. 그녀는 계속 웃고 있었고 모든 가족 구성원과 치료자에게 매우 세심한 주의를 기울였다. 인터뷰가 끝난 후 가족치료실을 나섰을 때, 그녀는 역시 매우 쾌활하고 행복해 보이는 둘째 딸(크리스티나)를 매우 조심스럽게 데리고 함께 손을 잡고 아래층으로 내려가는 모습이 관찰되었다. 내담자는 "한"의 경험에서 강한 낙관적 주제를 다음과 같이 세 가지 방식으로 발전시켰다. (1) 하나님에 대한 믿음과 하나님에 대한 사랑(기독교적 가치); (2) 어머니에 대한 사랑(한국의 소중한 문화적 가족 가치); 그리고 (3) "업보"(불교 가르침).

1차 세션에서 내담자는 이렇게 말했다.

"임신했을 때 하나님께 기도를 많이 드렸다. '제가 낳을 아이로 남편과 헤어지지 않게 해달라'는 기도를 많이 했습니다. 그렇게 기도를 많이 했습니다. 저는 그런 식으로 그와 함께 인생을 살아왔어요. 지금까지 저는 그와 함께 그렇게 살아왔어요. 저는 지금까지 남편을 남편으로 생각한 적이 없어요. 저는 항상 그를 제 안의 아들로 생각해 왔어요. 늘 아들을 품에 안고 편안하게 해주려고 살았던 어머니 같은 존재였죠. 저는 첫째 아이에게 동생의 학교 공부를 봐주게 했고, 큰 아이는 작은 아이를 밀어붙이고 작은 아이는 스트레스를 받았어요. 그래서 저는 그렇게 하지 않기로 결정하고 작은 아이를 방과 후 수업 프로그램에 보냈어요. 그래서 지금은 작은아이가 시간이 조금 걸리지만 책을 읽을 수 있어요. 제가 조금 더 가르쳐주지 않았다면 아이는 더 어리석게 되었을 거예요. 지금 그녀는 너무 총명해 보입니다. 전에는 외롭게 느꼈는지 모르지만 지금은 자신감이 있어요... 자신을 자랑스러워 하는 것 같아요. 그래서 '정말 잘하고 있다'고 칭찬해줬습니다. 이제 저는 이전만큼 제 딸에 대해 걱정하지 않아요 [기쁘게]."

세션 6에서 내담자는 이렇게 말했다.

"저는 어머니가 저를 때리기보다 인생에 대해 가르치려고 열심히 노력하셨던 것을 기억합니다… 제가 기억하는 어머니는 그런 모습이었습니다… 복음을 들을 때 정말 기분이 좋습니다. 그냥 기분이 좋아요. 한 마디 한 마디가 제 삶에 좋습니다. 하나님을 진정으로 신뢰하고 믿는 것은 좋은 것입니다. 그러면 저는 매우 평화로와집니다. 좌절할 때 성경 말씀대로 하나님을 믿고 기도하는 법을 배웠습니다. 기도할 때, 저는 전에 느끼지 못했던 평화를 느낍니다. 이제는 두렵지 않습니다… 고민되는 일을 위해 기도할 때… 늘 무릎을 꿇고 기도하는 것은 아니지만 마음속으로 하나님께서 해결해 주시기를 바라는 마음으로 기도합니다… 하지만 전혀 서두르지 않습니다. 일이 잘 풀릴 때까지 서두르지 않고 항상 희망을 갖고 견딥니다. 그냥 버티고 또 버팁니다… 그러다 더 이상 참을 수 없을 것 같으면… 좀 더 버텨야겠다고 생각하고 참습니다. 그렇게 모든 인내 후에 문제가 해결됩니다. 저는 항상 어머니가 천국에 가시면 삶을 돌아보고 주님의 찬양을 받을 자격이 있다고 말씀드립니다. 저희 어머니는 그렇게 잘 사셨습니다… 솔직히 말해서 저는 남편과 함께 살고 싶지 않아요. 하지만 때로 하나님이 주신 것을 짊어지는 것이 저의 십자가라고 생각합니다. 아니면 제 인생의 '업보'(불교에서 비극적인 운명을 이끌고 인도하는 과도기적 원리)때문이라고요. 그것이 천국으로 가는 길이예요…"

마지막으로 내담자는 다른 사람의 고통에 쉽게 공감하고 다른 사람의 실수를 용서할 수 있었다. 세션 12에서 내담자는 이렇게 말했다.

"크리스티나가 한 말을 듣고 깜짝 놀랐어요. 왜냐하면 크리스티나가 어떻게 생각하는지 몰랐거든요. 저는 항상 방 정리하고 책을 읽으라고 말하지만, 그녀가 정말로 그것을 중요하게 생각하는지, 정말 하고 싶은지 아닌지 전혀 몰랐어요. 하지만 그런 말을 들었을 때 안심이 되고, 또 한 가지, 그게 너무 놀라워요. 아하! 그 아이가 그걸 걱정하는 거예요. 저는 아버지가 너무 싫었어요. 아버지에게 정말 너무 화가 나서 용서할 수 없었어요… 지금 생각하면 아버지가 건강하게 사시는 것만으로도 정말 감사해요. 그리고 다른 사람의 도움 없이 혼자 살 수 있다는 사실만으로도 너무 고마운데…."

네 번째 단계: 마음 비우기 – 자기중심적 몰이해에서 벗어나기

마음을 비우는 마지막 단계는 반추의 단계로부터의 도약이었다. 이것은 내담자가 다음과 같은 모습을 보일 때 코딩되었다: 내담자는 삶의 긍정적인 측면과 부정적인 측면을 있는 그대로 수용했다. 그녀는 고통의 의미를 깨달았다. 그녀는 여성/아동의 존엄성/권리, 연민/사랑과 같은 인류 보편적인 관점에서 자신의 삶의 의미를 찾을 수 있었고 다른 사람들과 함께하는 삶에서 평화를 찾을 수 있었다.

이러한 마음 비우기는 세션 6과 12에서 일어났다. 세션 6에서 내담자는 변화를 향한 작은 걸음을 내딛기 시작했고 마지막 세션 12에서 마침내 변화가 일어났다(표 12 참조).

세션 6 및 12의 샘플 내러티브

첫째, 내담자는 자신과 다른 사람과 상황을 긍정적인 측면과 부정적인 측면 모두에서 보았다. 세션 6에서 그녀는 가난으로 인해 어린 시절에 겪었던 고통을 회상하며 다음과 같이 말했다.

"고삐 풀려 길들여지지 않은 망아지처럼 제가 남자처럼 키워졌는데 다른 사람을 탓할 필요는 없습니다. 전 제가 할 수 있는 일을 해야 하고, 최선을 다했을 때 무엇이든 할 수 있었다고 생각합니다. 저는 그 과정에서 어려움보다는 성취감을 느낍니다. 저는 그것을 즐겼어요. 저는 어렸을 때 굉장히 활동적이었어요. 어쨌든, 저는 사람들의 삶의 밝은 면과 어두운 면 모두 항상 동시에 존재한다고 생각합니다…"

엄마로부터 어떻게 회초리를 맞았느냐는 치료자의 질문에 김 여사는 곧 바로 어머니의 이야기를 부정적인 면과 긍정적인 면 모두에서 다시 전했다.

"저를 때린 엄마보다는 살기 위해 노력한 엄마로 기억합니다. 내 결혼식에서 부모님이 사이좋게 지내는 모습을 보니 정말 기분이 좋았어요. 물론, 아버지가 어머니를 많이 힘들게 하셨지만, 부모님이 함께 사시는 것을 보니 정말 행복했어요. 제 남동생은 연애결혼을 했습니다. 어머니는 그 결혼을 별로 마음에 들어하지 않으셨죠. 부부가 부유한 부모의 지원을 받고 서로의 가족 배경을 진지하게 고려하는 적절한 방식으로 결혼식을 치러야 한다면 힘들겠죠? 하지만 중매 결혼이 아닌 연애 결혼을 하게 되면, 가족 배경 조사 같은 것은 줄어들 겁니다. 그래서 당시 상황을 돌이켜보면, 저는 동생이 연애 결혼을 해줘서 너무 감사해요."

다음으로 내담자는 자신의 고통의 의미를 깨달았다. 세션 6에서 그녀는 이렇게 말했다:

"그리고 또 제가 종종 어머니에게 했던 말을… 스스로 자주 떠올렸습니다.... 어머니는 여전히 때때로 자신의 삶을 한탄하고 있기 때문에 저는 항상 '엄마, 엄마 인생은 정말 가치 있어요.'라고 어머니를 위로 합니다. 저는 항상 그 말을 해드렸어요. 만약 어머니가 그 역경에 굴복해서 다른 사람과 결혼했다면, 그럼 평생 후회하셨을 거예요. 어머니는 자녀들을 잘 키웠고 지금은 모두 올바른 삶을 살고 있습니다… 그리고 엄마가 젊은 나이에 아버지와 함께 살면서 정말 힘든 일을 겪고 있었을 때도, 어머니는 우리와 함께 살면서 무슨 일이 있어도 최선을 다하려고 노력하셨습니다. 어머니는 정말로 그러셨습니다."

세션 12에서 내담자는 가족과 치료자 앞에서 편지를 읽었다.

"어머니! 아주 오래된 이야기 같지만 저에게는 고통스럽고 힘든 어린 시절이었다고 생각합니다. 그런데 제가 아주 부유한 가정에서 태어났다면 어떻게 달라졌을지 상상해봅니다. 어릴 때 고생은 사서도 한다는 말이 있듯이, 제 의지와는 상관없이 주어진 고난이지만 지금은 너무 감사하게 생각하고 있습니다. 그 힘 때문에, 저는 지금 이 순간에도 힘든 날들을 회상하며 최선을 다하고 있고, 또한 마음 깊은 곳에 있는 어머니의 사랑에 항상 감사하고 있습니다."

나아가 내담자는 여성과 아이의 존엄성/권리, 그리고 인류에게 속하는 측은지심/사랑이라는 보편적인 관점에 자신의 삶의 의미를 찾을 수 있었다. 세션 6에서 김 여사는 시어머니와의 갈등의 핵심 문제에 대해 이렇게 말했다.

"저에게 또 다른 짐은 … 시어머니입니다. 저는 아직도 그분이 편하지 않습니다… 그저께 우리 어머니가 시어머니로부터 전화를 받았는데 우리 어머니는 제가 불쌍해서 제가 평생 혼자 고생했다는 말을 하니까 시어머니가…그 돈…저번에 너무 많은 돈을 빌렸는데 아직 갚지 않았다고… 그렇게 말씀하시더랍니다. 그렇게 엄마가 말씀을 못하게 입을 막아버린 거예요. 그러나 우리 어머니는 '아들이 충분히 똑똑하다면 … 왜 며느리가 그렇게 고통을 받아야 합니까?' 그런 말씀을 하고 싶으셨을 거예요…. 제가 당신의 아들에게 얼마나 소중한 존재인지 생각했다면, 시어머니가 어떻게 감히 내 어머니에게 그런 말을 했는지… 나의 소중한 어머니는 먼 곳에서 오셨습니다. 아버지는 한국에 혼자 계시는데….”

세션 12에서 내담자가 말했다.

“크리스티나가 한 말을 듣고 깜짝 놀랐어요. 왜냐하면 크리스티나가 어떻게 생각하는지 몰랐거든요. 저는 항상 방 정리하고 책을 읽으라고 말하지만, 그녀가 정말로 그것을 중요하게 생각하는지, 정말 하고 싶은지 아닌지 전혀 몰랐어요. 하지만 그런 말을 들었을 때 안심이 되었어요. 그리고 한 가지 더, 너무 놀랐습니다. 아하! 그 아이가 그걸 걱정하는 거예요. 저는 하나님께서 주시는 사랑으로 삶을 실천하기 위해 부단히 노력했습니다. 크게 보면 지금까지 남편과 결혼생활을 유지할 수 있었던 이유입니다. 비록 하나님이 우리를 사랑하시는 그 위대한 길을 따라갈 수는 없지만, 최선을 다해 노력하고 있습니다. … 주님의 사랑을 본받아… 이것이 제가 생각했던 것이고, 생각하는 것이고, 앞으로 생각할 것입니다. 만약 제가 어떻게 … 엄마로서 가족을 더 잘 이끌어야 하는지 생각해본다면; 만약 우리 모두가 사랑으로 서로를 본다면, 우리는 결코 서로에게 소리지를 수 없을 것이라고 생각합니다; 비록 아이들을 때려야 하는 상황이라도 사랑으로 아이들을 때리도록 마음을 정해야 합니다. 제 딸 수잔과 크리스티나는 자매가 매우 특별하고 세상에서 하나밖에 없는 사람이라는 것을 알고 서로를 사랑해야 합니다.”

마침내 내담자의 마음이 진정되었다. 세션 12에서 어린 시절 경험을 공유하면서 그녀는 매우 차분하게 말했다.

“지금 저는 6학년 때, 엄마가 호박을 집어 들고 껍질을 둥글게 벗겨서 말리는 걸 생각합니다. 그 시절, 호박이 굉장히 많았습니다. 가을에 어머니가 뜨거운 햇살 아래서 그것들을 굉장히 많이 말렸는데, 저도 그랬습니다. 어머니가 집에 계시지 않으시고 그렇게 하라고 하지 않으셨는데도 말이죠; 제가 어린 나이에 겪은 비극적인 경험을 돌이켜보면, 사실, 지금 제가 걱정하는 것은 제 아이들이 너무 편안하게 산다는 것입니다. 미래의 비오는 날을 대비해 역경이 무엇인지 알아야 하는데 말이예요.”

요약

한국계 미국인 내담자 김 여사는 치료적 대화를 통해 4단계의 “한” 변화를 경험했다. 한의 변모과정은 얽힌 괴로움의 감정을 삭히고 반추하고 푸는 것에서 마음을 비우는 것으로 점진적인 변화를 보여주었다.

8 포스트모더니스트적 접근을 통한 임상적 발견

'한'의 변화 치료 결과를 포스트모더니스트적 접근을 통해 가족관계 의미, 부모의 강압적(아동혐오) 행동, 대화적 언어발달의 임상적 변화와 비교하였다.

가족 관계 의미의 변화

주제 A: 얽힌 관계("한")

먼저, 부모가 제대로 된 역할을 못하는 경우 관계는 얽힌 가족관계에 있어서 심오하게 나타난다. 의심할 여지없이 이것은 김 여사의 더 깊은 마음에 있는 파괴적인 과거 기억의 불을 지핀 것이다. 그것은 출신 가족, 부모, 특히 시어머니, 둘째 아이와 관련된 고통스러운 경험들을 주제로 다루면서 전개되었다. 첫 세션 시작부터 김 여사는 경제적·사회적 빈곤으로 고통받는 어린 시절을 드러냈다. 극심한 빈곤의 결과, 그녀는 부모님과 그녀 자신을 무력하고 무관심한 관계로 만들었다. 그것은 치료 전반에 걸쳐 가족 경험의 핵심 요소로서 김 여사의 삶의 이야기에 중요한 반복되는 주제가 되었다. 부모의 보살핌과 양육을 제대로 받지 못한 것이 그녀가 개인적인 환경에서 불안정해지는 결과를 가져왔다. 김 여사는 부모의 지도나 보살핌이 거의 없는 가정에서 자랐다. 그녀는 지원과 양육이 절실히 필요했지만 충족되지 않았다고 생각했다. 그녀는 아주 어렸을 때부터 아버지를 싫어했다. 그녀의 눈은 눈물로 가득 차서 치료자를 거의 볼 수 없을 정도였다. 그녀는 결혼을 결심하고 위험한 도전을 했지만, 결혼 생활은 악화되었다.

다음으로, 남편과 시댁으로부터 느끼는 배신감과 부당함으로부터 존중 없는 관계가 시작됐다. 그녀는 (정략결혼을 통한) 남편과의 관계의 초기부터 이렇게 느꼈다. 그녀는 애정이나 사랑이 아닌 물질적인 필요를 충족시키기 위해 결혼했다. 가족관계의 시작에서 이런 말로 표현되지 않은 존엄성 침해가 일어나고 있었다. 특히 김 여사에게 힘든 결혼생활은 가족관계에 큰 의미가 있다. 그것은 '시집살이'라고 불린다. '시집살이'는 남편의 부모님의 집에서 하는 결혼 생활을 일컫는 한국의 전통 문화적 언어이다. 시댁 식구들이 새 며느리, 특히 대가족의 첫째아들 아내로서 첫째 며느리에게 강요하는 고단한 결혼생활을 함축하고 있는 말이다. 김 여사는 세션 6에서 심경을 밝혔다. 시어머니와의 관계가 중심 화제였다. 그녀는 시어머니의 "심정"이 진실하지 않다고 여겼다; 말 또는 사과는 "핑계"로 여겨졌다. 이로 인해 대인관계가 경색되었다. 일반적으로, "심정" 에피소드들은 일체감과 "우리"라는 감정을 강하게 지지하려고 시도했다. 한국 전통 문화에서는 며느리가 시어머니에게 도전하는 것을 일곱 가지 이혼 사유(칠거지악) 중 하나로 여겼으며, 가문의 명예를 더럽힌다고 여겨졌다. 김 여사에게 시어머니와 며느리의 갈등은 억압적인 가족관계의 의미를 특징지었다. 갈등의 주요 원인은 권위와 자존심, 육아, 종교 문제였다. 시어머니의 위계적이고 전통적인 가치와 며느리의 민주적이고 현대적인 가치관의 차이에서 갈등이 악화됐다.

한국 문화에서 친족 관계는 사회 질서의 기본이자 필수 원칙이다. 친족 관계는 개인의 지위와 그에 상응하는 행동을 결정한다. 특히 가족의 친족 관계 내에서는 혈연관계만이 개인의 지위를 결정한다. 가족 중에서 가장 나이가 많고 친족 지위가 높은 성인 남성이 가장 높은 위치를 차지한다. 시어머니는 나이가 어리고 집안 내 친족지위가 낮은 며느리보다 지위가 높다. 위계질서는 평등한 구조가 아니라 불평등한 구조이며, 지위가 높을수록 더 많은 권력과 권위를 갖는다. 사회가 성-연령 역할 구분에 관련된 위계질서에 의해 조직될 때, 개인의 행동은 수직적 관계에 중심을 둔다. "부부 관계

〈표 4〉 어머니의 가족관계 의미 변화의 특성

가족 관계 의미	세션(면접 유형)		
	1(개인)	6(개인)	12(가족)
얽힌 관계("한")			
부모의 양육을 제대로 못받은	1-2-x-4-5	1-xx-4-5	xxxxx
존중하지 않는	1-2-3-4-x	xxx-4-x	1-xxxx
폭력적인	1-2-xxx	x-2-xxx	xxxxx
다문화 관계			
공동체 우선 vs 개인 우선	xx-3-4-5	xxx-4-5	xxxxx
권위주의적/위계적 vs 평등/성취	1-2-3-4-x	1-2-x-4-5	x-2-xxx
육아에 교육적으로 유리한 vs 불리한	x-2-xxx	xxxxx	x-2-xxx
조화로운 관계			
자기 훈련	xxxxx	1-2-xxx	1-2-xxx
정*	xxxxx	1-x-3-4-5	1-2-3-x-5
동기화	xxxxx	1-xxx-5	1-2-3-xx
영적 관계			
평범한 기독교인	1-2-xxx	xxx-5	xxxxx
업보**	xxxxx	1-xxxx	xxxxx
영적 지도력	xxxxx	1-2-x-4-x	1-2-3-xx

참고: 숫자는 가족 관계를 포함하는 가족 하위 시스템을 나타낸다.
1=남편-아내; 2=부모-자식; 3=형제자매; 4=사위; 5=출생가족; x=해당 사항 없음.
* '정'은 한국 고유의 개념으로 애정이라는 강한 심리적, 정서적 유대를 의미한다(최, 1994).
** '업보'는 전생의 행위에 대한 과보를 의미하는 불교의 가르침에서 처음 만들어진 개념이다.

보다 시어머니와 며느리의 관계가 더 중요하게 여겨진다. 배우자 선택, 아동 행동의 방향 및/또는 감독 등은 모두 부모의 권리이다. 따라서 시어머니는 가족을 돌보는 데 매우 중요한 역할을 한다. 시어머니는 부부가 아이를 낳기 위해 성행위를 할 수 있는 날짜를 결정한다. 그것은 단지 부부간의 문제가 아니다"(최, 강, 고 & 조, 1992, p.699). 친족관계의 또 다른 중요한 원칙은 연대이다. 이 원칙은 한국 문화에서 가계의 혈통을 특징짓는다. 친족 집단에서 시어머니는 성인 여성으로서 출산과 같은 중요한 가족 문제를 돌보는 일차적 책임이 있다. 김 여사에게 있어 부모와 자식 간의 존중 없는 관계는 자녀, 특히 둘째 딸의 학업과 일상 생활 문제와 관련이 있다. 특히 딸의 학업에는 김 여사의 고등교육에 대한 열의가 반영됐다.

마지막으로 폭력적 관계의 영역은 김씨의 남편 및 시부모와의 비대칭적 권력관계였다. 구체적으로 김 여사는 결혼생활 초기에 시부모와 이런 관계가 있었다. 가족의 사생활은 아시아 문화에서 매우 중요하다. 가족 문제를 가족 밖에서 논의하는 것은 부적절하다고 여겨진다. 그렇게 하는 것은 가족에게 수치를 가져다준다(Green, 1999; Harper & Lantz, 1996; Locke, 1992; Wilson, 1997). 따라서 구타를 당하는 아시아 여성들은 자신이 학대를 당하면 말하기를 꺼릴 수 있다. 그들은 또한 자신의 감정을 숨기는 법을 배운다. 그들은 미성숙한 존재로 보일 것이기 때문에 고통이나 분노를 나타내서는 안 된다. 결과적으로 이 여성들은 자신의 진정한 감정을 거의 표현하지 않을 것이다. 아시아 여성들에게는 나쁜 가족 관계에 대한 비난을 받게 된다. "문제에 대한 책임을 지는 것은 도덕적인 것으로 여겨지며, 특히 기꺼이 자책하는 태도는 여성의 중요한 미덕이 된다"(Wilson, 1997, p. 108). 아시아 문화는 고통을 참고 받아들이기를 요구한다. 여성은 그러한 미덕을 갖출 것이 요구된다.

부모와 자식 관계에 관해서는 김 여사의 양육 결정은 어린 자녀들에게 상대적으로 가혹했던 한국의 육아 관행에서 생겨난 처벌에 대한 두려움에서 비롯됐다. 이런 상황에서 그녀와 아이들은 말보다 행동이 앞서는 가정에서 살았다. 폭력 없이 아이들을 통제하는 것은 불가능했다. 이것은 부모의 강압적 행동 변화에 대한 다음 섹션에서 자세히 다룰 것이다.

폭력적인 부부의 관계에서 그녀는 한국 토착 동화인 나무꾼과 선녀의 비유를 사용했다. 그녀는 치료자에게 폭력적인 관계를 유지하는 것을 돌이켜 보면 마치 그녀가 남편을 떠나 자신이 태어난 하늘로 돌아가고 싶지만 숲속 연못에서 친구들과 목욕을 하던 중 숲속에서 잃어버린 날개 달린 옷 때문에 떠날 수없는 "선녀"와 같은 여성이 된 것과 같다고 말했다. 그녀는 자신의 감정이 상처받았다고 말했다. 그녀는 배신감과 덫에 걸린 느낌을 받았다.

한국 문화에서 '눈치'는 타인의 '심정'을 파악하기 위해 개인이 원활한 사회적 상호작용을 할 수 있도록 하는 필수적인 사회적 기술이다. 따라서 다른 사람의 심정을 읽지 못하면(눈치가 없다) 적절하게 행동하지 못하고, 다른 사람의 미래를 예측하지 못하고, 실수를 저지르게 된다(최, 1994). 이 시점에서, 김씨는 불신을 느꼈고 남편과 폭력적인 관계에 있었다고 진술했다.

주제 B: 다문화 관계

다문화 관계라는 주제는 한인 이민자 가정 생활에서 가족 관계의 의미를 이해하는 또 다른 중요한 열쇠이다. 이는 (1) 집단적 도움 관계와 자조 관계 (2) 평등/성취의 지위 관계와 권위주의적/위계적 지위, (3) 불리한 부모 관계와 유리한 부모관계 등 세 가지 영역으로 나뉜다. 가족 관계에 대한 헌신은 무한한 가능성 중에서 선택한 가치 있는 문화적 규범을 표현한다. 가족 관계는 지리적 공간에 의해 제한되지 않고 다차원적으로 확장된다. 이러한 가능성은 한 개인의 가정 생활 상황의 맥락 안에서 펼쳐지며, 다양한 개인생활 패턴이 전개됨에 따라 출생가족에 대한 지속적인 헌신으로 종합되는 경우가 많다. 한인 가족이 미국으로 이주할 때, 그들은 한국인으로서 다른 나라에서 사는 영향을 경험한다. 그들은 동시에 두 문화권 내에서 살고 있다. 가족 언어 체계는 내담자 가족이 동일시하는 장소의 문화적 환경을 포함한다. 문화적 규범과 가치는 수용할 수 있는 가족 관계와 수용할 수 없는 가족 관계를 밝히는 데 중요한 역할을 한다.

첫째, 집단적/자조적 관계의 영역에서 김 여사는 대가족의 도움을 받음과 동시에 독립적인 입장을 취했다. 특히, 전형적인 한국 가정에서는 경제적 지원과 보육이 제공된다. 그녀는 결혼 생활에서 부조화를 겪으며 생계를 꾸려야 했다. 첫째 며느리이자 이민자 1세대인 김 여사는 친정어머니와 시댁 등 확대된 직계 가족에게 도움을 청하고 도움을 받는 것이 당연했다. 그들은 도움이 필요한 그녀를 도왔고 이용 가능한 대체 자원을 지원했다. 그러나 이것은 가족 돌봄 행동의 연대와 상호주의 원칙을 기반으로 한다. 특히 첫 며느리로서 김 여사는 시어머니와의 관계에서 '효부' 역할을 톡톡히 해냈다. '효부'란 시부모님을 위해 며느리로서 효도를 다하는 여성을 말한다.

다음으로 평등/성취 관계와 권위적/위계적 관계와 관련하여 김여사는 먼저 출생가족 뿐만 아니라 시댁, 부부관계, 부모관계 등 가족관계는 연령과 성별로 구분되는 것을 경험했다. 그녀는 장녀로서, 어머니가 일을 하고 아버지가 집을 떠나 있는 동안 동생들을 돌봐야 했다. 고등학교를 졸업한 후에는 어머니의 집안일을 돕는데 전념했다. 그녀는 동생들의 교육을 지원했다. 그녀의 삶에서 반복되는 주제는 '전통적인 주부' 역할과 '내부의 반 전통적' 역할 사이의 심한 갈등이었다. 그녀는 자신의 필요한 것을 충족시키려고 하면서도 모든 사람에게 모든 것이 되기 위해 고군분투했다. 흥겨움과 기쁨, 도전과 성취에 대해 이야기했지만, 늘 피로와 자녀 걱정, 가사/사업적 책임, 자녀 양육을 제대로 하지 못하는 배우자에 대해 격분했다.

더군다나, 한국계 미국인 여성으로서, 김 여사는 억압적인 문화 체제 하에서 고통받았던 전통적 여성의 무의식적인 자아상을 가지고 여러 해 동안 살았다. 그녀는 두 문화 사이에 끼어 사는 느낌을 받았다. 그녀는 한편으로는 전통적인 기대치를 따라야 한다고 느꼈고, 다른 한편으로는 새롭게 획득된 서구화된 방식을 따라야 한다는 느낌을 가졌다. 그녀는 자신과 자녀의 권리를 주장하면서도 동시에 그것을 억제해야 한다고 느꼈다. 동양문화는 겸손, 순종, 순응, 의무, 가족관계를 요구하는 반면, 서양문화는 개인주의, 자기주장, 물질주의, 개인적 성취를 장려한다(Lee, 1989).

  곧, 그녀는 독립적인 개인이 됨과 동시에 가족 구성원들과 따뜻한 관계를 유지함으로써 자신을 위한 가치 시스템의 균형을 맞추는 데 성공하는 것처럼 보였다. 그녀는 다양한 문화적 요소에 대해 열린 마음 상태였다. 그녀는 가업과 가정생활에 많은 힘을 들였고 많은 공헌을 했다. 치료 세션을 통해 가족의 다양한 역할에 대한 기대는 전통적인 남성 중심적 가족의 역할에서 현재 김 여사가 경제력을 갖게 되는 현대적 역할로 바뀌기 시작했다. 성 역할과 부모-자녀 관계는 점점 평등해지고 민주적이 되었다. 이제 전통적인 대가족 관계는 드물었지만 부모는 성인 자녀로서 시부모와 관계를 유지하고 있었다. 세션 6에서 그녀는 더욱 상호의존적이 되었고, 상호적이 되었으며 남편과 더 평등한 조건으로 존재하기를 추구하게 되었다. 따라서 전통적인 가족 중심의 삶을 적극적으로 추구했던 김여사는 보다 현대적인 삶의 방식을 확립하고자 하는 경향이 있었다. 미국에서 사는 한 그녀의 가족 문화에서 더 이상 전통적인 결혼은 가능하지 않다고 결론지어도 무방하다.

  마지막으로, 자녀 교육은 한국인 이민자 가족의 주요 관심사이다. 2개 국어를 구사하는 사회에서 아내는 아이들을 키우는 데 큰 역할을 한다. 일반적으로 그들은 아이들과 씨름하면서도 그들을 도우려고 노력했다. 한국계 미국인 아이들의 경우, 외부 영어권 세계에 더 많이 노출되었다. 어머니는 자신이 자녀들의 주요 학습 자원이 될 수 없다는 것을 차츰 깨달았다. 그녀는 아이들과 문화, 가치, 교육, 언어 사용의 차이를 경험했다. 종종 아이들은 한국어를 잘 몰랐고 엄마는 아이들이 숙제를 하고 더 나은 성적을 받는 데 도움이 될 만큼 영어를 잘하지 못했다. 한인 이민 1세 여성으로서 언어와 문화 차이로 인해 자녀들과 원활한 의사소통이 불가능하고, 숙제에 도움을 주지 못하는 등 가정 상황에서 소외감을 느꼈다. 그녀는 문화적 자부심, 정체성 상실과, 사회적으로 주변인이며 미묘하지만 고통스러운 느낌의 사회적 차별과 투명인간 취급을 경험했을 것이다. 그녀는 모국에서 배운 것을 자녀들에게 전하는 데 어려움을 겪었다. 한국에서 교육을 마친 김 여사는 자녀들, 특히 초등학교 1학년이 된 둘째 아이에게 좌절감을 느꼈다. 김 여사는 초등학교 7학년인 첫째 아이보다 둘째 딸의 학업을 보조하면서 아이들을 위한 교육적 도움이 더 필요했다.

김 여사는 자녀들이 미국에서 겪는 교육적 불이익을 알고 학군이 좋은 시카고 교외의 번화한 지역에 살면서 미국에서 자신이 사회적, 실존적 주변인임를 현실적으로 평가할 수 있었다. 이러한 깨달음으로 인해 그녀는 학교에 더 적극적으로 참여하고 긍정적인 학교 시스템 변화를 위해 협력할 다른 부모를 찾고 한인 부모의 민족 의식을 개발하고 미국 학교 관리자와 교직원들에게 한국 인식을 홍보하는 등 상황을 바꾸기 위한 공동 노력을 하게 되었다.

가족은 새로운 가족 사업을 시작하고 학교 시스템과 지역 사회에서 언어 장벽에 직면하면서 더 많은 가족 대화, 시간 및 에너지를 요구하는 새로운 상황에 적응하는 데 어려움을 겪었다. 김씨 가족은 타국에 거주하는 한인 이민자 가족이 된다는 의미심장한 임팩트를 즉시 경험했다. 가족-환경 관계의 전환이 고려되었고, 김 여사는 자녀 교육과 같은 그녀의 삶의 중요한 영역에 대해 더 많은 권한과 통제력을 갖게 됐다. 아이들을 위한 긍정적인 교육 시스템에 대한 더 잘 접근하기 위한 가족의 고투는 가족에 변화를 일으키고 있었다. 덜 민감하고 덜 반응적인 민족 공동체의 경우 부

모, 자녀, 가족의 현재 입장에 개선이 나타났지만, 여전히 어떤 면에서는
사회적으로 불리한 환경에 살고 있었다.

주제 C: 조화로운 관계

조화로운 관계라는 주제는 김씨 일가에서 중요한 가족 관계의 의미로
포함되고 있다. 이 주제는 주로 몇 가지 상호 연관된 코딩 범주와 관련이
있다: a) "한" 변환 과정을 통해 얽힌 것을 풀기, b) 내적 대화, c) 자기 성
찰적 관점 갖기. 이 조화로운 관계라는 주제는 1) 자기 수양이 된 관계, 2)
애정적 관계, 3) 함께 어우러진 관계의 세 영역으로 나뉜다.

조화로운 관계라는 주제는 특히 얽힌 관계라는 주제가 새로운 변신을
하면서 진화했다. 이 주제는 "한" 변화 과정에서 내적 대화와 얽힘 풀기와
관련이 있었다. 김 여사는 자기에 대한 생각보다는 가족과 함께 색다른 경
험을 하기를 바라는 쪽으로 무게중심을 옮겼다. 첫째, 가족관계의 중용을
고려하면서 자기 수양 영역이 발달했다. 중용이란 모든 것을 중도적으로
하라는 공자의 가르침에 의해 처음 한국의 가정에서 강조된 용어였다.

첫째, 자기 수양이 된 관계 영역은 한국의 가족관계에서 도덕적 훈련의
강조를 반영하고 있다. 유교에서 자기 수양은 위대한 사람이 되기 위한 가
장 견고한 기초라고 알려져 있다. 첫째, 도덕을 실천하거나, 자신의 삶을
잘 세우고, 그 다음으로 가정을 다스린다. 사회적 조화를 유지하기 위해
중도를 취하는 것을 의미하기도 한다. 따라서 일이 지나치면 부적절한 태
도와 행동으로 간주되어 인간 관계에 우려나 경고를 초래한다. 공동체의
구성원은 허용 여부를 집단적으로 측정한다. 김 여사는 자기 수양이 부족
하다는 것을 깨달았다. 또한 남편이 가족 관계에서 자제력이 부족한 것을
걱정했다. 그녀는 자녀 양육, 부부 관계, 시댁과의 관계 등 집안일을 처리
해 나가기 위한 자기수양 문제를 제기했다. 이것은 가족 관계 생활에서 많

은 것을 의미한다. 좋은 아내가 되고 좋은 부모가 된다는 것은 타인과의 관계에서 자신을 훈육하는 지속적인 과정을 의미한다. 부부는 자녀들 앞에서 서로 싸워서는 안 된다; 부모는 긍정적이든 부정적이든 감정 표현을 자제하고, 말을 적게 하고 행동을 더 많이 해야 한다. 이것들은 모두 김씨 가족의 삶을 특징짓는 중요한 특성이다.

둘째, 애정적 관계 영역은 "정"과 관련된 모성애의 가장 중요한 요소를 포함하였다. 민족적·문화적 특정 언어의 의미에 있어서 '정'의 개념은 한국 고유의 '심정' 심리를 이해하는 것과 관련이 있다. "심정심리학은 긍정적인 대인관계를 촉진하고, 타인에게 공감을 제공하며, 대인 갈등을 해결하기 위한 대인관계 도식으로 활용된다."(최, 1994, 13쪽) "정"은 한국의 인간관계 방식의 필수 구성 요소이다. 그것은 희생, 무조건성, 공감, 보살핌, 진실성, 공유 경험 및 공동 운명과 관련이 있다. '정'은 많은 시간을 함께 하며 신뢰와 공동운명으로 엮인 끈끈한 가족으로부터 나온다. '정'은 이성적인 관계에서 나오지 않는다. '정'이 없는 사람은 "조건적, 이기적, 이성적, 무관심, 자립적, 독립적, 자율적 성격으로"(최, 1994, p.33) 묘사된다. 가족간의 소통은 합리성보다는 '정'을 기본으로 한다. 아이가 실수를 했을 때, 그녀는 엄마로서 상황을 신중하게 평가하고 자신의 생각을 아이에게 전달했다. 그녀는 실수의 본질을 분명히 했고, 아이가 적절한 대안적 대응을 하도록 가르쳤으며, 같은 행동이 앞으로 반복되지 않기를 바랐다. 내담자/어머니는 실수를 받아들이거나, 포용하거나, 친절히 참아내거나, 심지어 간과하려고 했다. 엄마는 아이의 입장에서 이해하려고 노력했고 자신의 실망감을 아이에게 공감적으로 표현하려고 노력했다. 대조적으로, 개인주의적 문화에서는 합리적 접근이 가장 건설적이고 바람직한 의사소통 전략으로 간주된다. 예를 들어, 딸의 편지와 관련하여 내담자/어머니는 딸이 이미 편지를 썼지만 그것을 가져오는 것을 잊었다고 말했다. 그녀는 딸과 치료자를 향해 환한 미소를 지으며 딸이 편지 없이도 내용을 기억할 수 있다고 믿었다. 딸이 편지 내용에 대해 이야기하자 김 여사는 만족스러운 표정으로 편지에 쓴 내용을 거의 전했다고 평했다. 이러한 정서적 지지는 아이가 자신의 행동을 형성하도록 격려하는 강력한 힘으로 작용했다. 또한 딸이 치료 세션에서 편지 내용을 기억해내지 못하자 김 여사는 딸이 원하는 내용을 더 많이 말할 수 있도록 도와주었다. 관계형 모드에서 어머니인 김 여사는 아이에게 말하는 것이 아니라 아이의 입장에서 아이를 위해 말했다(Choi, 1994). 한국인 어머니로서 김 여사는 자녀의 현실을 매우 잘 알고 있었고 그냥 모르는 상태로 있지 않았다. 아이들은 별개의 존재로 상호작용하는 것이 아닌 훈육하는 존재로 인식되었다.

김 여사는 아들을 위로하듯이 남편을 위로하는 관계에서 자신의 결혼을 구해냈다. 김 여사는 시아버지와 시어머니에 대한 연민과 애정도 드러냈다. 흥미롭게도 그녀가 폭력적인 관계를 떠나지 않은 이유는 서구 전문가들에게는 매우 비정상적으로 보이고 이해가 되지 않지만, 그녀가 그 관계를 유지하기로 결정한 데에는 한국 고유의 정의 관점에서 볼 때 문화적으로 의미가 있다. 서구의 관점에서 보면 구타당한 여성이 머무르는 이유는 금전적 이유와 직업 기술 또는 기타 자원의 부족 등 많은 이유가 있다. 그러나 김 여사의 경우는 관계를 유지하거나 되돌아가야 할 이유가 이런 것들이 아니라 '정' 때문이었다. 그건 사뭇 다른 이야기였다. 그녀는 생계를 위해 무엇이든 할 수 있다고 느꼈다. 더욱이 가정폭력을 당하는 많은 여성의 경우 가해자는 피해자나 아이들의 죽음을 위협하며 이는 가족을 더욱 불안하게 만들고 두려운 마음을 갖게 한다. 그런데 김 여사의 경우 남편은 그런 행동을 하지 않고 계속해서 이혼을 요구하기도 했다. 그래서 그녀는 "나는 당신과 이혼할 수 없어요. 원하시면 시작하세요. 이혼 서류에 서명하겠습니다."라고 말하여 남편이 자신을 믿게 하려고 노력했다.

특히 김 여사의 아버지와의 다정한 관계는 용서와 함께 찾아왔다. 그녀는 자신의 가족 관계에서 가장 충분한 원천이었던 애정을 새롭게 했다. 이러한 사랑은 영적 관계를 주제로 영적 리더십의 영역과 연관되어 하나님의 신성한 사랑으로 확장되었다. 치료 전반에 걸쳐 김 여사는 아내, 어머니, 딸로서 애정 어린 관계를 맺는 것이 증가되었다. 그것은 남편, 시부모, 자녀, 특히 둘째 딸과의 측은히 여기는 마음과 공감적 관계를 포함했다.

마지막으로 동기화된 관계의 영역은 김 여사의 삶이 가족들의 리듬에 어떻게 맞춰져 있는지를 설명한다. 특히 어머니로서 자신이 자녀들에게 너무 많은 것을 기대하며, 자녀들이 집안일이나 조언 등 자신의 요구를 들어주지 않으면 안타까움을 드러낸다는 것을 알게 되었다. 자녀에 대한 그녀의 비현실적인 기대는 부분적으로 타이밍과 관련이 있었다. 자신의 페이스대로 가면서 아이의 페이스는 무시하는 실수를 저질렀고, 그렇게 하면서 그녀는 아이의 리듬과 맞지 않았다. 동기화된 관계에서 볼 때, 그녀는 지배적으로 '자, 너는 할 수 있어'[제스처 모션]라고 격려하는 것이 아니라, 가족과 나란히 달리고 있었다. 그녀는 거북이처럼 되는 것에 적응하는 것을 배웠다. 그녀의 경험에 따르면 거북이처럼 천천히 가면서 더 빨리 거기에 도착했다. 그리고 그녀는 가족을 이끌거나 강제로 따르게 한 것이 아니라 함께 가기로 선택한 곳에 이르도록 했다. 흥미롭게도 가족 인터뷰에서 관찰된 것은 그녀의 인내심이었다. 인내는 일반적으로 관용을 의미한다. 상대방이 말을 마칠 때까지 기다리는 것, 상대방이 정말로 말하고 싶은 것 또는 진리라고 믿고 싶은 것을 말할 수 있도록 말이다. 지금 말하고 있는 사람에 이어 그녀는 가족들이 각자의 방식으로 말하게 했다. 그녀는 냉담하지 않았다. 그녀는 다른 사람이 중요하다고 여기는 일에 진정으로 몰두하고 참여했다. 그녀는 T. 앤더슨(1990)의 철학, "인생은 강요할 수 있는 것이 아니며, 이루어지는 정확한 순간이 있는 것이다."와 공명했다.

주제 D: 영적 관계

영적 관계라는 주제는 한국인 내담자 가족에게 가장 큰 힘이 되는 원천이다. 이 주제는 여러 코딩 범주, 특히 자기중심적 말하기 및 단일 관점 갖기는 일반적인 기독교 영역과 관련이 있다. 업보와 영적 리더십 관계는 '한' 변화 과정에서 마음 비우기, 대화, 상호적 관점 갖기와 연관된다. 영적 관계라는 주제는 1) 정상적인 기독교 관계(사랑보다 심판/처벌), 2) 업보, 3) 영적 리더십 관계 또는 상호 성취 관계(심판/처벌보다 사랑)의 세 영역으로 나뉜다.

영적 관계 주제는 가족 생활에서 더 깊은 의미, 목적 및 도덕성을 추구하는 것이다. 이 영적 관계는 자아를 부정하거나 포기하는 것이 아니다. 오히려 김 여사가 하나님이라고 부른, 존재의 근원, 즉 궁극적이고 신성한 존재 또는 실재인 다른 존재들과의 교제 속에서 자아를 초월하고, 경지에 이르고, 또는 완성하는 것이다(Robbins, Canda , & Chatterjee, 1996).

유교, 불교, 기독교는 한국인의 정신적 믿음과 신앙 체계에 큰 영향을 미쳤다. 김 여사에게 이 주제는 주로 기독교와 불교라는 두 가지 주요 영적 배경과 연관되어 전개되었다. 기독교적 영적 진리는 자녀 훈육과 부부 관계, 부모, 시부모, 이웃 등 중요한 타인과의 관계 등 중요한 삶의 상황에서 그녀가 도덕적 의사결정을 하는데 더 큰 토대가 되었다. 그것은 구약성경과 신약성경 모두와 연결되어 있었다. 전자는 첫 번째 세션에서 더 자주 발생했고, 후자는 6번째 세션과 12번째 세션에서 그녀가 가족 관계에 새로운 시작을 하면서 발전했다.

첫째, 정상적인 기독교 관계의 영역에서 내담자/어머니는 문자 그대로 종교 이야기를 하고 상징적인 힘을 단순하게 믿었다. 종교적 맥락에서 내담자는 상호주의를 나타냈다: 하나님은 주의 법을 따르는 자에게 상을 주고 그렇지 않은 자에게 벌을 주신다. 이 영역은 주로 구약 성경 본문에서 만들어졌다. 가족관계, 부부관계, 부모자식 관계에서 사랑보다 심판과 처벌이 훨씬 많았다. 이것은 세션 1과 세션 6에서 두드러지게 나타났지만 덜 중요해졌다. 이 치료기간 동안 그녀는 마침내 가정을 꾸리기 시작했을 때 가고자 했던 방향에 대해 상당한 어려움을 겪었다. 그러나 그녀는 자신에 대한 믿음보다 하나님을 믿는 믿음으로 사는 관계적 희망을 선택했다. 그녀는 자신의 무거운 짐을 하나님의 발 앞에 내려놓고 염려하던 모든 것을 떨쳐냈다. 그녀의 고통이 완화되고 사라졌다. 이는 김 여사에게 정서적 고통을 더 깊이 마주하게 하는 치유적 경험이었고, 이로써 시댁의 착취/가혹한 대우와 같은 상황 및 빈곤과 같은 기타 해로운 생활 조건 등 억압적인 사회 속에서 통상적인 자아정체감과 사회적 관점을 무효화해 그녀의 자아인식을 초월할 수 있었다(Robbins, Canda , & Chatterjee, 1996).

다음으로, 업보라는 믿음의 발전도 나타낸다. 업보는 지금 자신이 경험하는 고통을 다룸에 있어 전생에 행한 행위에 대한 업장, 즉 카르마 효과를 일컫는 불교 용어이다. 김 여사는 자기 변화의 일환으로 '업보'의 방식을 고민하며 부부간의 불만을 해소하기 위해 어떤 시도를 했는지 보여줬다. 그녀는 남편과의 고통스러운 관계가 전생의 행위에 대한 업보로 인해 존재한다고 믿었다.

대조적으로, 영적 지도력은 신약 성경 텍스트에 의해 만들어졌다. 사랑의 관계가 심판과 처벌의 관계에 승리하는 것이 분명해 보였다. 그 특징은 문화의 가치와 중요한 다른 사람들의 인정으로부터의 인식적 분리이다. 남편, 시어머니와 같은 가족의 가치와 구별되는 자신의 가치를 분명히 표현할 수 있는 내담자의 능력은 그녀의 믿음을 개인의 성찰적인 믿음으로 만든다. 그것은 강력하고 무의식적인 개념(예: 기도의 능력과 하나님의 사랑)과 합리적이고 의식적인 가치(예: 물질적 소유에 비한 생명의 가치)를 모두 통합했다. 이 영역에서 내담자/어머니는 보편적인 연민, 정의, 사랑에 대한 강력한 비전을 갖고 있어 그에 따라 삶을 살아야 했다.

가족의 영적 리더십 관계는 가장 강력하고 지속적인 힘이다. 하나님에 대한 신성한 사랑은 그녀가 평생 갈망했던 가족 관계에서 그녀의 기독교적 삶의 열쇠였다. 그녀는 그것이 과거에 부딪힌 정신적 문제재발에 맞서는 가장 효과적인 방법이라는 것을 발견했다. 김여사에게 있어서 사랑을 통해 하나님을 알고 보는 것은 하나님의 모든 도덕률을 따르는 열쇠였다. 하나님의 사랑은 자존감의 기초였다. 하나님의 사랑은 삶의 결과를 변화시킬 수 있었다. 그녀는 하나님을 사랑했기 때문에 가족도 사랑할 수 있었다. 이것이 인생의 고난을 이겨낸 승리였다. 그녀는 하나님의 신성한 사랑 위에 가족을 다시 세웠다.

한편, 그녀는 미숙한 그리스도인에서 하나님의 뜻을 받아 서로 사랑하는 것을 실천하는 성숙한 온전한 그리스도인으로 변모했다. 김 여사에게 사랑은 사랑의 감정이나 이야기와 같은 말이나 혀로가 아닌, 자기애와 그것을 가족관계에서 보여주겠다는 다짐 등 행위와 진리의 형태로 다가왔다. 특히 그녀가 자녀들에게 제약을 가하는 것은 처벌과 판단 때문이 아니라 사랑에 의한 것이었다. 사랑이 그녀의 가족 관계를 다시 조명했다. 그녀는 하나님의 말씀과 사랑으로 바른 길을 걷게 되었다. 그녀의 과거 부모 관계는 차갑고 거리감 있는 그림자를 드리웠던 것이 미래를 더 밝은 것으로 바꾸었다. 그제야 그녀는 희망적으로 앞날을 내다볼 수 있었다. 그녀는 부적절한 존재 방식에서 더 나은 존재 방식으로 전환했다.

이 영역은 세션 6과 세션 12에서 점진적으로 보여졌으며 심화되었다. 세션 12가 되자 김 여사는 진심으로 감사하며 하나님께 찬양을 드리기 시작했다. 그녀는 6번째 세션에서 기도 전사로써 성숙함을 통한 영적 각성을 보여주었다. 그 변화가 너무 놀라워서 그녀는 신의 형상, 그리고 그의 신성한 사랑으로 한 걸음 나아간 것 같았다. 단순한 신자인 경우에는 심판에 대한 냉정한 묘사만 있었을 뿐이었다. 영적 지도력 관계에서는 세상에서 자신의 삶의 풍부한 보상과 충분한 의미와 목적의 영광스러운 그림이 될 신실한 자의 모습들이 있었다. 놀랍게도, 그녀는 자신의 경험에 의미를 부여하는 매우 일관된 방법으로 과거와 현재, 그리고 미래를 연결시켰다.

영적 리더십 관계는 또한 "걱정보다 믿음" 상황에 해당한다. 하나님의 위로와 용기가 그녀를 결혼 생활에서 끊임없는 걱정에서 벗어나게 했다. 이 영적 성숙은 그녀가 어머니처럼 살기로 선택한 방식과도 일치한다. 그녀의 삶을 우울한 관점에서 평화, 희망, 편안함의 관점으로 바꿔준 행보이다. 하나님의 사랑이 그녀의 힘이 되었고, 절망과 분노, 폭력으로 뒤덮인 어려운 상황에 처했을 때 잃어버렸던 힘이 되었다. 하나님의 사랑은 한국의 문화적 강점에 내재된 모성애(정)와 동등하게 충분한 영속적인 요소이다. 둘 다 그녀를 성장과 성숙으로 이끌 수 있었다. 그녀에게는 어머니의 사랑 못지않게 하나님의 사랑이 필요했다.

김 여사는 세션1과 6에서 자녀들이 두려움의 장소에서 순종하기를 바랐으나 세션12에서는 자신의 뜻이 아닌 하나님의 뜻을 행함으로써 사랑의 장소로 관점을 바꾼 것이 분명해졌다. 그녀는 확고한 기반 위에 서 있는 것처럼 보였다. 내담자에게 영적 관계는 상당히 단순하고 자기중심적이며 일방적인 시각에서 1, 6, 12 세션 동안 보다 복잡하고 이타적이며 다면적인 시각으로 발전하는 것처럼 보였다. 가족의 핵심 구성원으로서, 치료에서의 특별한 경험이 인간 가족 공동체에 대한 새로운 이해를 가져온 후, 김 여사는 그녀의 삶을 급진적으로 재정립했다.

요약하자면 김 여사가 자신에게 중요한 주제를 계속 탐색하고 공개하면서 더욱 긍정적인 가족관계를 경험했다는 것이 분명해졌다.

부모가 강압하는(아동은 혐오하는) 행동 변화

본 섹션에서는 1, 6, 12 세션 동안 부모(어머니)의 강압적(아동의 혐오적)

행동 변화에 대한 분석 결과를 제시한다. 본 연구에서 신체적 아동학대의 핵심 이슈와 관련된 부모와 자녀의 긍정적 관계를 이해하기 위해서는 부모의 강압적(아동의 혐오적) 행동 변화의 중요성을 이해하는 것이 필수적이다. 6가지 주요 주제로는 체벌(주제1), 위협(주제2), 비난(주제3), 부정적인 요구(주제4), 반복된 명령(주제5), 마비된 애정(주제6) 등이 있다. 표5는 1, 6, 12 세션에 걸쳐 엄마의 강압적(딸의 혐오적) 행동 변화의 질적 분석 결과를 요약한 것이다. 아이의 혐오적 행동을 포함하는 이유는 부모가 아이에게 영향을 준 만큼 아이가 부모의 행동패턴에 영향을 미칠 수 있기 때문이다. 샘플 내러티브(데이터에서 직접 인용)가 제시된다.

요약하자면, 1, 6, 12 세션 동안 기록된 변경 사항이 기록되었다. 이 연구는 일반적으로 부모의 강압적 행동(아동의 혐오적 행동)이 체벌, 위협, 비난, 부정적 요구, 반복된 명령의 약화, 마비된 애정의 약화, 완전한 애정의 출현과 같은 방향으로 변화했음을 시사한다. 이러한 변화는 치료에 대한 어머니의 강압적인(딸의 혐오적인) 행동의 감소를 나타낸다. 어머니/내담자는 긍정적인 영향(예: 칭찬, 지지, 부드러운 신체 접촉)을 활용하는 방법을 배웠다.

대화적 말하기 발달

본문에서는 코딩 시스템의 연속성에 맞춰서 5가지 대화적 말하기 발달 단계들이 제시된다. 코딩 범주는 사회적 말하기, 자기중심적 말하기, 내적 말하기를 포함한 세이쿨라(1993, 1995) 언어 발달 모델과 단일 관점적 말하기를 포함한 H. 앤더슨(1997)의 대화 임상 이론의 통합으로 개발되었다. 코드화된 범주는 대화적 말하기 발달의 단계를 나타내며, 1) 단일 관점적 말하기, 2) 사회적 말하기, 3) 개인적 말하기, 4) 내적 대화, 5) 외부 대화와 같은 5가지 상호 관련, 동시, 중복, 연대적, 순차적 요소를 포함한다. 다음 프레젠테이션은 세션 1, 6, 12의 표와 설명 샘플을 포함한다.

대화적 말하기 발달 과정의 분석 결과는 〈표 6〉에 제시되어 있다. 김씨 가족의 핵심 내담자인 어머니는 표 1에서 보여주는 1, 6, 12번 세션의 녹취록에 코딩된 대화법 발달 수준의 차원을 따라 큰 진전을 이룬 것으로 보인다. 어머니의 대화적 말하기 발달 점수는 말하기 발달 범주별 백분율로 표기하였다.

표 5: 어머니의 강압(딸의 혐오) 행동 변화의 질

	세션			변화의 정도
	1	6	12	
체벌	*** / ***	** / ***	@ / @	높은
	거칠게; 자제하지 못한	약간; 때때로; 자제		
위협	*** / ***	@ / @	* / *	보통 높음
	저는 그녀에게 때릴 거라고 미리 말했고, 구타가 일어났습니다.		저는 때릴 것을 그녀에게 예고했지만 구타는 일어나지 않습니다	
비난	*** / ***	** / **	@ / @	높은
	그녀는 제 말을 절대 듣지 않습니다. 그녀는 책임감이 부족합니다.	그녀는 할 일을 안하고 노닥거립니다.	이제 그녀는 제 말을 듣습니다.	
부정적인 요구	*** / ***	@ / @	* / @	보통 높음
	그녀는 아무것도 하지 않았습니다		그녀는 뭔가를 하긴 했지만 끝내지는 못했습니다.	
반복되는 명령	***. / ***	@ / @	@ / @	높은
	저는 셋까지 세었습니다.		지금 그녀에게 특별한 잘못은 없습니다.	
마비된 애정	*** / ***	** / **	@ / @	높은
	그녀는 구타를 두려워하지 않습니다	그녀는 구타를 두려워합니다.	애정이 가득; 미소; 감정 이입한	
참고: 어머니의 강압적 행동 / 딸의 혐오적 행동 예를 들어, *** / ***.				

세션 1, 6, 12 동안의 내러티브에서 어머니의 단일 관점적 말하기의 양은 급격히 감소하는 매우 강한 징후를 보였다. 이러한 감소는 세션 1과 세션 6 사이에 57.8%에서 17.2%로 40.6% 감소했다. 그리고 세션 12에서 단일 관점적 말하기는 0%가 되었다. 어머니의 사회적 말하기에 관해서는, 세션 1과 6 사이에 34.3%에서 28.3%로 떨어졌고, 세션 12에서는 0%가 되었다. 개인적 말하기와 관련하여 세션 1과 6 사이의 내러티브에서 개인적 말하기의 양이 매우 크게 증가한 징후를 보였다. 이 증가율은 7.9%에서 35.9%로 28%나 급증했다. 대조적으로, 이 표는 세션 6에서 35.9%에서 세션 12에서 12%로 떨어지는 것을 보여준다.

내적 대화는 도표에서 볼 수 있듯이, 1, 6, 12세션에서 내러티브 내 대화량이 가장 많이 증가한 것으로 나타났다. 이러한 증가율은 첫 번째 세션의 0%에서 6번째 세션의 18.6%, 6번째 세션과 12번째 세션 사이에는 18.6%에서 62%로 43.4% 증가했다.

마지막으로, 외부대화의 경우, 표를 보면 6세션과 12세션 사이의 내러티브에서 외적 대화량이 매우 강하게 증가하는 징후를 보였고, 1세션과 6세션 사이의 외적 대화량에는 변화가 없었다.

표 6: 어머니의 대화 언어 발달 변화의 특성

대화식 말하기 수준	세션(상담 유형)					
	1(개인)		6(개인)		12(가족)	
단일 관점적 말하기	59	57.8*	25	17.2*	0	0.0*
사회적 말하기	35	34.3	41	28.3	0	0.0
개인적 말하기	8	7.9	52	35.9	13	12.0
내적 대화	0	0.0	27	18.6	63	62.0
외적 대화	0	0.0	0	0.0	26	26.0
총 세그먼트	102	100%	14	100%	102	100%
* 퍼센트						

토론 및 요약

더 높은 언어 수준의 발달은 창의적이고 반복적인 성격을 가지고 있다. 그것은 내부 심리학적 차원에 나타나기 이전에 상호 심리학적 차원에 나타났다. 여기서 제시된 김 여사의 경우 단일 관점적 말하기에서 사회적 말하기를 거쳐 대화에 이르는 고차원적인 의식으로 이동한 것으로 보인다.

대화적 말하기 발달은 내담자의 대화식 내러티브가 실제로 어떻게 가족 관계 및 관련 행동의 의미를 변경하는지에 대한 이해를 제공한다. 김 여사의 경우는 이번 연구에서 다중의 목소리가 오가는 과정이 어떻게 자기와 타인에 대한 인식의 변화를 일으키는지 보여주는 좋은 사례를 제공했다. 필자의 관점에서, 김 여사는 처음 치료를 시작했을 때는 남편, 자녀, 시부모와의 관계뿐만 아니라 아버지와 어머니의 관계에 대해 한 사람만의 관점에서 말하는 내러티브를 사용했다. "저는 혼자 모든 것을 해야 했어요. 아무도 날 도와주지 않았어요." "남편은 저에게 너무 의존적입니다. 둘째도 남편처럼 자기를 잘 도와주는 언니에게 의지합니다." "첫째 딸이 게으른 둘째 딸을 돕다가 때리기도 했어요." "둘째는 맞을만 했어요."

사회적 말하기 수준에서 김 여사는 치료자와의 대화(사회적 말하기)에 이어 사랑받지 못하는 딸/며느리/아내로서의 자신과 상상의 사랑하는 존재들 (예: 하나님, 어머니)의 입장에서 대화를 구성했다.

개인적 말하기 수준에서는 생각을 강조하면서 몇 가지 새로운 설명이 등장했다. 혼자서 더 나은 삶을 살기 위해 집을 나서는 내담자 자신이기도 한 친구의 목소리; 오빠 결혼식에 함께 앉아 있는 그녀의 부모에 대한 관찰; 그리고 자신이 부모의 실패의 희생자이자 또한 남편, 자녀, 시부모, 특히 시아버지의 자원이라는 매우 불안정한 새로운 생각이었다. 치료자는 이야기에 대해 논평하면서 다른 목소리를 추가하여 다른 이야기에 대한 아이디어를 제시했다. "당신 자신을 구출하지 않으시렵니까?"

내적 대화에서 새로운 목소리들이 다른 이들과 내적 대화를 할 준비가 되면, 그 사람들을 환기시키고 상상으로 공감하게 만들어 작가나 연설자인 내담자의 말을 "듣게" 한다. 즉, 받아들여 이해하고, 반응하게 한다. 이를 위해 어머니와 둘째 딸 모두 편지를 썼다. 어머니는 자신의 어머니에게, 딸은 태어나지 않은 아기에게 편지를 썼다. 특히, 세션 12에서 대화에 추가된 글쓰기는 더 많은 목소리와 새로운 내러티브 가능성을 추가하여 김 여사의 내적 대화를 촉진했다. 김 여사가 그녀와 그녀의 어머니에 대한 중요한 기억을 쓰고 큰 소리로 읽을 때 이미 네 명의 목소리가 존재했다: 작가 김 여사, 독자 김 여사, 회고문 속의 김 여사, 회고문 속의 어머니 목소리다. 또한 딸은 태어나지 않은 아기에 대해 글을 쓰고 큰 소리로 말하면서 세 가지 사건이 발생했다: 엄마와 아빠는 딸에 대한 이해와 서로에 대한 이해가 바뀌었고, 엄마와 딸은 엄마와 딸의 관계에서 커진 가능성을 발견했다. 김 여사는 딸에게 얼마나 많은 도움을 제공해야 하는지에 대한 딜레마를 제시했다. 지원을 완전히 철회해야 할 것인가, 너무 많이 제공하여 딸을 마비시킬 것인가. 상담이 진행되면서 그녀의 아버지는 항상 집에 없었고 술을 좋아했으며, 그녀는 어머니와 동생들, 남편과 아이들을 모두 구출하는 위치에 있었다는 사실이 밝혀졌다. 모두를 구하고 싶다는 것(어머니가 되고 싶다는 것)은 이 여성이 "저는 구출 받고 보살핌 받고 싶어요"라고 말하는 방식이었다. 이 행동은 딸을 혼란스럽게 했다: 독립적인 삶을 살아야 하는가? 아니면 계속 구출을 당해야 하는가?

세션 12에서는 두 편지가 큰 소리로 낭독되었다. 어머니가 자신의 편지를 먼저 읽었는데 어머니는 잠시나마 구원받기를 갈망했던 자신을 체험하며 마음이 안정되었다. 그녀의 연약함에 대한 경험은 남편과 딸들에게도 깊은 감동을 주었고 그들 역시 마음이 안정되었다. 딸이 아직 태어나지 않은 아기에게 편지를 읽어주었을 때, 부모로서 아이가 힘들 때 옆에 있어

주겠다는 딸의 약속에 감동했다. 이제 서로 나란히 존재하는 이 여성들의 생각은 모녀 관계에 대한 가족의 고정 관념을 바꾸어 놓은 감정적인 충전을 일으켰다. 이제 이러한 관계들은 분노와 실망뿐만 아니라 갈망, 연약함, 그리고 부드러움을 포함할 수 있다. 편지를 크게 읽으면서 이러한 목소리와 생각들이 긴장감 속에서 펼쳐졌고, 이는 가족 안에서 "감사하기/고마워하기", "가족 안에서 서로 사랑하라", "사랑 속에서 화목하라", "당신의 도움이 필요하다/구출하라", "함께 책임을 나누라"는 새로운 내러티브의 가능성을 높였다.

마지막으로 외부 대화 단계에서 이러한 새로운 내부의 목소리들은 다른 가족 구성원과의 대화와 그들과의 관계를 보다 긍정적인 방식으로 변화시켰다. 새로 발견된 목소리들은 편지쓰기를 통해 확장되어 다른 사람들과 공유될 때 강화되는 것으로 밝혀졌다. 편지는 가족의 내적 대화를 대변하는 역할을 했으며, 관련된 다른 사람들이 듣고 목격했을 때 모든 참여자의 정서적 삶이 바뀌었다(Penn & Frankfurt, 1994). 김 여사는 가족 대화를 활용하여 새로운 가족 이야기를 확장할 수 있었다.

요약하면, "더 높은 대화적 자기 발달의 진정한 방향은 개인적인 면에서 사회적인 면로 가는 것이 아니라 사회적인 면에서부터 개인적인 면으로 나아가는 것이다"(Vygotsky, 1962, p. 20).

표 7: 치료자의 대화-관계 과정의 특성

치료자의 대화 - 관계 과정	세션(상담 유형)					
	1(개인)		6(개인)		12(가족)	
반응형 청취	56	55*	97	67*	39	38*
내담자의 주관적인 이야기와 일관성 유지	18	18	12	9	12	12
대화형 질문하기	28	27	35	24	52	50
총 세그먼트	102	100%	144	100%	103	100%
* 퍼센트						

9 '한' 변형 실천의 철학적, 이론적 관점에 대한 함의

다음은 이 유망한 실천을 바탕으로 억압받는 사람들을 위한 '한' 변형 실천의 철학적, 이론적 관점에 대한 시사점을 여러 가지로 논의한다. 첫째, 한국의 한 변형에 대한 연구 조사의 결과 중에 가장 중요한 시사점 중 하나는 슬픔이나 애도 및 그 과정을 트라우마나 비극적 경험과 관련하여 어떻게 바라보는가 하는 점이다. 한국적 '한' 변형의 연구결과는 괴로움으로 얽힌 내러티브 정체성인 '한'이 서구적 관점에서도 슬픔이나 애도의 새로운 이론이자 치료 과정에 적용되는 유용한 개념으로 볼 수 있음을 시사한다. '한'에 대한 연구 분석에서 도출된 결과 중 하나는 핵심 내담자(한국인 어머니)가 자신의 성찰 단계에서 자신의 고통에 대해 이야기하는 기간에 울고 웃는 상황에 있었다는 것을 보여준다. 서구적 관점에서, 특히 프로이트의 방어기제 이론에서 볼 때 그것은 세상에 존재하는 객관적 현실로부터 자기를 방어하기 위한 반동형성이라고 볼 수 있다. 그러나 한국적 '한'의 관점에서 볼 때 그것은 방어기제나 저항으로 볼 수 없다. 대신 '한' 변형 과정의 극치로 보여질 것이다. 특히 '한풀이'는 인간의 비극을 기념하는 것이다. 많은 한국인들은 비극을 마주하면서도 치료적 변화를 할 수 있는 영원한 낙관적인 정신상태를 보인다. 이것이 바로 '한'의 힘이자 아름다움이다(김 & 최, 1995). 이런 의미에서 울고 웃는 것은 반응 형성의 부정적이고 수동적인 측면이 아니라 자기 연민과 자기 진정 행동으로서 자기 치유의 강력한 측면이다. 특히 우는 것은 감정조절 전략으로서의 자기진정행위로서 정상적인 행동이라고 할 수 있다(Gracanin , Bylsma, and Vingerhoets, 2014). 이러한 종류의 한 변형의 치유과정은 명시적인 외부적 표현과 서로 사랑하고 상생하는 창조-변형 내러티브를 지향하는 묵시적 깊은 영성을 모두 강조하는 한의 도의 양면을 나타낸다. 이 놀라운 개념은 또한 만물이 모든 사람들의 이익을 위한 창조-변형을 고대한다는 것을 암시한다.

　김 여사는 분석에서 자신의 핵심 특성이 자신이 아는 세상처럼 잔인한 세상, 즉 가난과 억압과 관련된 지엽적인 '가부장적' 한국사회에서 타협하여 살고 싶지 않은 깊은 내면의 강인함, 회복력이라는 점을 통찰하게 됐다. 그녀의 고통은 한국의 1960년대와 70년대의 가난에 깊이 뿌리박혀 있었지만 가난에 대한 주관적인 경험에 대한 그녀의 사회적 구성은 성 역할 문제와 더 관련이 있다. 그녀는 미국으로 이민을 가기 전까지 태어나고 자란 한국의 시골 사회에서 어머니가 생계를 꾸릴 기회가 한정된 일을 하고 부정적인 대우를 받는 것을 보았다. 본 연구는 사회에서 여성의 차별적 사회적 지위 문제가 심각하게 다루어져야 하고 가정 내 아동학대 문제와 밀접하게 설명되어야 한다고 제안한다. 정신 건강 종사자들은 억압된 여성들을 포함한 소수 집단들의 사회적 발전을 제한하는 조건들을 바꾸기 위해 노력해야 한다. 소수 집단에 속한 자녀, 여성, 가족의 문제는 그들이 살고 있는 더 큰 사회의 문제와 결코 분리될 수 없다. 사회사업가는 지속적인 편견과 차별이 내담자의 복지와 자기주도권에 미치는 영향을 평가할 수 있어야 한다. 여성 내담자들은 계속되는 도전과 딜레마에 직면해야 하는 삶에서 새로운 선택을 할 수 있는 가능성을 찾기 위해 자신의 삶에서 주체적 목소리를 낼 수 있어야 한다. 본 사례 연구에서 입증된 바와 같이, 여성으로서의 삶에 대한 어머니 버전의 이야기가 자신을 위한 대안적 선택과 다른 사람들과의 상호작용의 확대로 전환했을 때 그녀는 자신이 가장 잘했다고 결정한 방식으로 가족의 모든 면을 맞출 수 있었다. 그녀는 자신의 다중의 자아들을 가족 구성원들과 맞추어 이전에는 가장 중요하지 않아 보였던 자신과 다른 사람들의 가족 관계와 행동 요소들마저 가치 있게 만들었다.

  다음으로, 한인 내담자를 도울 때 주목해야 할 또 다른 중요한 이론적 관점은 실천 이론이다. 실천 이론은 내담자와 도움 활동에 중점을 둔다. 실천 이론은 특정 행동이나 상황에 대한 설명과 그러한 행동이나 상황이 어떻게 바뀔 수 있는지에 대한 광범위한 지침을 제공한다. 이는 또한 특정 유형의 변화를 가져올 개입을 위한 로드맵 역할도 한다. 본 연구는 내담자의 변화과정을 이해하는데 있어서 자기(self)와 내러티브 정체성에 대한 관계적 관점의 개념이 중요한 역할을 한다는 것을 밝히고 있다. 행동 조직에서 나타나는 많은 언어적이고 사회적으로 파생된 내러티브의 중심은 자기 이야기, 자기 설명 또는 1인칭 내러티브로 표현되는 요소를 포함하는 것이다. 이러한 자기(self) 정의 내러티브의 발전은 자신을 포함하여 중요한 타인과의 대화 및 행동을 포함하는 사회적 및 지역적 맥락에서 발생한다. 자기에 대한 언어적이고 대화적인 관점은 관계 속에서 나타나고 구체화되는 자기(self)의 사회적 본성을 강조한다(Anderson, 1997). 또한 대화를 통해 의미를 만드는 능력을 강조한다. 거겐(1987, 1989, 1991)이 제안한 이러한 언어적 관계관은 자기(그리고 타자)가 언어와 대화로 실현되어 언어적 대화적 자기가 된다는 것을 지지한다. 이 견해에 내재된 것은 내러티브가 결코 단일 목소리가 아니라 다중 저작된 자기를 나타내며, 인간은 대화로 구성되어 있기 때문에 끊임없이 변화한다는 것이다(Anderson, 1997). 자기에 대한 이러한 언어적 관계적 관점은 브루너(1990)가 비판한 "자기 개념의 테스트에 의해 측정되는 모든 것"(p. 101)인 자기에 대한 심리학의 보다 일반적인 정의와 극명한 대조를 이룬다. 우리가 구성하는 자기는 의미 구성의 이러한 [내러티브, 스토리텔링 및 언어] 과정의 결과이다. 자기는 머리 속에 잠겨 있는 고립된 의식의 핵이 아니라 대인관계에서 "분포"되어 있다. 그렇다면 본 연구는 우리가 '나'의 구성뿐만 아니라 타자, 즉 '너'의 구성과 중요성에 주목해야 한다고 제안한다. 쇼터(1989, 1993, 1995)가 강조하듯이, 그 관계는 개인의 것이 아니라 우리들의 것이다.

본 연구에서 김 여사는 내러티브 자기에 대한 인식의 점진적인 변화를 보였다. 자기에 대한 독립적인 관점의 특정 요소들은 그녀의 상호의존적 관계적 관점에 통합된다. 자기에 대한 통합된 개념은 개인의 존엄성과 욕구(본 연구에서는 여성과 아동의 자기 존엄성과 욕구)를 인식하는 이 두 가지 관점의 혼합이었다. 본 연구는 또한 한국 문화 전통의 더 나은 면들이 '자유 선택', '권리', '자유', '물질주의', 또는 '도덕적 부패'로 특징지어지는 서구의 특정 영향으로부터 배양되고 보존될 수 있다는 인식이 김 여사의 사례에서 점점 더 커지고 있음을 보여주었다. 예를 들어, 배움에 대한 존중, 가족의 명예, 타인과의 조화, 정서적 안정, 가족의 충성심은 전히 그녀에 의해 매우 많이 행해진다. 이러한 사실을 감안할 때, 본 연구는 미 정부의 아동보호서비스정책은 한인 이민자 부모와 가정에 대한 새로운 가족관계 의미라는 맥락에서 부모-자녀 관계를 지향하는 다양한 문화적 자기 견해의 변화의 중요성을 심각하게 고려해야 함을 시사한다.

포스트모던 협업 접근 방식에서 앤더슨(1997)은 다음과 같은 철학적 가정을 제안한다.

- 인간(가족) 시스템은 언어 및 의미를 생성하는 시스템이다.
- 그들의 현실 구성은 독립적인 개별적인 정신 과정이라기보다는 사회적 행동의 형태이다.
- 개인의 마음은 사회적 구성이며 따라서 자기(self)는 사회적, 관계적 구성이 된다.
- 우리가 타인과 우리 자신, 그리고 우리 자신의 경험과 사건에 귀속시키는 현실과 의미는 개인들이 서로, 그리고 자신과의 대

화와 행동(언어를 통해)에서 만들고 경험하는 상호작용 현상
이다.

- 언어는 생성적이며, 우리의 삶과 세상의 질서와 의미를 부여하
며, 사회적 참여의 한 형태로 기능한다.
- 지식은 관계적이며 언어와 일상 생활에서 구현되고 생성된다
(3페이지).

이러한 가정은 모든 인간의 노력, 특히 치료와 치료자에 있어, 치료자가
인간과 그들의 삶에서 우리의 역할에 대해 생각하는 방식, 치료자가 치료
시스템, 치료 과정 및 치료 관계를 개념화하고 참여하는 방식에 심오한 의
미를 갖는다. 연구 및 포스트모던 문헌의 데이터는 관계-대화 과정에서 치
료자의 반응과 내담자의 대화 과정 사이에 긍정적인 관계가 존재함을 시
사했다.

마지막으로 한국인 내담자와 일할 때 주의해야 할 또 다른 중요한 이론
적 관점은 영성이다. 김여사는 마음 비우기 등 최고 수준의 '한' 변형 단계
를 거쳤다. 본 연구는 한인 이민자 가족 내담자가 불교, 유교, 특히 한국의
민족정신철학 사상을 포함하여 미국 사회사업 전문분야에서는 잘 알려지
지 않은 많은 영성 철학과 실천적 통찰력을 가지고 있음을 보여주었다. 불
교 영성은 자신과 타인을 위한 깨달음을 얻기 위해 끊임없이 노력하는 것
으로 설명될 수 있다. 많은 노력이 필요하기 때문에 전통 불교는 이러한
영적인 길을 위해 승려 생활 양식의 중요성을 강조한다. 이에 반해 유교적
영성은 일상의 모든 측면에서 인간성과 마음가짐을 실천하는 것으로 묘사
될 수 있다. 따라서 자기의 함양과 사회에 봉사하는 것이 상호보완적인 것
이 된다(Tu, 1984, 1985; Canda, 1988, 1989, 1994). 많은 한인 이민자들이 필
요에 따라 세 가지 방법 모두에서 통찰력과 자원을 계속 결합하고 있다.

한국의 인류애와 사회복지에 대한 전통적인 철학은 유럽계 미국인의 신념과 확연히 다르다. 1980년대 이후로 미국 정신 건강 전문가는 불교(주로 선종)와 다양한 형태의 영매술 및 샤머니즘으로부터 진지한 통찰력을 갖기 시작했다. 그러나 유교뿐만 아니라 증산도와 정역과 같은 한국의 민족정신철학적 사상은 많은 아시아계 미국인뿐만 아니라 모든 사람들에게 매우 중요함에도 불구하고 미국 정신 건강의 영향에서 완전히 빠져 있다. 이러한 이유로 다음 논의에서는 한의 변형 과정과 관련된 해원, 상생, 보은의 세 가지 원리를 기술하는 한국의 민족 정식철학적 영성에 초점을 맞춘다. 지난 수십 년 동안 윤리적 철학적 원칙과 연관된 후천 사상에 대한 강조가 높아져 왔다. 한국의 대표적인 민족정신철학자들(안, 2019b, 양, 2020, 2021, 유, 2001, 2011, 2021)은 영성의 차원을 깊이 배양해왔다. 후천의 질서를 다루는 철학적 관점에 관한 문헌은 한국의 3대 경전(즉, 천부경, 삼위일체 하나님의 가르침인 삼일신고, 인간으로서 온전함을 추구하는 참전계경), 홍익 인간 사상, 홍범구주, 증산도와 정역의 개벽 사상에서 비롯된다(안, 2019a; 상생문화연구소, 2021a; 상생문화연구소, 2021b; 상생문화연구소, 2021c; 상생문화연구소, 2021d). 특히 증산도의 삼신 하나님이 인도하시는 인문문화 사상은 9000여 년 전의 한국 문화에 길고도 깊은 역사적 뿌리를 두고 있다(안, 2019a). 증산도와 정역의 한국 민족정신철학의 관점은 유대교나 기독교 전통주의와는 다른 방식으로 유신론적이다. 증산도에서 삼신의 개념은 "조화, 교화, 치화라는 세 가지 방식으로 우주와 하나이며 만유의 근원이 되는 원신"(증산도 도전편찬위원회, 2016, p.299)으로 정의된다. 신교에서는 "신에 대하여, 하늘과 땅에 있는 신명들에 대하여, 우주의 본성과 삶을 사는 법"을 배운다(증산도 도전편찬위원회, 2016, p.300).

증산도는 조화정부를 지향하는 해원, 상생, 보은의 3가지 실천원칙을 개념화하고 있다. 유익한 철학적 개념으로서, "시원을 살펴서 근본으로 돌아간다"(안, 2020a, p. 258)는 뜻의 원시반본 관점은 해원, 상생 및 보은의 세 가지 원칙을 통해 '한'의 궁극적인 변형 방법을 제공한다(안, 2019b; 유, 2003a; 유, 2013b). 그것은 올바른 삶의 길이다. 원시반본의 3가지 실천원리에 대한 심도 있는 지식은 '한' 변형의 사회정신적 변화구조를 이해하고 한 변형 실천의 고급기술을 함양하는데 필수적이다. 이 세 가지 실천 원리는 많은 이점을 가질 수 있기 때문에 치료자로서 치료자는 '한'을 가진 내담자와 상담할 때 이러한 개념을 적용할 수 있도록 노력해야 한다. 치료자는 내담자의 한 변형 실천 강화를 위해 다음과 같은 지침 가치를 찾을 수 있다.

보은의 도

안(2019b)은 '보은'을 "받은 은혜에 보답하는 것"이라고 정의한다. "하늘과 땅과 사람 즉 천지인天地人 삼재가 은혜를 주고받음으로써 일체로 변화하며 성숙해" 나간다(p.334). 보은의 가장 큰 도는 천지에 대한 공경과 부모에 대한 공경에 초점을 맞추고 있다(도전 11:94). 부모의 은혜에 보답하는 것은 진리를 깨달음으로써 태일(인존)이 되고 참인간이 되는 길과 관련된 가장 중요한 실천이다. 이러한 보은은 우리를 낳아주시고 우리 삶의 직접적인 뿌리가 되는 조상들을 기리는 것까지 이어진다(안, 2019b). 보은의 도는 "단절된 자연과 신명과 인간의 생명의 끈을 연결하고 성숙시키는 화합과 일체의 이념"이라고 설명된다(안, 2019b, p. 335).

해원의 도

이 세 가지 원칙 중 해원의 개념은 조화정부에 필수적이며, 후천의 기본 구성요소로서 원한을 해소하는 것의 중요성을 강조한다. "해원은 후천 화합의 세상을 이룹게 하기 위한 상제님의 천지공사의 중심 목표이다"(증산도 도전편찬위원회, 2016, p. 298-299). 상생과 보은도 똑같이 중요하지만, 상생을 여는 첫걸음이자 가장 중요한 것은 해원이다(안, 2019b), 유, 2001a, 유 2011b). 그것은 "선천에 쌓인 모든 신명과 인간의 원한을 푸는 것"이다. (증산도 도전편찬위원회, 2016, p. 299). 특히 치료자가 지도적 실천 원칙을 사용하여 내담자의 '한' 변형 실천을 강화하고자 할 때 다음과 같은 해원의 도의 의미가 도움이 될 수 있다. (안, 2019, pp. 355-356):

- 첫째, 해원에는 근원적인 '평화의 이념'이 담겨 있습니다. 천지 생명의 근본(道)은 마음이므로 한 사람의 마음에 맺힌 원한이 능히 천지기운을 막습니다. 마음에 맺힌 이 죽음의 병이 자신은 물론이요, 천지마저도 병들게 합니다. 그러므로 죄와 타락의 근원인 '원의 뿌리'를 찾아내 '원한의 마디와 고'를 풀어 버리는 일은 인류의 참된 평화를 되찾는 가장 근원적인 구원의 길입니다.
- 둘째, 해원에는 '자유와 성숙의 이념'이 담겨 있습니다. 선천에는 천체가 윤도수의 그물에 걸려 운행합니다. 따라서 불완전한 천지일월의 빛을 쏘이며 생장시대를 살아가는 인간도 미성숙한 존재일 수밖에 없습니다. 더욱이 선천 상극의 운명에 구속받아, 마음에 원한의 핏기가 서린 오늘의 인간은 영혼의 자유를 잃은 채 살아갈 수밖에 없습니다. 진정한 화평과 조화는, 인간이 해원하여 마음의 자유를 되찾고 묵은 하늘이 해원하여 선천 우주의 상극의 시공 궤도를 벗어던질 때 성취될 수 있습니다. 우주의 모든 이상은 상제님의 손길로 이루어지는 후천개벽을 거쳐서 비로소 현실화됩니다.
- 셋째, 해원에는 '사랑과 자비의 완성 이념'이 담겨 있습니다. 해

원은 인간의 갈등과 원한을 풀어 없애 줍니다. 그리하여 선천 종교가 실천 계율로 내건 사랑(仁)과 자비로 이루지 못한 모든 꿈을 이루게 합니다. 해원은 마음에서 지울 수 없는 척雙마저 끌러 버리고 사랑의 근본 목적을 달성할 수 있게 하기 때문입니다. 해원은 사랑과 자비를 포용하면서도 그것을 초월하는 이념입니다.

상생의 도

한국의 민족정신철학에서 깨달은 상생의 행위와 평화로운 삶에 대한 중요성은 필수적인 부분이다. 그들은 선천의 억음존양의 질서에서 후천에 여성(음)과 남성(양)의 균형과 조화의 역동적인 가치인 조양율음, 음양동덕의 원리로의 변화를 통해 인간의 존엄과 인간의 완성을 강조한다. 특히 한국의 수리철학사상인 정역은 가족과 사회적 관계에 대한 유기체적 상호체계적 관점을 논의한다. 정음정양正陰正陽은 음(여자)과 양(남자)이 균형과 조화 속에 존재하는 것을 말한다(안, 2019b; 양, 2020, 2021). 중요한 것은 한국의 민족정신철학은 선천의 억음존양의 질서에서 후천에 여성(음)과 남성(양)의 균형과 조화의 역동적인 가치로의 변화를 통한 인간의 존엄과 인간의 완성을 강조한다. 정역의 경우 음과 양의 균형(정음정양)은 궁극적으로 창조적 절대적 인간정체성을 통한 삶과 평화의 성숙한 인도주의를 지향한다. 가을 우주의 인존 사상은 깨달은 상생의 행위를 반영한다. 모든 인간은 후천시대에 만유에 동등하게 존엄하게 대우받는다(안, 2019b). 이제 사람이 천지대세를 결정하는 시대이다(도전 3:13).

이 세 가지 원칙은 '한' 변형의 점진적인 과정에 상호 영향을 미친다. 가족이 내부적으로 해원 문제를 해결함에 따라 상호 작용 패턴이 나타난다. 해원은 조화정부에 필수적이며, 상생과 맞물려 있다. 상호작용 패턴이 발달하는 것은 가족이 원하는 목표를 달성하고 구성원의 사회 정서적 만족을 보장하는 데 도움이 되는 새로운 패턴을 확립하는 데 도움이 될 수 있다. 가족 내 평등의 중요성은 처음부터 강조되어야 한다. 내담자는 한 변형의 상위 단계에서 보은을 경험하지만 보은은 항상 해원과 상생과의 관계에서 상호 작용한다. 이 프로세스는 그림 2에 나와 있다.

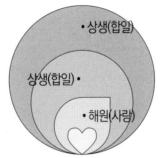

그림 2: 가족에서 한의 변형 실천을 위한 세 가지 원칙

향후 연구는 한 변형 모델의 보편성을 고려하고 한 변형 모델이 슬픔과 트라우마에 직면한 서구의 내담자들에게도 동일한 유익한 영향을 미치는지 살펴볼 필요가 있을 것이다.

정역 팔괘

정역 철학사상은 가을 개벽의 영적, 정신적 문화로서 변화의 올바른 질서를 분명히 하고 있다. 정역사상에서 금화교역金火交易(Geumhwagyoyeok)의 핵심 사상은 "시작을 찾아 근원으로 돌아간다"는 원시반본 사상"(증산도 도전편찬위원회, 2016, p. 299)에 따라 개인에서 사회, 우주적 차원에 이르기까지 다계층의 올바른 정립을 위한 변화 자기정화를 통한 '한'의 변형을 설명한다. 우주 가을의 보편적 원리로서 시작을 찾아 근원으로 돌아간다는 것은 인간의 맥락에서는 성숙의 과정으로서 자아, 혈통, 역사, 영성을 의식적으로 자각하고 회복하려는 노력을 포함한다. 이 원리에는 선천의 문화와 문명이 하나가 되어 후천에서 결실을 맺는 것도 포함된다. 정역팔괘는 투영된 가족관계는 문왕팔괘에서 관찰된 가족관계에 비교하면 기능적 가족관계의 구조를 구성하고 있다. 자녀는 가깝고 친밀한 관계에 있어야 하는데 결혼 제도인 아버지와 어머니 사이에 잘못 배치되어 있다. 문왕팔괘는 건강하지 못한 가족 구조를 나타낸다. 이에 반해 정역 팔괘는 가족 간의 적절한 경계, 특히 부부간의 상호존중과 상호권력, 부모와 자식간의 적절한 거리를 두어 건전한 가족구조를 보여주고 있다. 가족 간의 경계가 잘 확립되는 것은 모든 구성원이 가족과 건강한 관계를 강화할 수 있도록 하는 열쇠이다. 얽히거나 분리된 가족 구조에서 가족 규칙 기반을 변화시킴으로써 가족 체계에서 건강한 경계를 만들기 위해서는 각 가족 구성원이 걱정하는 부분이 무엇인지 이야기되어야 한다.

정역팔괘도는 후천개벽의 우주변화와 인류변화의 통일완성 모델인 금화교역을 바탕으로 건강한 기능적 가족구조의 본질을 이해하는 것과 유사한 통찰력을 제시한다. 그림 3에서 문왕팔괘는 가족 관계가 얽히거나 분리되는 건강하지 못한 가족 구조를 나타낸다. 이러한 방식으로 가족들은 역기능적인 가족의 항상성을 유지한다. 이에 반해 정역팔괘도는 부부, 자녀, 부모, 가족구성원 간의 위계구조를 전환하여 가족체계를 강화하여 경계를 명확히 하는 건전한 가족구조를 나타낸다. 남편(양)과 아내(음)가 공존하고 서로를 존중하는 건강한 가정을 위해서는 어머니와 아버지를 부모 하위 체계로 설정하고 자녀와 부모를 분리하는 것이 필수적이다. 건강한 가족 관계를 형성하기 위해 가족은 1차 변화(개인의 단순 행동의 변화)가 아니라 2차 변화(포화된 가족 문제의 규범, 역할 및 지위 위계질서의 변화)를 통해 문제를 해결한다(Lair, 1993, 1995; 미누친, 1974).

그림 3: 문왕팔괘도: 여름의 人道(長易) 문왕팔괘
우주의 여름의 인간 원리

그림 4: 정역팔괘도: 가을의 地道(成易) 김일부의 정역팔괘
우주의 가을의 땅 원리

근본적으로 증산도의 덕목과 원칙 특히 3대 근본 원리와, 억압받는 인류에 대한 자비와 사회정의에 관한 정역의 음양균형사상은 포스트모더니즘 철학적 가정과 일치하며 그에 의해 뒷받침된다는 것을 주목할 필요가 있다. 한국의 민족정신철학은 포스트모던 사회과학의 사명을 지지하고 포스트모던 사회과학자들이 세상에 대한 더 크고 더 깊은 인간적 비전을 창

조하도록 인도한다. 마지막으로, 생장염장生長斂藏의 원리에 관한 문헌은 '한' 변형 연구의 단계론에 대한 실증적 자료를 뒷받침한다. 안경전(2019b)은 "자연의 질서가 영원한 항상성을 지닐 수 있는 것은 선천과 후천의 변화 본성인 분열과 통일이라는 일정한 순환 질서를 가질 때 가능합니다. 이 순환하는 변화 과정을 통해 우주가 영원히 존재할 수 있는 것입니다"(p. 35)라고 말한다. 본 연구는 내담자 김여사의 한의 변형 단계 전반에 걸친 일종의 분열과 통일의 순환적 질서를 보여준다. 처음 두 단계는 문왕팔괘가 말하는 우주의 여름철 인간의 이치인 분열의 질서를 나타낸다. 세 번째와 네 번째 단계는 정역팔괘가 말하는 우주의 가을철 땅의 이치인 통일의 질서와 관련이 있다. 양재학에 의하면(2020) "금화교역 사상은 생명의 재생을 위한 우주적 자기창조, 자기조직화, 자기변형의 보편적 원리이다. 이것은 모든 시간과 공간이 얽혀 공간 속의 만물을 연결하고 시간 속의 만유 생명을 유지하는 역동적인 원리이다. 이 원리는 우주의 자기 정화이다. 이것은 존재의 방식을 바꾼다. 이는 갈등질서의 자기부정 뿐 아니라 변화와 변형의 우주론적 원리로서 우주적 자기정체성 증명의 우주적 운동을 나타낸다"(pp.145-147). 이 문헌은 한의 진보된 변형에 대한 가장 심오한 증거를 뒷받침한다. 증산도는 "영성의 회복과 정신문화혁명을 통해 태일 인간(The Ultimate One)을 실현하기 위해" 마음을 새롭게 한다는 공통된 이념을 공유한다. 태일 인간이 되는 길의 궁극적 목적은 "마음의 원형인 본성과 명을 함께 닦아 우주와 하늘 땅과 하나가 되는 것이다(안, 2020b, p. 14). 안경전(2020b)은 "우리 전통수행문화에서는 성명뿐아니라 성명정을 함께 말한다."고 강조하며, "성명정 곧 신기정을 함께 닦아야 완전한 깨달음에 이를 수 있다"(p. 15)고 보고 있다. 여기에는 한 변형의 필수적인 부분을 뒷받침하는 깨달은 상생의 행위와 평화롭고 조화로운 삶이 포함된다.

이러한 개념은 한 변형 치료의 통합 모델을 적용하는 데 도움이 된다.

예술적, 영적 인도주의 실천의 대안적 모델을 통합하려는 시도는 가치가
있다. 예를 들어, 필자는 정역과 증산도 영성문화와 철학사상, 특히 해원,
상생, 보은의 도와 변형적 창조-성숙 등 다양한 요소를 포스트모던 대화
실천으로 통합하는 '한' 변형 치료의 '한의 도' 모델을 제안한다. 가족들
간에 서로 돕는 체계를 기리는 것은 이 통합 실천 모델의 공통 요소이다.
필자는 가족의 발달과 가족의 발달에 따른 가족구성원의 자율성을 높이
기 위한 가족구조의 형성도 '한의 도' 모델의 개념화의 공통적인 요소라고
제안한다. 한 변형 단계의 궁극적 구조를 이해하고 한을 치유하기 위한 고
급 임상기술을 확대하기 위해서는 생명조직, 작용, 생명조정에 대한 심도
있는 지식이 필수적이다.

　이 개념은 "종어간終於艮 시어간始於艮"의 개념과도 연결된다(양, 2020,
p.79, 양, 2021, p. 383). '한'이라는 글자는 마음(心)과 간艮이라는 두 한자어
로 구성되어 있다. 한은 간艮의 마음으로 해석된다. 정역팔괘의 간괘에 대
해 양재학(2020)은 간방艮方의 원리로 설명한다. 간艮은 만물의 끝이 있고
새로운 시작이 있을 때, 즉 종어간終於艮시어간始於艮의 간을 말하는 괘이다.
간괘의 가장 중요한 의미는 만물이 간에서 시작하고 끝난다는 것이다. 종
어간終於艮 시어간始於艮이라는 개념은 한 변형 치료 의 이중 구조를 반영한
다. 양재학(2020)이 설명하듯 "선천과 후천의 질서는 동전의 양면과 같다.
원칙적으로 분리할 수 없고 독립적이지 않다. 그것은 공생 또는 공존하는,
쌍을 이루는 단일체로 존재한다. 선천의 질서는 앞에서 나타나 탄생과 성
장의 과정에서 필연적으로 갈등과 불균형의 체계를 일으키지만, 항상 완
전함과 더불어 조화와 균형, 완성을 지향한다"(p. 145).

　아직 변형이 완성되지 않은 '한' 이야기의 양면을 고려할 때 한 변형에
대한 은유는 다음과 같다: 가장 좋은 열매는 가장 과감한 가지치기에서
나온다. 가장 순수한 금은 가장 맹렬한 불에서 나온다. 가장 깊은 물을 통

과하면서.

필자는 궁극의 고요, 궁극의 인간 태일의 길로서 마음 챙김 기반의 내러티브 변형 '한' 모델이 특히 포스트모던 대화와 자기 정화의 치료기술적 방법 사이에 가치 있는 연결점이 된다고 제안한다. 앞으로 두 부분의 개념적, 실천적 통합의 성격에 대한 보다 체계적인 연구가 필요하다.

10 결론

내담자 김 여사는 한 변형의 네 단계를 점차적으로 순차적이면서도 순환반복적인 과정을 통해 모두 거쳤다.

한 변형의 상위 단계는 균형 잡힌 가족 관계(갈등 기반 가족 규칙에서 상생 가족 규칙으로의 변화), 돌봄 부모 행동, 대화식 자기 표현 발달과 공존한다. 본 연구는 한 변형을 위한 치료자와의 대화-관계적 대화 과정의 요소가 도움이 되었음을 보여준다. 갈등분열의 문제가 많았던 한의 이야기는 나머지 가족과 지역 사회를 위한 최선의 이익을 위한 삶의 모습으로 변형되었다. 그런 의미에서 김여사의 관점은 자신, 타인과 세상 모두를 위한 것으로 변형되었다. 또 실천적 임상연구에 따르면 김여사가 한의 하위 단계에서 상위 단계(즉 4단계, 마음 비우기)로 이동할 때 영적 자각과 각성이 있었음을 제시한다.

마지막으로, 전문적-학문적 발전과 성취를 위한 상호 유익한 국제 파트너십의 개념은 동양과 서양의 정신철학(영성과 철학적, 이론적 사상을 포함하는)의 문화의 본질을 추출함으로써 원하는 통일성을 달성하는 것을 말한다. 간태합덕艮兌合德의 정신으로 볼 때, 필자는 앞으로 상호유익한 동서양의 학문적 교류를 희망한다. 간괘는 소년 또는 식물로 보면 열매를 말하며, 태괘는 소녀 또는 꽃을 말한다. 소년/꽃 그리고 소녀/열매는 인과관계가 있다(안, 2019b)고 사료된다.

결론적으로 유형·무형의 모든 것은 우주의 패턴에 합치된다. 한恨의 깊은 괴로움은 결코 헛되지 않다. 왜냐하면 한恨의 도道는 인간을 변화시켜 새롭게 태어나게 하는 방식이기 때문이다.

감사의 글

우선 본 연구논문이 제출되기까지 지난 5개월의 기간 동안에 부족한 저에게 귀중한 토론, 제안과 격려로 많은 배움의 기회를 아낌없이 베풀어 주신 양재학 박사님께 진심으로 감사드립니다. 또한 바쁘신 와중에도 저의 질문들에 대해 따뜻한 격려와 도움을 제공해주신 유철 박사님과 상생문화연구소의 다른 연구위원님들에게도 감사드립니다.

끝으로 어려운 영어본을 한국어로 쉽게 번역을 하시는 데 헌신의 수고를 아끼지 않으신 채지숙 수호사님께 깊은 감사드립니다.

≡ 참고문헌 ≡

- Adebimpe, V. (1981). Overview: White norms and psycho diagnoses of Black patients. *American Journal of Psychiatry, 138,* 279-285.
- Ahn, S.-S. (1988). *Generative structure of "Han" and its dynamic imagination: -centered the work of "Chohon" and "Baettaragi."* Jeju National University Proceedings-Humanities and Social Sciences, 27, 13-33.
- Ahn, G.J. (2020a). *The secret of survival.* Daejeon, South Korea: Sangsaeng Books Publishing.
- Ahn, G.J. (2020b). *The spiritual treasure corpus: The way to the ultimate serenity.* Daejeon, South Korea: Sangsaeng Books Publishing.
- Ahn, G.J. (2019a). *Hwandangogi. Korean Translation and Annotation by Ahn Gyeong-Jeon Hwandangogi.* Daejeon, South Korea: Sangsaeng Books Publishing.
- Ahn, G.J. (2019b). *The truth of Jeung San Do.* Daejeon, South Korea: Sangsaeng Books Publishing.
- Anderson, H. (1997). *Conversation, language, and possibilities: A postmodern approach to therapy.* New York, NY: Basic Books.
- Anderson, J.D. (1992). Family-centered practice in the 1990s: A multicultural perspective. *Journal of Multicultural Social Work, 1*(4), 17-29.
- Anderson, T. (1987). The reflection team: Dialogue and meta-dialogue in clinical work. *Family Process, 26,* 415-428.
- Anderson, T. (1990). *The reflecting team: Dialogues and dialogues about dialogues.* Broadstairs, Kent, England: Borgmann.
- Anderson, H., & Goolishian, H. (1988). Human systems as linguistic systems: Preliminary and evolving ideas about the implications for clinical theory. *Family Process, 27,* 371-393.
- Anderson, H., & Goolishian, H. (1990). Beyond cybernetics: Comments on Atkinson & Health's further thoughts on second order family therapy. *Family Process, 29,* 157-163.
- Anderson, H., & Goolishian, H. (1992). The client is the expert: A not-

knowing approach to therapy. In S. McNamee & K. J. Gergen (Eds.), *Therapy as social construction* (pp. 25-39). Newbury Park, CA: Sage.

- Anderson, H., Goolishian, H., Pulliam, G., & Winderman, L. (1986). The Galveston Family Institute: Some personal and historical perspectives. In D. Efron (Ed.), *Journeys: Expansions of the strategic and systemic therapies.* New York, NY: Brunner/Mazel.

- Anderson, E.H., Goolishian, H., & Winderman, L. (1986). Problem determined system: Toward transformation in family therapy. *Journal of Strategic and System Therapies, 5,* 1-14.

- Atkinson, B.J., & Heath, A.W. (1990). The limits of explanation and evaluation. *Family Process, 7,* 202-215.

- Becvar, D.S., & Becvar, R.J. (2000). Family therapy: A systemic integration (4th ed.). Boston, MA: Allyn & Bacon.

- Bilingsley, A., & Giovannoni, J.M. (1972). *Children of the storm: Black children and American child welfare.* New York, NY: Harcourt.

- Bråten, S. (1992). Paradigms of autonomy: Dialogical or monological? In A. Bebbrajo & G. Teubner (Eds.), *State, law, economy as Autopoietic systems/ European yearbook in the sociology of law 1991-92* (pp. 77-97). Oslo, Norway: Scandinavian University Press.

- Brown, S.P. (1997). Has the emphasis on multicultural practice resulted in more effective and appropriate services for ethnic minority clients? In D. de Anda (Ed.), *Controversial issues in multiculturalism* (pp. 14-26). Boston, MA: Allyn & Bacon.

- Canda, E.R. (1988). Spirituality, religious diversity, social work practice. *Social Casework, 69*(4), 238-247.

- Cecchin, G. (1987). Hypothesizing, circularity, and neutrality revisited: An invitation to curiosity. *Family Process, 26,* 405-414.

- Chessick, R. (1990). Hermeneutics for psychotherapists. *American Journal of Psychotherapy, 44,* 256-273.

- Choi, I.-B.(1995). *Ganwae* (艮卦): The Academy of Korean Studies. Retrieved from http://encykorea.aks.ac.kr/Contents/Item/E0000509

- Choi, S.C. (1994). Shim-Jung psychology: The indigenous Korean perspective. *Asian Psychologies: Indigenous, Social and Cultural Perspectives, 2,* 1-38.
- Choi, S.C., & Choi, S. (1990, July). *We-ness: A Korean discourse of collectivism.* Paper presented at the First International Conference on Individualism and Collectivism: Psychocultural Perspective from East and West, Seoul, Korea.
- Choi, S.-C. (1988, Eds.). *Psychology of the Korean people: Collectivism and individualism* (pp. 85-99). Seoul, Korea: Dong-A Publishing & Printing.
- Choi, S Y. (2011, February 21). *The meaning of Chinese character WonHan.* 怨恨(원한). Retrieved from https://m.blog.naver.com/choisy1227/90107451578.
- Choi, Y.-H., Kang, S.-P., Ko, S.-H., & Cho, M.-O. (1992). *Study on folk caring in Korea for cultural nursing.* Seoul, Korea: SoMoon Publishing.
- Crain, W. (2000). Vygotsky's social-historical theory of cognitive development. In W. Crain (4th ed.), *Theories of development: Concepts and applications* (pp. 213-243). Upper Saddle River, NJ: Prentice Hall.
- Daehan History and Culture Association. *Samilsingo (366 characters in total),* folder *(2021).* Daejeon, South Korea Daehan History and Culture Association.
- Daehan History and Culture Association. *The Grand Constitution of Nine Categories,* folder (2021). Daejeon, South Korea: Daehan History and Culture Association.
- Daehan History and Culture Association. *The Scripture of Heavenly Code,* folder (2021). Daejeon, South Korea: Daehan History and Culture Association
- David, G. (2013). *Brainspotting: The Revolutionary New Therapy for Rapid and Effective Change.* Sounds True.
- Dell, P., & Goolishian, H. (1981). Order through fluctuation: An evolutionary epistemology for human systems. *Australian Journal of Family Therapy, 21,* 75-184.
- Epston, D., & White, M. (1992). *Experience, contradiction, narrative, and*

imagination: Selected papers of David Epston and Michael White, 1989-1991. Adelaide, Australia: Dulwich Centre Publications.

- Eron, J.B., & Lund, T.W. (1993). How problems evolve and dissolve: Integrating narrative and strategic concepts. *Family Process, 32,* 291-309.

- Fleuridas, C., Nelson, T.S., & Rosenthal, D.M. (1986). The evolution of circular questions: Training family therapists. *Journal of Marital and Family Therapy, 12,* 113-127.

- Freeman, M. (1993). *Rewriting the self: History, memory, narrative.* New York, NY: Routledge.

- Flax, J. (1990). *Thinking fragments: Psychoanalysis, feminism, and postmodernism in the contemporary West.* Berkeley, CA: University of California Press.

- Gergen, K.J. (1982). *Toward transformation in social knowledge.* New York, NY: Spring-Verlag.

- Gergen, K.J. (1985). The social constructionist movement in modern psychology. *American Psychologist, 40,* 266-275.

- Gergen, K.J. (1991). *The saturated self.* New York, NY: Basic Books.

- Gergen, K.J. (1994). *Realities and relationships: Soundings in social construction.* Cambridge, MA: Harvard University Press.

- Gergen, K.J., Hoffman, L., & Anderson, H. (1995). Is diagnosis a disaster: A constructionist trialogue. In F. Kaslow (Ed.), *Handbook of relational diagnosis* (pp. 102-118). New York, NY: John Wiley & Sons.

- Gonzalez, R.C., Biever, J., & Gardner, G.T. (1994). The multicultural perspective in therapy: A social constructionist approach. *Psychotherapy, 31*(3), 515-524.

- Goolishian, H. (1990). Therapy as a linguistic system: Hermeneutics, narrative, and meaning. *The Family Psychology, 6*(3), 44-45.

- Goolishian, H., & Anderson, H. (1987). Language systems and therapy: An evolving idea. *Journal of Psychotherapy, 24*(3), 529-538.

- Goolishian, H., & Anderson, H. (1990). Understanding the therapeutic process: From individuals & families to systems in language. In F. Kaslow

(Ed.), *Voices in family psychology* (pp. 91-113). Newbury Park, CA: Sage.

- Goolishian, H.A., & Winderman, L. (1988). Constructivism, autopoiesis and problem determined systems. *The Irish Journal of Psychology, 9*(1), 130-143

- Gracanin, A., Bylsma, L.M., and Vingerhoets, Ad J.J. M. (2014). *Is crying a self-soothing behavior? Frontiers in psuchology.* Doi10.3389/fpsyg.2014.00502.

- Hoffman, L. (1993). *Exchanging voices: A collaborative approach to family therapy.* London, England: Karnac Books.

- Holquist, M. (1994). *Dialogism: Bakhtin and his world.* New York, NY: Routledge.

- Jansson, B.S. (1994). *Social policy: From theory to policy practice.* Pacific Grove, CA: Brooks/Cole.

- Jeung San Do Dojeon Publication Society (2020, Haewon). *Jeung San Do Dojeon: Life Dojeon.* Taejeon, South Korea: Sangsaeng Publishing Company.

- Jeung San Do Dojeon Publication Society (2016). *The teachings of Jeung San Do: Illustrated through selected passages of the Dojeon.* Taejeon, South Korea: Sangsaeng Publishing Company.

- Jeungsando (2016). *Jeungsando, truth.* Retrieved from https://gdlsg.tistory.com/1328.

- Kelly, G.A. (1955). *The psychology of the personal constructs* (Vols. 1-2). New York, NY: Norton.

- Kim,Y.G. (1996). *Han (恨).* The Academy of Korean Studies. Encyclopedia of Korean Culture. Retrieved from http://encykorea.aks.ac.kr/Contents/Item/E0060943.

- Kleinman, A. (1986). *Social origins of distress and disease.* New Haven, CT: Yale University Press.

- Kleinman, A. (1988). *The illness narratives: Suffering, healing, and the human condition.* New York, NY: Basic Books.

- Laird, J. (1993). Family-centered practice: Cultural and constructionist reflections. *Journal of Teaching in Social Work, 8*(2), 77-109.

- Laird, J. (1995). Family-centered practice in the postmodern era. *Families in Society, 76*, 150-162.
- Latting, J.E., & Zundel, C. (1986). World view differences between clients and counselors. *Social Casework, 67*(9), 533-541.
- Lax, W. (1992). Postmodern thinking in a clinical practice. In S. Mc-Namee & K.J. Gergen (Eds.), *Therapy as social construction* (pp. 69-85). Newbury Park, CA: Sage.
- Lee, K.T. (1987). Column in *Chosun Ilbo*, Seoul, Korea, December 15.
- Lee, K.T. (1991). *Hangukineu buruet* [Korean manners]. Seoul, Korea: Shinwonmonhwasa.
- Lee, S.M. (1991). *Child abuse and neglect in the Korean immigrant community* (Unpublished master's thesis). California State University, Long Beach.
- Lee, S.W. (1994). The Cheong space: A zone of non-exchange in Korean human relationships. In G. Yoon & S.-C. Choi (Eds.), *Psychology of Korean people: Collectivism and individualism* (pp.85-99). Seoul, Korea: Dong-A Publishing & Printing.
- Madison, G.B. (1988). *The hermeneutics of postmodernity*. Bloomington, IN: Indiana University Press.
- McNamee, S., & Gergen, K.J. (1992). *Therapy as social construction*. Newbury Park, CA: Sage.
- Minuchin, S. (1974). *Families and Family Therapy*. Harvard University Press. ISBN 9780674292369.
- Mueller-Vollmer, K. (1989). Language, mind, and artifact: An outline of hermeneutic theory since the Enlightenment. In K. Mueller-Vollmer (Ed.), *The hermeneutics reader* (pp. 1-53). New York, NY: Continuum.
- Nelson, K. (1989). Monologue as representation of real-life experience. In K. Nelson (Ed.), *Narratives from the crib* (pp. 27-72). Cambridge, MA: Harvard University Press.
- Nichols, M. P., & Schwartz, R.C. (1998). *Family therapy: Concepts and*

methods (4th Ed.). Boston, MA: Allyn & Bacon.

- Oh, W. C. (2021). Spiritual Transformation of Han: Four Levels of Transference in Self-Psychology. *Journal of Pastoral Care Counsel, 75*(4):267-273. doi: 10.1177/15423050211051971.

- Piaget, J. (1954). *The construction of reality in the child.* New York, NY: Basic Books.

- Penn, P. (1982). Circular questioning. *Family Process, 21*(3), 267-280.

- Robbins, S., Canda, E., & Chatterjee, P. (1996, February). *Political, ideological, and spiritual dimensions of human behavior: Expanding the HBSE curriculum.* Paper presented at the meeting of the Council on Social Work Education (CSWE), Washington, D.C.

- Rosen, H. (1991). Constructionism: Personality, psychopathology, and psychotherapy. In D. Keating & H. Rosen (Eds.), *Constructivist perspectives on developmental psychology and atypical development* (pp. 149-171). Hillsdale, NJ: Erlbaum.

- Sampson, E.E. (1981). Cognitive psychology as ideology. *American Psychologist, 36,* 730-743.

- Sansaeng Cultural Research Institute (2021a). *Chamjeon Gyegyeong, The Scripture of Precepts for Becoming a Complete One* (Korean-English translated). Daejeon, South Korea: Daehan History and Culture Association.

- Sansaeng Cultural Research Institute (2021b). *Cheonbugyeong, The Scripture of Heavenly Code* (Korean-English translated by Translation Department of Original World History and Culture, Sangsaeng Books). Daejeon, South Korea: Daehan History and Culture Association.

- Sansaeng Cultural Research Institute. (2021c). *Hongbemgujoo, The Grand Constitution of Nine Categories* (Korean-English translated by Translation Department of Original World History and Culture, Sangsaeng Books). Daejeon, South Korea: Daehan History and Culture Association.

- Sansaeng Cultural Research Institute. (2021d). *Samilsingo, 366 characters in total* (Korean-English translated by Translation Department of Original World History and Culture, Sangsaeng Books). Daejeon, South Korea:

Daehan History and Culture Association.

- Shapiro, G., & Sica, A. (1984). *Hermeneutics.* Amherst, MA: University of Amherst Press.

- Seikkula, J. (1993). The aim of therapy is generating dialogue: Bakhtin and Vygotsky in family therapy system. *Human Systems Journal, 4,* 33-48.

- Seikkula, J. (1995). From monologue to dialogue in consultation within larger systems. *Human Systems: The Journal of Systemic Consultation & Management, 6,* 21-42.

- Shotter, J. (1984). *Social accountability and selfhood.* Oxford, England: Blackwell.

- Shotter, J. (1989). The myth of mind and the mistake of psychology. In W. Baker, M. Hyland, R. van Hezewijk, & S. Terwee (Eds.), *Recent trends in theoretical psychology. Proceedings of the Third Biennial Conference of the International Society for Theoretical Psychology, April 17-21, 1989* (Vol. 2, pp. 63-70). New York, NY: Springer-Verlag. doi: 10.1007/978-1-4613-9688-8

- Shotter, J. (1993). *Conversational realities: Constructing life through language.* London, England: Sage.

- Shotter, J. (1995). In conversation: Joint action, shared intentionality and ethics. *Theory and Psychology, 5,* 49-73.

- Shotter, J., & Gergen, K. (Eds.). (1989). *Texts of identity.* London, England: Sage.

- Song, K.H. (1999). *Helping Korean immigrant families to change child abuse problem: A postmodern multicultural language systems perspective* (Unpublished doctoral dissertation). Loyola University, Chicago, IL.

- Song, K.H. (2004*). Beyond multiculturalism in social work practice.* Lanham, MD: University Press of America.

- Song, K.-H. (2016). *Multicultural and international approaches in social work practice: An intercultural perspective.* Lanham, Maryland: Hamilton Books.

- Song, K.S. (1986). *Defining child abuse: Korean community study* (Unpublished doctoral dissertation). University of California, Los Angeles.

- Tomm, K. (1987). Interventive interviewing: Part II. Reflective questioning as a means to enable self-healing. *Family Process, 26*, 167-183.
- Tomm. K. (1988). Interventive interviewing: Part III. Intending to ask lineal, circular, strategic, or reflective questions? *Family Process, 27*(1) 1-15.
- Tu, W. (1984). On neo-Confucianism and human relatedness. In G.A. Devos & T. Sofue (Eds.), *Religion and family in East Asia* (pp. 111-126). Berkeley, CA: University of California Press.
- Tu, W. (1985). Selfhood and otherness in Confucian thought. In A.J. Marshall, G. De Vos, & F.L.K. Hsu (Eds.), *Culture and self: Asian and Western perspectives* (pp. 231-251). London, England: Tavistock.
- Wachterhauser, B.R. (1986). *Hermeneutic and modern philosophy.* New York, NY: State University of New York Press.
- Warnke, G. (1987). *Gadamer: Hermeneutics, tradition and reason.* Stanford, CA: Stanford University Press.
- Watzlawick, P. (1976). *How real is real?* New York, NY: Vintage.
- Watzawick, P. (Ed.). (1984). *The invented reality.* New York, NY: Norton.
- Yang, J.H. (2020). *Kim Il Bu's life and Philosophical thought.* Daejeon, South Korea: Sangsaeng Books Publishing.
- Yang, J. H.(2021a). Early-later haven and gaebyeok. In Sudhakar, G. Akhanyanov, C.Akhanyanov, Y. Yamato, K.S., Moom, C. You, D.J. Ahn, D.W. Seo, J.G. Won, J.H. Yang, and K.S. Whang. *Jeung-san-do cultural philosophy research 1: Samsin god, early-later heaven gaebyeok* (pp. 319-393). Daejeon, South Korea: Sangsaeng Books Publishing.
- Yang, J.H. (2021b). *Meet with juyeok: Conversation between Confucius and Il Bu* (the second volume). Daejeon, South Korea: Sangsaeng Books Publishing.
- You, C. (2001). The theory of the resolution of bitterness and grief in Jeung-san-do. *The Journal of JeungSanDo Thought*, 5, 43-101.
- You, C. (2011). *Return to the origin: Wonsibanbon, boeun, haewon, sangsang.* Daejeon, South Korea: Sangsaeng Books Publishing.
- You, C. (2021). Jeung-san-do's creation-transformation thought: *Dojeon*

1:1 focused. In Sudhakar, G. Akhanyanov, C.Akhanyanov, Y. Yamato, K.S., Moom, C. You, D.J. Ahn, D.W. Seo, J.G. Won, J.H. Yang, and K.S. Whang. *Jeung-san-do cultural philosophy research 1: Samsin God, Early-Later Heaven gaebyeok* (pp. 165-223). Daejeon, South Korea: Sangsaeng Books Publishing.

—— 번역 원문 ——

A Clinical Practice Study of Korean "*Han*" Transformation:
Lamenting Entangled Suffering Saturated Stories for Renewed Narrative Identity

KuiHee Song, Ph.D.

- *"My life is but a weaving*
  Between my God and me.
  I cannot choose the colors
  He weaveth steadily…
  Oft' times He weaveth sorrow;…
- *The dark threads are as needful*
  In the weaver's skillful hand
  As the threads of gold and silver
  In the pattern He has planned…
- Quote from *The Weaver* written by Grant Colfax Tuller

Many studies of Korean *Han*한恨 overemphasize a static and closed emotional aspect of *Han*한恨. The studies characterize *Han* as destructive, pathological, an oppressed state with somatic symptoms of mental disease (Choi, 2011, Kim, 1996, Oh, 2015, 2021). *Han* also refers to a complex of conscious and unconscious entanglement of the frustration of desire or will, the catastrophe of life, and the paranoid and obsessive attitudes and wounds of the mind (Kim, 1996). Choi (2011) defines *Han* as the mind that thinks about a certain object and stays in the heart, so it becomes stagnant and becomes *Han* like a vase and it has the meaning of limiting. *Han* means standing still. *Han* is referred to an indigenous Korean construct with a rich psychological, social, cultural background with connotations to refer to an emotional residue of the mind (S.M. Lee, 1991; S.W. Lee, 1994). These views represent only one side of Korean *Han*. It is the external manifestation, the explicit of *Han*. Little is known about the other side of Han, the implicit side of *Han*.

Few studies focus on conceptualizing the nature and internal mental structure and processes of *Han* transformation. Oh (2021) merged self-psychology and Christian spirituality of healing. Oh defines *Han* as an oppressed feeling in Korean society. Oh (2021) explains that *Han* is caused by self-splitting which employs a deceptive self-object image and the state of feeling unloved that is the characteristic vicious *Han*-ridden circle. This is a place for the beginning of healing, where there are both the feeble self and deepest manifest as self-fragility. Obtaining heathy self-object experiences no longer result in the feeling of fragility associated with the resolution of *Han*. From a Korean literature approach, Ahn (1988) analyzed the dynamic principle that transforms the smoldering structure of "*Han*" into a resolution structure. Through the analysis of the Korean poem "Chohon" and Korean short story "Baet-taragi," Anh (1988) articulated that "dialectical, sequential principles is one of several methods and processes to solve *Han;* he explained dynamics in relation to the dialectical imagination that sublimated extreme emotion into Han" (Ahn, 1988, p, 21).

This deeper aspect of *Han* represents quiet but dynamic, ceased but moving, nothingness, but with great potential for transformation. This nature of *Han* simultaneously resonates with further spiritual awareness, growth, and maturation. In particular, Yang (2021b) offers the valuable concept of Han associated with Juyeok's Gangwae(간괘艮卦) that is considered the most important gwae among 64 gwae. From an aesthetics of cessation and movement, Yang articulates the meaning of Gangwae(간괘艮卦). Gan is "cease" but it's not saying that way because Gan represents a shape of mountain that has a meaning of being stable, heavy, and faithful. Gan can be understood as: the top is to cease and the bottom is to be calm. Ceasing occurs because it feels at ease (Yang, 2021b). As Yang (2021b) emphasizes, this concept of Gangwae(간괘艮卦) has implication for the Early-Latter Heaven Gaebyeok thought which will be discussed in depth later. Yang(2021b) also defines Gan as "time centered 시중(時中) that is a dynamic concept with focus on the harmony of existence, awareness, values, and actions" (p.442). The author argues that *Han* constitutes two sides of a coin. The co-existence of the implicit invisible and explicit manifested aspects of *Han* can transform into spiritual and interpersonal growth and maturation. While every *Han* story is different for persons and their personal anguish, they all share a common thread of uncommon courage, silent power of sacred rest, and resilience – the courage not only to survive, but to persevere and rebuild their shattered lives. People with *Han* were once crushed, but not destroyed, waiting tearfully for a new dawn. Although there is no exact translation and interpretation of the meaning of *Han* 한恨 into English, it denotes long-held mind entanglements with suffering that is developed over time by tragic life events and situations. *Han* can be seen as an ethnocultural form of Korean lamentation. It reflects a deep intra-psychic process associating and interacting with the external historical-social environment. For that reason, *Han* involves very complex and comprehensive mental processes that have a transforming power that has not yet been recognized in the Western culture.

Change Processes from Korean Ethnophilosophical Thoughts: Principles of Creation-Transformation

Because many *Han* stories have shared the common root causes of 원한怨恨 and 원한寃恨, this article focuses on the concepts of 원한怨恨 and 원한寃恨. From Korean ethno-cosmological philosophical thought,

Han is defined in broader context of the Later Heaven Gaebyeok (Ahn, 2019b; Jeung San Do Dojeon Publication Society, 2016; Yang, 2020, 2021a, 2021b; You, 2001, 2011, 2021). The concept of *Han* has many close familial concepts. Examples are 원한怨恨, 원한寃恨,정한情恨, 원한願恨, 해원(解怨) and 해한(解恨). In this article, *Han*한恨 is viewed as reflected in W*onhan* 원한怨恨 and WonHan원한寃恨 that aims for 해원(解寃) and 해한(解恨). Particualry, Wonhan 원한寃恨 has a remarkable connection to the fundamental idea of the Autumn season of Wonsibanbon (seeking out the beginning and returning to the origin) and Cheonjigongsa (Work of Renewing Heaven and Earth). Conceptualizing *Han*, You (2011) explains the difference between Won원怨 and Han한恨. Han한恨 is a self-generating oppressive state of the subjective mind and is absent from specific offender(s) as reflected in the phrase: disentangle the entangled, *Han pul-i.* You (2011) suggests that the resolution of Han is through artistic and religious-spiritual forms as opposed to internal recognition of Han. In contrast, Won원怨 recognizes obvious offender(s) and involves an inter-subjective victim and offender relationship. The resolution of 원한怨恨 is through fighting back against interpersonal injustice. Furthermore, You (2001) separates WonHan 원한怨恨 from 원한寃恨. Won원寃 is formed by the power of another as obvious offender(s) and by a discriminating social system, environment, custom, etc. Won원寃 is considered as a prior stage of 원한怨恨. When Won寃 is caused by a powerful person, it goes deeper and then it emerges as WonHan원한怨恨. And "when won is caused by unclear external social and cultural circumstances it becomes *Han*한恨. Through the entanglement, WonHan 원한寃恨 grows further into WonHan원한怨恨, Salgi살기殺氣, and vengeful qi (척隻)" (You, 2011, p.152). Salgi살기殺氣 and Chuck (척隻) are harmful energies that are an external expression of WonHan 원한寃恨. Particularly, Chuck (척隻) is defined as "vengeful, harmful energy that results from feelings such as anger, jealousy envy, malice, and hatred harbored by humans and spirits" (Jeung

San Do Dojeon Publication Society, 2016, p. 303).

From Jeung San Do's philosophical perspective, Wonhan 원한寃恨 refers to "bitterness and grief representing torment internalized by all sentient beings under the Early Heaven's order of mutual conflict and domination" (Jeung San Do Dojeon Publication Society, 2016, p. 287). Jeung San Do's conceptualization of *Han* emphasizes more the destructive power of wonhan 원한寃恨 than 원한怨恨. Furthermore, Jeong San Do explains that "resolving bitterness and grief is the only way to achieve eternal peace for humanity" (Ahn, 2019, p. 341) and even instructs that "Be vigilant against sins arising from your mind, mouth or intentions, and never provoke *vengeful qi* (척隻) within others" (5:240).

Jeung San Do Dojeon sums up "the destructive power of WonHan 원한寃恨" (Ahn, 2019b, p. 343) engendered by the conflict-domination order very well in the statements of Dojeon:

"The bitterness and grief of a single person is enough to impede the flow of Heaven and Earth qi, energy (Dojeon 2:68); "If all the bitterness and grief born of mutual conflict and domination were allowed to explode, the universe itself would collapse into ruin" (Dojeon 2:17); A woman left with deeply held Won원怨, her harmful energy reaches out to heaven; the divine transformation project does not work out well(Dojeon 2:64:5); and Women's *Han*한恨 is full of the Heaven and the Earth. Blocking the path of the Heaven and the Earth, and her effusion will burst forth and eventually destroy the human world. Therefore, if this WonHan원한寃恨 is not resolved, the world cannot be saved even if a great man who possesses the virtues of the Holy Spirit and the literary and martial arts comes out (Dojeon 2:52:2-3).

Significantly enough, You (2001) defines Won 원寃 not as limited to psychological symptoms of a pathological mind, but a universal characteristic of all beings due to the inevitable result of the conflict and domination-led Early Heaven era. 원한寃恨 is full of the heaven and the earth due to inevitable results from the conflict driven Early Heaven history. In the same way, K. J. Ahn, Jeung San Do Master (2019b) defines *Han* as more of a universal feeling that is deep-felt, aroused by failing to accomplish what one has long sought to achieve due to the hardship and pain resulting from the order of mutual conflict.

> The character "Won" 怨 (to resent) and "Han" 恨 (to be regretful) are usually used to express Won-Han, that is, the resentment and grief emerging from the deepest part of the mind. However, Sangjenim used a different character for "Won(寃)" one with a different meaning, namely, "bitterness, embittered." Here, bitterness refers to the pain accumulated in one's mind due to experiencing unfairness and injustice. It is an uneasy feeling aroused ad experienced individually when one has been done a unilateral wrong by another. In contrast, the combination of these two characters, WonHan원한寃恨 refers to the mind being full of deep resentment due to an event that led to one-sided bitterness and resentment. The accumulation of such bitterness and grief is a destiny that humanity can't evade, as we exist in this physical body and live in a world of mutual conflict. (Ahn, 2019b, p.341)

WonHan 원한寃恨 requires a total resolution project of Haewon해원解寃 (resolution of bitterness and grief). And "the totality of Haewon (resolution of bitterness and grief) reflects the ultimate purpose of Jeung San Do's Cheonjigongsa 천지공사天地公事 (Work of Renewing Heaven and Earth)" (You, 2001, p. 66). Building upon this metaphysical idea of Cheonjigongsa 천지공사天地公事, the Wonsibanbon concept emphasizes three core principles: Haewon (resolution of bitterness and grief), Sangsaeng(mutual life-giving and life-saving), and Boeun (requital of benevolence). The three principles are interlocking concepts that support each other for the successful completion of Cheonjigongsa associated with the work of creation-transformation. Korean ethnophilosophical thinking of Latter Heaven Gaebyeok (Ahn, 2019b; Yang, 2020, 2021; You, 2001, 2011, 2021) provides a well-conceived conceptual framework for understanding of *Han* transformation processes. The concepts of Oppressed Yin and Revered Yang 억음존양抑陰尊陽 and 정음정양正陰正陽 represent the key to the Dao of HaeWon 해원(解冤). It brings eternal life creation transformation from the old Age of Oppressed Yin and Revered Yang 억음 존양抑陰尊陽 to the new Age of Equality Between Women and Men(정음정양,正陰正陽). Particularly, "the concept of oppressed Yin and Revered Yang (억음 존양抑陰尊陽) provides practical meaning for the Dao of HaeWon"(You, 2011, p.189). The Early Heaven is the world of oppressed yin and revered yang (억음 존양抑陰尊陽). This reflects "how women have suffered all form of contempt and oppression in the heaven-based (yang) culture of the Early Heaven. An age of equality between women and men will be established in the coming Later Heaven, wherein all men will be magnificent men and all women will be magnificent women" (Ahn, 2019b, p. 53). Jeung San Do explains the new order of the world in the context of an enlightened collective action: "I will make it the era of equalization of men and women... In the world to come, both men and women will be the big bosses and the big bosses" (Dojeon 2:53:2-4).

The dao of *HaeWon*해원解冤 is made unavoidable for moving forward to *Sangsaeng*. This creates a sacred transformation of humanity from the order of Geon and Gon of the Early Heaven of oppressed yin and revered yang (억음 존양抑陰尊陽) to the new order of the Later Heaven of equality yin and yang, balanced yin and yang, 정음정양正陰正陽. This also reflects a paradigm shift from the older order of Early Heaven's Majesty to the new Later Heaven order of the Era of Humanity Majesty (人尊於人). Cosmic order changes from conflict which leads to unbalanced yin and yang of the Early Heaven Gaebyeok, to equality yin and yang, balanced yin and yang of the Later Heaven Gaebyeok. The order of balanced yin and yang is interfaced between the universe and human beings where they meet in the balanced yin and yang. You (2011) argues that "Haewon해원解冤 is possible; and entangled *Han* can be disentangling when Heaven and Earth as well as Heaven and Humanity touch each other" (pp.121-122). Jeong San Do explains the idea of mind as:

All life is based on the one mind and people live together in harmony through love. Mind is

defined as "the eternal origin of life. Bitiness and grief scar mind and deliver a traumatic

shock that cannot be erased from one's life, transforming one's inner person into a spirit filled

with bitterness and grief. If our inner person transforms into a spirit of bitterness and grief, the

anger, curses, and revenge of the spirits of bitterness and grief cause all kinds of terrible disasters.

(Ahn, 2019b, pp.342-343)

This explains the importance of healing and restoration of the entangled mind according to the Principle of One Cosmic Year (Ahn, 2019b). This states that "Early Heaven is the time of Heaven-Earth Misfor tune, while the Later Heaven is the time of Earth-Heaven Peace" (Dojeon, 2:43). This suggests that *Han* can be transformed by renewing the problem-saturated mind, reconstructing misrepresentative narrative identity, and aligning with the new cosmic order of the Latter Heaven. Figure 1 presents the principle of one cosmic year and the changed orders effects on all creation, including humanity. And Table 1 shows the fundamental cosmic energy change to right position of yang and yin from Heaven-Earth Misfortune (☶☰):천지비天地否 to Earth-Heaven Peace ☷☰)지천태地天泰 that signifies the cosmic power for *Han* transformation.

The Principle of One Cosmic Year: Movements of the Early Heaven Gaebyeok and the Later Heaven Gaebyeok

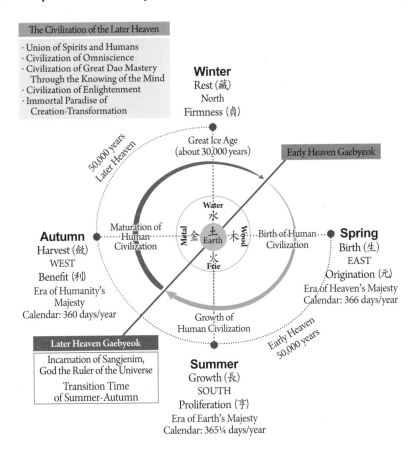

Figure 1: The Principle of One Cosmic Year
(Source: Ahn, 2019b, p. 37; Jeung San Do Dojeon Publication Society, 2016, p. 7).

Trigrams	Heaven-Earth Misfortune (☷☰): The Twelfth Trigram of I Ching	Earth-Heaven Peace (☰☷): The Eleventh Trigram of I Ching
Image and Meaning	*Geon* (heaven) tends to stay above, and *Gon* (earth) tends to stay below. Accordingly, this trigram shows an image of disharmony in which heaven and earth cannot communicate with each other. (This represents the Early Heaven's world of mutual conflict, where thepetty man prevails.)	*Gon* (earth) stays on top and it's energy travels down, while the energy of *Geon* (heaven) below rises up so that the two energies interlock with each other. Accordingly, this trigram shows an image of heaven and earth in harmony and balance. (This represents the Later Heaven's world of harmony, mutual life-betterment and life-saving).

Table 1: Cosmic Energy Change. Source: Ahn, 2019b, p.40.

Another important point is that the concept of two opposing cosmic energies in Early Heaven and Later Heaven implies the sacred providence associated with sorrow saturated narrative identity transformation. According to Kyu-tae Lee (1987, 1991), the Chinese character "*Han*" is composed of two characters: "*Shim*" (mind, heart), and "*Yin*" which means "to remain in a quiet, still state." This may be an end stage. In a different context of defining Han, Yang (2020, 2021b) explains that the Chinese character *Han* 恨 constitutes 心mind and 艮gan. *Han* is understood as the mind of Gan (艮). Gangwae(간괘艮卦) explains the principle of ganbang艮方. Gan艮 is a gwae 卦 when there is the end stage and the new beginning stage of all things. This means Gan艮 as "종어간(終於艮)시어간(始於艮)" (Yang, 2020, p.79, Yang, 2021a, p. 383). The most important meaning of Gangwae(간괘艮卦) is that all things start and end in the Gan. The end means the end of all human history and civilization, and the point of completion in the cycle of creation and completion (or re-creation). Therefore, this earth is the most intimate concentration of Heaven's providence and the gathering of special energy. It is where the energy of fruitfulness and harmony matures and bears fruit, aiming at completion and maturation.

Conceptualization of *Han* as deeply rooted in Korean ethnophilosophical perspective makes an effective method of inquiry of the ultimate purpose of humanity as associated with transforming self-identity and social disparities. The author suggests that in addition to understanding complex multi levels of intrapsychic processes of *Han*, artistic and/or spiritual forms of human experiences are instrumental in *Han* transformation as well. This article emphasizes that *Han* exists as the two sides of a coin. Both the explicit state of being static, passive, ceased as problem-saturated and the implicit state of being dynamic energetic, passionate, and moving, as creation-transfiguration are alive in *Han*. From a postmodern perspective, the definition is helpful to separate the person from the problem and the problem from the person. *Han* treatment approach informed by postmodern social constructionist ideas, emphasizes the importance of a participatory partnership between therapist and client family (and/or larger system), and the challenges of a "not-knowing" stance toward clients.

In this article, Korean *Han* is referred to as problem-saturated misrepresentative narrative identity with long held-deeply rooted traumatic distress for the disadvantaged and marginalized. And *Han* transformation is defined as a journey of healing and restoration in a variety of ways with actual changes from a conflict saturated narrative identity to a new mutually beneficial narrative identity. This definition also includes the importance of the shared valid root cause of *Han*(한恨) with Won(원寃) (full of deep resentment) that has universal, total, and historical meaning (You, 2001).

Mental health practices that enable individuals to be healed from *Han* may be particularly important for disadvantaged and marginalized groups. Building upon the author's integrative and interactive notions of postmodernist cross-cultural and linguistic approaches, this article describes a clinical study. The subject is a Korean American immigrant woman as representative of a culturally and linguistically disadvantaged and marginalized client group in the Unites States. The idea for this specific research emerged from my dissatisfaction with the limited attention to culturally and linguistically effective treatment approaches and research of multicultural and postmodern philosophies of science, as well as to recent postmodernist intellectual developments in the social sciences.

Integration of Multiculturalism and Postmodernism

Within the multiculturalism movement of the 1980s (Latting & Zundel, 1986; Korbin, 1987), as well as the postmodern spirit of the 1990s, a family member's experience in therapy might be one of collaboration and empowerment—with a solution evolving naturally out of dialogue—rather than a therapy experience that is prescribed and/or directed (Anderson, Goolishian & Winderman, 1986; Goolishian & Anderson, 1987, 1990; Anderson & Goolishian, 1988, 1992; Goolishian, 1990; Nichols & Schwartz, 1998; Lax, 1992; Laird, 1993, 1995; H. Anderson, 1997).

In particular, the narrative/constructivist and postmodern movement of the 1990s has challenged the epistemological limitations of modern approaches. The limitations of the physical, cybernetic, biological, and sociological epistemologies that inform the clinical field of social work have been criticized (Watzlawick, 1976, 1984; Dell & Goolishian, 1981; Sampson, 1981; Gergen, 1982, 1985, 1991, 1994; Kleinman, 1986, 1988; Cecchin, 1987; T. Anderson, 1987, 1990; Anderson & Goolishian, 1988, 1990; Atkinson & Heath, 1990; Chessick, 1990; Flax, 1990; White & Epston, 1990; J. D. Anderson, 1992; McNamee & Gergen, 1992; Hoffman, 1993; Shotter, 1993; Gergen, Hoffman, & Anderson, 1995; D. S. Becvar & R. J. Becvar, 2000; H. Anderson, 1997). The narrative/constructivist movement concerns a much broader range of the human experience than merely a few oversimplified, characteristic ways of behaving. Postmodernism concerns itself with the total variety of meanings that can be derived from the situational and linguistic contexts of a given situation. Accordingly, the rapid shift to an epistemology of the semantic and the narrative results in a more interpretive position regarding empirical data gathered in the field of mental health, a welcome change from previous characterizations of child abuse as a disease.

The author argues that the current therapeutic culture involves the realities of multiple therapeutic systems with an emphasis on patholo-gizing, victimizing, and authoritative or interventive foci. Therapeutic language within the current discourse is deficiency-based and yet is of-ten assumed to represent all behavioral and mental realities accurately (H. Anderson, 1997). From the vantage point of cultural-linguistic dissonance, the current Child Protective Services(CPS) delivery sys-tem needs to be critically examined for its counter-therapeutic effects among clients representing diverse cultural backgrounds (Billingsley & Giovannoni, 1972; Adebimpe, 1981; Jansson, 1994; Brown, 1997). Fur-thermore, K. S. Song (1986) has suggested that existing child welfare service networks have not reached out to the Korean American com-munity. Knowledge of preventive strategies to reduce the risk of child abuse is important, as is the ability to assist marginalized Korean cli-ents in negotiating "multiple perspectives and accepting the relativity of meaning itself...in the relational context in which behavior is situated" (Gergen & Kaye, 1992, p. 183).

A postmodern collaborative-narrative approach to therapy highlights socially created multiple meanings and narratives/voices (Pen & Frank-furt, 1994; Freedman & Combs, 1996) and empowerment processes. This approach also helps to define identities in terms of organizing and categorizing mutual social behavior. This approach will help the thera-pist understand a client's construct system, the semantic meaning ac-corded to child abuse, and the actual personal experience of child abuse. This practice also involves understanding the way that clients relate and respond to each other in their everyday lives (Freeman, 1993). And, in working with Korean family clients of CPS, this approach also facilitates the therapy process. It enables relationships to create/recreate meanings and understanding, and to construct/reconstruct realities of the self with a sense of freedom and hope (H. Anderson, 1997).

Key Concepts in Postmodernist Multicultural Practice

Circular questions refer to relationship questions that investigate the recurring contextual patterns of relating, constituents of a family system (Penn, 1982; Fleuridas, Nelson, & Rosenthal, 1986, p. 114).

CPS Korean client is defined as a family composed of first-generation Korean immigrant parents and one-and-a-half- and/or second-generation children addressing a problem of child abuse with CPS in Cook County, Illinois, and the Lake County Department of Child and Family Services (DCFS) regions.

Conversational questions are defined as circular and reflective questions based on circular assumptions about the nature of the mental phenomena used in therapy (Tomm, 1987, 1988).

Dialogue refers to thinking and communication that allow for creativity and consciousness through the complementary autonomy of participant perspectives (Bråten, 1992).

External dialogue refers to conversation that occurs to all people present, spontaneously joining in the telling of the story, adding to, and expanding on it rather than correcting the other's version (H. Anderson, 1997, p. 128).

Internal dialogue refers to conversation or internal speech (Vygotsky, 1962, p. 218) that occurs in language, putting thoughts into words (H. Anderson, 1997).

Meaning is defined as that which is represented by the Korean client's narratives in therapy about what constitutes his or her actions pertaining to the child abusive behavior.

Monologue refers to thinking and communication that involve control through the monopoly of a single perspective in terms of which a domain is defined (Bråten, 1992; Nelson, 1989).

Narrative is a discursive schema located within local individual and broader contexts, as well as within culturally driven rules and conventions (H. Anderson, 1997).

Physical child abuse is defined as a problem dealt with in therapy emanating from social (cultural) narratives and self-definitions that do not yield an effective self-agency for the parenting tasks defined (H. Anderson, 1997).

Reflective questions are questions that provide new contextual information to the family (Tomm, 1987, 1988).

Self-agency is defined as a personal perception of competency for action, including freedom (from an imprisoning past, present, and future) and hope (for a different future) (T. Anderson, 1987, 1990; J.D. Anderson, 1992; H. Anderson 1997).

Story-telling is defined as a therapeutic technique that changes the emotional setting or viewpoint. It relates to a situation that is experienced, applying a broader and more fluid context of meaning that embraces past, present, and future dimensions, rather than the immediate, narrow interactional context that surrounds the problem (Eron & Lund, 1993).

Therapeutic dialogical conversation is defined as a generative process in which new meanings emerge and are mutually constructed between client and therapist (H. Anderson, 1997).

Postmodern Constructivist, Empowerment, and Narrative Theories

- Focus on how group members create and maintain their realities through life stories and subjective experiences.
- Are based on the premise: humans attach unique meanings to life experiences (subjective realties) based on their social

experiences and dialogue with the world around them

- Transformational and interactional leadership approaches can be used to reframe stories, to empower members, and to bring out their strengths, resiliencies, and capacities.
- Members can be helped by the leader/other group members to create new life stories, viewing their oppressive and negative life stories with more positive frames of reference that build on the opportunities, capacities, and strengths available to them.
- Other narrative therapy techniques are journaling, letter writing, mutual aid, visualization, cognitive imagery, and mindfulness mediation
- The notion of liberating members from externally imposed constraints, helping those who are oppressed to come to terms with socially imposed restrictions, and reframing and redefining their lives through empowerment and strengths-based approaches.

The following describes the postmodern philosophical framework, which provides the theoretical perspective for practice with culturally and linguistically diverse people. The major concepts are social construction theory, hermeneutic theory (both interpretive perspectives), and narrative theory. H. Anderson and Goolishian's theory of therapy as a collaborative systems approach is also discussed.

Social Construction Theory
Social construction theory (SCT) is "the idea that reality is not independently 'out there' but construed through collective meaning making" (H. Anderson, 1997, p. xiii). SCT describes perceptions of the world and human experiences as follows:

Supplementation
Gergen (1994) offers the concept of supplementation as a descriptor

for the ways in which utterances and actions coordinate to produce meaning. Supplementation is a reciprocal process in which a person supplements or responds to another person's utterances or actions. The potential for meaning in such a dyad develops through the supplementation process. Each person in a dyad has embedded a range of other relationships—previous, present, and future—and the multiple contexts of those relationships influence the supplementation and meaning developed within the current dyad (H. Anderson, 1997).

Joint Action

Similar to Gergen's analysis of social construction are the ideas of Shotter (1993), who refers to his account as "rhetorical-responsive." He suggests that common to all social constructionism is "the dialectical emphasis upon both the contingency and the creativity of human interaction—on our making of, and being made by, our social realities" (1993, p. 13). Shotter, who is influenced by the later work of Ludwig Wittgenstein and also by that of Michael Billig, Mikhail Bakhtin (Holquist, 1994), L.S. Vygotsky (Crain, 2000), and V.N. Volosinov, is particularly occupied with the self-other relationship and the ways in which people spontaneously coordinate their everyday mutual activities. Shotter (1993) is also interested in "how speakers and listeners seem to be able to create and maintain between themselves...an extensive background context of living and lived (sensuously structured) relations, within which they are sustained as the kind of human beings they are" (p. 12). According to Shotter (1984) "all actions by human beings involved with others in a social group in this fashion are dialogically or responsively linked in some way. Both already executed actions and anticipated next possible actions" (p. 52-53).

Social Constructionism and Constructivism

Both social constructionism and constructivism are two sources of the postmodern paradigm (Nichols & Schwartz, 1998). Social constructionism and constructivism reject the notion that the mind reflects reality, but rather advance the idea that reality is a human construct. Both perspectives agree with philosopher Richard Palmer's assertion that "one's view of man (a person) is a function of one's assumptions about reality" (p. 16). Although there are similarities, there is a primary difference in how each theory arrives at and views this construction (H. Anderson, 1997). Constructivism and social constructivism (Rosen, 1991) arose from different intellectual traditions. Early constructivism was associated with the works of the developmentalist Piaget (1954) and the personal construct psychologist Kelly (1955). Later constructivism, often called radical constructivism

In contrast, social constructionism emphasizes the interactional and communicative context as the meaning maker—the mind is relational and the development of meaning is discursive (H. Anderson, 1997). Constructivism, Gergen (1994) warned, is "lodged within the tradition of Western individualism" (1994, p. 68). H. Anderson (1997) also notes that:

> Social constructionism moves away from the individual constructing mind and challenges the notion of the autonomous individual. The individual is no longer the discrete object of understanding nor the creator of meaning. Mind does not create of meaning; instead, mind is meaning. (1997, p. 43)

This emphasis is what Shotter (1993) referred to as "conversational realities." Social constructionism moves beyond the social contextualization of behavior and simple relativity. Context is thought of as a multi-relational and linguistic domain in which behavior, feelings, emotions, and understandings are communal. They occur within a plurality of ever-changing, complex webs of relationships and social processes, and within local and broader linguistic domains-practices-discourses (H. Anderson, 1997).

Thus, social constructionist ideas may be helpful in implementing recommendations that consider ethnic, linguistic, and cultural factors in the provision of appropriate social work interactions with Korean-American families experiencing physical child abuse. Social constructionism is compatible with social workers' thinking that takes a multicultural perspective (Laird, 1995). Gonzalez, Biever, and Gardner (1994) note that social constructionism and multiculturalism are similar in many ways, yet the ideas of the former have not been extensively applied to the latter. Social constructivism can provide a framework for examining and understanding social and cultural influences that blend well with the multicultural perspective. This postmodern approach lends support to the efforts of the multicultural perspective to respect the merits of multiple belief systems and multiple understandings as legitimate considerations in therapy.

Hermeneutic Theory

"Hermeneutic theory is the art of interpretation, newly excavated from the past" (H Anderson, 1997, p. xiii). Hermeneutics is one of the earliest questionings of the Cartesian theory of the dualistic nature of knowledge, of the separation between the observer and the observed. Hermeneutics dates to the 17th century, when it emerged originally as an approach to analyze and ensure appropriate interpretation of the Bible and later literary texts (H. Anderson, 1997).

H. Anderson (1997) describes that "by the late 18th century, and largely under the influence of philosophers Friedrich Wilhelm Schleiermacher and Wilhelm Dilthey in the 19th century, hermeneutics had broken from this text-based tradition and become an approach to interpreting and understanding human behavior, emerging as" (p. 38) [a] "genuine philosophical discipline and general theory of the social and human sciences" (Mueller-Vollmer, 1989, p. ix).

In the 20th century, philosophical hermeneutics was usually associated with the views of thinkers such as Hans-Georg Gadamer, Jurgen Habermas, Martin Heidegger, and Paul Ricoeur, and hermeneutics began to take a postmodern turn (Madison, 1988; Palmer, 1987). Broadly speaking, hermeneutics concerns itself with understanding and interpretation: understanding meaning derived from a text or discourse, including human emotion and behavior, and understanding as a process that is influenced by the beliefs, assumptions, and intentions of the interpreter. If from a hermeneutic perspective all understanding is interpretive, then one can never reach a true understanding; a speaker's meaning cannot be fully understood, much less duplicated, by another. The truth is not revealed; there is no single right account of an event; and there is no single correct interpretation. Each account, each interpretation is only one version of the truth. Truth is constructed through the interaction of the participants and it is contextual. Meaning is informed by the interpreter's fore-structure of understanding, and what Gadamer (1975) termed as "prejudices", as well as the fusion of horizons (p. 272) between reader and text (in the therapy domain, substitute "people involved" "for reader and text") (p. 338).

From this hermeneutic perspective, understanding is linguistically, historically, and culturally situated; that is, "language and history are always both conditions and limits of understanding (Wachterhauser, 1986, p. 6). Understanding is circular, because it always involves reference to the known; the part (the local) always refers to the whole (the global) and conversely the whole always refers to the part—what Heidegger (1962) termed the hermeneutic circle. The process of understanding is the process of immersing one's self into the context of the other, and vice versa, each being open to the other. Hermeneutics "assumes that problems in understanding are problems of a temporary failure to understand a person's or group's intentions, a failure which can be overcome by continuing the dialogue, interpretive process" (Warneke, 1987, p. 120). H. Anderson (1997) resonates with Chessick's (1990) opinion that hermeneutics suggests "meaning in a dyadic relationship is generated by language and resides not in the mind of individual speakers or writers but in the dialogue itself" (p. 269); in Gergen's (1994) phrase, this becomes a "relational theory of human meaning" (p. 264).

Narrative Theory

"Narrative theory is implying that human events only become intelligible by being storied" (H. Anderson, 1997, p. xiii). Conversation and dialogue assume a narrative form, and narrative is a way we use language to relate to others. It is a discursive schema with culturally-driven rules and conventions that provide structure and coherence to the fragments of our life events and experiences. We organize, account for, and make sense of our experiences through narratives or stories (H. Anderson, 1997). From a narrative analogy, a therapist participates with a client in the telling, the retelling, the hearing, and the creating of the client's narratives concerning his or her well-being and/or problems.

Narratives and stories involve both content and process: the facts of, telling of, listening to, and interacting with the narrative. From a postmodern perspective, both content and process are critical. Much of the successful use of a professional's content expertise depends upon process expertise. The aim of the latter is to connect, collaborate, and construct a mutually acceptable reality with the client, what psychologist Sylvia London (personal communication, July 1995) described as the creation of "a community of shared resources." The relationship becomes less hierarchical, less authoritative, more egalitarian, and more mutual. It emphasizes a shared selection of topics, mutual control of the interview, less client uncertainty, and less interference with a client's conceptualization of the problem (H. Anderson, 1997).

Collaborative Language Systems Approach to Therapy with Culturally and Linguistically Marginalized Clients

Both H. Anderson's and Goolishian's recent theories of therapy are rapidly moving toward a more hermeneutic and interpretive position. This trend leans heavily on the view that human action takes place in a reality of understanding that is created through social construction and dialogue (Anderson, Goolishian, Pulliam, & Winderman, 1986).

Goolishian's current narrative position relies on the following premises about the postmodern philosophy underlying the theories used in the study (H. Anderson & Goolishian, 1988, 1992; Goolishian & Anderson, 1987, 1990):

- Human systems are language generating and, simultaneously, meaning-generating systems.
- Communication and discourse define social organization.
- A sociocultural system is the product of social communication, rather than communication being a product of structural organization.
- The therapeutic system is such a linguistic system.
- Meaning and understanding are socially constructed.
- We do not arrive at, or have, meaning and understanding until we take communicative action, some meaning generating discourse, or dialogue within the system for which the communication has relevance. A therapeutic system is a system for which the communication has a relevance specific to its dialogical exchange.
- Any system in therapy is one that has dialogically coalesced around some "problem." In this sense, therapy is a system distinguished by the evolving co-created meaning, the "problem," rather than an arbitrary social structure, such as family. The therapeutic system thus is a problem-organizing, problem "dissolving" system.
- Therapy is a linguistic event that takes place in what is known as a therapeutic conversation through dialogue, a crisscrossing of ideas in which new meanings are continually evolving toward the "dissolving" of problems, and thus the dissolving of the therapy system. Thus, this becomes a problem-organiz-

ing, problem dissolving system.

- The role of the therapist is that of a conversational artist whose expertise is in the arena of creating a space for, and facilitating, a dialogical conversation as a participant-observer and a participant-facilitator.

- The therapist exercises this art through the use of conversational or therapeutic questions. The therapeutic question is the primary instrument to facilitate the development of conversational space and the dialogical process. It originates from a position or narrative posture of "not-knowing," rather than a knowing position or paradigmatic posture that is informed by method and that demands specific answers based on the therapist's pre-held theoretical narratives.

- Problems dealt with in therapy are actions that express human narratives in such a way that they diminish one's sense of agency and personal liberation. A problem situation is one that produces a concerned or alarmed objection to a state of affairs for which we are unable to define competent action (agency) for ourselves. In this sense, problems exist in language and problems are unique to the narrative context from which they derive their meaning.

- Change in therapy is the dialogical creation of new narrative, and, therefore, the opening of an opportunity for new agency. The transformational power of narrative rests in its capacity to re-relate the events of our lives in the context of new and different meanings. We live in and through the narrative identities that we develop in conversation with one another. Therapy simply provides the expertise to participate in this process.

These premises place heavy emphasis on the role of language, conversation, self, and story as they influence clinical theory and work. This position assumes that human action takes place in a reality that is created through social construction and dialogue (T. Anderson, 1987; H. Anderson & Goolishian, 1988; H. Anderson, Goolishian, Pulliam et al., 1986; H. Anderson, Goolishian, & Winterman, 1986; Goolishian & Anderson, 1987, 1990). This is the world of human language and discourse. Goolishian and Anderson discussed these ideas about systems of meaning under the rubric of problem-determined systems, problem-organizing dissolving systems, and language systems (H. Anderson & Goolishian, 1988, 1990, 1992; H. Anderson, Goolishian, Pulliam et al., 1986; H. Anderson, Goolishian, & Winterman, 1986).

Not-Knowing Therapeutic Questions

Therapeutic questions from a not-knowing position are in many ways similar to the Socratic method of questioning. Not-knowing questions bring things that are unknown or unforeseen into the realm of possibility. Therapeutic questions are impelled by differences in understanding and are drawn from the future by the as-yet-unrealized possibility of a community of knowledge. In asking from this position, the therapist is able to move with the "not-yet-said" (H. Anderson & Goolishian, 1988, 1992). It is a conversational movement based on the sense of what had just been said. It moves with the narrative truth of the client's story rather than through challenges to it, and remains within the locally developed and locally negotiated meaning system. It is in this local and continuing process of question and answer that a particular understanding or narrative becomes a starting point for the new and "not-yet-said" (H. Anderson & Goolishian, 1992).

Not-knowing Position

The concept of not-knowing stands in contrast to an understanding by the therapist that is based on existing theoretical narratives. Not-knowing requires that our understandings, explanations, and interpretations in therapy not be limited by prior experiences, theoretically formed truths, and knowledge. This description of the not-knowing position is influenced by hermeneutic and interpretive theories and the related concepts of social constructionism, language, and narrative (Gergen, 1985; Shapiro & Sica, 1984; Shotter & Gergen, 1989; Wachterhauser, 1986). Thus, achieving this therapeutic conversation requires that the therapist adopt a not-knowing position. The not-knowing position entails a general attitude or stance in which the therapist's actions communicate an abundant, genuine curiosity with a need to know more about what has been said, rather than conveying preconceived opinions and expectations about the client, the problem, or what must be changed. The therapist, therefore, positions herself or himself in such a way as always to be in the state of being informed by the client. The therapist, therefore, positions herself or himself in such a way as always to be in the state of being informed by the client. In not-knowing, the therapist adopts an interpretive stance that relies on the continuous analysis of experience as it occurs in a particular context. Such a position allows the therapist to always maintain continuity with the client's position and to grant primary importance to the client's worldview, meanings, and understandings. The therapist simply becomes part of the circle of meaning or the hermeneutic circle (for discussions of the circle of meaning or the hermeneutic circle, see Wachterhauser, 1986, pp. 23-24; Warneke, 1987, pp. 83-87).

To "not-know" is not to have an unfounded judgment, but instead refers more widely to the set of assumptions and meanings that the therapist brings to the clinical interview, which is cultivated by listening to the full meanings of clients' description of their experience (H. Anderson & Goolishian, 1992).

Table 2: Paradigm Shift from Modernism to Postmodernism in Therapy

From Modernism	To Postmodernism
Social system defined by role and structure	System that is contextually based and a product of social communication
System composed of an individual/a couple/a family	System composed of those who are in a relationship through language
Therapist-driven hierarchical organization and process	Therapist-assumed philosophical stance that invites a collaborative relationship/process
Dualist relationship between an expert and a non-expert	Collaborative partnership between people with different perspectives/expertise
Therapist as a knower who discovers and collects information/data	Therapist as a not-knower who is in a being-informed position
Therapist as a content expert who is a meta-knower of how others should live their lives	Therapist as an expert in creating a dialogical space/facilitating a dialogical process
Therapy focus on top-down knowledge and a search for causality	Therapy focus on generating possibilities/relying on the contributions/creativity of all participants
Therapist as a knower who is certain about what he or she knows (or thinks he or she knows)	Therapist as a not-knower who is uncertain/regards knowledge as evolving
`Therapist who operates from private and privileged assumptions/thoughts/questions/ opinions	Therapist who is public about, shares/ reflects knowledge/ assumptions/thoughts
Therapist as an interventionist with strategic expertise and associated across-the-board skills and techniques	Shared inquiry that relies on the expertise of all persons participating in the conversation
Therapist whose intent is to produce change in another person or member of a system	Change or transformation as evolving through, and as the natural consequences of a generative dialogue/collaborative relationship
Therapy with people as contained, core selves	Therapy with people as multiple, linguistically constructed, relational selves
Therapy as an activity that is researched by an investigator of other subjects	Therapist and a client as co-investigator who participate in creating what they 'find'

Therapeutic Process of Dialogical-Conversation/Collaborative-Narrative Relationships

- *Maintain curiosity*: In keeping with the role of therapist-as-learner, the therapist should maintain a strong sense of curiosity about the client's story or problem description (Cecchin, 1987). H. Anderson and Goolishian (1988) suggest that "the more quickly a therapist understands people, the less opportunity there is for dialogue, and the more opportunity for misunderstanding" (p. 382). Therapy, then, can become merely a validation of the therapist's views, rather than an expansion of possibilities for the client.

- *Maintain coherence and create dialogic space for the client's story*: Clients say they want a chance to tell their complete stories. This involves working within a client's reality—his or her language, vocabulary, and metaphors—about the problem and its imagined solutions in a familiar way. This also helps lessen the likelihood that the therapist's voice, instead of the client's, dominates and shapes the story told and hinders the development of future versions with helpful nuances (H. Anderson, 1997).

- *Collaboration between client and therapist*: Therapy relies on finding new ways to dialogue about those parts of clients' stories that concern or alarm them. The therapy emphasizes collaboration between client and therapist, rather than a one-up/one-down relationship. This dialogical conversation in therapy is distinguished by shared inquiry—the coordinated action of continually responding to and interacting; of exchanging and discussing ideas, opinions, biases, memories, observations, feelings, and emotions. In this shared process, participants are in a fluid mode characterized by being in language together (H. Anderson & Goolishian, 1988) or an in-there-together, two-way, give-and-take exchange with each other. This, instead of searching for dysfunctional aspects of each client's responses (H. Anderson, 1997; Seikkula, 1995).

Conceptualizing Four Stages of Han Transformation

For the purpose of *Han* transformation treatment process, a stage is a differentiable period or a discernible degree in the process of personal growth and development. The four transformative stages include: (1) the first stage of fermenting (*Sak-hee-gi*); (2) the second of reflecting anguished (*Neuk-deul-l*); (3) the third stage of disentangling or "*Han-pul-li*"; and (4) the last stage of freeing self-centered misconceptions or "*Ma-eum-bi-eun-da*" (KuiHee Song, 1999, 2004, 2016). According to Choi (1994), the concept of Han is an example of "*shim-chung*" psychology from an indigenous Korean perspective. "*Shim-jung*" psychology is used as an interpersonal schema to promote positive interpersonal relationships, providing empathy and sympathy to another person and to resolve interpersonal conflicts. In general, "*shim-jung*" episodes attempt to affirm the feelings of oneness and wooriness ("we-ness") in interpersonal relations. "*Shim-chung*" episodes are not cognitive communications propagated through the verbal medium, but they are mind-to-mind (i.e., shim to shim) communication in which emotional feelings are used as the medium (e.g., "*Chung*," affection). Choi and Kim (1995) have developed a conceptual framework to analyze "*Han*" episodes that involve five different stages: the reactive phase, internalization phase, transformation phase, reflective phase, and transcendental phase. But for this analysis, the first stage was not included for it was extraneous for the core client, the mother. The four transformative stages of *Han* are as follows:

First Stage: Fermenting (*Sak-hee-k*)

"*Chung*" (affection) is an emotional state of being paralyzed. Client is transforming the raw emotions of "*Won*"원寃(grudge), anger, fury, frustration, vengeance, and outrage that cannot be overtly expressed or resolved and evolve into acceptable expression of emotions. Client ultimately accepts his or her tragic events or situations. Client evaluates the tragic experiences of the past life negatively; she expresses a complex emotional and cognitive conditions, including helplessness, hopelessness, loneliness, sorrow, emptiness, suffering or bitterness, hurt, sadness, pity or self-pity, empathy, hate, deprivation, and remorse; she comes to understand that she is to blame for her fate and for her personal tragedies or understands the depth of her personal suffering. For example: Now I cannot speak about how much I was in the conflict with myself … [silence] [voice changes to low and slow] [continuing tears].

Second Stage: Reflecting (*Neuk-deul-l*)

Client's raw emotions are now transformed to culturally or socially acceptable expressions. On one hand client accepts his or her tragic fate, but on the other hand, the client refuses to accept the cruel fact that he or she alone must bear the burden of the tragedy, by speaking on behalf of herself; protests against fate; individually client tries to reflect upon her personal tragedy and develop a detached view of herself and his or her life; in particular, the emotional venom of "*Won*" 원寃(grudge) which is transformed into the detached tears of "*Han*"; in such a situation, both crying and/or laughing are expressed. For example: the mother came to eight individual therapy sessions and the father came to two. The client read aloud the letter she wrote before her family and therapist during a family therapy session.

Third Stage: Disentangling (*Han-pul-li*)

Now the client's personal entangled feelings of "*Han*" become public, released, communicated, shared, and accepted. Other people who similarly experienced "*Han*" personally, can empathize with the client; the clients who realize that they share a common fate with each other are bound together in full "*Chung*" (affection); sorrow and grief are turned into "*Shin-pa-ram*" (excitement) or "*Sin-myung*" (euphoria); "*Chung*" (affection) is overflowing. The client distances herself from her own tragedy; the client can be released from unspeakable mental anguish or grief from her self-imposed prison by letting her clotted emotions evaporate; the client has companions who can provide consolation and help to enhance his or her self-dignity. There is joy in sharing and accepting each other's "*Han*" emotions and as a result, a sense of communion is fostered; thus, an optimistic theme evolves in the experience of "*Han*"; client can easily relate to the sorrows or suffering of others and easily forgive the mistakes of others. For example: The subject family, including mother, father, and two daughters, gathered together in a family meeting session; client read aloud the letter she wrote while other listened silently, replied with applause, shared and discussed significant suffering experiences with each other, including the husband, children, and therapist in the therapy.

Fourth Stage: Freeing Self-centered Misconceptions (*Ma-eum-bi-eun-da*)

Client now represents a leap from the previous reflective processes. Client realizes the meaning of her suffering; reaches a level of enlightenment; becomes calm, and serene or finds peace in herself and in her life; disengages from the web of life and her life is put into the family's universal perspective known as the love of God or mother; goes beyond her desires of being the rich and/or vengful; embraces both positive and negative aspects of life. For example, by the sixth session, the client told therapist that brightness and shadow always exist side by side; and explained, "I don't blame anyone else for my life suffering." This category also includes non-verbal behavior in observational notes by therapist. For example, client as a mother appeared to be very cheerful and calm since the beginning of session 12.

An Actual Case Analysis of Han Transformation Treatment: A Korean American Woman

The actual case of a Korean American woman was from the author's clinical practice at the Family Service Center in a northwestern suburb of Chicago, Illinois in the late 1990s. The author engaged in a dissertation research study of this case as a doctoral student. The author took a role of researcher–practitioner in a qualitative case study method.

Background Information

Korean first-generation immigrant family, the Kim family, is composed of five family members. Mrs. Kim was born in South Korea in the late 1950s. She married Mr. Kim in Seoul, Korea, in the early 1980s. In the mid-1980s, she immigrated to the United States, and began her married life in Chicago, Illinois. Her husband, Mr. Kim, was born in South Korea in the early 1950s. In the early 1980s, he came to the United States, where his parents and siblings had already lived for one year. Their three children were born in the U.S. : Lisa, 13 (seventh grade); Christina, 7 (first grade); and Allen, six months.

A school counselor referred the Kim family for family counseling at the Family Service Center on June of the late 1990s. At that time, the school began to be concerned about continued complaints from Christina about beatings at home; and the school teacher proceeded to make a child abuse report to the Department of Children and Family Services (DCFS). Several weeks later, after a family therapist received a call from the school counselor, Mrs. Kim finally decided to see a therapist there at the Family Service Center. During this time, there were two additional short conversations on the phone for an appointment, as the therapist responded to Mrs. Kim's request to call her back later. At that point, Mrs. Kim appeared interested in family counseling, but had trouble finding time in her busy schedule, due to the fact that she just opened a new grocery store business and had to work until 8: 30 p.m. Client and therapist agreed upon a late time for the first meeting—9:00

p.m. in late June in the late 1990s. The Kim family came to the thera-peutic conversation for 12 sessions of therapy and for a follow-up ap-pointment one month later. Mrs. Kim was the core client and was seen for 9 sessions out of a total of 12, including 8 individual sessions (ses-sions 1 to 7) and one final family session (session 12) with her husband and two daughters, who were seen in sessions 8, 9, and 11. For the one month follow-up session, Mrs. Kim was seen alone, which was initially scheduled as a whole family session. Each family member signed and kept a copy of an informed consent form to participate in this study.

Mrs. Kim, as a Korean-born adult client, showed the four levels of "*Han*" transformative experience through the dialogical processes dur-ing therapy. From Mrs. Kim's case, these processes represented a ver-sion of a Korean's shared cultural-social-historical reality. "*Han*" trans-formation processes encompassed the shifting from fermenting one's entangled emotions of suffering through the stages of reflecting and disentangling to the transforming in emptying one's mind.

In analysis of the first stage experience of fermenting, Mrs. Kim real-ized her multiple helpless predicaments. The complex tragic events and situations of her story were as follows:She was born and lived in pover-ty, and suffered from her deprived existence, lacking opportunities and enjoyment in her early life. For example, she made irrevocable mistakes that led to tragic consequences. Apparently, her decision to get married without knowing more about her husband's background was done to escape from adversity. Later she felt betrayed and was not able to "turn back the clock" and rectify her situation. Her husband's mental illness acted as a turning point in her marital life. Moreover, as a daughter-in-law and wife, she was powerless to confront the authoritarian parents-in-law and her husband. Being exploited, she was not able to direct her anger, frustration, and vengeance toward her oppressors for fear of being further suppressed. As she was powerless to change her situation, she had to accept her fate and live with it. Experiences such as these of tragic events and situations provoke raw emotions of anger and frustration. She was culturally expressed to ferment these raw emotions and transform them into socially acceptable emotions. She ultimately accepted her tragic situation, and her emotions of hatred or "*Won*" were transformed into pity or self-pity, suffering, helplessness, and hopelessness, as well as grief.

In analysis of the second phase, reflecting indicates Mrs. Kim was able to transform the raw emotions of personal tragedy as expressed to socially and culturally acceptable forms. She accepted her fate, but, on the other hand, refused to accept the cruel fact that she alone must bear the burden of the tragedy. The one way she tried to escape this conundrum was to find a release from her own predicament. Dealing with "*Han*" on the individual level, she tried to reflect upon her "*Han*" experiences and was able to develop a detached view, known as "*neuk-deul-li.*" She also tried to deal with "*Han*" through passive acceptance of her fate, known as "*seung-hwa*" which originates from Buddhism. Overtime, she calmed and cried frequently during the therapy, sometimes laughing and smiling.

The third stage, disentangling was seen as a way of releasing her entangled emotions as it took place in the context of social and collective fulfillment. Examples included reflective listening to music, writing and reading letters, and collective family dialogue (which occurred during session 12) all of which were previously absent in their home life. Through all these sessions, she was able to distance herself from her own self, as well as, from her own tragedy (this is known as "*Han-pul-li*"). As "*Han*" emotions were released, a light-headed queasiness emerged for Mrs. Kim. At this stage, the personal "*Han*" became public, communicated, shared, and accepted. Family members, including her husband and two daughters were able to empathize, and began to realize a shared common fate, as they appeared to bond together in full affection, "*Chung.*" Mrs. Kim then had companions who could provide consolation and enhance her self-dignity. As a result, suffering and grief were now turned into excitement and exaltation or *"shin-pa-ram."* In this context, *"Han-pul-li"* was a celebration of her tragedy. Even in the fate of her tragedy, Mrs. Kim, as a Korean, showed a lasting resulting optimism. This could be regarded as the power and beauty of *"Han."*

In the last, the fourth stage of freeing self-centered misconceptions, Mrs. Kim displayed completion from the reflecting phase. Due to the multiple construction of religious activities cultivated in her life, Mrs. Kim reached the highest pinnacle of self-development within the Buddhism and Christian framework. Freeing self-centered misconceptions at this stage is closely tied with enlightenment, the philosophy of Buddhism and Jeung San Do. For example, she realized that life is pain and suffering during session 12 while reflecting upon her painful childhood experiences and projected them into her children's future life. The mind emptying also occurred through love of Christian spirituality. The supreme law of divine Love now governed her whole life and everything within it. For instance, during sessions 6 and particularly in 12, when she clearly understood and consciously affirmed that this law was always operative, she experienced the omnipotent power of God, the very expression of divine love in her life. In this "spiritual knowing" about her relation to divine love and in her exercising of God-ordained freedom from evil thought and behavior, she became more confident. Healing any discordant condition triumphed over the bitterness of hatred, distrust, and grief in her relationships with her husband, children, parents, and parents-in-law.

Table 3 contains the four levels of the *"Han"* transforming processes in sessions 1, 6, and 12. The four levels of *"Han"* transformation processes are presented below along with sample descriptive narratives.

First Stage: Sak-hee-gi—Fermenting

From the very beginning of the therapeutic conversation at the first session, Mrs. Kim mostly displayed fermenting (*"Sak-hee-gi"*) processes along with reflecting. But the following sessions 6 and 12 did not provide further data on fermenting at all. Thus the following data present only evidence of fermenting entangled emotions of her suffering life, "*Sak-hee-gi*," and the elaboration of her emotions which appeared during session 1. In this study, fermenting was coded when the client internalized suffering experiences significant to her life that related to four categories of live events and situations: unjust deprivation (poverty and lack of opportunity for success), a tragic life-event (the accidental death of her younger brother), the personal failures that were beyond her control (lack of knowledge about mental illness and professional job failings related to her husband, resulting in handling consequent marital conflict), and systematic discrimination (class and sex discrimination or exploitation) with a low status position in the family as a first daughter-in-law and wife.

Sample Narratives of Session 1

Initially, in her murmuring manner at session 1, Mrs. Kim began fermenting by evaluating both unjust deprivations and a tragic event in her life as follows:

"In fact, I … came here today because of family problem … uhm … there is no special problem that I see. Uhm … my husband is … I got married … I would like to begin with telling you about the marriage. I got married in Korea … When I was young … my situation was … Before marriage … my family was … so difficult financially. And I grew old enough to get married … uh … and in such a situation, my younger brother died in a car accident [voice change to lower tone]. In the very difficult … situation … [silence]. He died in a car accident. He died … and I was in a very difficult situation; I quit my job … As I grew older, people around me often asked me to get married and I met a man who came from America."

Table 3: Quality of Mother's *"Han"* Transformation Processes

"Han" transformation level	Session Type of interview					
	1 Individual		6 Individual		12 Family	
Fermenting ("Sak-hee-gi")	54	53.0*	0	0.0*	0	0.0*
Reflecting ("Neuk-deul-li")	53	52.0	18	12.4	0	0.0
Disentangling ("Han-pul-li")	3	3.0	81	55.9	74	72.5
Mind-emptying ("Ma-eum-bi-eun-da")	0	0.0	9	6.2	21	20.6
Not applicable	2	3.0	37	25.5	7	6.9
Total segments	102	100%	145	100%	102	100%

Note: Not applicable refers to mother's descriptions and explanations that are not directly related to tragic events and situations described in the four categories as tragic event, deprivation, exploitation, and mistakes in her life.

* Percent.

Eventually, acknowledging her personal failure at not knowing more about her husband's mental problem and job situation, Mrs. Kim evaluated the mistake that acted as a turning point in her life in this way:

> "I got married to him … but I haven't thought of him as strange because there was no one around me like the kind of people who are hot-tempered, impatient, and too anxious … Because I grew up in Choongchung-Do [name of a village in a rural area in the south west site of Seoul, Korea], I was very innocent and didn't know about men and how to relate to them."

On another occasion when asked about her intention or motivation in marriage, Mrs. Kim evaluated her negative feelings of hurt and remorse resulting from betrayal by her in-laws:

"Well, I, I, uhu … when I decided to marry him, I never decided it because I liked him. And they were lying to me. How they were lying … I mean my husband's family members … All the sisters-in-laws and parents-in-laws who were in America at that time had sent letters … Well, during the time when he was with me in Korea … During a week he was in Korea, all of them wrote letters … From America, the parents-in-law wrote a letter to me. They said in the letters that my husband had been working in America. So, I believed that he had had a job … Well … as a dental … a dental technician, you know … Well, they said it in a way so that while being in Korea, I just trusted them and thought that he might have been okay. By the way, although in Korea he seemed to be very anxious, I never imagined that he had such a disease …"

Evaluating personal failure in handling her marital conflict, Mrs. Kim began to tear up and recognized a deep root of personal suffering in her life as follows. [C=client; T=therapist]

C: [Beginning of topic segment 13] After that … uh, after the two years passed … I became pregnant … became pregnant. Well, during that time … T: Was that your first pregnancy?

C: I had the first pregnancy … and then I felt conflict in my mind. Now I forgot all about that and I can't tell the entire story in detail [tears beginning to fall].

T: [giving tissues from a tissue box to the client beside her] Yeah
    …

C: [wiping falling tears] Well, anyways, at that time I couldn't have imagined the conflict in my mind. Really…

T: You mean that you had to be pregnant?

C: I was wondering whether I had to be pregnant …

T: Or you had to have a baby? Or you had to stop living with …?

C: [simultaneously] Or I had to have a baby or I had to stop living with him and separate …

T: Uha.

C: Anyway, at that time, I was struggling deeply in my mind.

T: Uhmm.

C: [Beginning of topic segment 19] Then he took the medication, 7 mg …

T: Yeah.

C: I didn't remember even the name of the medication he took.

T: Remember …

C: I don't like to remember …

T: Ahu!

C: [beginning of topic segment 20] Now, he takes 1 mg. Now …

T: 1 mg?

C: 1 mg.

T: Uhu, Ah!

C: Now he takes 1 mg … [pause]. you know, now what sort of person my husband is? He is very, very hot-tempered … because he is very unstable and he is always anxious.

T: Uhu.

C: And if something happened, then that should be done immediately. Immediately that should be done … But who can do that? I am not even that competent to do that …

T: For example, what would you need to do immediately?

C: I mean well …

T: As a wife what would you need to do immediately? …

C: That was why I as, a wife, had to always have lived in oppression. I mean that I have tolerated his any irritation all the time.

On another occasion after almost completing the evaluation of her past suffering in the marital relationship, she also further commented on her present marital conflict, by saying:

"Now he trusts me but it is a problem for him to depend on me too much. And I had made him in the sense that I have raised him like a cub to be a tiger who kills his owner. In the past, I have been very strong and I had fight physically against him. For when he got suddenly crazy I had no choice except."

Finally, for the example of structural discrimination, she stated:

"And also, my father-in-law ... hasn't allowed me to touch the money in the store. Neither has my husband. Because he lacks self-confidence, he distrusts me ... I mean. And so, he hasn't allowed me to touch the cash register ... He doubts me. Not allowing me to touch the cash box, but he hasn't done it directly, but ... I mean he has done so indirectly. Anyways ... I don't know all the things very well ... As I see now ... my father-in-law had doubted me so much. In terms of money, anyway ... nevertheless, during the very hard time, I passed through it well moment by moment. And also my mother-in-law took me to church at her will. Although I didn't like to go to church, I had to go there due to circumstances. Now as I look back, my mother-in-law had paid attention to me so much because she thought that I was still young and beautiful. And so did my father-in-law, too. They didn't take care of me. Instead they gave me hard times ... so 'harshly' [strongly voicing]. I mean that well, well, how can I say it ... if I would have been like a Seoul woman, I might have done something differently. But I was not that kind of character. I mean when my mother-in-law had asked me to do something, then I had thought it was so and like a fool I always have lived a life in oppression."

Second Stage: Neuk-deul-li—Reflecting
The second stage is reflecting, mainly personally. This was coded when

the client spoke of her paralyzed mind or spirit in several ways, protesting against fate; refusing to accept that she alone must bear the burden of her tragedy, transforming the emotional venom of "*Won*" (grudge) into detached tears of "*Han*" by expressing both tears and smiles/laughers; and developing individually detached views of self and life. This reflecting, "*Neuk-deul-li*," mostly took place during sessions both 1 and 6. But by session 6, she appeared to make a move toward further stages such as disentangling and initial mind emptying (see Table 12).

Sample Narratives of Sessions 1 and 6

In session 1, she began to protest against her fate by saying:

> "Because my life was so difficult, I wanted to escape from the situation. Because it was so hard for my family to make a living … So to speak, I wanted to get away from the situation, from my family's poor economic condition."

She also continued:

> "At that time, my mother-in-law might have thought that I couldn't have lived a long life with her son and both she … and all the other family members have treated me very harshly. So while living with in-laws, I kept searching for a chance many times [to run away] at the beginning of the marriage.…"

She then refused to accept the cruel fact that she alone must bear the burden of her tragedy. During session 1, when reflecting her difficult relationship with husband, she said:

> "I couldn't put up with him … [husband] … and I also couldn't live with my mother-in-law anymore because she didn't even emotionally support me as her son made it so difficult in the maintaining marriage. Now as I think back, she was so smart that she treated me so harshly."

By session 6, when addressing her strong sense of self-responsibility and work ethic, she stated:

> "I guess the motivation came from my childhood in the course of growing up. I saw the hardships of my mom while she was young and living with my father ... because my father lived as he pleased and didn't take care of the family; the children became the final victim of the consequences. Of course, so was mom but it was different. She was a mother after all. When parents don't really accomplish the duty as parents. The children suffer. I felt it from my childhood ...."

Then, Mrs. Kim transformed the emotional venom of *"Won"* (grudge) into detached tears of *"Han"* with both crying and laughter. During session 1, she expressed:

> "[smiling] *A-i-go-cham*! [lamenting sound in laugh]. Yeah. And so ... anyways, my husband did so, my husband did so ... I don't need to ... talk about all the stories that I have lived until now, do I? And so well ... while being pregnant ... well ... *'Cham!'* [smiling in a way of lamenting]. I had believed God so much. Anyway, I began to make up my mind that I had to believe God. I had to believe God. And then I thought constantly that my husband was a miserable man [tears in eyes]. My husband is ... and I began to think that if I had turned away from him and left him, then would this man have lived another married life? What would have happened to this man? For I had kept thinking this kind of thought in my mind, I could hardly have left him [laughing and tears]."

Mrs. Kim detached from her view of self and life of tragic experiences. At session 1, Mrs. Kim stated:

"Then ... I thought I was going to like him because he came from America, but I did not like him at all when I met him first. So anyway, I felt like going to America with him because my family was so economically poor. Then to put it bluntly, I was thinking that even if I get separated from him in America, I will still go there. That is how I married him. While being pregnant, I prayed to God a lot. I prayed a lot like, 'Through the baby I will have, please don't let me get separated from my husband.' Like that, I prayed a lot. In such a way, well, I had lived a life with him. Until now, I still have lived with him in that way. Can't you imagine how terribly we were fighting against each other in the store for two years? I never had thought of my husband as a husband until now. I always had thought of him as a son in me. It is just like a mother who always had embraced a son and lived to make him comfortable."

Third Stage: Han-pul-li—Disentangling

Disentangling was coded when the client demonstrated the releasing of tangled emotions in several ways: (1) the client's personal entangled feelings of "Han" became public, communicated, shared, and accepted; (2) she had companions to provide consolation and to assist enhancing her self-dignity; (3) she was bound up with all participants in full of 'Chung' (affection); and (4) developed strong optimistic themes in the experience of 'Han'; and she was able to easily relate to other's suffering and forgave the mistakes of the others.

Sample Narratives of Sessions 1, 6, and 12

First, client's personal entangled feelings of "Han" became public, communicated, shared, and accepted. At session 12, releasing unspoken mental anguish or grief from her self-imposed prison by letting it "evaporate", she read the letter to her mother before family members in a joyful manner as follows:

[T= therapist; F= father; M=mother; D1=first daughter;
D2=second daughter]

T: Did you listen to what your mother read? [toward two daugh-
ters].

D1/D2: Uhmm. Yeah [smiling].

T: Did you listen well? [toward father].

F: [smiling].

M: [smiling].

T: Okay. So let's share some ideas about what your mom ex-
perienced as a very young girl, Mr. Kim, what do you think
about this?

F: I don't know [smiling].

T: Now she talks about her suffering with her mother when she
was a child.

F: Yeah.

T: Particularly, what do you understand?

F: Well. It seems that her situation was a little bit different from
mine.

T: How?

F: … Because I was born a first son in a rich family … I was
told that when I was born, there was a double birthday party
in two different houses, one is my father's hometown and the
other in my parents's home. And yet … I don't remember
whether they did that or not.

M: Because you were too little …

T: You may not remember that [smiling].

F: It was told that my first birthday party was held very big …

T: Uhmmm. Your family situation was …

F: Well, well …

T: In your case, you were born in a wealthy family …

F: Well in a rich family … In my case there was more opportunities in the family situation. At that time, my father's business was very successful. Without any worries, without any worries about food to eat … I lived a materially rich life.

Next, the client had companions to provide consolation and to help enhancing her self-dignity. By session 12, Mrs. Kim and family members present in a cheerful manner sharing personal painful life stories and showing empathy with her as follows:

T: Christina, so you have anything to share? What do you think of your mom?

D2: I don't know [smiling]. Uhmm.

T: We know that your mom had very hard time in her childhood, don't we?

D2: Yeah.

T: And your mom suffered from a lot of poverty.

D2: Right.

T: Right.

D2: Uhmm.

T: The lack of something that she had to have, gave your mom hopelessness … in her life. So can we feel that way? The way your mom felt? Can we feel that way? …

F/M/D1/D2: [momentarily silent and calm].

T: Do you have any experience with suffering from hunger?

F: Uh, I hadn't had the long periods of time like my wife, but most of my suffering time was in high school … when I was at high school … All of a sudden, my parents came to do business for us. In order to make money, they had to work hard … nevertheless they didn't make big money and when I came to see them, my father and my mother looked so bad … And I couldn't even speak to them when I needed some money for food. I had to pay tuition … I couldn't speak to them. So I had a little better situation related to the sorrow of hunger than my wife had

As a result, the client was in full of 'Chung' (affection) with all participants in therapy. By session 12 it was observed that Mrs. Kim appeared to be most excited. She kept smiling and was very attentive toward all family members and the therapist. After the interview, when she emerged from the family therapy room, she could be seen walking hand in hand with her second daughter (Christina) who was also smiling. The client developed then strong optimistic themes in the experience of "Han" in three ways: (1) faith in God and love of God (Christian values); (2) love of mother (a Korean cherished cultural family value); and (3) "Ob-bo"—retribution"—(Buddhism teaching). In session 1, the client stated:

"While being pregnant, I prayed to God a lot. I prayed a lot like, 'Through the baby I will have, please don't let me get separated from my husband.' Like that, I prayed a lot. In such a way, well, I had lived a life with him. Until now, still I have lived with him in that way. I never had thought of my husband as a husband until now. I always had thought of him as a son in me. It is just like a mother who always had embraced a son and lived to make him comfortable. I had depended on my first child to help her younger sister with school work, and the older pushed the younger one and the younger got stressed. Then I decided not to do that and sent the younger to an extra school study program. Right now she can read books although it takes her a little time. And I might have made her foolish if I hadn't taught her a little bit more. So now she seems to be so bright. Before she might have felt isolated, but now she is confident ... She seems to feel proud of herself. So I praised her by saying 'You really are doing a great job." Right now I am not concerned about my daughter as much [joyfully]."

At session 6, the client stated:

"I remember my mother tried hard to teach me about life rather than just spank me … I recall her that way … I feel really good … when I hear the Gospel. I just feel good. Every word is good for my life. Truly trusting God and believing Him is good. And then I feel very peaceful. I learned to believe in God and to pray when I was frustrated, as the Bible says so. When I pray, I feel peace that I haven't felt before. Now I don't have fear anymore … When I pray for something that I am troubled with … Although I don't always kneel down to pray, I pray in my mind hoping for God to resolve things, and thinking like that … But I don't rush at all. I always endure hoping … without rushing until things work out. I just endure and endure … Then when I feel like I cannot stand it anymore … I think to myself I should tolerate a little bit more and I do. Then problems are resolved after all the endurance. I always tell my mother that after she goes to heaven … she deserves praise by the Lord to think back on her life. She lived that well … Frankly speaking, I really don't want to live with my husband. But I think that sometimes it's my cross to bear what God gives … Or it was given "Ob-bo" [a transitory leading and guiding principle in tragic fate in Buddhism] in my life. So that is the way to Heaven …."

Finally, the client was able to easily relate to other's suffering and forgive the mistakes of the others. By session 12:

"I was really surprised to hear what Christina said because I didn't know what she thought about. Although I always tell her to clean up and read books, I had no idea about whether she really thinks it is important or if she really wants to do it or not.

But when I was told that way, I feel reassured, okay, and one more thing, I am so surprised at that. Aha! She is concerned about it. I hated my father so much. I really was so angry with my father that I couldn't forgive him … Now when I think of him, I really thank my father just for his living a healthy life. And also, I am so thankful to him only because he can live by himself without others' help …."

Fourth Stage: *Ma-eum-bi-eun-da*—Freeing Self-Centered Misconceptions

The last stage, mind emptying, is a leap from the reflecting phase. This was coded when the client appeared in these ways: she embraced both positive and negative aspects of life as it was; she realized the meaning of her suffering; she was able to reconcile her life meaning into a more universal perspective regarding themes of human dignity/ rights of women/children and compassion/love; and she found peace in her life with others. The mind emptying occurred at sessions 6 and 12. By session 6, she began to appear to take a small step toward transformation, and she reached out by the last session 12 (see Table 12).

Sample Narratives from Sessions 6 and 12

First, the client viewed herself and others and situations in both positive and negative aspects of characteristics. At session 6, looking back on her suffering experience in early childhood due to poverty, she stated:

"I don't have to blame anyone else that I was made mannish, like an untamed pony galloping everywhere. I believe that I have to do what I can do and I was able to do anything when I did my best. I have a feeling of accomplishment in the process rather than difficulty. I enjoyed it. I was really active when I was young, Active. Anyway, I think that both bright and gloomy sides of people's lives always exist simultaneously…."

When the therapist asked how her mother spanked her when necessary, Mrs. Kim immediately replied in retelling the story of her mother in both negative and positive aspects:

"I remember my mother as a mother who tried hard to live rather than just one who spanked me. I felt really happy to see my parents get along well together at my wedding. Of course, my father gave my mother a very hard time, but seeing both of my parents living along. I felt really happy. My brother married for love. When he married, my mother didn't like the marriage. If a couple had support from wealthy parents and they had to have a wedding in a proper manner that would consider seriously each others' family background, it would be hard, wouldn't it? But when you marry for love instead of an arranged marriage, the kind of background checking would be diminished. So thinking back on the situation, I am very thankful for his getting married for love."

Next, the client realized the meaning of her suffering. At session 6:

"And another thing is that I myself often had thought ... what I often told my mother ... sometimes my mother still laments her life and so I always comfort her by saying, 'Mother, your life is truly worthy.' I always said it that way. Because if she had married someone else, yielding to that adversity. Then she would have been sorry for the rest of her life. And she brought up her children well and now they all are on the right track of their lives ... And when she lived with us, even when she was really dealing with hardships living with her father at a young age, she tried hard to do her best, no matter what. She really did."

By session 12, the client shared a letter before the family and therapist:

"Mother! It seems like a very old story but I think that it was a painful and difficult childhood for me … and yet I imagine how I would have been different if I had been born in a very rich family. It is told that people need to go through adversity at an early age. Now I am so thankful for the hardships although it was given to me against my will. Because of the sheer strength, at the present time I am doing my best while thinking back on the tough days … and also, I always appreciate your love deep in my heart …."

Finally, the client was able to place her life meaning into a universal perspective with consideration of human dignity/rights of women and children, and compassion/love that enhanced her feeling of belonging to all humanity. In session 6, when addressing a core issue of conflict with her mother-in-law, Mrs. Kim stated:

1. "Another burden to me is … my mother-in-law. I am still not comfortable with her … The day before yesterday, my mother told me that she got a phone call from my mother-in-law … Because my mother felt pity for me, she talked about me, saying how I worked hard all by myself and what my mother-in-law said was … that money … that I borrowed so much money last time and I hadn't paid it back yet … She said it like that. She was stopping my mother's mouth like that. But my mother may have something to say … like, 'If your son is smart enough … why would your daughter-in-law have to suffer so much?' … If my mother-in-law had considered how important of a person I was to her son, how dare she speak to my mother like that … My precious mother came from far way. My father stays alone in Korea …."

By session 12:

"I was really surprised to hear what Christina said because I didn't know what she thought about. Although I always tell her to clean up and read books, I had no idea whether she really thinks it is important or if she really wants to do it or not. But when I was told that way, I feel reassured, Okay, and one more thing, I am so surprised at that. Aha! She is concerned about it. I have tried hard to practice a life with the love God gives us. In a large way, that's why I have been able to stay married with my husband so far. Although I cannot follow the great way through which God loves us, I am trying to do my best with a will ... to model on His love ... this is what I thought, what I think, and what I will think. If I would think about how ... I as a mother, lead my family better; I think that if all of us see each other with love, then we could never yell at one other; although it is given to hit children we need to have our mind made up to hit our children with love in mind; and my daughters, Susan and Christina, love each other, knowing that their sisters are very special and the only one in the world."

Finally, the client had achieved more of a calm resolution. By session 12, when sharing her childhood experience, she stated very calmly:

"Right now I think that when I was even in sixth grade ... my mother picked up a pumpkin and peeled the skins like a circle to dry them out. In those days, they were so bountiful. And in the fall when my mother did dry them so much under the hot sunshine, I did so too even though my mother was not home and didn't tell me to do that; when looking back on her tragic experience at an early age, in effect, right now what concerns me is that my children live in such comfort that they might not have the same feelings for adversity because it needs to keep in mind for a rainy day in the future."

Summary

A Korean American client, Mrs. Kim experienced four levels of *"Han"* transformation through therapeutic conversational dialogue. *Han* transformation processes indicated gradual shifts from fermenting one's entangled emotions of suffering through reflecting and disentangling to transforming by emptying one's mind.

Clinical Discoveries from a Postmodernist Approach

The result of Korean *Han* transformation treatment is compared with the clinical changes in family relationship meanings, parent coercive (child aversive) behavior, and dialogic speech development from a postmodernist approach.

Change in Family Relationships Meanings
Theme A: Entangled Relations ("Han")

First, in the theme of entangled relationships, the "unparented relation domain" is profound. Without a doubt, this domain ignited the fire of devastating past memories in Mrs. Kim's deepest heart. This domain's relevance unfolded by addressing the topic of painful experiences in relation to her family of origin, parents, particularly her mother-in-law, and her second child. From the very beginning of the first session, Mrs. Kim presented with her childhood suffering due to her deprived economic/social situation. Due to the consequences of severe poverty, she and her parents were in a circle of non-caring and non-nutritive relationship. It became the recurring theme significant to Mrs. Kim's life stories as a core element of family experiences throughout the therapy. A lack of caring and nurturing from her parents resulted in her becoming insecure in her personal environment. Mrs. Kim grew up in a family with little parental guidance or caring. She had a serious need for support and nurturing, which remained unfulfilled. She was abhorrent to her father from a very young age. Her eyes were filled with so many tears that she could hardly see the therapist. She decided to get married pursuing a risky challenge, but the marriage deteriorated.

Next, dishonored family relations began to evolve around her feeling of betrayal and disloyalty from her husband and in-laws. From the beginning of the relationships (through an arranged marriage), she felt this way. She married to fulfill her material need, not for affection or love. This unspoken, unsaid dishonor was happening in the beginning of the family relationship. Particularly, a difficult married life for Mrs. Kim has significant meaning of family relationships. It's called 'Si-jib-sal-yi.' 'Si-jib-sal-yi' is a traditional Korean word to refer to married life in the house of the husband's parents. This word implies the tough married life that new in-laws force upon the in-coming daughter-in-law, in particular, a first daughter-in-law as the first son's wife in the extended family. Mrs. Kim spoke her heart by session 6. Her relationship with her mother-in-law was a main area of concern. She considered her mother-in-law's "shimjung" insincerity; her words saying or apologies were considered a "pinggae" (an excuse). The interpersonal relationship was strained by this. In general, "shimjung" episodes attempted to affirm the feelings of oneness and "woori" (we-ness). In traditional Korean culture, a daughter-in-law's challenge to the mother-in-law was considered as one of the seven grounds for divorce ("chil-ke-ji-ak"), and that could evoke disgrace of family honor. For Mrs. Kim, the conflict between mother-in-law and daughter-in-law characterized the oppressive family relationships meanings. The major reasons for the conflict were the issues associated with authority and self-respect, childbearing, and religion. The conflict evolved from the difference between the mother-in-law's hierarchical, traditional values and the daughter-in-law's democratic, modern values.

In Korean culture, the kinship relation is the primary and imperative principle of social order. The kinship relation determines individual status and corresponding behavior. In particular, within the family kinship, only kinship relation determines individual status. In the family, adult men, who are the oldest and have a higher degree of kinship status, occupy the highest position. The mother-in-law has a higher position than a daughter-in-law, who is younger and has a lower degree of kinship status in the family. Hierarchy is not an equal structure, but an inequitable one, and those who have higher status, have more power and authority. When society is organized by hierarchical order associated with sex-age role distinction, individual behavior is centered on vertical relations. Then, the relationships between the mother-in-law and daughter-in-law is considered more important than the relationships between husband and wife. "Mate selection and direction and/ or supervision of offspring behavior are all parental rights. So, the mother-in-law plays a very important role in caring for the family. The mother-in-law decides the date when the couple may engage in sexual activity in order to conceive a child. It is not just a matter between the married couple" (Choi, Kang, Ko, & Cho, 1992, p. 699). Another critical principle of kinship relations is solidarity. This principle characterizes linage of the family line in Korean culture. In a kinship group, as adult women, mothers-in-law have the primary responsibility to care about significant family affairs such as childbirth. For Mrs. Kim, a dishonored relationship between parent and child affected the issues pertaining to daily life and schoolwork for the children, especially that of the second-born daughter. In particular, a zeal for higher education was reflected in her schoolwork.

Table 4: Quality of Change in Mother's Family Relationships Meanings

Family relationship meaning	Session Interview Type		
	1 Individual	6 Individual	12 Family
Entangled relations ("*Han*")			
Unparented	1-2-x-4-5	1-x-x-4-5	x-x-x-x-x
Dishonored	1-2-3-4-x	x-x-x-4-x	1-x-x-x-x
Violent	1-2-x-x-x	x-2-x-x-x	x-x-x-x-x
Multicultural relations			
Collective with self-help	x-x-3-4-5	x-x-x-4-5	x-x-x-x-x
Authoritarian/hierarchical with equal/achieved	1-2-3-4-x	1-2-x-4-5	x-2-x-x-x
Educational advantage with disadvantage in parenting	x-2-x-x-x	x-x-x-x-x	x-2-x-x-x
Harmonious relations			
Self-disciplined	x-x-x-x-x	1-2-x-x-x	1-2-x-x-x
Affectionate ("Chung")*	x-x-x-x-x	1-x-3-4-5	1-2-3-x-5
Synchronous	x-x-x-x-x	1-x-x-x-5	1-2-3-x-x
Spiritual Relations			
Normal Christian	1-2-x-x-x	x-x-x-x-5	x-x-x-x-x
Retribution ("Ob-bo")**	x-x-x-x-x	1-x-x-x-x	x-x-x-x-x
Spiritual leadership	x-x-x-x-x	1-2-x-4-x	1-2-3-x-x

Note. The numbers refer to family subsystems that involve family relationships means: 1=husband-wife; 2=parent-child; 3=siblings; 4=in-laws; 5=family of origin; x=not applicable.

* "*Chung*" is an indigenous Korean concept to refer to a strong psychological and emotional bond called affection (Choi, 1994).

** "Ob-bo" is a concept that was first coined by the teaching of Buddhism to refer to retribution for the deeds of a former life

Lastly, the domain of violent relationships manifested in Mrs. Kim's asymmetrical power dynamics to her husband and parents-in-law. Specifically, this problem happened to Mrs. Kim in the very beginning of her married life with her parents-in-laws. Family privacy is highly valued in Asian culture. It is considered inappropriate to discuss family matters outside the family; to do so brings shame to the family (Green, 1999; Harper & Lantz, 1996; Locke, 1992; Wilson, 1997). Therefore, Asian battered women may be reluctant to speak if they are being abused. They also learn to hide their emotions. They are not supposed to show pain or anger, because they will be seen as being immature. As a result, these women will seldom express their true feelings or emotions. Asian women are expected to take the blame for a bad family relationship. "Assuming responsibility for the problem is considered virtuous, and readiness for self-blame is particularly valued in women" (Wilson, 1997, p. 108). The culture necessitates perseverance and acceptance of suffering. Women are expected to have such virtues.

As for the parent-child relationship, Mrs. Kim's parenting decisions were upon fear of punishment that was coined within the Korean child-rearing practice and was relatively strict for small children. In this situation, she and their children lived in a home where actions spoke louder than words. It was standard practice for children to be controlled with violence (This will be addressed in detail in the following section of parental coercive behavior change.).

In this couple's emotionally violent relationships, she used the analogy of the woodcutter and the fairy story which is an indigenous Korean fairy tale. She told the therapist that looking back at staying in a violent relationships was rather as if she became a woman who encounters a "fairy" who wants to leave her husband to return to the heaven where she is from, but she couldn't leave, because of the feather she lost in a wood while taking a bath with her friends in the pond at the forest. She pointed out her feelings were hurt; she felt betrayed and stuck in a trap.

In Korean culture, in order to figure out another person's "shimjung," "Nun-chi" is a necessary social skill that allows individuals to engage in smooth social interactions. Therefore, when a person is unable to read another person's "shimjung" (lack of "nun-chi"), one is not able to behave appropriately, to predict the future of another, and will often make a mistake (Choi, 1994). At this point, Mrs. Kim stated she felt distrustful and was stock was in a cycle of abuse with her husband.

Theme B: Multicultural Relations

The theme of multicultural relations is another important key to understanding family relationships meanings in Korean immigrant family life. It is divided into three domains: (1) collective help with self-help relations, (2) authoritarian/hierarchical status with equal/achieved status relations, and (3) advantaged with disadvantaged parental relations. Maintaining a commitment to a family relationship expresses a highly valued cultural norm chosen from among infinite possibilities. Family relationships are not limited by geographic space and extends multi-dimensionally. These possibilities unfold within the context of the person's family life situation and are often synthesized with a continuing commitment to the family of origin as multiple patterns of life unfolds. When Korean families migrate to the United States, they experience the impact of being Korean and living in another country. They live within two cultures simultaneously. The family language system involves the cultural milieu of the place in which the client family identifies. Established cultural norms and values play an important role in dictating acceptable and unacceptable family relationships.

First, as an example of the domain of a collective/self-help relations, Mrs. Kim blended the help from her extended family with an independent endeavor. Particularly, financial support and childcare are typically provided in Korean families. She had to make a living while dealing with disharmony in her marriage. It was natural for Mrs. Kim, a first daughter-in-law and a first immigrant, to seek help and be given help from the immediate extended family members, such as her mother and her in-laws. They helped her and supported alternative resources as well. But this is based on solidarity and reciprocity principles in the family caring behavior. In particular, as a first daughter-in-law, she played a significant role of "Hyo-boo" in relationship to the parents-in-law. "Hyo-boo" is a married woman who fulfills filial piety, or filial duty, as a daughter-in-law for the welfare or benefit of parents-in-law.

Next, in regard to authoritative/hierarchical with equal/achieved relations, Mrs. Kim first encountered age and gender distinctions in the family relationships including in-law's relation, couple relation, and parental relation, as well as family of origin. As the eldest daughter, she had to take care of her siblings while her mother worked and her father left the family. She committed herself to helping her mother with the operation of the household after graduating from high school at the age of 17. She then supported the education of her siblings. A recurrent theme in her life was her intense conflict between the "traditional home-maker" role and the "internal anti-traditional" role. She struggled with being "everything to everybody" while seeking to meet her own needs. She spoke of excitement and joy and challenge and accomplishment, but she was constantly plagued by exhaustion, worries about her children, exasperation with her spouse, who failed to do his fair share of helping with household/business responsibilities, and raising their children.

Furthermore, as a Korean-American woman, Mrs. Kim lived for many years with an unconscious self-image in traditional women who have suffered under an oppressive cultural system. She lived with a feeling of being caught between two cultures. She felt she should follow the traditional expectations on one hand, and the newly acquired Westernized modes, on the other. She felt she should assert her individual rights and those of her children and, at the same time, restrain her own desires. Eastern culture demands modesty, obedience, conformity, obligation, and traditional family relationships; while Western culture encourages individualism, assertiveness, materialism, and personal achievement (Lee, 1989).

Eventually, she seemed to succeed in balancing important value systems for herself by becoming an independent individual, at the same time maintaining warm relationships with family members. She was known to be tolerant of diverse cultural elements. She showed much strength and made many contributions to the family business and her family life. Over the therapy sessions, expectations for the various roles in the family began to shift from those of the traditional male-oriented family to the present, allowing access to economic power by Mrs. Kim. Gender-role and parent-child relations were becoming increasingly egalitarian and democratic. The traditional extended-kin-family relation though now rare, still the parents were maintaining relationships with the parents-in-law as adult children. At session 6, she became more interdependent, mutual, and sought to exist on more equal terms with her husband. Thus, Mrs. Kim, who actively sought to have a traditional family-centered life, began to seek establishing a more modern lifestyle. It is safe to conclude that a traditional Korean marriage will no longer be viable in her family culture while living in the United States.

Lastly, the children's education is a major concern in a Korean immigrant's family. The wife takes the major role in raising the children in a bilingual world. Normally, they struggled with the children but also tried to help them. For the Korean American children, there exist more exposure to the external English-speaking world. The mother gradually realizes that she is not able to be the main learning resource for her children. She experiences the cultural, value, educational, and language-usage differences with her children. Oftentimes, the children do not know the Korean language well, and the mother doesn't know English well enough to assist her children in completing homework and gaining better grades. As a first-generation Korean immigrant woman, Mrs. Kim felt left out of the family situation, neither able to communicate with her children on a satisfactory level, nor able to help them with their homework, due to the language and cultural differences. She may have experienced the loss of cultural pride, identity, social marginality, and subtly, yet painfully, discrimination and invisibility in the U.S. society. She had a hard time transmitting what she had learned from her own country to her own children. Mrs. Kim, who completed her education in Korea, experienced frustration with her children, specifically the second child, who had started first grade. Mrs. Kim needed more educational help for her second daughter in her studies than the first child, who was in the seventh grade.

From awareness of the educational disadvantages for her children in America while living in a prosperous Chicago suburban area with a desirable school district, Mrs. Kim was able to realistically assess her social and existential marginality in the United States. This realization led to her collective efforts to change the situation, by becoming more of an active school participant, finding other parents to cooperate for encouraging positive school system changes, developing ethnic consciousness among Korean-American parents, and promoting Korean awareness among American school administrators and staff.

As the family faced their language barriers in the school system and local community, along with starting a new family business, they experienced difficulties adapting to this new situation that demanded more family conversation, time, and energy. The Kim family immediately experienced the magnitude of being a Korean immigrant family living in another country. Alternation of the family-environment relationship was considered, and Mrs. Kim gained more power and control over important areas of her life, such as her children's education. The family's struggle for better access to a positive educational system for the children, was creating changes in the family. The present position of parents, children, and family reflected improvements in the fairly ethnocentric community, but they were, in some respects, still disadvantaged.

Theme C: Harmonious Relations

The theme, harmonious relations has application in significant family relationships in the Kim family. This theme relates mainly to several interrelated coding categories: a) disentangling in "*Han*" transformation process, b) internal dialogue, and c) self-reflective perspective-taking. This harmonious relations theme is divided into three domains: 1) self-disciplined relations, 2) affectionate relations, and 3) synchronous relations.

The harmonious relations theme evolved in the Kim family, slowly transforming their entangled relationships. This theme was associated with internal dialogue and disentangling in the "*Han*" transformation process. Mrs. Kim moved her focus from self-consideration to wanting her family to experience different things with her. First, the self-discipline domain developed as she considered the "middle-of-the-road" in the family relationship. The "middle-of-the road" was a term that was first emphasized in Korean families by the teaching of Confucius to refer to doing everything in moderation.

Primarily, the self-disciplined relation domain reflects the emphasis on moral training in the Korean family's structural relationships. In Confucianism, self-discipline is known as the most solid foundation for becoming a great person. First, practice morality, or order one's life, and then manage one's family. It also refers to being moderate in order to maintain social harmony. So, when something goes too far, it is considered an inappropriate attitude or behavior, bringing about concern or a warning in the human relationship. People in the group collectively measure what is allowed or not. Mrs. Kim recognized her lack of self-discipline. She also was concerned with her husband's lack of self-control in family relationships. She considered the issue of self-discipline in managing the family affairs, including child rearing, couple relations, and other relations with her in-laws. This has many implications in family relationship life. Becoming a good wife and a good parent means the ongoing process of discipline of self in relation to others. Couples should not fight with each other in front of their children; parents should restrain their emotional expression, both positive and negative, and parents should talk less and do more. These are all significant features that characterized the Kim family life as they evolved through harmonious relations.

Second, the affectionate relations domain included the most significant component of maternal affection associated with *"Chung 정(情)."* In terms of an ethnic-cultural specific language meaning, the concept of *"Chung"* is relevant for the understanding of the indigenous Korean *"Shimjung"* psychology. *'Shimjung'* psychology is utilized as "an interpersonal schema to promote positive interpersonal relations, to provide empathy and sympathy to another person and to resolve interpersonal conflict" (Choi, 1994, p. 13). *"Chung"* is an essential component of the relational mode in Korea. It is associated with sacrifice, unconditionality, empathy, care, sincerity, shared experience, and common fate. *"Chung"* arises from a closely-knit family who spends a lot of time together and is bound by trust and common fate. *"Chung"* does not develop in a rational relationship. Someone without *"Chung"* is described as "being conditional, selfish, rational, apathetic, self-reliant, independent, and autonomous" (Choi, 1994, p. 33). Family communications are based on *"Chung"* rather than rationality. When Mrs. Kim's child made a mistake, as a mother she critically appraised the situation and communicated her assessment to her child. She articulated the nature of the mistake, taught her child to make an alternative appropriate response, and hoped to prevent the same behavior from being repeated in the future. The client/mother tried to accept, embrace, forbear, or even overlook the mistake. The mother tried to understand from her child's perspective and empathetically related her disappointment to the child. In contrast, in individualistic cultures, the rational approach is considered as the most constructive and desirable strategy of communication.

For example, regarding a daughter's letter, the client/mother stated she already had written the letter; but she just "forgot" to bring it with her. She believed she could remember the content without the letter she wrote, with a bright smile toward her and the therapist. After her daughter spoke about the content of the letter, Mrs. Kim commented that she "almost told what she wrote in the letter" with a satisfactory face. The emotional arousal served as a powerful force that encouraged her child to shape her own behavior. In addition, when her daughter was not able to recollect the content of the letter in the therapy session, Mrs. Kim assisted her in speaking more what she would want her daughter to be. In the relational mode, as a mother, Mrs. Kim spoke for her child, on behalf of her child rather than to the child (Choi, 1994). As a Korean mother, Mrs. Kim was very much aware of her children's reality and did not dissociate herself from it. Yet children were not perceived as separate beings to interact, but were entities to discipline. Within a metaphor of marital relations, as one who comforts her son, Mrs. Kim comforted her husband to rescue her marriage. Mrs. Kim also demonstrated her compassion and affection toward her father-in-law and mother-in-law. From the indigenous Korean perspective of "Chung," the reason why she didn't leave the violent relationship which seems to be very abnormal and doesn't make sense to Western professionals, has culturally relevant meaning for her decision to remain in it. From the Western perspective on why a battered woman stays, there are multiple characteristic reasons, including financial considerations and lack of job skills or other resources. Yet, for Mrs. Kim, these were not the reasons to remain in, or return to the relationship, but because of "Chung," it was quite a different story. She felt that she could do anything to earn a living for herself. Usually, in many battered women cases, the offender threatens death of the victim or children and that will make the family even more concerned and fearful. But in the case of Mrs. Kim, her husband didn't do anything similar and even continuously asked her for a divorce. She then tried to make him trust her, by saying, "I can't divorce you and if you want, get started with the process, and I will sign the divorce document."

Eventually and significantly, Mrs. Kim's affectionate relationships with her father progressed toward forgiveness. She renewed her affection internally, which became the most sufficient source of all in her family relationships. This domain expanded to merge with the divine love of God, associated with the domain of spiritual leadership, in the theme of the spiritual relationship. Throughout therapy, an affectionate relationship increasingly dominated Mrs. Kim, as wife, mother, and daughter. It encompassed the compassionate and empathic connection with her husband, parents-in-law, and children, particularly the second daughter.

Lastly, the domain of synchronous relations illustrates how Mrs. Kim grew in sync with her family member's rhythms. Particularly, as a mother, she learned that she expected too much of her children and expressed disapproval when the children failed to comply with her requests (such as housework assignments) or advice. Her unrealistic expectations of her children were partially associated with timing. She made the mistake of going along at her own pace and ignoring the child's, and in doing so, ignored pace, the child's rhythm. When it came to synchronous relations, she was running side-by-side with her family; in domination not encouraging them by saying, "Come on, you can do it" [gesturing motion]. She learned to adapt by being like a turtle. And she got there by being in synch with the family rhythms rather than forcing them to follow. This was achieved by going slower. Interestingly, it was her patience that was observed during the family interview. Patience usually means being tolerant; waiting until the other person has finished, so that one can say what she or he really wanted to say or believe is truth. She was letting the family members speak up in their manners. She was not indifferent. She was genuinely immersed in and participating in what another person deemed important. She resonated with T. Anderson's (1990) philosophy, "Life is not something you can force, and it has to come."

Theme D: Spiritual Relations

The theme of spiritual relations is the most empowering source in the Korean client's family. This theme relates to several coding categories, particularly, the conventional Christian domain related to monologue and single perspective-taking. Retribution and spiritual leadership relations are related to mind emptying in the "*Han*" transformation process, dialogue, and mutual perspective-taking. The theme of spiritual relations is divided into three domains: 1) normal Christian relations (judgment/punishment over love), 2) retribution ("*Ob-bo*"), and 3) spiritual leadership relations or mutually fulfilled relations (love over judgment/punishment).

The theme of spiritual relations is a search for deeper meaning, purpose, and morality in the family life. This spiritual relation is not a denial or abandonment of the self. Rather, it is a transcendence or master and fulfillment of the self in communion with other beings and the Ground of Being, that is, the ultimate and sacred being or reality, someone Mrs. Kim called God (Robbins, Canda, & Chatterjee, 1996).

Confucianism, Buddhism and Christianity have strongly influenced spiritual faith and the belief systems for Korean people. For Mrs. Kim, this theme unfolded and was associated mainly with two major spiritual backgrounds: Christianity and Buddhism. Christian spiritual truth was more of a strong foundation for her moral decision-making in vital life situations, including child discipline and marital relationships, and relationships with significant others, such as parents, parents-in-law, and neighbors. It was linked with both old and new biblical scriptures. The former occurred more frequently in the first session, while the latter evolved in later sessions of 6 and 12 as she transformed to attain a new beginning in her family relationships.

First, in the domain of normal Christian relations, the client/mother told the stories of religion literally and believed simplistically in the power of symbols. In religious context, the client cited reciprocity: God sees to it that those who follow his laws are rewarded and that those who do not are punished. This domain was mainly coined by the Old Testament biblical text. Judgment and punishment prevailed over love in the family relations, marital relations and parent-child relations. This appeared dominantly evident during the time of sessions 1 and 6 while she became less judgmental. During this time, she struggled considerably with the direction she wanted to take when she finally started having a family. And yet, she chose relational hope, living by faith in God, rather than a faith in herself. She laid her burdens down at God's feet and cast any of her cares aside. Her pain eased and vanished. For Mrs. Kim, this was a healing experience of deeper confrontation with her emotional sufferings. This made it possible to transcend her awareness by invalidating the usual sense of self-identity and societal view (Robbins, Canda, & Chatterjee, 1996) in the midst of oppressive social circumstances such as in-laws' exploitive/harsh treatment and other detrimental life conditions, including poverty.

Next, retribution ("*Ob-bo*") is indicative of the development of faith as well. "*Ob-Bo*" is a term that was first coined by the teaching of Buddhism in dealing with a current existing suffering relationship with self to refer to retribution for the deeds of a former life—a Karma effect. Mrs. Kim demonstrated how she attempted to resolve the marital dissatisfaction by thinking through the way of "*Ob-Bo*" as part of her self-transformation. She believed that the suffering relationship with her husband existed due to retribution for the deeds of her previous life ("*Ob-bo*").

In contrast, Christian spiritual leadership is coined by a new testament biblical text. It seemed clear that love relationships came to triumph over judgment/punishment relations. It is therefore characterized by intellectual detachment from the values of the culture and from the approval of significant other people. The client's ability to articulate her own values, distinct from those of family such as her husband and mother-in-law, makes her faith an individual-reflective faith. It incorporated both powerful, unconscious ideas (such as the power of prayer and the love of God) and rational, conscious values (such as the worth of life compared with that of property). The client/mother in this domain had a powerful vision of universal compassion, justice, and love that compelled her to live her life in accordance.

Spiritual leadership relations in the Korean family remains in force to provide strength. Divine love of God was key to her Christian life in family relationships that she continued to long for in her life. She found that it was the most effective way to go against recurring mental problems from her past life. Knowing and seeing God through love was key to following all of God's moral laws for Mrs. Kim; God's love was the basis for her self-worth; God's love could change life's outcome. Because she loved God, she could also love her family. This was the victory that overcame the difficulties in her life. She resolved to build her family upon divine love of God.

Over time, she transitioned from an immature Christian to a more mature, consummate one who took the will of God and made it a practice to love one another. For Mrs. Kim, love came in the form of deed and truth, such as self-love and commitment to demonstrating it in her family relationships, not in word or in tongue, such as feelings and talking of love. Her restrictions, particularly to her children, were motivated by love, not by punishment and judgment. Love shed light on her family relationships again. She got on a better path with the "word of God" and love of God. Her past cast a shadow of the cold distance in her parental relationships and turned the future into something brighter. Then she was able to look ahead optimistically toward the future. She made the transition from an inadequate mode of existence to a better one.

This domain gradually evolved during sessions 6 and 12, and it deepened. By session 12, Mrs. Kim began to bless God with heartful thanks. She demonstrated her spiritual awakening, by maturity as a prayer warrior, by session 6. The contrast was so striking that it seemed that she took a step forward to be consistent with the image of God, and in His divine love. For the simple believer, there was only a sobering portrayal of judgment. For the spiritual leadership relations, there were the faithful that would include a glorious picture of rich rewards, sufficient meanings and purpose for her own life in the world. Surprisingly enough, she made a connection between the past, the present, and the future in a very consistent way providing meanings to her experiences.

Spiritual leadership relations also correspond to "belief over worry" situations. God's comfort and courage kept her free of constant worries in her married life. This spiritual maturity also corresponds to the way she used to choose to walk like her mother: This walk changed her life from a gloomy view to one of peace, hope, and comfort. God's love became her strength, which was once lost during moments when she was surrounded by difficult situations and overshadowed with despair, anger, and violence. The love of God is the equally sufficient everlasting component to the maternal affection ("*Chung*"), which is embedded, in Korean cultural strength. Both were able to draw her into growth and maturity. She needed the love of God as much as the love from her mother role. It became evident that, by doing the will of God, not her own will, Mrs. Kim changed her perspective from wanting her children to obey from a place of fear during sessions 1 and 6, to a place of love by session 12. She appeared to stand upon solid ground. For the client, spiritual relation seemed to progress from a quite simple, self-centered, one-sided perspective to a more complex, altruistic, and multisided view during sessions 1, 6, and 12. As a key member in the family, Mrs. Kim, radically redefined her life after a particular experience in therapy produced a new understanding of human family community.

In summary, as Mrs. Kim continued to explore and disclose themes important to her, it became clear that she experienced a more positive sense of family relationships.

Parent Coercive (Child Aversive) Behavior Change

This section presents the results of the analysis of parent (mother) coercive (child aversive) behavior change during sessions 1, 6, and 12. Understanding the significance of parental coercive (child aversive) behavior change is essential in order to understand the positive relationship between parent and child related to the core issue of physical child abuse in this study. Six major themes include: corporal punishment (Theme 1), threat (Theme 2), disapproval (Theme 3), negative demand (Theme 4), repeated command (Theme 5), and paralyzed affection (Theme 6).

Table 5 shows the summary of the results of the analysis of the quality of change in the mother's coercive (daughter's aversive) behavior throughout sessions 1, 6, and 12. The reason for including the child's aversive behavior is that the child may influence parental behavioral patterns as much as her parent influenced her. The sample narratives (direct quotes from the data) are presented.

In summary, the changes were noted during sessions of 1, 6, and 12. This study suggests that, in general, parental cohesive behavior (child aversive behavior) changed along the following directions: weakening of corporal punishment, punitive statement, disapproval, negative demand, repeated commands, weakening of paralyzed affection, and emergence of full affection. These changes indicate a decrease in the mother's coercive (daughter's aversive) behavior as a result from therapy. The mother/client learned to make use of the positive affections or affirmations (e.g., praise, support, and gentle physical touching).

Dialogical Speech Development

Five dialogical speech development levels are presented, along with a continuum of coding systems. The coding categories are developed in the integration of Seikkula's (1993, 1995) model for language development, including social speech, egocentric speech, and inner speech, and H. Anderson's (1997) clinical theory of dialogical conversation, including monologue and dialogue. The coded categories indicate dimensions of dialogical speech development and entail five interrelated, simultaneous, overlapping, chronological, sequential components: 1) monologic speech, 2) social speech, 3) private speech, 4) internal dialogue, and 5) external dialogue. The following presentation encompasses the table and narrative samples of sessions 1, 6, and 12.

The analytical results of the dialogical speech development process are presented in Table 6. The mother, a core client in the Kim family, appeared to make great progress along the dimensions of dialogical speech development levels coded in the transcripts of sessions 1, 6, and 12, as seen in Table 1. The scores on the mother's dialogical speech development are noted with the percentage of each speech development category.

The mother's monologic speech was showing very strong signs of a sharp decrease in the amount of threatening speech in the narrative during the sessions 1, 6, and 12. This decrease was 40.6%, from 57.8% to 17.2%, between sessions 1 and 6. And, at session 12, monologic speech became 0%. With regard to social speech, the mother fell from 34.3% to 28.3% between sessions 1 and 6. And, at session 12, social speech became 0%. Regarding private speech, the table showed very strong signs of increase in the amount of private speech in the narrative between sessions 1 and 6. That increase jumped 28%, from 7.9% to 35.9%. In contrast, the table showed this decreasing at session 12 to 12%, from 35.9% in session 6.

In respect to internal dialogue, the table showed the greatest increase in the amount of internal dialogue in the narrative during therapy sessions 1, 6, and 12. Those increases were 18.6% in the sixth session from 0% in the first session, and 43.4%, from 18.6% to 62%, between sessions 6 and 12.

Finally, with regards to external dialogue, the table also showed very strong signs of increase in the amount of external dialogue in the narrative between sessions 6 and 12, while there was no sign of change in the amount of external dialogue between sessions 1 and 6.

Discussions and Summary

The development of higher speech levels has a creative and recursive nature. It appeared on the inter-psychological plane before it appeared on the intra-psychological plane. In the case of Mrs. Kim presented here, it appeared to move to higher consciousness from monologue through social speech to dialogue.

The dialogic speech development provides us with understanding of how the dialogic nature of the client's narrative actually works to change the meanings of family relationships and impacts related actions. Mrs. Kim's case, in this study, provided a good example of how the back- and-forth process of multiple voicing generated a change in her perception of self and others. From my point of view, Mrs. Kim entered therapy with monologue-fixed and single-voiced narratives about her relationship with her husband, children, parents-in-law, and her mother's relationship with her father:

> "I had to do everything alone; no one helped me." And "My husband is so dependent on me; like my husband, my second child relies on her older sister who helps her very well" she adds, "The first daughter helped the second child who is so lazy that she got beaten." Then, "She deserved to get beaten."

At the social speech level, following conversation with the therapist—social speech—Mrs. Kim constructed a dialogue between herself as an unloved child/daughter/in-law-wife and her imagined voice of the lovers such as the God and the Mother. At the private speech level, with emphasis on thinking, several new descriptions emerged. The voice of the friend is also the client, Mrs. Kim—leaving home to make a better living alone; an observation about her parents sitting together in her brother's wedding; and a very shaky new idea of herself as a victim of parental failure and later emerging as a possible resource to her husband, her children, and her parents-in-law, particularly her father-in-law. The reflecting therapist commented on the story, adding another voice, offering an idea for another story replying, "Rescue yourself?"

Once this internal dialogue with its new voices was ready for conversation with others, those others were evoked, empathically imagined, so that those of the client as a writer or speaker were "heard," taken in, understood, and responded to. To that end, both the mother and the second daughter wrote letters: the mother to her own mother and the daughter to her unborn baby. Particularly, the writing, added to the conversation in session 12, promoted an internal dialogue in Mrs. Kim by adding more voices and a new narrative potential. As Mrs. Kim wrote and read aloud a significant memory about herself and her mother, there were already four voices present: Mrs. Kim the writer, Mrs. Kim the reader, Mrs. Kim in the memoir, and the voice of her mother in the memoir. In addition, as the daughter wrote and spoke aloud about her unborn baby, three events occurred: the mother and father change their understanding of their daughter, their understanding of each other, and the mother and daughter discovered the increased possibilities of the mother-daughter relationships. Mrs. Kim presented a dilemma around how much help to offer her daughter: the mother either totally withdrew her support or she offered so much that she paralyzed her daughter. The sessions revealed that Mrs. Kim's father was always absent from home and liked alcohol, which had positioned her to rescue everybody: her mother and her siblings, her husband and her children. The wish to rescue/mother everybody was this woman's way of saying, "I wished to be rescued and mothered." This behavior confused the daughter: Should she be independent or continue to be rescued?

Table 5: *Quality of Change in Mother's Coercive (Daughter's Aversive) Behavior*

	Session			Magnitude of change
	1	6	12	
Corporal punishment	*** / ***	** / ***	@ / @	high
	harshly; not self-con-trolled	slightly; sometimes; self-controlled		
Threat	*** / ***	@ / @	* / *	moderate high
	I already told her that I will hit, then it hap-pened		I noticed her to hit but it doesn't hap-pen	
Disapproval	*** / ***	** / **	@ / @	high
	She never listens. She lacks a sense of responsibility	She fools around	Now she listens to me	
Negative demand	*** / ***	@ / @	* / @	Moderate high
	She didn't do anything at all		She did some-thing but not completely	
Repeated commands	*** / ***	@ / @	@ / @	high
	I counted to three		There is no special wrong-doing for her now	
Paralyzed af-fection	*** / ***	** / **	@ / @	high
	She is never afraid of getting a beating	She is afraid of getting a beating	Full of affec-tion; smiling; emphatic	

Note: Mother's coercive behavior is first, followed by a slash and the daugh-ter's aversive behavior. For example, *** / ***.

The two letters were read aloud at session 12. When the mother read her own letter first she was calm, experiencing herself for the time as the one who longed to be rescued. The experience of her vulnerability deeply moved her husband and her daughters, who also were calm. When the daughter spoke her letter to her unborn baby, the parents were moved by her commitment to stand by her child. These women's ideas, now existing alongside one another, created an emotional charge that changed the whole family's stereotypical ideas of mother-daughter relationships. These relationships could now include longing, vulnerability, and tenderness, as well as rage and disappointment. Reading the letters aloud held these voices and ideas in tension, which increased possibilities for new narratives in the family: "Giving gratitude/thanks," "Love each other in the family," "Be in harmony in love together," "I need your help/rescue me," "Share the responsibility together."

Finally, at the external dialogue stage, these new internal voices changed the dialogue with other family members and the relationships with them in more positive ways. It was found that newly discovered voices were strengthened when they were expanded in writing the letters and sharing with others. The letters acted as representatives of the family's inner dialogues, and when they were heard, and witnessed by relevant others, the emotional life of all participants changed (Penn & Frankfurt, 1994). Mrs. Kim was able to take advantage of the family conversation to expand new family stories.

In summary, "the true direction of the development of higher dialogical self is not from the individual to the social, but from the social to the individual" (Vygotsky, 1962, p. 20).

Table 6: Quality of Change in Mother's Dialogic Speech Development

Dialogic speech level	Session Type of interview					
	1 Individual		6 Individual		12 Family	
Monologic speech	59	57.8*	25	17.2*	0	0.0*
Social speech	35	34.3	41	28.3	0	0.0
Private speech	8	7.9	52	35.9	13	12.0
Internal dialogue	0	0.0	27	18.6	63	62.0
External dialogue	0	0.0	0	0.0	26	26.0
Total segments	102	100%	14	100%	102	100%

* Percent.

Table 7: *Quality of Therapist Dialogical-Relational Process*

Therapist dialogical-relational process	Session (Type of interview)					
	1 (Individual)		6 (Individual)		12 (Family)	
Responsive listening	56	55*	97	67*	39	38*
Maintaining coherence with the client's subjective story	18	18	12	9	12	12
Asking conversational questions	28	27	35	24	52	50
Total segments	102	100%	144	100%	103	100%

* Percent.

The implications for Philosophical and Theoretical Perspective of *Han* Transformation Practice

Building upon this promising practice, the implications are discussed for the philosophical and theoretical perspectives of *Han* transformation practice for the downtrodden in several ways. First, one of the most important implications of the findings from Korean "*Han*" transformation study is how to see grief or morning and its process related to trauma or tragic experience. The finding of Korean "*Han*" transformation suggests that "*Han*," the suffering entangled narrative identity, can be seen as a new theory of grief or lamentation and useful concepts applied to its therapeutic process enhancing and possibly transforming Western perspective as well. One of the results derived from the analysis of "*Han*" revealed that the core client (a Korean mother) was in the situation where she was simultaneously crying and laughing in the period when she spoke about her suffering at the personal reflection phase. From a Western perspective, specifically Freudian theory of defense mechanism, it might be considered reaction formation in order to defend self against the objective reality that is in the world. But from a Korean perspective of "*Han*" we would not see it as defense mechanism or resistance. Instead, it is seen as the highest beauty of "*Han*" transformation. In particular, "*Han-pul-li*" or disentangling is a celebration of one's tragedy. Even in facing the tragedy, many Korean people show eternal optimism facilitating therapeutic change. This is the power and beauty of "*Han*" (Kim & Choi, 1995). In this sense this crying and laughing is not a negative, passive aspect of reaction formation but rather a powerful aspect of a self-healing as self-compassion and self-soothing behavior. Particularly, crying is a self-loathing behavior as an emotional regulation strategy which is considered as normal behavior (Gracanin, Bylsma, and Vingerhoets, 2014). These kinds of change processes of *Han* transformation indicate the two sides of *Dao of Han*, which emphasizes the dual importance of explicit external manifestation and implicit deeper spirituality aims for mutually loving and beneficial creation-transformation narratives. This stunning concept also suggests that all creation looks forward to creation-transfiguration for the benefit of all.

In analysis, Mrs. Kim gained insight that her core characteristic is one of deep inner strength, and resilience that did not want to compromise and live in a world as cruel as the world she knew: Provincial "patriarchal" Korean society only provided for her experience related to poverty and oppression. Her suffering was deeply rooted in poverty in the 1960s and 70s of South Korea. But her social construction of subjective experience with poverty had to do more with gender role issues. At the local Korean community where she was born and grew up until immigrating to America, she saw her mother who worked with limited opportunities to make a living and was treated negatively. This study suggests that women's issues of discriminatory social status in society should be treated seriously and examined closely with regard to child issues of abuse in the family. Mental health workers must strive to alter the conditions that limit social progress for minority groups, including repressed women. The problems of children, women, and families in the minority groups can never be divorced from the problems of the larger society in which they live. Social workers must be able to assess the effects of continuing prejudice and discrimination on the well-being and self-agency of their clients. Women clients should be allowed to have a voice of authorship with their lives to see the possibilities of availing themselves new choices in life. They must meet continuing challenges and dilemmas. As evidenced in this case study, when the mother's version of the story about her life as a woman took a swift to the expansion of alternative choices for herself and interactions with others, she was able to align all aspects of her family in a manner that she decided was best. She arranged her multiple selves with family members in such a way that even the family relational and behavioral components of herself and others, which previously seemed least important, became valuable.

Next, the other important theoretical perspective to which we need to bring attention in working with Korean clients is practice theory. Practice theories focus on client and helping activities. Practice theories offer both explanations of certain behaviors or situation and broad guidelines about how those behaviors or situations can be changed. Those theories also serve as a road map for an intervention that will bring about a certain type of change. This study reveals the significant role the concepts of a relational view of self and narrative identity played in understanding the client's change process. Central to the many linguistic and socially derived narratives that emerge in behavioral organization are those that contain the elements articulated as self-stories, self-descriptions, or first-person narratives. The development of these self-defining narratives takes place in social and local context involving conversation and action with significant others, including one's self. A linguistic and dialogic view of self emphasizes this social nature of the self—as emerging in and embodied in relationships (Anderson, 1997). It also emphasizes our capacity to create meaning through conversation. This linguistic relational view of self-proposed by Gergen (1987, 1989, 1991), supports that the self (and other) is realized in language and dialogue and becomes a linguistic dialogical self. Inherent in this view is that a narrative never represents a single voice, but rather a multiple authored self, and because we are constituted in dialogue, we are ever-changing (Anderson, 1997). This linguistic relational view of self is in sharp contrast with psychology's more usual definition of self, which Bruner (1990) chides for being "whatever is measured by tests of self-concepts" (p. 101). Selves we construct are the outcomes of this [narrative, story-telling, and language] process of meaning construction. Selves are not isolated nuclei of consciousness locked in the head, but are "distributed" interpersonally. Then this study suggests that we must pay attention not only to the construction of the "I" but also to the construction of, and importance of, the other—the you. As Shotter (1989, 1993, 1995) emphasizes, the relationship is ours, not just mine.

In this study, Mrs. Kim, showed a progressive change in her perception of narrative-self. Certain elements of independent view of self are incorporated into her interdependent-relational view. The incorporated construct of the self was the mix of these two views that recognized the individual's dignity and needs (in this study, woman's and child's self-dignity and needs). This study also revealed that there could be a growing realization in the case of Mrs. Kim that better aspects of Korean cultural traditions could be cultivated and preserved from the certain darker Western influences of which are characterized as "free choice," "rights," "freedom," "materialism," or "moral decay." For example, respect for learning, family honor, harmony with others, emotional security, and family loyalty have been retained by Mrs. Kim very much. Given the facts, this study suggests that child protective services policy should take a serious look into the significance of the variance in self-construal change; and directing caring parent-child relations in the context of new family relationships meanings for Korean immigrant parents and families.

From a postmodern collaborative approach, Anderson (1997) proposes the following philosophical assumptions:

1. Human (family) systems are language- and meaning-generating systems.
2. Their construction of reality is forms of social action rather than independent individual mental processes.
3. An individual mind is a social composition, and self, therefore, becomes a social, relational composition.
4. The reality and meaning that we attribute to others and ourselves and to experiences and events of our selves are interactional phenomena created and experienced by individuals in conversation and action (through language) with one another and with themselves.
5. Language is generative, gives order and meaning to our lives and our world, and functions as a form of social participation.
6. Knowledge is relational and is embodied and generated in language and our everyday practice (p. 3).

These assumptions have profound implications in every human endeavor, especially for therapy and therapists, in the way a therapist thinks about human beings and our roles in their lives, the way a therapist conceptualizes and participates in a therapy system, therapy process, and therapy relationship. The data from the study and post-modern literature suggests that a positive relationship existed between the therapist's response in the relational-dialogical process and client's dialoging process.

Last, another important theoretical perspective to which we need to bring attention in working with Korean clients is spirituality. Mrs. Kim moved through stages of *Han* transformation, including the highest level of emptying mind. This study demonstrated that a Korean immigrant family client has many spiritual philosophies and practical insights that are little known in the American social work profession, including perspectives of Buddhism, Confucianism, and particularly Korean ethnophilosophical thoughts. Buddhist spirituality may be described as the consistent exercise of self-effort, directed to the attainment of enlightenment for self and all others. Given the great effort required, traditional Buddhism stresses the importance of monastic lifestyle for this spiritual path. In contrast, Confucian spirituality may be described practicing humanness and mindfulness in all aspects of daily life, such that cultivation of self and serving society are complementary (Tu, 1984, 1985; Canda, 1988, 1989, 1994). Many immigrant Koreans continue to combine helping insights and resources from all three ways on an as-needed basis. It is clear that the traditional philosophies of humanity and social services in Korea differ markedly in beliefs from those of the Euro-American. Since the 1980s American mental health professional have begun to take seriously insight from Buddhism (mainly Zen) and various forms of Spiritism and shamanism. However, Korean ethnophilosophical thoughts such as Jeung San Do and Jeungyeok, as well as Confucianism, are completely absent from

American mental health influences despite their strong significance for not only many Asian Americans but also for all people. For that reason, the following discussion focuses on Korean ethnophilosophical spirituality that describes three principles of Haewon, Sangsaeng, and Boeun associated with *Han* transformation processes.

Over the past decades, there has been growing emphasis on the ideas of the Latter Heaven's Order associated with ethical philosophical principles. Some leading Korean ethnophilosophical scholars (Ahn, 2019b, 2020a; Yang, 2020, 2021a, 2021b; You, 2001, 2011, 2021) have profoundly cultivated the dimension of spirituality. The literature on the philosophical perspective of the Latter Heaven's Order originates from three Korean ethnic Holy Scriptures (i.e, *Cheonbugyeong*, The Scripture of Heavenly Code, *Samilsingo*, 366 characters in total, and *Chamjeon Gye gyeong*, The Scripture of Precepts for becoming a Complete One), *Hongikingan* thought, and *Hongbeomgujoo*, Grand Constitution of Nine Categories, as well as *Gaebyeok* thought from Jeung San Do and Jeungyeok (Ahn, 2019a; Sangsaeng Cultural Research Institute, 2021a; Sangsaeng Cultural Research Institute, 2021b; Sangsaeng Cultural Research Institute 2021c; Sangsaeng Cultural Research Institute, 2021d). Particularly, Jeung San Do's idea about Trinity One God-led humane culture has a long and deep historical root in Korean culture that originated from over 9000 years ago (Ahn, 2019a). Korean ethnophilosophical perspectives from Jeung San Do and Jeungyeok are theistic in a different way than the theism of Jewish and Christian traditions. A concept of *Samsin* in Jeung San Do is defined as "the primordial Spirit that is one with the universe and is the source of all existence through three means: by creating, by edifying, and by governing" (Jeung San Do Dojeon Publication Society, 2016, p.299). In spirit teaching, people learn "about God, about the spirits through heaven and earth, about the nature of the universe, and how to conduct their lives" (Jeung San Do Dojeon Publication Society, 2016, p. 300).

The spiritual teachings of Jeung San Do conceptualize three daily practice principles of Haewon (resolution of bitterness and grief), SangSaeng(mutual life-giving and life-saving), and Boeun (requital of benevolence) aiming for the government of creation-transformation. As a beneficial philosophical concept, the perspective of Wonsibanbon (원시반본原始返本), which means "Inquiring into the Beginning and Returning to the Origin" (Ahn, 2020a, p. 258), provides an ultimate way of *Han* transformation through three principles: Haewon(Resolution of bitterness and grief), Sangsaeng (Mutual life-giving and life-saving) and Boeun(Requital of benevolence) (Ahn 2019b, 2020a; You, 2003a, You, 2013b). They are considered to be the right path of life. In-depth knowledge of three practice principles of Wonsibanbon (원시반본原始返本) is essential for understanding the social-spiritual change structure of *Han* transformation and for developing advanced level skills in *Han* transformation practice. Because three practice principles can have many benefits, therapist as a facilitator of healing process should strive to make these concepts applicable to client with *Han*. Therapist may find the following guiding values helpful when traying to enhance client's *Han* transformation practice.

The Dao of Boeun (requital of benevolence)

Ahn (2019b) defines Boeun as "repaying the grace and benevolence that one has received. Three foundations of Heavens, Earth and Humanity give and receive grace and benevolence to one another as they change and mature" (p.334). The greatest dao of Boeun focuses on Reverence of Heaven and Earth, and reverence of parents (Dojeon 11:94). Repaying parent's grace is the most important practice associated with the path to become the Taeil (human noble) and true humans as pursue enlightenment into the truth. This requital of benevolence even extends to honor ancestors, who gave birth to us and are the direct root of our lives (Ahn, 2019b). The purpose of *the dao of Boeun* (requital of benevolence) is explained as cultivating "harmony and oneness that reconnects the threads of life of nature, spirit, and humanity for moving forward to the *dao of Sangsaeng* into the order of mutual betterment" (Ahn, 2019b, p. 335). *The dao of Boeun* is also a way to cultivate gratitude. This experience can translate into positive feelings on both sides, help feel more connected with others, and stronger relationships.

The Dao of Haewon (resolution of bitterness and grief)

Among these three principles, the concept of resolution of bitterness and grief is vital for the government of creation-transformation, and underscores the importance of *Han* resolution as a fundamental building block of The Latter Heaven. "The resolution of bitterness and grief is a central goal of Sangjenim's spiritual work-the work of Renewing Heaven and Earth to facilitate a world of harmony in the later Heaven" (Jeung San Do Jeon Publication Society, 2016, p. 298-299). Although mutual life-giving and life-saving and requital of benevolence are equally important, the resolution of bitterness and grief is the first step and of foremost importance to opening mutual life-giving and life-saving energies (Ahn, 2019b; You, 2001a; You, 2011b). It is "the resolution of the bitterness and grief of all spirits and humans that had accumulated through the Early Heaven" (Jeung San Do Jeon Publication Society, 2016, p. 299). Particularly, therapist may find the following meaning of the dao of Haewon(해원解冤의 도道) helpful when traying to enhance the client's *Han* transformation practice by using guiding practice principles (Ahn, 2019, pp. 355-356):

- First, *Haewon* contains the fundamental ideology of peace. As the mind is the foundation of Heaven and Earth's life, a person's deeply rooted bitterness and grief can block their energy. Finding the roots of bitterness and grief and untangling the ties and knots of bitterness and grief is the fundamental path of salvation, which is to find true peace for humanity.
- Second, *Haewon* contains the ideology of freedom and matu-

rity. As human beings receive the incomplete light and energy of the universe due to the early Heaven's *Yun-dosu* program, tilting of celestial bodies in the direction of Yang energy, they can be immature, and moreover humans are confined by the destiny of the mutual conflict…..losing the freedom of the mind to bitterness and grief. True peace and harmony can only be achieved when humans resolve their bitterness and grief to regain the freedom of the mind.

- Third, *Haewon* contains the completed ideology of love and compassion. Through Haewon, one can let go of all the bitterness, grief, and conflict, as well as the Cheok (vengefulness). It helps one reach the fundamental purpose of love. Haewon embraces not only love and compassion but also transcends love and compassion.

The Dao of Sangsaeng(mutual life-giving and life-saving)

The importance of Korean ethnophilosophy for enlightened Sangsaeng action and peaceful living is an essential part of Korean ethnophilosophical thoughts. They emphasize human dignity and human fulfillment by change from the early heaven's order of Oppression of Yin and Respect of Yang (억음존양抑陰尊陽) to the later heaven's order of the positive and dynamic value of balance and harmony between women (yin) and men(yang) associated with the principles of Choyang yuleum (조양율음(調陽律陰), yin and yang dongdeok(음양동덕 陰陽同德), and Balanced yin and yang(정음정양 正陰正陽). Particularly, Jeongyeak as Korean numerological philosophical thought discusses organismic reciprocal systems view of family and social relationship. The concept of balanced yin(women) and yang(men) 정음정양(正陰正陽) where Women (Yin) and Men (Yang) exist in balance and harmony (Ahn, 2019b; Yang, 2020, 2021). Importantly, Korean ethnophilosophical thoughts emphasize human dignity and human fulfillment by change from the early heaven's order of Oppression of women (yin) and Respect of Yang (억음존양抑陰尊陽) to the later heaven's order of the positive and dynamic value of balance and harmony between women (yin) and men(yang). For Jeungyeok, balanced yin and yang (정음정양 正陰正陽) aims ultimately for mature humanitarianism of life and peace through creative absolute human identity. The idea of human nobility of the cosmic autumn (가을 우주의 인존人尊 사상) reflects enlightened Sangsang action. All human beings are treated equally with dignity in all existence in the later Heaven Era (Ahn, 2019b). It is now the age in which humans determines the outcome (Dojeon 3:13).

The three principles have reciprocal effects on the gradual process of *Han* transformation. As a family works on the issue of *Haewon* internally, a reciprocal pattern of interaction emerges. Haewon is vital for the government of creation-transformation, interlocking with Sangsaeng. The interaction patterns that develop can be beneficial to the family to establish the new patterns that help the family achieve desired goals and to ensure the socio-emotional satisfaction of members. The importance of equality within the family should be emphasized at the very beginning. Boeun affects the client more in the higher stages of *Han* transformation but the interplay is always between *Haewon* and *Sangsaeng*. This process is shown in Figure 2.

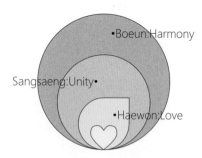

Figure 2: Three Principles for *Han* Transformation Practice in Family

Future study will be needed to consider the universality of the Korean *Han* Transformation model and examine whether Korean Han transformation model has the same beneficial effect on Western clients facing grief and trauma as well.

Jeongyeok Eight Trigrams

Jeongyeok philosophical thought articulates the right order of change in The Later Autumn Gaebyeok's mental and spiritual culture. The core idea of Geumhwagyoyeok (금화교역(金火交易) in Jeongyeok philosophical thought envisions *Han* transformation through change activating self-cleaning for the right alignments in the multiple systems levels from the individual through societal, through cosmic dimensions according to Wonsibanbon thinking, "seeking out the beginning and returning to the origin" (Jeung San Do Jeon Publication Society, 2016, p. 299). As a universal principle of the cosmic autumn, in human context, seeking out the beginning and returning to the origin encompasses a conscious awareness of and effort to recover one's self, ancestry, history, and spirituality as a process of maturation. This principle also includes the cultures and civilization of the early heaven becoming one and reaching fruition in the Later heaven. Jeongyeok Eight Trigrams presents the structure of functional family relationship in a comparison of projected family relationship with the observed family relationship from The Eight Trigrams revealed by King Wen. A child is misplaced between father and mother, which is the marital system as opposed to being in a close and intimate relationship. From the Eight Trigrams revealed by King Wen an unhealthy family structure is presented. In contrast, *Jeongyeok* eight Trigrams shows a healthy family structure with proper boundaries between family members, particularly, between husband and wife as a couple with mutual respect and power, as well as between parents and children with proper distance. The well-established family boundary is key to making all members healthy relationships with the family. Each family member's personal story is addressed to make healthy boundaries in the family system by changing family rules grounded in an enmeshed and disengaged family structure.

Based on Geumhwagyoyeok's 금화교역, 金火交易 model of the united completion of cosmic change and humanity change in the Latter Heaven Gaebyeok, Jeongyeok Eight Trigrams 정역팔괘도(正易八卦圖) provides similar insight into understanding the nature of healthy functional family structures and narratives. The Eight Trigrams revealed by King Wen in Figure 3 presents unhealthy family structures that result in enmeshed and/or disengaged family relationships. In this way, families maintain family's homeostasis that is dysfunctional. In contrast, Jeongyeok Eight Trigrams 정역팔괘도(正易八卦圖) presents a healthy family structure establishing clear boundaries and shifting the hierarchical structure between couples, children, parents, and other family members with strengthening a subsystems family system. Establishing mother and father as a parental sub-system and separation between child and parents is essential for a healthy family where the husband (Yang) and wife (Yin) co-exist and respect each other mutually. To form and shape healthy family relationships, the family solves their problems not through first-order changes (changes of single behaviors), but second-order changes (alterations of the family's problem saturated norms, roles, and status hierarchies) (Lair, 1993, 1995; Minuchin, 1974).

Figure 3: 문왕팔괘도: 여름의 인도人道(長易)
The Eight Trigrams revealed by King Wen:
The principle of humanity in cosmic summer.

Figure 4:정역팔괘도: 가을의 지도地道(成易
The Eight Trigrams of Jeong-Yeok revealed by Gim Il-Bu:
The principle of earth in cosmic autumn.

It is worth noticing that at a fundamental level, postmodernist philo-sophical assumptions are congruent with and supportive of virtues and principles reflected in Jeung San Do, particularly three precepts and Jeungyeok's Balanced Yin and Yang idea regarding compassion and social justice for downtrodden humanity. The Korean ethnophilosophi-cal thoughts support the mission of the postmodern social sciences and guide postmodern social scientists in creating a larger and deeper humane vision of he world. Finally, the literature on the principle of birth, growth, harvest, and rest (생장염장生長斂藏) supports the em-pirical data on stage theory of *Han* transformation study. Ahn (2019b) explains that "The natural order can only exhibit eternal homeostasis when nature has a certain circular order of division and unification, which is the nature of the change of the Early Heaven and the Later Heaven. Through this cyclical process of change and transformation, the universe can exist eternally" (p. 35). This study indicates a kind of circular order of division and unification throughout the four stages of *Han* transformation for Mrs. Kim. The first two stages represent order of division seen in The Eight Trigrams revealed by King Wen as the principle of humanity in cosmic summer. The third and fourth stages are associated with order of unification seen in The Eight Trigrams of Jeong- Yeok as the principle of earth in cosmic autumn.

Yang (2020) points out that "The idea of Geumhwagyoyeok (금화교역(金火交易) is the universal principle of the cosmic self-creation, self-organization, and self-transformation for the renewal of life. This is a dynamic principle that is intertwined with all time and space to connect all things in space and sustain all lives in time. This principle is the cosmic self-purification. This changes the way of existence. This represents the cosmic movement of not only *self-denial of conflict order* but also *cosmic self-identity attestment* as a cosmological principle of change and transformation" (pp.145-147). This literature supports the most profound evidence of advanced transfiguration of *Han*. Jeugn San Do shares the common idea of renewing the mind as "the way to realize a Taeil human (태일인간 太一人間) through the restoration of spirituality and spiritual-cultural revolution" (Ahn, 2020b, p.4). The ultimate goal of the way of a Taeil human is to achieve oneness with the universe, heaven and earth through "the Cultivation of both inner Nature (Seong) and Life Force (Myeong)" (Ahn, 2020b, p. 14). Ahn (2020b) emphasizes that "in traditional Korean culture of spiritual discipline Jeong is added to the dyad of Seong and Myeong to make the triad of Seong (Spirit), Myeong (Qi), and Jeong (Essence) 성명정(性命精). Seong (Spirit), Myeong (Qi), and Jeong (Essence) 성명정(性命精) should be cultivated harmoniously in the triad to realize perfect enlightenment" (p. 15). This triad cultivation practice also simultaneously enhances enlightened Sangsang action and peaceful and harmonious living that supports an essential part of *Han* Transformation.

These concepts are helpful to apply the unified model for *Han* Transformation treatment. It is worth attempting to integrate alternative models of artistic and spiritual humanitarian practice. For example, the author proposes a Doa of *Han* model of *Han* transformation treatment that integrates elements of different Jeongyeok and Jeung San Do practices, particularly Dao of Haewon, Saengsang, and Boeun and Transformative Creation-Maturation into postmodern conversational dialogue practice. Fostering a mutual-aid system in the family is a common ingredient of this unified practice model. The author would suggest that family development and the creation of family structure for increasing the autonomy of family members as the family develops are also common elements of conceptualization of a Doa of *Han* model. In-depth knowledge of life-organization or agency and life -regulation is essential for understanding ultimate structure of *Han* transformation stages to expand advanced-level skills for *Han* treatment.

This notion is also associated with the concept of "종어간(終於艮)시어간(始於艮)" (Yang, 2020, p.79; Yang, 2021a, p. 383; Yang, 2021b, p.433). *Han* 恨 is made up of two Chinese characters: heart or mind 心마음 and Gan艮간. *Han* is seen as the heart or mind of Gan(艮). Regarding 간괘(艮卦) in Jeongyeok eight trigrams 정역팔괘(正易八卦), Yang (2020) explains the principle of ganbang (艮方). Gan (艮) is a gwae (卦) when there is the end stage and the new beginning stage of all things, which means Gan (艮) as 종어간(終於艮)시어간(始於艮). The most important meaning of Gangwae is that all things start and end in the Gan. As Yang (2020) states, "Two, the orders of the early heaven and the later heaven, are like two sides of a coin. By principle, they can't separate and are not independent. They exist as a paired unity of togetherness or co-presence. The order of early heaven appears from the front and generates inevitable conflict and imbalance system in a process of birth and growth, but it always aims *for fulfilling harmony and balance, as well as perfection*" (p. 145). Considering two sides of Han stories as being still to be fulfilled as incomplete transfiguration, metaphors for *Han* transfiguration are: The best fruit comes out of the most drastic pruning; The purest gold comes out of the fiercest fire; Going through the deepest waters.

The author suggests a mindfulness based narrative transformation

Han model as a valuable connection particularly between postmodern dialogical conversation and a self-purification technical method as the way of ultimate serenity 정정(定靜), the ultimate enlightenment to become The Ultimate One. Further systematic study on the nature of conceptual and practical integration of two parts is needed in the future.

Conclusion

Mrs. Kim moved through all four stages of *Han* transformation in a progressive and oscillating fashion.

A higher stage of Han transformation co-exists with balanced family relationship (change from conflict-based family rules to mutually beneficial family rules), caring parenting behavior, and dialogic self-speech development. The study indicates that the elements of therapist dialogical-relational conversation processes for *Han* transformation was helpful. Problem-saturated *Han* stories were transformed for the best interest for the rest of her family and local community. Mrs. Kim's perspective was transfigured for the benefit of herself, other, and the world by renewing her mind though the words of God. The clinical practice study suggests that spiritual awareness and awakening existed for Mrs. Kim when she moved from a lower level to a higher level of *Han* transformation (i.e., the fourth level, emptying the mind).

Finally, the idea of mutually beneficial international partnership for professional-scholastic development and achievement involves the desired attainment of unity by extracting the essence of the cultures (including spirituality and philosophical and theoretical ideas of humanity) of the East and the West. Reflecting the spirit of Gantai hapdeok(간 태합덕 艮兌合德), the author would hope for a mutually beneficial scholastic exchange between the West and the East in the future. Gangwae (艮卦) is a boy (少男) or a fruit in terms of plants, and Taegwae (兌卦) is a girl (少女) or a flower. Boy or flowers and gird or fruits have a causal relationship (Ahn, 2019b; Yang 2021b)).

In closing, everything happens to fit to the pattern for the universe. *Han* full suffering is never for nothing. *Dao of Han* is like a life journey of transformation by renewing of the mind.

Acknowledgments

I cannot express enough gratitude to Dr. Jae Hack Yang for his providing generously valuable discussions, suggestions, and comfort that led to this paper for the last five months. I would offer my sincere appreciation for the learning opportunities provided by Dr. Jae Hack Yang.

I would also like to appreciate Dr. Chul You for his encouragement and feedback to help me to strengthen my work. Thank you to other research fellows at the Sang Saeng Cultural Research Institute who provided me with great assistance.

Finally, special thank you to Jey Sook Chae, Guardian of Jeung San Do for her translating my difficult article into Korean, which makes it be easily understood by readers who are interested in learning more of Korean *Han* transformative process in a clinical social work practice incorporated with Korean ethnophilosophical practice ideas.

Note: Dr. Jae Hack Yang is a research fellow at the Sang Saeng Cultural Research Institute, Dae Jeon, South Korea.

References

- Adebimpe, V. (1981). Overview: White norms and psycho diagnoses of Black patients. *American Journal of Psychiatry, 138*, 279-285.
- Ahn, S.-S. (1988). *Generative structure of "Han" and its dynamic imagination: -centered the work of "Chohon" and "Baettaragi."* Jeju National University Proceedings-Humanities and Social Sciences, 27, 13-33.
- Ahn, G.J. (2020a). *The secret of survival.* Daejeon, South Korea: Sangsaeng Books Publishing.
- Ahn, G.J. (2020b). *The spiritual treasure corpus: The way to the ultimate serenity.* Daejeon, South Korea: Sangsaeng Books Publishing.
- Ahn, G.J. (2019a). *Hwandangogi. Korean Translation and Annotation by Ahn Gyeong-Jeon Hwandangogi.* Daejeon, South Korea: Sangsaeng Books Publishing.
- Ahn, G.J. (2019b). *The truth of Jeung San Do.* Daejeon, South Korea: Sangsaeng Books Publishing.
- Anderson, H. (1997). *Conversation, language, and possibilities: A postmodern approach to therapy.* New York, NY: Basic Books.
- Anderson, J.D. (1992). Family-centered practice in the 1990s: A multicultural perspective. *Journal of Multicultural Social Work, 1*(4), 17-29.
- Anderson, T. (1987). The reflection team: Dialogue and meta-dialogue in clinical work. *Family Process, 26*, 415-428.
- Anderson, T. (1990). *The reflecting team: Dialogues and dialogues about dialogues.* Broadstairs, Kent, England: Borgmann.
- Anderson, H., & Goolishian, H. (1988). Human systems as linguistic systems: Preliminary and evolving ideas about the implications for clinical theory. *Family Process, 27*, 371-393.
- Anderson, H., & Goolishian, H. (1990). Beyond cybernetics: Comments on Atkinson & Health's further thoughts on second order family therapy. *Family Process, 29*, 157-163.
- Anderson, H., & Goolishian, H. (1992). The client is the expert: A not-

knowing approach to therapy. In S.

- McNamee & K. J. Gergen (Eds.), *Therapy as social construction* (pp. 25-39). Newbury Park, CA: Sage.

- Anderson, H., Goolishian, H., Pulliam, G., & Winderman, L. (1986). The Galveston Family Institute: Some personal and historical perspectives. In D. Efron (Ed.), *Journeys: Expansions of the strategic and systemic therapies*. New York, NY: Brunner/Mazel.

- Anderson, E.H., Goolishian, H., & Winderman, L. (1986). Problem determined system: Toward transformation in family therapy. *Journal of Strategic and System Therapies, 5,* 1-14.

- Atkinson, B.J., & Heath, A.W. (1990). The limits of explanation and evaluation. *Family Process, 7,* 202-215.

- Becvar, D.S., & Becvar, R.J. (2000). Family therapy: A systemic integration (4th ed.). Boston, MA: Allyn & Bacon.

- Bilingsley, A., & Giovannoni, J.M. (1972). *Children of the storm: Black children and American child welfare*. New York, NY: Harcourt.

- Bråten, S. (1992). Paradigms of autonomy: Dialogical or monological? In A. Bebbrajo & G. Teubner (Eds.), *State, law, economy as Autopoietic systems/European yearbook in the sociology of law 1991-92* (pp. 77-97). Oslo, Norway: Scandinavian University Press.

- Brown, S.P. (1997). Has the emphasis on multicultural practice resulted in more effective and appropriate services for ethnic minority clients? In D. de Anda (Ed.), *Controversial issues in multiculturalism* (pp. 14-26). Boston, MA: Allyn & Bacon.

- Canda, E.R. (1988). Spirituality, religious diversity, social work practice. *Social Casework, 69*(4), 238-247.

- Cecchin, G. (1987). Hypothesizing, circularity, and neutrality revisited: An invitation to curiosity. *Family Process, 26,* 405-414.

- Chessick, R. (1990). Hermeneutics for psychotherapists. *American Journal of Psychotherapy, 44,* 256-273.

- Choi, I.-B.(1995). *Ganwae* (艮卦): The Academy of Korean Studies. Retrieved from http://encykorea.aks.ac.kr/Contents/Item/E0000509

- Choi, S.C. (1994). Shim-Jung psychology: The indigenous Korean perspective. *Asian Psychologies: Indigenous, Social and Cultural Perspectives, 2,* 1-38.

- Choi, S.C., & Choi, S. (1990, July). *We-ness: A Korean discourse of collectivism.* Paper presented at the First International Conference on Individualism and Collectivism: Psychocultural Perspective from East and West, Seoul, Korea.

- Choi, S.-C. (1988, Eds.). *Psychology of the Korean people: Collectivism and individualism* (pp. 85-99). Seoul, Korea: Dong-A Publishing & Printing.

- Choi, S Y. (2011, February 21). *The meaning of Chinese character WonHan.* 怨恨(원한). Retrieved from https://m.blog.naver.com/choisy1227/90107451578.

- Choi, Y.-H., Kang, S.-P., Ko, S.-H., & Cho, M.-O. (1992). *Study on folk caring in Korea for cultural nursing.* Seoul, Korea: SoMoon Publishing.

- Crain, W. (2000). Vygotsky's social-historical theory of cognitive development. In W. Crain (4th ed.), *Theories of development: Concepts and applications* (pp. 213-243). Upper Saddle River, NJ: Prentice Hall.

- Daehan History and Culture Association. *Samilsingo (366 characters in total),* folder *(2021).* Daejeon, South Korea Daehan History and Culture Association.

- Daehan History and Culture Association. *The Grand Constitution of Nine Categories,* folder (2021). Daejeon, South Korea: Daehan History and Culture Association.

- Daehan History and Culture Association. *The Scripture of Heavenly Code,* folder (2021). Daejeon, South Korea: Daehan History and Culture Association

- David, G. (2013). *Brainspotting: The Revolutionary New Therapy for Rapid and Effective Change.*

- Sounds True.

- Dell, P., & Goolishian, H. (1981). Order through fluctuation: An evolutionary epistemology for human systems. *Australian Journal of Family Therapy, 21,* 75-184.

- Epston, D., & White, M. (1992). *Experience, contradiction, narrative, and imagination: Selected papers of David Epston and Michael White, 1989-1991.* Adelaide, Australia: Dulwich Centre Publications.

- Eron, J.B., & Lund, T.W. (1993). How problems evolve and dissolve: Integrating narrative and strategic concepts. *Family Process, 32,* 291-309.

- Fleuridas, C., Nelson, T.S., & Rosenthal, D.M. (1986). The evolution of circular questions: Training family therapists. *Journal of Marital and Family Therapy, 12,* 113-127.

- Freeman, M. (1993). *Rewriting the self: History, memory, narrative.* New York, NY: Routledge.

- Flax, J. (1990). *Thinking fragments: Psychoanalysis, feminism, and postmodernism in the contemporary West.* Berkeley, CA: University of California Press.

- Gergen, K.J. (1982). *Toward transformation in social knowledge.* New York, NY: Spring-Verlag.

- Gergen, K.J. (1985). The social constructionist movement in modern psychology. *American Psychologist, 40,* 266-275.

- Gergen, K.J. (1991). *The saturated self.* New York, NY: Basic Books.

- Gergen, K.J. (1994). *Realities and relationships: Soundings in social construction.* Cambridge, MA: Harvard University Press.

- Gergen, K.J., Hoffman, L., & Anderson, H. (1995). Is diagnosis a disaster: A constructionist trialogue. In F. Kaslow (Ed.), *Handbook of relational diagnosis* (pp. 102-118). New York, NY: John Wiley & Sons.

- Gonzalez, R.C., Biever, J., & Gardner, G.T. (1994). The multicultural perspective in therapy: A social constructionist approach. *Psychotherapy, 31*(3), 515-524.

- Goolishian, H. (1990). Therapy as a linguistic system: Hermeneutics, narrative, and meaning. *The Family Psychology, 6*(3), 44-45.

- Goolishian, H., & Anderson, H. (1987). Language systems and therapy:

An evolving idea. *Journal of Psychotherapy, 24*(3), 529-538.

- Goolishian, H., & Anderson, H. (1990). Understanding the therapeutic process: From individuals & families to systems in language. In F. Kaslow (Ed.), *Voices in family psychology* (pp. 91-113). Newbury Park, CA: Sage.

- Goolishian, H.A., & Winderman, L. (1988). Constructivism, autopoiesis and problem determined systems. *The Irish Journal of Psychology, 9*(1), 130-143

- Gracanin, A., Bylsma, L.M., and Vingerhoets, Ad J.J. M. (2014). *Is crying a self-soothing behavior? Frontiers in psuchology.* Doi10.3389/fpsyg.2014.00502.

- Hoffman, L. (1993). *Exchanging voices: A collaborative approach to family therapy.* London, England: Karnac Books.

- Holquist, M. (1994). *Dialogism: Bakhtin and his world.* New York, NY: Routledge.

- Jansson, B.S. (1994). *Social policy: From theory to policy practice.* Pacific Grove, CA: Brooks/Cole.

- Jeung San Do Dojeon Publication Society (2020, Haewon). *Jeung San Do Dojeon: Life Dojeon.* Taejeon, South Korea: Sangsaeng Publishing Company.

- Jeung San Do Dojeon Publication Society (2016). *The teachings of Jeung San Do: Illustrated through selected passages of the Dojeon.* Taejeon, South Korea: Sangsaeng Publishing Company.

- Jeungsando (2016). *Jeungsando, truth.* Retrieved from https://gdlsg.tistory.com/1328.

- Kelly, G.A. (1955). *The psychology of the personal constructs* (Vols. 1-2). New York, NY: Norton.

- Kim,Y.G. (1996). *Han (恨).* The Academy of Korean Studies. Encyclopedia of Korean Culture. Retrieved from http://encykorea.aks.ac.kr/Contents/Item/E0060943.

- Kleinman, A. (1986). *Social origins of distress and disease.* New Haven, CT: Yale University Press.

- Kleinman, A. (1988). *The illness narratives: Suffering, healing, and the human condition.* New York, NY: Basic Books.

- Laird, J. (1993). Family-centered practice: Cultural and constructionist reflections. *Journal of Teaching in Social Work, 8*(2), 77-109.

- Laird, J. (1995). Family-centered practice in the postmodern era. *Families in Society, 76,* 150-162.

- Latting, J.E., & Zundel, C. (1986). World view differences between clients and counselors. *Social Casework, 67*(9), 533-541.

- Lax, W. (1992). Postmodern thinking in a clinical practice. In S. McNamee & K.J. Gergen (Eds.), *Therapy as social construction* (pp. 69-85). Newbury Park, CA: Sage.

- Lee, K.T. (1987). Column in *Chosun Ilbo,* Seoul, Korea, December 15.

- Lee, K.T. (1991). *Hangukineu buruet* [Korean manners]. Seoul, Korea: Shinwonmonhwasa.

- Lee, S.M. (1991). *Child abuse and neglect in the Korean immigrant community* (Unpublished master's thesis). California State University, Long Beach.

- Lee, S.W. (1994). The Cheong space: A zone of non-exchange in Korean human relationships. In G. Yoon & S.-C.

- Choi (Eds.), *Psychology of Korean people: Collectivism and individualism* (pp.85-99). Seoul, Korea: Dong-A Publishing & Printing.

- Madison, G.B. (1988). *The hermeneutics of postmodernity.* Bloomington, IN: Indiana University Press.

- McNamee, S., & Gergen, K.J. (1992). *Therapy as social construction.* Newbury Park, CA: Sage.

- Minuchin, S. (1974). *Families and Family Therapy.* Harvard University Press. ISBN 9780674292369.

- Mueller-Vollmer, K. (1989). Language, mind, and artifact: An outline of hermeneutic theory since the Enlightenment. In K. Mueller-Vollmer (Ed.), *The hermeneutics reader* (pp. 1-53). New York, NY: Continuum.

- Nelson, K. (1989). Monologue as representation of real-life experience.

In K. Nelson (Ed.), *Narratives from the crib* (pp. 27-72). Cambridge, MA: Harvard University Press.

- Nichols, M. P., & Schwartz, R.C. (1998). *Family therapy: Concepts and methods* (4th Ed.). Boston, MA: Allyn & Bacon.

- Oh, W. C. (2021). Spiritual Transformation of Han: Four Levels of Transference in Self-Psychology. *Journal of Pastoral Care Counsel, 75*(4):267-273. doi: 10.1177/15423050211051971.

- Piaget, J. (1954). *The construction of reality in the child*. New York, NY: Basic Books.

- Penn, P. (1982). Circular questioning. *Family Process, 21*(3), 267-280.

- Robbins, S., Canda, E., & Chatterjee, P. (1996, February). *Political, ideological, and spiritual dimensions of human behavior: Expanding the HBSE curriculum*. Paper presented at the meeting of the Council on Social Work Education (CSWE), Washington, D.C.

- Rosen, H. (1991). Constructionism: Personality, psychopathology, and psychotherapy. In D. Keating & H. Rosen (Eds.), *Constructivist perspectives on developmental psychology and atypical development* (pp. 149-171). Hillsdale, NJ: Erlbaum.

- Sampson, E.E. (1981). Cognitive psychology as ideology. *American Psychologist, 36*, 730-743.

- Sansaeng Cultural Research Institute (2021a). *Chamjeon Gyegyeong, The Scripture of Precepts for Becoming a Complete One* (Korean-English translated). Daejeon, South Korea: Daehan History and Culture Association.

- Sansaeng Cultural Research Institute (2021b). *Cheonbugyeong, The Scripture of Heavenly Code* (Korean-English translated by Translation Department of Original World History and Culture, Sangsaeng Books). Daejeon, South Korea: Daehan History and Culture Association.

- Sansaeng Cultural Research Institute. (2021c). *Hongbemgujoo, The Grand Constitution of Nine Categories* (Korean-English translated by Translation Department of Original World History and Culture, Sangsaeng Books). Daejeon, South Korea: Daehan History and Culture Association.

- Sansaeng Cultural Research Institute. (2021d). *Samilsingo, 366 characters in total* (Korean-English translated by Translation Department of Original World History and Culture, Sangsaeng Books). Daejeon, South Korea: Daehan History and Culture Association.

- Shapiro, G., & Sica, A. (1984). *Hermeneutics.* Amherst, MA: University of Amherst Press.

- Seikkula, J. (1993). The aim of therapy is generating dialogue: Bakhtin and Vygotsky in family therapy system. *Human Systems Journal, 4,* 33-48.

- Seikkula, J. (1995). From monologue to dialogue in consultation within larger systems. *Human Systems: The Journal of Systemic Consultation & Management, 6,* 21-42.

- Shotter, J. (1984). *Social accountability and selfhood.* Oxford, England: Blackwell.

- Shotter, J. (1989). The myth of mind and the mistake of psychology. In W. Baker, M. Hyland, R. van Hezewijk, & S. Terwee (Eds.), *Recent trends in theoretical psychology. Proceedings of the Third Biennial Conference of the International Society for Theoretical Psychology, April 17-21, 1989* (Vol. 2, pp. 63-70). New York, NY: Springer-Verlag. doi: 10.1007/978-1-4613-9688-8

- Shotter, J. (1993). *Conversational realities: Constructing life through language.* London, England: Sage.

- Shotter, J. (1995). In conversation: Joint action, shared intentionality and ethics. *Theory and Psychology, 5,* 49-73.

- Shotter, J., & Gergen, K. (Eds.). (1989). *Texts of identity.* London, England: Sage.

- Song, K.H. (1999). *Helping Korean immigrant families to change child abuse problem: A postmodern multicultural language systems perspective* (Unpublished doctoral dissertation). Loyola University, Chicago, IL.

- Song, K.H. (2004). *Beyond multiculturalism in social work practice.* Lanham, MD: University Press of America.

- Song, K.-H. (2016). *Multicultural and international approaches in social work practice: An intercultural perspective*. Lanham, Maryland: Hamilton Books.

- Song, K.S. (1986). *Defining child abuse: Korean community study* (Unpublished doctoral dissertation). University of California, Los Angeles.

- Tomm, K. (1987). Interventive interviewing: Part II. Reflective questioning as a means to enable self-healing. *Family Process, 26*, 167-183.

- Tomm. K. (1988). Interventive interviewing: Part III. Intending to ask lineal, circular, strategic, or reflective questions? *Family Process, 27*(1) 1-15.

- Tu, W. (1984). On neo-Confucianism and human relatedness. In G.A. Devos & T. Sofue (Eds.), *Religion and family in East Asia* (pp. 111-126). Berkeley, CA: University of California Press.

- Tu, W. (1985). Selfhood and otherness in Confucian thought. In A.J. Marshall, G. De Vos, & F.L.K. Hsu (Eds.), *Culture and self: Asian and Western perspectives* (pp. 231-251). London, England: Tavistock.

- Wachterhauser, B.R. (1986). *Hermeneutic and modern philosophy.* New York, NY: State University of New York Press.

- Warnke, G. (1987). *Gadamer: Hermeneutics, tradition and reason.* Stanford, CA: Stanford University Press.

- Watzlawick, P. (1976). *How real is real?* New York, NY: Vintage.

- Watzawick, P. (Ed.). (1984). *The invented reality.* New York, NY: Norton.

- Yang, J.H. (2020). *Kim Il Bu's life and Philosophical thought.* Daejeon, South Korea: Sangsaeng Books Publishing.

- Yang, J. H.(2021a). Early-later haven and gaebyeok. In Sudhakar, G. Akhanyanov, C.Akhanyanov, Y. Yamato, K.S., Moom, C. You, D.J. Ahn, D.W. Seo, J.G. Won, J.H. Yang, and K.S. Whang. *Jeung-san-do cultural philosophy research 1: Samsin god, early-later heaven gaebyeok* (pp. 319-393). Daejeon, South Korea: Sangsaeng Books Publishing.

- Yang, J.H. (2021b). *Meet with juyeok: Conversation between Confucius and Il Bu* (the second volume). Daejeon, South Korea: Sangsaeng Books Publishing.

- You, C. (2001). The theory of the resolution of bitterness and grief in

Jeung-san-do. *The Journal of JeungSanDo Thought*, 5, 43-101.

- You, C. (2011). *Return to the origin: Wonsibanbon, boeun, haewon, sang-sang.* Daejeon, South Korea: Sangsaeng Books Publishing.

- You, C. (2021). Jeung-san-do's creation-transformation thought: *Dojeon* 1:1 focused. In Sudhakar, G. Akhanyanov, C.Akhanyanov, Y. Yamato, K.S., Moom, C. You, D.J. Ahn, D.W. Seo, J.G. Won, J.H. Yang, and K.S. Whang. *Jeung-san-do cultural philosophy research 1: Samsin God, Early-Later Heaven gaebyeok* (pp. 165-223). Daejeon, South Korea: Sangsaeng Books Publishing.